VIVRE AU PAYS

Les Français dans leurs régions à travers la presse

Marie-José Leroy   Richard Nahmias
Enseignants en Français langue étrangère
Centre international d'études pédagogiques de Sèvres

Ross Steele
Professeur associé à l'Université de Sydney, Australie

français langue étrangère

la presse de notre temps

13, rue de l'Odéon - 75006 Paris

Sommaire

Les textes accompagnés d'un appareil pédagogique se trouvent aux pages : 6, 14, 24, 41, 45, 57, 65, 77, 99, 117, 131, 153, 169, 180, 195, 211, 221, 238, 243.

Références des documents, dessins et photographies

Couverture : Phototèque ELF-Aquitaine/G. Houlebrèque ; © by Presse-Sports ; Presse Michaud.

P. 9 : Edimelia ; p. 12 et 13 : Sofres/*Le Nouveau F.* n° 12, février 1983 ; p. 42 : *Uss'm Follik*, mai 1974 (pour tous contacts s'adresser à l'A.P.I.E.L., 101, Grande-Rue, 67000 Strasbourg) ; p. 52 : La C.E.L. p. 56 : *La Croix*, 15 avril 1982 ; p. 61 : Goursat/Rapho ; Doisneau/Rapho ; p. 69 : Rapho ; p. 73 : S.I.R.P./P.T.T. ; p. 75 : Charliat/Rapho ; p. 76 : Goursat/Rapho ; p. 83 : Conseil régional d'Ile-de-France ; p. 87 : *Le Point* n° 392, 24 mars 1980 ; p. 99 : J. Houzel/*La Vie* ; p. 104 : *Médias*, 15 avril 1983 ; p. 118 : La C.E.L./*B.T.J.* n° 62, 15 octobre 1971 ; p. 121 : Micheau-Vernez ; p. 126 : Roger-Viollet ; p. 136 : photo A.F.P. ; p. 145 : Tholy/Rapho ; p. 159 : Dubure/Rapho ; p. 170 : Charles/Rapho ; p. 186 : FR3 Alsace ; p. 203 : Biraben/Rapho ; p. 206 : Yan/Rapho ; p. 219 : Dailloux/Rapho ; p. 220 : Presse-Sports ; p. 227 et 229 : Silvester/Rapho ; p. 230 : Tourte/Gamma ; p. 236 : Ledru/Sygma ; p. 242 : A. Hampartzoumian, Le Progrès ; p. 244 : Goussé, Nouvel/Editions Terra d'Oc ; p. 248 : R. Cros.

Nous avons recherché en vain les éditeurs ou les ayants droit de certains textes ou illustrations reproduits dans ce livre. Leurs droits sont réservés aux Éditions Didier.

Couverture : Edipage

© Les Éditions Didier, Paris, 1986. ISBN 2-278-03609-9   Printed in France

Introduction

LA LENTE ÉMERGENCE
DE LA RÉGION

Les départements ont été regroupés en *21 circonscriptions d'action régionale* (décret n° 60-516 du 2 juin 1960) en vue de l'application des plans régionaux de développement économique et social et d'aménagement du territoire.

Le nombre des circonscriptions d'action régionale a été porté au début de l'année 1970 (décret n° 70-18 du 9 janvier 1970) à 22 en scindant la région de Provence-Côte d'Azur-Corse en Provence-Côte d'Azur d'une part, Corse d'autre part.

La loi n° 72-619 du 5 juillet 1972, qui entrera en vigueur en octobre 1973, crée dans chaque circonscription d'action régionale, qui prend le nom de *région*, un établissement public qui reçoit la même dénomination.

(N.B. Trois nouvelles circonscriptions ont été créées au début de 1973 pour les départements d'outre-mer.)

La nation et ses provinces

Des affiches, rédigées en langue corse, sont placardées sur les murs de Paris pour demander la libération du peuple corse et la dissolution de la Cour de sûreté de l'État *. Demain, de semblables affiches, cette fois en breton, exigeront l'indépendance de la Bretagne. Et les autonomistes des provinces basques d'Espagne appelleront peut-être à la réunion de la Soule, de la basse Navarre et du Labourd.

Cette revendication autonomiste n'est pas de date récente. Le fascisme a soutenu l'irrédentisme corse et prétendu annexer le comté de Nice ; le nazisme s'est servi, dans son dessein de démembrement de la France, des autonomismes flamand, breton et alsacien. Les mouvements « indépendantistes » contemporains, moins importants par le nombre de leurs adhérents que par leur détermination et le caractère spectaculaire de leurs actes, ont beaucoup appris de la guerre révolutionnaire, comme des groupes anarchistes et terroristes.

Il existe aujourd'hui une théorie et une méthodologie de la désorganisation sociale, propre à faire mûrir des situations qui paralyseront l'autorité nationale ou l'entraîneront à des ripostes apparemment démesurées.

Cette menace grandit avec l'idée d'une supranationalité qui, par-dessus les frontières et l'autorité des nations actuellement constituées, prétendrait ouvrir aux « ethnies », aux « régions », aux cultures minoritaires, une possibilité d'expression autonome que leur sujétion aux entités nationales leur interdirait. Le fédéralisme européen ne date pas d'hier et il est remarquablement organisé. Ses manifestations vont de la simple affirmation de l'identité culturelle à la propagande séparatiste opposant les régions à la Nation.

L'exemple toujours vivant de la Suisse, pays où le fédéralisme a ses théoriciens les plus sympathiques et les plus traditionnels, est devenu moins éloquent que celui de l'Ulster, de la Belgique ou de l'Espagne, pour ne pas parler des nationalismes écossais ou gallois.

A cela s'ajoute le réveil de la conscience culturelle de grands ensembles, celtique ou méditerranéen. La résurgence de l'idée d'aires de civilisation ayant leur psychisme propre, leur monde imaginaire, voire leur mythologie, est certes bien loin d'être absurde. Et si un Béarnais ou un Limousin sont fondés à trouver arbitraire la notion d'Occitanie et de langue occitane normalisée, reconstruite à partir de l'ancienne langue de culture d'Oc * par des linguistes universitaires, ils ne peuvent nier que cette langue est un véhicule pour l'expression des valeurs et de la sensibilité particulières aux populations traditionnelles de la France du sud.

Ils ne nient pas davantage que cette langue et les dialectes subsistant dans son ombre se rattachent à une très ancienne et très riche histoire culturelle, celle des langues romanes dont s'illustra le Moyen Age méditerranéen, de la Sicile à l'Aragon, de Florence et de Sienne à Toulouse ; ni que la sève de la langue d'Oc a passé dans le français de Rabelais, de Montaigne et de d'Aubigné.

L'évolution industrielle de la France a touché tardivement le Sud, de vieille assiette rurale, manquant de matière première comme de sources d'énergie.

La Seconde Guerre mondiale et ses suites ont brisé les cadres de la société paysanne, accéléré l'émigration vers les métropoles, fait affluer une main-d'œuvre étrangère pour des travaux qui ne trouvaient pas sur place leur qualification.

De plus, la croissance des métropoles a peuplé les anciennes communautés locales de nouveaux

---

* N.B. A chaque fois qu'un nom, un mot ou un sigle est suivi d'un astérisque c'est qu'il est expliqué ou explicité en Annexes, pages 253 à 256.

venus urbanisés et s'intégrant mal.

La perte d'identité qui en résulte a conduit à des réactions diverses, que ce soit une attitude défensive des populations anciennes ou bien, plus violemment, une revendication linguistique agressive liée à la protestation contre le caractère stagnant de l'économie. En Corse s'y est ajouté le refus d'une néocolonisation menée par des promoteurs arrogants et bornés.

Beaucoup d'erreurs ont été commises depuis un quart de siècle dans l'équilibrage économique et social de notre pays. L'idée d'un brassage de populations qui se rendraient, par une sorte de migration intérieure, où se trouvent les possibilités de travail, est une abstraction des bureaux. Le slogan : **Viure au païs** n'est pas valable qu'à Alès, il l'est aussi, on l'a vu, en Lorraine. C'est le cri d'une France profonde, enracinée dans ses paysages et dans son Histoire, et que la bureaucratie centralisatrice tente en vain de dénaturer et de folkloriser. Peut-être suffit-il, pour s'en rendre compte, de voir le changement de la carte électorale depuis la guerre dans une trentaine de départements entre Clermont-Ferrand et Foix.

Le touriste de passage, sans racines et ne connaissant de ses lieux de vacances que leur physionomie des mois d'été, ignore ou méconnaît cette forte appartenance. Le technocrate aussi, prisonnier des bureaux, parfois imbu d'une idée à l'américaine de la mobilité sociale. Le parlementaire, l'élu régional ou local, en savent, eux, toutes les forces passionnelles, souvent les inquiétudes et parfois les désespoirs. S'ils sont enfants du pays et non « parachutés », ils participent de la culture de leur terroir, ils en parlent la langue dont ils connaissent les finesses et la raison d'être, la fragilité aussi, comme ils mesurent les réflexes de défense d'une intégrité menacée, dont la langue est le symbole.

Certes, la France n'est pas qu'un ensemble de régions, elle est une et indivisible, les Français ont payé assez cher leur histoire pour que leur pays soit tel. L'attachement au beau français, l'exemple de son bon usage, on le rencontre particulièrement dans la France du sud où les dialectes ne se sont pas perdus. Et il va de soi que tous les Français sont chez eux où que ce soit en France ; que le particularisme de clocher doit céder à la nécessité d'une osmose interne revivifiant notre pays entier. Pour cette raison, la France demande plus que jamais à être pensée non comme une abstraction économique, mais comme un organisme vivant et complexe, corps et âme intimement liés. C'est l'âme bien souvent, qui proteste et se révolte, tantôt parce qu'elle ne comprend pas, tantôt parce qu'elle trouve insupportables les nouvelles conditions de vie qui lui sont faites. Parfois, il suffit d'expliquer, d'informer, de tenir compte des réactions locales, de ne rien faire de nouveau qui ne soit le fruit d'un dialogue. Parfois aussi, il faut savoir revenir radicalement sur les aberrations d'une politique née du seul esprit administratif des citadelles préfectorales comme des états-majors parisiens.

On peut s'attendre dans les années à venir à une recrudescence du romantisme régionaliste, en ce qu'il a d'utopique, d'antinational et de transnational. La seule façon de lutter contre cet esprit de division si perturbateur en période de réadaptation économique, est de démontrer que pour sauvegarder l'intérêt régional sur tous les plans, y compris le plan culturel, il suffit de fortifier le rapport entre la région et toute la France. Cela est tout aussi vrai s'il s'agit, dans une association de nations européennes, d'articuler les régions à un système économique plus vaste que le seul ensemble français. Seule la nation est médiatrice entre les régions comme entre les régions et l'Europe. Mais elle ne peut l'être que si la vérité régionale est reconnue et intégrée, donc si l'anémie de certaines parties du corps français est stoppée et si la régénération de l'unité française devient une priorité politique.

Pierre EMMANUEL
Le Figaro, 31 juillet 1979.

L'HEXAGONE ÉCLATÉ

La France peut-elle cesser d'être une nation? La question peut paraître excessive, mais, d'un bout à l'autre du pays, des manifestations, dont il est difficile de mesurer l'ampleur réelle, se produisent qui remettent en question une idée de l'État avec laquelle s'était identifiée la nation française. La similitude de ces mouvements centrifuges frappe, même s'ils se séparent dans leur forme d'action. Aux attentats de Corse ou de Bretagne ne répond que la revendication occitane (« Un païs che vol viure », « Un pays qui veut vivre »), mais celle-ci, dans le Larzac ou dans le vignoble, a aussi connu des scènes de violence. Si l'on n'écrit pas sur les murs de Montpellier ou de Toulouse l'équivalent de « I Francesi fora » (« Les Français dehors »), que l'on trouve en Corse, la critique de la « domination » française ou parisienne existe, et la sensibilité régionaliste est générale. De Lille à Toulouse, de Nice à Rennes, en Flandre ou en Alsace, des livres paraissent — par dizaines chaque année —, des chansons se diffusent, des spectacles se montent qui expriment cette évolution. Serons-nous donc bientôt un Hexagone • éclaté?

Les auteurs qui expriment le point de vue régionaliste — ou autonomiste, pour les plus extrémistes d'entre eux — ne posent pas la question en ces termes.

Peu leur importe. Leur seul souci est d'affirmer ce qu'ils appellent l'« identité culturelle » de la région — de la nation — au nom de laquelle ils parlent. Le recours au passé est naturellement essentiel dans cette « reconquête » d'une culture que la France aurait étouffée. L'Institut d'études occitanes vient, ainsi, de faire paraître — à Paris — une imposante « Histoire d'Occitanie » qui a le mérite de présenter clairement les vues historiques des partisans de l'Occitanie.

Les auteurs occitans (Robert Lafont, André Armengaud et une équipe d'historiens) rejettent naturellement la thèse exprimée, il y a quelques années, par l'un des meilleurs historiens français, H.-I. Marrou. Pour lui, « il n'y avait jamais eu d'Occitanie », puisque, « des Alpes aux Pyrénées, il n'y avait jamais eu d'unité ».

Pour les Occitans, au contraire, « toute Histoire n'est pas histoire des États », et ils définissent l'Occitanie comme l'ensemble des pays d'oc •, « c'est-à-dire un ensemble de pays ayant même langue et même culture ». Même si l'Occitanie n'a jamais constitué une nation, elle est, selon la définition de Robert Lafont, « une nation-ethnie », « une ethnie », et être occitan, c'est appartenir à une culture. (...)

Que la France ait de multiples visages, des études ethnologiques rigoureuses le démontrent. Ainsi, les deux premiers volumes d'une collection remarquable, consacrés aux sources régionales de la Savoie et du comté de Nice, permettent de mesurer la force et le poids de ces individualités. Cette anthropologie des régions françaises est nécessaire. On ne s'y égare pas dans l'idéologie. On n'y présente pas l'homme préhistorique comme l'ancêtre de l'Occitan! Mais on y prouve que la France est un territoire où coexistent plusieurs aires culturelles longtemps masquées. Pourquoi nier que ces aires culturelles constituent précisément l'un des aspects de l'Histoire française? Mais aussi que la culture française les a traversées? Cette dualité s'exprime même là où l'insularité semble l'exclure. Un fin analyste de la réalité corse, Antoine Ottavi, a pu ainsi écrire que « le Corse appartient à deux cultures... Pourquoi rêver d'une appartenance culturelle unique? Quel est ce nouveau mythe? Qui sert-il? » La question vaut pour l'Occitan et pour le Breton. Car on peut forger le concept mode de « nation-ethnie », mais on ne peut annuler, par cette habileté intellectuelle, le mariage qui s'est, dans l'Hexagone, consommé entre la nation et l'État, les cultures locales et nationales.

Max GALLO
L'Express, 12 janvier 1980.

Préparation

• Observez les cartes en introduction et p. 51. Situez les pays d'Oïl et les pays d'Oc.

• Cherchez dans ce livre des exemples illustrant les différentes formes d'action des mouvements régionalistes.

Explications complémentaires

• C'est la **Révolution française** qui a contribué à développer le concept d'**État-nation** en ce sens que, dans leur ensemble, des citoyens français ont alors affirmé qu'ils étaient prêts à assumer l'État et le bien public.

• **La Savoie** et **le Comté de Nice** n'ont été définitivement intégrés à la France qu'en 1860.

• **La Corse** a été achetée par la France à Gênes (ville italienne) en 1767, deux ans avant la naissance de Napoléon.

Vocabulaire

Ampleur (f) : (ici) l'importance.
Remettre en question : remettre en cause.
Centrifuges : qui éloignent du centre, ici qui poussent à la décentralisation.
Vignoble (m) : (ici) les régions viticoles du Languedoc-Roussillon.
Se diffuser : se propager, se répandre dans toutes les directions.
Peu leur importe : ça leur est égal.
Recours (m) : appel, utilisation (du passé).
Étouffer : (ici), empêcher de vivre, de s'épanouir.
Avoir le mérite de : avoir la qualité de.
Ethnie (f) : ensemble d'individus que rapprochent la langue et la culture.
S'égarer : se perdre, se fourvoyer.
Ancêtre (m) : personne dont on descend.
Aire (f) : (ici) zone d'influence.
Masquées : cachées.
Dualité (f) : caractère de ce qui est double, coexistence de deux éléments différents.
Insularité (f) : caractère de ce qui est insulaire (qui appartient à une île).
Valoir pour : être valable pour.
Forger un concept : inventer, construire artificiellement une idée.
Consommé : (ici) accompli.

Exercices de compréhension

1 Relevez tous les emplois des mots « culture » et « culturel(les) ».

2 Sur quoi se fondent les revendications et la sensibilité régionalistes ? Justifiez votre réponse en ayant recours aux expressions que vous venez de relever (question 1).

3 Quelle est la différence entre les points de vue régionaliste et autonomiste ? Donnez des exemples du texte.

4 Parmi les trois propositions suivantes, trouvez celle qui exprime le mieux le point de vue de l'auteur :
— On doit tenir compte avant tout des cultures locales.
— La France est et doit rester un mélange subtil de cultures locales et nationales.
— L'État-nation doit prendre le pas sur les revendications régionalistes.

A vous maintenant

1 Existe-t-il des mouvements régionalistes et/ou autonomistes ailleurs qu'en France ? Quelles sont leurs caractéristiques ?

2 **Débat.** Partagez-vous la position prise par Max Gallo ? Justifiez votre réponse en vous référant au texte ou à d'autres textes de ce livre.

Exercices de langue

1 **D'un bout à l'autre du pays, des manifestations se produisent qui remettent en question une idée de l'État.**
Des spectacles se montent qui expriment cette évolution.
Remarquez la construction de ces propositions relatives introduites par « qui ».
Pouvez-vous en trouver une autre plus simple dans le texte ?

2 **Que la France ait de multiples visages, des études ethnologiques rigoureuses le démontrent.**
A travers cette construction, quelle est l'intention de l'auteur ?
Pouvez-vous construire des phrases sur ce même modèle ?

Les Cent Fleurs de la culture paysanne

Vous croyiez être français depuis Hugues Capet [1]?
Ou, au pis, depuis Mirabeau[2]? Et voilà qu'un historien,
l'Américain Eugen Weber [3],
explore nos archives et nous ôte quelques illusions

Le Nouvel Observateur, 12 août 1983.

1. Roi de France de 987 à 996.
2. Député du Tiers État à l'époque de la Révolution française.
3. Dans un ouvrage intitulé *La fin des terroirs*, traduction française, Paris, Fayard, 1983.

Une amnésie ordinaire [1]

Pour comprendre ce qui se passe aujourd'hui, il est bon de se rappeler que la France est l'une des plus vieilles communautés d'Europe. Le mouvement qui a mené les strates les plus anciennes de sa population à s'unir à travers les contrats et les guerres a commencé il y a mille ans. La France est bien l'une des premières nations à s'être formée et à avoir proposé par là l'un des modèles les plus puissants d'organisation politique et sociale à ses voisins. Il y a en France une continuité de destin, une histoire certes pleine de bruit et de fureur, mais dont l'unité est bien réelle.

1. « Une amnésie ordinaire », *in* « Le défi de l'immigration maghrébine », *Le Monde*, 23-24 août 1983.

Le renouvellement de ce contrat fondateur, unissant des communautés aussi étrangères les unes aux autres que les Occitans et les Bretons, a souvent supposé au préalable l'unification par la guerre et les armes, mais il serait absurde de croire que ce contrat n'a pu se maintenir que par la terreur. Un consensus s'est mis en place au cours des siècles, unissant en un même sentiment d'appartenance les paysans de l'arrière-pays niçois à ceux du Morbihan ou des Ardennes. La Révolution française représente sans doute l'une des expressions les plus fortes et les plus explicites du renouvellement de ce contrat fondateur.

Elle a renforcé, dans la mise en place de la « citoyenneté républicaine », l'impact unificateur de ce contrat au prix de bouleversements et de découpages administratifs ou juridiques considérables ainsi qu'au prix d'un effacement de l'expression des diversités réelles des Français. (...) Le peuple français cache la diversité culturelle, ethnique, sans doute la plus importante d'Europe. Ainsi, une cartographie linguistique des « parlers » non français établie en 1920 fait apparaître la répartition suivante des populations bilingues, de langue maternelle non française :

— 4 millions de bretonnants ;
— 4 millions de germanophones autour de l'« alemanisch », du « rhénan », du « flamand » ;
— 5 millions d'occitanophones ;
— 150 000 personnes parlant le corse, autant le basque.

On peut en déduire sans trop d'erreur (les chiffres cités sont sous-évalués, particulièrement en ce qui concerne l'occitan) que, sur 38 millions d'habitants, largement plus du tiers de la population avait pour langue maternelle une langue qui n'était pas le français. Parmi ces 13 ou 14 millions de personnes, 4 millions sans doute ne parlaient pas le français.

Cette diversité linguistique recouvre bien sûr des différences culturelles profondes qui font de la France, *combinant unité administrative et diversité anthropologique en Europe, une exception historique* [2]. *Cette diversité s'est maintenue même si l'urbanisation et son corrélat, la fin des « cultures paysannes », ont entraîné une disparition accélérée des langues non françaises. Les recherches démographiques permettent en effet de la mettre en évidence dans l'expression quotidienne des comportements face aux grands événements de la vie : mort, mariage, naissance. Ces différences culturelles se sont donc transmises jusqu'à maintenant sans variations notables. (...)*

On ne peut réduire la France à l'image unifiée et centralisée que donnent ses institutions et ses réseaux de communications. C'est là une représentation que des régionalistes, des autonomistes, ont fait voler en éclats. Mais le thème du colonialisme intérieur est tout aussi faux, car il tend à projeter dans le présent des violences du passé. (...)

Ainsi, l'immigré est une ombre, une sorte de fantôme social dans la nation française tant que les différences culturelles qui le définissent sont perçues comme telles sans que lui soit par ailleurs reconnue la citoyenneté formelle. Il est en effet l'image renversée du citoyen français réel. Au Français qui vit ses différences dans le calme de la quotidienneté tout en adhérant à l'image unifiée de son pays, s'oppose l'immigré, incapable à la fois de se sentir partie prenante dans l'image formelle, collective de l'unité nationale, et repéré comme différent. Incapable de jouer dans des pratiques subtiles le maintien de ses coutumes et pas encore fondu dans le moule de l'unité républicaine, il subit l'épreuve initiatique de la marginalité.

Pas encore éclairé par les lumières de la citoyenneté française, et sous la convergence des regards stigmatisant leurs différences quotidiennes trop visibles, leurs coutumes, leur religion, la couleur de leur peau, les immigrés n'existent pas, ou seulement comme reflets furtifs.

Cette définition présente plusieurs avantages. Le premier consiste à situer le statut des immigrés dans un des processus centraux de la Constitution française. En un sens, la France leur impose de parcourir une partie du chemin qu'ont parcouru dans la violence, les larmes, mais aussi les traités et les accords, les différents groupes formant la société française. Cette approche permet aussi d'appliquer le terme d'« immigré » à toutes les populations vivant en France selon cette structure en reflet.

Les populations, de nationalité française ou étrangère, peuvent être considérées comme « immigrantes » dès lors qu'elles présentent ce double caractère : ne pas être assimilées, en fait ou en droit, au statut de la citoyenneté, et être vécues dans leur apparence et dans leurs comportements comme différentes.

Cette définition permet, par exemple, de voir le mouvement migratoire menant plus d'un million de Bretons vers Paris dans les trois premières décennies du siècle comme un phénomène d'immigration. L'écart de la langue et des coutumes, la non-représentation politique et la faible défense des droits de la citoyenneté qui leur fut accordée évoquent une situation d'infériorité générale qui rappelle celle de la communauté maghrébine et qu'on retrouve aussi chez les Antillais, chez les harkis et leurs enfants et tous les jeunes dits de la « deuxième génération ».

La désignation d'immigrés rassemble donc une même structure des populations d'origine étrangère et des groupes nationaux français, parfois citoyens français depuis plusieurs siècles (les Antillais).

Michel TIBON-CORNILLOT
Le Monde, 23-24 août 1983.

2. Hervé Le Bras et Emmanuel Todd : *L'Invention de la France,* Éd. Pluriel, p. 8.

1

Les régions face à Paris

PARIS OU PROVINCE ?
UNE MAJORITÉ DE FRANÇAIS PROCLAME

Paris détrôné! La province plébiscitée. Surprenant?
C'est ce que nous révèle le sondage « le Nouveau F. » / Sofres.
8 % seulement des provinciaux — et 9 % des provinciales — souhaiteraient vivre à Paris
contre 74 % dans une grande ville de province!
Nous avons voulu en savoir plus.
Connaître les lieux de prédilection de ces Français heureux.
Où a-t-on envie de vivre? Les douze villes qui arrivent en tête
de notre palmarès ont des points communs : ce sont des villes d'importance moyenne
qui conjuguent activités sportives avec animation culturelle,
douceur de vivre avec rage de vaincre, des villes où les enfants poussent au soleil
et où les copains sont à la portée de la main... bref, des villes comme Aix-en-Provence,
à la « une » de tous les fantasmes. Mais que l'on ne s'y trompe pas!
Cet engouement nouveau pour la vie de province n'est pas le reflet d'un retour à la terre,
mais l'expression d'une revendication fondamentale : celle de la qualité de la vie. Voilà pourquoi
nos amies et amis de province ne veulent plus « monter à Paris » et ont répondu
ainsi à la question essentielle de notre sondage.

Si vous deviez déménager pour aller vivre ailleurs, préféreriez-vous habiter à Paris ou dans une grande ville de province?

UNE VILLE DE PROVINCE	**74** %
A PARIS	**8** %
SANS OPINION	**18** %

Cette enquête a été réalisée par la Sofres pour « le Nouveau F. », entre le 22 et le 28 octobre 1982, sur un échantillon de 957 personnes tirées d'un échantillon national de 1 000 personnes, en excluant les habitants de la ville de Paris. Méthode des quotas : sexe, âge, profession du chef de famille. Stratification par région et catégorie d'agglomération.

LES 12 VILLES QUE VOUS PRÉFÉREZ...

PAR MARIE-FRANÇOISE COLOMBANI

Les Françaises et les Français se sont prononcés sur la ville de province dans laquelle, aux mêmes conditions de travail et de revenus, ils voudraient habiter [1]. Le sondage *le Nouveau F.*/Sofres constitue un véritable plébiscite pour la ville à la campagne chère à Alphonse Allais *. Et si possible ensoleillée! Rien d'étonnant si Aix-en-Provence, Montpellier et Nice s'adjugent les premières places de notre palmarès.

Lyon et Marseille? Trop agité, trop asphyxiant. Et qui soupçonnait que les Français vouaient un tel culte à la mer? La plupart de nos villes-fétiches ont les pieds dans l'eau. S'il faut se passer de chaleur et d'eau, vive la montagne à Annecy ou à Grenoble! On est moins fanas des brumes du Nord...

1. Les Parisiens, comme les provinciaux, ont été consultés pour donner leur préférence.

	ENSEMBLE %	HOMMES %	FEMMES %
1 AIX-EN-PROVENCE	22	21	24
2 MONTPELLIER	20	22	19
3 NICE	19	17	21
4 BIARRITZ	16	16	16
5 TOULOUSE	16	17	16
6 BORDEAUX	14	17	12
7 GRENOBLE	12	13	11
8 LA ROCHELLE	12	12	12
9 ANNECY	11	9	12
10 CARCASSONNE	11	11	11
11 TOULON	10	11	9
12 NANTES	8	7	8

☐ ENSEMBLE   ☐ HOMMES   ☐ FEMMES

Le fantasme d'Aix

Aix-en-Provence ou la ville élevée au rang de mythe ! Aix où rêvent de vivre la majorité des Français, sans doute parce qu'à leurs yeux elle incarne ce miracle : être une petite grande ville. Car Aix, avec ses 130 000 habitants, a gardé des dimensions humaines. La Méditerranée est à deux pas, la montagne à peine plus loin. Et à ses portes, une campagne d'une douceur florentine, parsemée de cyprès et de maisons roses. Épargnée par les ravages de l'urbanisme moderne, Aix a conservé intact le charme de ses architectures centenaires et de ses marchés provençaux. Le boulanger tient boutique entre deux hôtels particuliers du XVIIᵉ siècle et les maraîchers des alentours viennent vendre leurs aulx et leurs tomates à l'ombre des platanes, en plein centre ville sur des places de carte postale.

A Aix, acheter le journal, aller chercher ses enfants à l'école, se rendre à son travail se fait à pied à travers des petites rues où la beauté a rendez-vous avec l'Histoire. Il n'y a que Rome ou Venise qui puissent ainsi offrir à ses habitants de rencontrer la grâce et la grandeur à chaque carrefour. Mais Venise est moribonde et Rome est asphyxiée par ses banlieues. Tandis qu'Aix, elle, est bien vivante... D'abord grâce à l'université, une des plus anciennes de France qui draine toute la Provence et échappe à la fascination intellectuelle de Paris. Aix a son école philosophique, son école linguistique, son école historique. C'est ici, non loin de Saint-Rémy, qu'en matière d'archéologie s'élaborent toutes les techniques de pointe. Grâce ensuite à son Festival d'art lyrique qui, chaque année, est un événement international. Bayreuth, Salzbourg et Vérone commencent à blêmir de jalousie !

Quant à la jeunesse aixoise qui anime jusque tard dans la nuit le cours Mirabeau, elle fait souffler sur la ville un air de liberté qui lui donne un côté San Francisco, la cité de Cézanne offre à ses habitants une qualité de vie qu'on trouve rarement ailleurs. Même s'il y a quelques ombres au tableau : les loyers sont chers, les appartements introuvables. Les étudiants se plaignent qu'en dehors du Festival, la vie culturelle soit plutôt morne. Certains se plaignent qu'il y ait trop d'immigrés...

Si Aix-l'intello ou Aix-la-bourgeoise bougonnent, à vrai dire, c'est pour la forme. Le prestige de la ville n'est pas entamé et les listes d'attente s'allongent chaque jour dans les ministères, si nombreux sont les fonctionnaires à vouloir y finir leur carrière. Quant aux Marseillaises à l'orgueil proverbial, elles montent volontiers faire leurs courses dans les paisibles ruelles d'Aix, où se côtoient sans discrimination artisans, libraires, antiquaires, boutiques de mode sophistiquées et marchands de fripes.

Aix serait-elle donc la ville des loisirs subtils et des vacances perpétuelles ? C'est du moins l'image qu'elle donne. Et quand on voit en plein mois de janvier les terrasses du cours Mirabeau peuplées d'heureux mortels sirotant leur café ou leur pastis au soleil, on serait bien près de le croire.

Ces instants de bonheur, « instants volés, cheveux au vent », c'est peut-être cela, Aix, tout simplement.

Marie-Françoise COLOMBANI
Le Nouveau F, février 1983.

| **Préparation** | Trouvez, si possible, une documentation touristique sur la ville d'Aix-en-Provence. **Le cours Mirabeau** est le nom de la rue principale de cette ville. En été, le célèbre festival de musique d'Aix-en-Provence attire de très nombreux visiteurs. |

Remarques

Ne confondez pas :
— **la province** : une ville de province ; la vie provinciale ; les marchés provinciaux. Les Provinciaux et les Provinciales sont les habitants de la province et **la Provence** (région du Midi de la France) : une ville de Provence ; la vie provençale ; les marchés provençaux. Les Provençaux et les Provenales sont les habitants de la Provence.

— Les adjectifs tirés du nom des villes :
Aix : aixois(e) ;
Marseille : marseillais(e) ; **Florence** (en Italie) : florentin(e).

— Des expressions pour commenter un sondage :
• arriver en tête du classement (du palmarès)
• être en première/deuxième... position
• s'adjuger les premières places du classement.

Explications complémentaires

Saint-Rémy : petite ville de Provence où se trouvent des vestiges romains.
Bayreuth (en République fédérale d'Allemagne), **Salzbourg** (en Autriche) et **Vérone** (en Italie) : villes où ont lieu des festivals célèbres de musique.

Notes de vocabulaire

Détrôné : qui n'occupe plus la place la plus importante.
Plébiscitée : approuvée par un vote populaire (un plébiscite).
De prédilection : préférée(s).
Conjuguer : unir.
A portée de main : (ici) très près.
A la « une » : à la première page du journal; (ici) en tête de, à la première place.
Fantasme (m.) : rêve.
Engouement (m.) : enthousiasme.
Revendication (f.) : ce que l'on exige comme un droit.
Monter à Paris : cette expression courante révèle combien Paris domine la vie nationale.
Revenus (m. pl.) : tout l'argent que l'on reçoit par an.
Asphyxiant : étouffant.
Vouer un tel culte à : vénérer tellement.
Fétiche (m.) : objet que l'on croit capable d'apporter le bonheur.
Fanas (fantastique) : passionnés.
Être à deux pas : être près.
Épargnée par : n'ayant pas subi.
Hôtel (m.) particulier du XVIIe : grande maison construite au XVIIe siècle.
Maraîcher (m.) : personne qui cultive des légumes.
Aulx (m. pl.) : pluriel d'ail.
Drainer : attirer.
De pointe : très avancé(es).
Blêmir : devenir très pâle.
Côté (m.) : (ici) aspect.
Bon enfant : sans prétention, sympathique.
Il y a... tableau : tout n'est pas parfait.

Immigré (m.) : (ici) travailleur immigré.

Aix-l'intello (familier) : Aix-l'intellectuelle.

Bougonner : protester un peu.

Entamer : (ici) diminuer.

Ministère (m.) : (ici) bâtiment où se trouvent le bureau et les services administratifs d'un ministre du gouvernement à Paris.

Fripe (f.) : vêtement d'occasion.

Terrasse (f.) : (ici) terrasse de café.

Pastis (m.) : apéritif que l'on boit surtout en été dans le Midi de la France.

Exercices de compréhension

I — Texte d'introduction

1 Selon le titre principal, est-ce que le texte sera pour ou contre la vie de province ?

2 Qu'est-ce que les douze villes de province ont en commun ?

3 Pour quelle raison principale les Provinciaux n'ont-ils plus envie de « monter à Paris » ?

II — Commentaire du sondage

1 Quel est l'objectif du sondage ?

2 Quelle ville est la plus populaire ? Chez les femmes ? Chez les hommes ?

3 Pour quels motifs les femmes et les hommes pourraient-ils choisir des villes dif-férentes ?

4 Situez les douze villes sur une carte. Dans quelles régions se trouvent-elles ?

5 Quelles régions n'ont pas été choisies ? Pourquoi ?

III — Le fantasme d'Aix

1 Qu'est-ce que cette description nous apprend sur :
- les dimensions d'Aix ; sa situation géographique ; son architecture ;
- le paysage autour d'Aix ; la vie quotidienne ; la vie intellectuelle ;
- la vie culturelle ; les passe-temps des Aixois.

2 Relevez des expressions qui résument pourquoi la majorité des Français rêvent de vivre à Aix.

A vous maintenant

1 Après avoir lu le *Fantasme d'Aix,* avez-vous envie de vivre à Aix ? Pourquoi ?

2 En utilisant la liste ci-dessus (III, I), comparez Aix-en-Provence et la ville que vous habitez.

3 Voudriez-vous vivre dans la capitale de votre pays ou dans une autre ville ? Expli-quez votre choix.

4 **Travail de groupe** : faites en classe ou auprès de vos amis un sondage pour savoir les villes qu'ils préfèrent ; commentez les réponses.

5 **Débat** : pour ou contre la vie dans une grande ville, dans une petite ville ou à la campagne.

Exercices de langue

1 a) **Vive la vie de province**

Utilisez « Vive... » pour exprimer votre opinion sur quatre sujets. Ensuite utilisez le contraire « A bas... » pour protester contre quatre décisions que vous n'approuvez pas.

b) **Si vous deviez déménager... préféreriez-vous habiter... province !**

Utilisez la construction « Si + l'imparfait... le conditionnel » dans quatre questions que vous poseriez aux habitants d'Aix dans un sondage sur la vie dans cette ville.

2 Quel est le ton général de la description d'Aix ? Rédigez une description similaire d'une ville ou d'un endroit que vous aimez.

A nous deux, province!

(...) Qu'est-ce que ça veut dire LA province, quand on sait, justement, que la France n'est qu'un vaste puzzle provincial et que deux Parisiennes sur trois sont nées très loin des bords de Seine ?

Avant la Révolution de 1789, le royaume comprenait trente-six provinces — trente-huit en 1860, avec la Savoie et le comté de Nice. Il y avait l'Aquitaine et ses ducs, la Bourgogne et ses rois, le Béarn et ses vicomtes, la Savoie et ses comtes. Il y avait les Francs-Comtois et les Berrichons, les Poitevins et les Gascons, les Basques et les Bretons, tous gens de France et de Navarre, aussi différents que possible et qui, pourtant, ont fait l'unité de la France. Or, ces duchés et ces comtés vivaient autrefois en autonomie, jusqu'à ce que la monarchie absolue ne vienne mettre son grand nez bourbon dans leurs petits oignons. Partant du principe que lorsqu'on est chez les autres, on ne s'occupe pas de ce qui se passe chez soi, Louis XIV rameuta vers Versailles ses princes, les couvrit d'or et de privilèges, et les transforma en courtisans soumis au pouvoir centralisateur. Plus tard, Napoléon, aigle mégalomane aux grandes serres égoïstes, n'arrangea pas les choses. Il fit de Paris son nid et inventa les départements (que les écoliers, devenus grands, transformèrent en numéros, pour se venger). C'est ainsi que LES provinces devinrent LA province.

Balzac *, Flaubert * chantèrent cette petite bourgeoisie étriquée, démodée. A Paris, seul salon où l'on pouvait causer et être écouté, naquirent ces expressions péjoratives : « Un nigaud de province »,

« Le fond de la province »... Tout ce qui n'était pas lutécien, désormais « faisait province »! Si Rastignac, piqué dans son orgueil, vint se frotter à cette suzeraineté et s'y piqua, Mme Bovary, elle, se consola sur place, mais y laissa finalement des plumes. On n'en sortait pas. Sur ce, le développement industriel, et particulièrement l'araignée ferroviaire, qui prit Paris comme gare de départ, rendit définitivement à César ce qui n'était pas à César. « L'Angleterre est un empire; l'Allemagne, un pays; la France est une personne », disait Michelet *. Seulement, cette personne enfla si bien de la tête, qu'elle la confondit avec son nombril.

Il semble qu'aujourd'hui la province ait très nettement repris du poil de la bête. Faisant valoir ses droits et ses charmes, elle a réussi à couper le cordon ombilical qui la tenait ligotée à cette mère abusive qu'était la capitale. Elle s'est transformée en petite sœur — une petite sœur agile et curieuse qui, si elle prend exemple sur son aînée, entend bien résoudre elle-même ses juvéniles problèmes.

La raison en est que les petites villes de province sont devenues ouvertes, responsables et conscientes de la nécessité d'un équilibre entre le progrès de leur économie et la conservation de leur patrimoine. Elles ont, d'un même cœur, lessivé leurs anciennes façades, piétonné leurs plus jolies rues, fait des squares et des crèches, des stades et des théâtres. Des boutiques amusantes sont nées au bord de leurs trottoirs et des industries nouvelles dans leurs zones périphériques. Oh! bien sûr, nombreux sièges de nombreu-

ses sociétés se trouvent encore sur la rive droite de la Seine et les consultations avec les « maisons mères » sont souvent nécessaires. Il n'empêche qu'une brise de décentralisation permet certains espoirs.

Une chose est sûre : autrefois, tout le monde voulait monter à Paris pour faire carrière; aujourd'hui — sauf dans quelques domaines très précis —, ce n'est plus le cas. « Qu'irions-nous faire dans cette galère ? » est même devenue l'ironique question de nombreux cadres, solidement et confortablement installés en province. La vapeur semble s'être renversée et certains Parisiens (ou habitants de grandes métropoles) commencent à lorgner d'un œil concupiscent vers cette province tant vilipendée et où peut-être, finalement, il fait assez bon vivre.

La vogue de l'écologie et du rétro * n'est sans doute pas étrangère à ce nouveau fantasme. En tout cas, l'air pur, les petits oiseaux, une certaine qualité de vie, une ambition moindre, l'attrait de la mer ou de la montagne, ou simplement une certaine nostalgie, engendrent actuellement une génération de candidats au départ. Utopie de rêveurs, direz-vous. Peut-être. Mais regardez donc leurs yeux quand un jour ils découvrent, coincés entre béton et bitume, une parcelle de jardin, un tilleul, un mur moussu, une cour pavée où s'envole un chèvrefeuille... Ce sont ceux des enfants un matin de Noël, car ils ont trouvé ce à quoi ils ne croyaient plus : UN VRAI PETIT COIN DE PROVINCE (...)

Catherine CAUBÈRE
Marie-France, octobre 1980.

17

LA PROVINCE CONNAIT SON BONHEUR

La vie des femmes en province

Paris jugé par les femmes : tel était le thème du sondage que nous avons publié au mois de mars. Un chiffre ressortait de cette enquête : une Parisienne sur deux (52 %) souhaitait quitter Paris pour vivre dans une petite ville de province. Mais comment vit-on en province ? Cette enquête, réalisée par la Sofres pour Marie-France, *vous en donnera une idée. Dix villes nous ont servi de test : Albi, Arles, Blois, Brive, Cambrai, Épinal, Mâcon, Moulins, Saintes, Vannes. Et, dans toutes ces villes, nous vous emmènerons au cours des prochains mois.*

Elles sont Albigeoises, Arlésiennes, Spinaliennes, Cambraisiennes, Vannetaises... Elles vivent à l'ombre de leurs églises, de leurs châteaux ou de leurs cloîtres, dans de grands ensembles ou de petites maisons, au cœur ou en périphérie de leurs villes qui ne sont ni villages ni métropoles, mais cités moyennes baignées par l'Escaut et la Moselle, le Tarn et la Corrèze, la Saône et l'Allier. Provinciales, elles semblent, vues de loin, faire partie de leurs murs et de leurs meubles de toute éternité et en être toujours aussi amoureuses et fidèles. Mais l'apparence peut être trompeuse. « Françaises profondes », d'où venez-vous donc ? Qui êtes-vous ? Quelles sont vos sources de satisfaction et de désirs, vos sujets de mécontentement ?

Les sondages, comme les radioscopies, ne traduisent pas toujours les frissons et les émotions. On y décèle, néanmoins, les « verrues et les taches », la bonne santé et le bien-vivre.

22 % de nos provinciales sont, en réalité, nées dans leur bonne ville. A Blois, Brive et Vannes, il semble même qu'elles soient en majorité nouvelles au pays (en revanche, à Arles et Cambrai, les « anciennes » l'emportent). « Nouvelles au pays » n'est pas tout à fait juste, car on s'aperçoit qu'elles viennent rarement de loin. 59 % habitaient déjà la région (Cambrai, Épinal, Albi). Quant à celles qui ne l'habitaient pas, elles n'en étaient souvent éloignées que d'un ou deux départements. A Saintes on venait de l'Ouest, à Arles de la Méditerranée, etc. Sans oublier les ex-Parisiennes (20 %) que l'on retrouve en grand nombre à Vannes, à Blois et à Brive ! 59 % ont pourtant quitté une bourgade ou un village pour venir « à la ville » (surtout à Cambrai ou à Épinal). Promotion ? Circonstances ? Désir ? Ne nous leurrons pas, les chefs de famille ont eu leur mot à dire et, selon la loi qui veut encore que la femme suive son mari, 43 % l'ont fait sans tergiverser. C'est à Moulins que souffle une brise d'autonomie. 24 % des femmes reconnaissent qu'elles sont venues en raison de leur propre travail. Pourtant, les soumises n'ont pas fait contre mauvaise fortune, bon cœur. Elles étaient même bien contentes de changer d'air, de se retrouver dans une vraie ville (pour celles qui venaient de la campagne), dans une petite cité avec de vieux murs et des espaces verts (pour celles qui venaient d'une métropole). 62 % en avaient envie. Saintes et Brive remportant la palme, Moulins et Blois étant tenantes du drapeau rouge... Côté logement, il est surprenant de voir qu'on habite davantage en périphérie (72 %) que dans le centre (28 %). Sans doute l'expansion démographique et immobilière y permet-elle de trouver meilleure chaussure à son pied ? A Saintes et Moulins, la situation est exemplaire. Un peu moins à Épinal, Arles et Mâcon. L'exiguïté, la vétusté, l'insalubrité, le prix des logements en centre ville en sont-ils la raison ? A moins que l'objectif — voire le rêve — des Françaises étant la maison individuelle, il soit plus facile de trouver du mètre carré constructible en banlieue qu'entre l'église Saint-Eurtope et la cathédrale Saint-Pierre, l'église Saint-Nicolas et l'hôtel d'Alluye, les arènes et le cloître Saint-Trophime... Ainsi à Vannes, à Saintes, à Albi, à Brive (pavillons individuels) et à Cambrai (pavillons en lotissement) a-t-on fui vers ces relatifs espaces, riches en petites maisons ceinturées de jardinets. A Moulins, Arles, Blois, et surtout Mâcon, on a, en revanche, dû se rabattre sur des appartements situés dans de grands ensembles. En attendant mieux, sans doute, car on en est plus souvent locataire que propriétaire (situation inverse dans les pavillons).

Et pourtant, on ne crache pas du tout dans la soupe, 84 % se déclarent satisfaites de leur logement, 59 % se frottant même les mains à l'idée d'être loin du centre et bien logées, plutôt qu'au cœur de la ville et soumises à ses contraintes ! (La situation était inverse à Paris.)

Restent les autres, qui avouent vivre dans un espace trop petit, inconfortable ou bruyant. Souhaitons que cette situation soit provisoire.

Télé, promenade, famille

Que font donc, le week-end, nos petites dames de province ? Abandonnent-elles leurs nids douillets ou s'en vont-elles, le nez au vent, par les routes et les chemins ? Eh bien, 58 % ne semblent pas

18

avoir un esprit d'aventure très poussé, ne quittant que rarement leur ville pendant le week-end; 42 %, pourtant, partent régulièrement. C'est à Cambrai que l'on est le plus sédentaire. Ah! lotissement pavillonnaire, quand tu nous tiens...

Où vont celles qui bougent? Voir la famille (69 %), faire du tourisme (20 %) (sauf à Mâcon...), chez des amis (19 %). Lorsqu'elles restent, c'est plutôt pour être chez elles (57 %) (sauf à Blois...) où, de Cambrai à Arles, de Saintes à Épinal, elles regardent la télévision, tricotent et font le ménage... Quelques différences curieuses : on reçoit la famille à Cambrai, mais peu à Vannes, ce qui explique peut-être que, dans la première de ces villes, on fasse beaucoup la cuisine? Non, car à Mâcon on ne la fait pas du tout, et pourtant on reçoit ses amis ! Idem à Épinal, où l'on préfère profiter des enfants (à cause des images?). A Saintes, on lit (mais on ne cuisine pas). A Épinal, on reçoit des amis (donc on n'écoute pas la radio). A Cambrai, on jardine (mais on ne lit pas). A Blois, on invite la famille à venir bricoler (et on envoie les enfants jouer ailleurs)... Ainsi passe le dimanche, en province, quand il fait trop mauvais pour sortir. Mais, si le temps le permet, on file vite se promener (73 %), voir des amis ou de la famille. Là aussi, quelques différences : le week-end, à Cambrai, on fait son shopping, à la suite duquel on va au cinéma ou à la bibliothèque. Pas question de cela à Mâcon. On est sportive à Moulins, mais pas à Cambrai (il est vrai qu'on ne peut pas tout faire...). De la confrontation de ces différentes activités naît le constat suivant : lorsque le temps de loisirs n'est pas récupéré par les tâches ménagères, il est plus un temps de passivité, de laisser-vivre qu'un temps de loisirs « actifs ». Il est vrai que les femmes ne sont pas assez mobilisées par des propositions d'activités alléchantes pour consentir à se déplacer. C'est ainsi que 82 % des intéressées avouent ne pas aller chercher ailleurs ce qu'elles ne trouvent pas chez elles !

Réflexion faite : elles restent!

Mais, heureuses comme ça, 62 % des interviewées ne déménageraient pas pour un empire (sauf, peut-être, à Épinal, à Mâcon et à Moulins où l'on pèse un peu plus qu'ailleurs le pour et le contre). Dans ce cas, c'est à cause du climat dont on se plaint, bien entendu, davantage à Cambrai et à Épinal (mais moins à Blois et Saintes qu'à Albi et Arles), du manque de possibilités culturelles, de la mentalité des gens (à Vannes et à Albi). A Cambrai, à Blois et à Mâcon, on regrette aussi les espaces verts. En plus, à Mâcon, on aimerait davantage de calme.

Mais lorsqu'il y a rejet de la ville, ce rejet apparaît au moins autant lié à la région qu'à la ville elle-même : 61 %, si elles le pouvaient, ne resteraient pas dans la même région (sauf Arles!).

Où iraient-elles? Sûrement dans une ville plus petite. Sauf à Saintes où l'on voit plus grand et à Albi et Brive où l'on aimerait retrouver une agglomération de même taille. Notons que Paris, à l'unanimité, ne remporte qu'un maigre succès. Mais ce souhait de départ — minoritaire (38 %) — est plus diffus que précis.

Optimisme de rigueur

... Voilà ce que l'on trouve : partout des difficultés pour obtenir du travail et la cherté de la vie, mais aussi un rythme de vie calme, dans un site souvent agréable.

A Cambrai, on manque d'espaces verts et les communications interrégionales sont difficiles, mais on a le bon air.

A Arles, c'est sale, pollué, peu sûr, et on pleure après les équipements sociaux, mais on a un cadre superbe.

A Vannes, on apprécie, malgré tout, la situation géographique. A Épinal et Saintes, les facilités professionnelles. A Albi, la beauté du site. A Brive, les espaces verts, l'air pur, etc. Il n'y a vraiment qu'à Mâcon et à Moulins qu'une assez forte proportion d'habitantes se creuse la tête pour trouver à leur ville un quelconque avantage... Autrement dit, le bilan est positif et la tendance à l'optimisme.

Contrairement à Paris, on perçoit même de manière positive l'évolution des conditions de vie dans sa ville au cours de la dernière décade (47 % de oui, contre 29 % de non). Cela est particulièrement sensible à Cambrai, mais contestable à Albi. Quant à ce qui devrait être réalisé en priorité, les avis divergent. Chez les uns, c'est d'abord la circulation, les transports en commun; chez les autres, le développement des équipements sociaux et culturels... Mais aucun seuil d'intolérance n'est franchi.

Conclusion? La vie en province a bel et bien ce charme discret d'une certaine qualité de vie. C'est une valeur sûre. Un écu dans une chaussette. On s'y endort un peu dessus en rêvant, comme Perrette, qu'il fait des petits. Et puis, le soleil se lève, on retrouve son « Chaminadour » et son ombre familière. On oublie la proie. Il est vrai qu'on a des bêtises, ses images, son bourgogne, ses fars, son confit d'oie, la Loire et la Charente, l'histoire de ses grands ducs et de ses petits voisins. On a la vie qui court, le bonheur qui va, qui vient. Bref... on n'est pas malheureux. Et dans notre monde, où la tendance est plutôt à la grogne, voir qu'aux quatre coins de France on se porte mieux qu'ailleurs est réconfortant.

Marie-France, octobre 1980.

Ce sondage a été effectué par la Sofres pour *Marie-France* auprès d'un échantillon représentatif de la population des femmes de quinze ans et plus, dans dix villes de province de moyenne importance, dispersées sur l'ensemble de la France. La méthode d'échantillonnage utilisée a été celle des quotas.
Neuf cent quatre-vingt-dix-neuf femmes ont été interviewées à leur domicile, entre le 5 et le 14 mai 1980 pour les villes de Vannes, Cambrai, Épinal, Arles, Saintes, entre le 27 mai et le 11 juin 1980 pour les villes de Mâcon, Albi, Blois, Brive, Moulins.

RECENSEMENT

LES NOUVEAUX DÉSERTS FRANÇAIS

Évolution du solde migratoire 1954 - 1968 par départements.

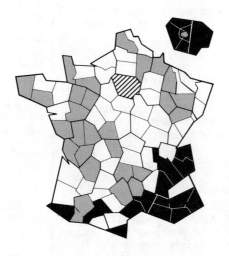

■ Augmentation continue de 1954 à 1968.

▨ En baisse de 1954 à 1968.

Si les mouvements de population sont l'un des meilleurs révélateurs de l'efficacité de la politique d'aménagement du territoire, quels enseignements peut-on tirer du dernier recensement après plus de vingt ans d'efforts?

Première priorité, le coup d'arrêt donné à la croissance boulimique de la région parisienne est un succès relatif. L'Ile-de-France demeure un pôle d'attraction puissant avec à la fois un excédent de naissances et l'apport migratoire d'une population jeune et qualifiée. Mais cette attraction rayonne désormais bien au-delà des frontières de la région, en particulier sur tout le Centre. A un moindre degré, le phénomène est valable pour Lyon.

L'évolution impressionnante du Sud-Est dans son ensemble est d'autant plus paradoxale que sa forte croissance démographique — trois fois supérieure à la moyenne nationale! — n'est pas justifiée par l'offre d'emploi : le taux de chômage y est parmi les plus élevés. Impact du mode de vie?

La politique d'aménagement du territoire connaît en fait deux grands échecs. Le mouvement de désertification du centre de la France n'a pas été stoppé. Surtout, en dépit de l'implantation de l'automobile dans le Nord, puis en Lorraine, le déclin d'un cinquième du territoire national apparaît difficilement réversible. Population totale, population active ou solde migratoire, ces deux régions connaissent une évolution négative sur tous les plans.

C. B.
Le Nouvel Économiste,
13 décembre 1982.

Évolution du solde migratoire 1968 - 1975 - 1982 par départements.

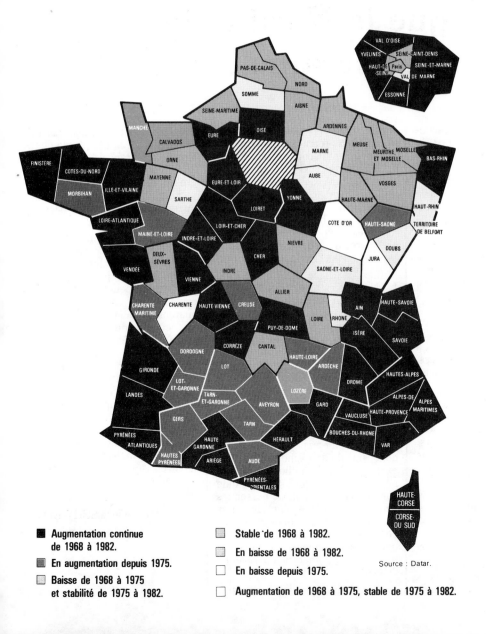

Augmentation continue de 1968 à 1982.

En augmentation depuis 1975.

Baisse de 1968 à 1975 et stabilité de 1975 à 1982.

Stable de 1968 à 1982.

En baisse de 1968 à 1982.

En baisse depuis 1975.

Augmentation de 1968 à 1975, stable de 1975 à 1982.

Source : Datar.

21

Les migrations des Français

Le Midi attire plus que le Nord et la Lorraine...

Qui disait les Français réfractaires à la mobilité géographique? En l'espace de sept ans, entre les deux recensements de 1968 et 1975, près d'un Français sur dix a changé de région. Pas pour la Lorraine ni le Nord-Pas-de-Calais toutefois qui restent les régions les moins prisées. En revanche, la Provence-Côte d'Azur (soleil et mer, mais taux de chômage le plus élevé de France), continue d'attirer toutes les catégories de Français : jeunes, adultes ou retraités. Et puis, à l'intérieur même des régions, la mobilité est importante aussi : en 1975, un Français sur trois n'habitait plus la même commune. La moitié des Français avait aussi changé de logement entre ces deux dates.

« Où habitiez-vous le 1er janvier 1968? » C'est la réponse à cette question posée lors du recensement de 1975 qui a donné ces résultats. Leur exploitation en est faite dans le numéro 107 d'*Économie et statistiques,* la revue de l'I.N.S.E.E. *. Cette étude faite par tranches d'âge et régions a demandé du temps ce qui explique sa parution relativement tardive.

Une chose est sûre, les Français ont davantage changé de région entre 1968 et 1979 que les années précédentes. C'est peut-être une conséquence de la politique d'aménagement du territoire qui tend justement à redistribuer les cartes entre les régions. C'est peut-être dû aussi à la prise de conscience de la réalité régionale — on n'a jamais tant parlé que ces dernières années des écrivains bretons, de la langue d'oc, des troupes de théâtre ou des orchestres de province.

Ce sont bien entendu surtout les jeunes adultes qui bougent. L'I.N.S.E.E. a ainsi calculé le taux maximum de migrations qui serait atteint à 26 ans pour les femmes et à 28 ans pour les hommes. C'est l'âge où l'on termine ses études et où l'on part à la recherche d'un emploi. Celui où l'on se détache de sa famille, pour fonder un foyer.

L'Ile-de-France attire encore un peu les jeunes provinciaux. Mais beaucoup moins qu'avant. Et ceux-ci devenus adultes n'ont qu'un espoir, revenir au pays. On constate donc un double phénomène, un exode rural (1,66 million de personnes entre 1968 et 1975) et un exode parisien (1,25 million de personnes pendant la même période). Les communes rurales qui occupent les deux tiers du territoire ont connu une baisse annuelle moyenne de 0,8 % et l'agglomération parisienne de 0,7 %.

C'est dans les villes moyennes, dans les petites villes, dans les communes de la périphérie des villes que les Français viennent habiter. C'est un phénomène social, la grosse agglomération a vécu. On recherche maintenant une certaine qualité de la vie, l'espace, les loisirs.

Et c'est pourquoi Provence-Alpes-Côte d'Azur reste la région la plus attirante. Malgré son taux de chômage très important. Et au risque du surpeuplement que l'on constate déjà dans la construction anarchique de maisons individuelles, jeunes, adultes, retraités, toutes les pyramides d'âge s'y retrouvent. Au contraire, le Nord et la Lorraine connaissent un solde migratoire négatif, rares sont ceux qui souhaitent aujourd'hui quitter leur ville, ou leur campagne, pour venir habiter Lille ou Nancy. Cela explique sans doute en partie les difficultés économiques de ces régions où, malgré les primes, peu d'entreprises viennent s'installer, les cadres eux aussi préfèrent le Midi.

Geneviève SCHWEITZER
Le Figaro, 2 février 1979.

L'Ile-de-France...

... et le désert français

... est-elle sacrifiée à la province ?

Pendant longtemps l'opinion n'a guère réagi à cette réalité française : la région parisienne se gonflait jusqu'à l'asphyxie, tandis que ce que l'on appelait « la province » se vidait de sa substance.

Le résultat de cette politique, nous le connaissons aujourd'hui dans toute sa rigueur. Les huit départements qui forment la région Ile-de-France représentent 2,2 % de la superficie du territoire français et environ 19 % de la population. (...)

Un nouveau mal social

Nous voici aujourd'hui avec cette réalité unique en Europe : près d'un Français sur cinq concentré dans un rayon de soixante kilomètres autour des tours de Notre-Dame; Paris et la petite couronne subissant avec 5 600 habitants au km², la deuxième densité du monde après Tokyo. (...)

Plus de 60 % des habitants de la région parisienne (même en ne tenant pas compte des travailleurs immigrés) n'y sont pas nés et toutes les enquêtes, tous les sondages prouvent que la très grande majorité d'entre eux n'aspirent qu'à rentrer au pays pour peu qu'on leur en donne les moyens, c'est-à-dire du travail et un salaire comparable à ceux de la région parisienne. (...)

Car comment vivre au pays si toute l'activité économique continue de se concentrer sur Paris et sa région, qui représentent le quart des emplois en France.

Georges CADIOU
Politique Hebdo, 20 avril 1981.

Paris a perdu ses complexes. Il ne se sent plus responsable du « désert français ». La capitale estime avoir suffisamment fait pour revitaliser la province, et considère même parfois qu'elle s'est déjà trop sacrifiée sur l'autel de la solidarité nationale. (...)

Pourtant, de Saint-Nazaire à Saint-Etienne, de Caen à Longwy, la province continue de reprocher à la capitale de tirer la couverture à elle... et à la D.A.T.A.R. de ne pas lui fournir des emplois indispensables pour tenter de résorber ces poches de chômage qui s'étendent comme mazout sur plage bretonne.

L'Ile-de-France — quoi que puissent en dire ses responsables — reste une région relativement privilégiée. Elle semble même mieux armée que les autres provinces françaises pour faire face aux nouvelles données économiques. Il est vrai que, dans le fouillis des chiffres, il est bien difficile de se faire une idée précise. Les statistiques sont parfois contradictoires, et, depuis 1975, date du dernier recensement, la situation a sensiblement évolué, voire s'est renversée.

La population, par exemple. La région parisienne continue à connaître une croissance démographique plus forte que la moyenne nationale. 33 % de l'accroissement naturel français sont enregistrés chez elle, alors qu'elle n'accueille que 20 % de la population. C'est que les « actifs » (entre vingt et soixante-quatre ans) sont proportionnellement plus nombreux en Ile-de-France que dans le pays tout entier (60 % au lieu de 55 %). Pourtant, depuis 1968, tous les ans, quelque 25 000 habitants émigrent de la région capitale vers la province; le flux traditionnel s'est ren-

versé, mais, malgré cela, la population active continuera à augmenter jusqu'en 1983 ou 1985.

Le relais du « tertiaire »

Ce chiffre cache une chute vertigineuse des emplois industriels. (...)

Heureusement, les services publics, le secteur « tertiaire », en général ont comblé — et même au-delà — ce déficit.

Chaque année, trente-six mille emplois nouveaux ont été créés dans le secteur public entre 1962 et 1975 et soixante-neuf mille emplois de services de 1975 à 1978.

De quoi se plaignent donc les responsables parisiens? Cette légère croissance des emplois, expliquent-ils, n'a pas empêché le chômage d'augmenter. Il touchait 2,8 % de la population active en 1974; et plus du double (5,7 %) cinq ans plus tard. « *Chez nous,* peuvent répondre les provinciaux, *la situation est pire.* » En effet, le taux de chômage moyen pour l'ensemble du pays est passé de 2,8 % à 7,1 %. Tout au long de la crise l'écart n'a fait que se creuser... et au bénéfice de l'Ile-de-France. Nouvelle réplique des Parisiens : des provinces françaises comme Rhône-Alpes, Provence-Alpes-Côte d'Azur, ou Languedoc-Roussillon ont connu une croissance du tertiaire plus forte que l'Ile-de-France : 3,7 % par an en moyenne au lieu de 2,25 %. De plus, tous les Parisiens n'acceptent pas de gaieté de cœur cette évolution qui a fait de Paris, et maintenant des départements qui l'entourent, une région de « cols blancs ». (...)

Thierry BRÉHIER
Le Monde, 22 mars 1980.

LA CULTURE EN PROVINCE...

Parallèlement à la grande décentralisation des Pouvoirs — dont l'idée avait été lancée par de Gaulle, le projet d'application étudié par M. Giscard d'Estaing et les décrets désormais votés peu à peu — la province monte à l'assaut d'un autre pouvoir : la culture. Cet été, il y aura eu, en France, 700 festivals. Et même si, parfois, il s'agit d'un simple éclairage de ruines, par une nuit d'août, avec chœur des enfants des écoles, le mouvement est là. Il monte en flèche. La culture, c'est avant tout le besoin de croire en un monde meilleur, d'échapper au laminement du quotidien.

Une idée de poète

En juillet 1947, il y a, dans la grande chapelle du Palais des Papes, à Avignon, une exposition prestigieuse qui réunit des toiles de Braque •, Léger •, Klee •, Picasso •. Il y a là, aussi, des amis de toujours de Picasso : le poète René Char • et Jean Vilar •. C'est René Char — seuls les poètes peuvent avoir des idées aussi folles — qui forme le projet de monter dans ce même endroit et dans la même semaine trois pièces du répertoire de Jean Vilar : *Richard II* de Shakespeare, *Toby et Sarah* de Claudel • et *La Terrasse de midi* d'un certain Clavel, alors inconnu, 20 ans et élève de Normale Sup •. Eux-mêmes reconnaissent qu'il s'agit d'un pari impossible. Raison de plus pour le tenter! La municipalité prête la cour d'honneur du Palais des Papes. Les sympathisants y vont de leur obole : trois mille francs de subvention. Matériel technique? Quinze projecteurs qu'on tiendra à bout de bras. Les Avignonnais se chargent de l'accueil et du logement des acteurs. Le jeune Clavel prend son vélo et pédale jusqu'à Marseille (100 km) pour porter l'information aux journaux locaux. Le grand soir arrive et, à la surprise générale, c'est le triomphe : 5 000 spectateurs enthousiastes. Tout le Vaucluse est là, sans publicité, sans lancement spectaculaire. La preuve est faite qu'il y a, hors Paris, un besoin, un désir de culture. Et un public. Le festival d'Avignon est né.

Contre un certain parisianisme...

Jean Vilar l'a décidé. Chaque été, il reviendra en Avignon pour 17 jours. Il lui réservera ses créations. Pas de raison pour que Paris soit toujours la ville la mieux servie. Il fait de la décentralisation sans le savoir.

Il ne cessera d'y consacrer ses forces, son énergie, son amour du théâtre. Quelques dates dans cette ascension d'Avignon comme reine du théâtre : *1951* — c'est l'événement que l'on sait. Toute la France a les yeux de Chimène pour Gérard Philipe : il est, pour la première fois *Le Cid* à Avignon. La même année, Vilar monte son fameux T.N.P. • et commence ses non moins fameuses tournées de province. Mais pendant douze ans, de 1951 à 1963, date de son départ, il réservera toujours ses créations à Avignon, sa ville porte-bonheur. Avec Vilar, le T.N.P. donnera 4 000 représentations en province, devant plus de cinq millions de spectateurs.

En *1963,* donc, Vilar confie son cher T.N.P. à G. Wilson (pour raison de santé), mais il demeure directeur du festival d'Avignon. Il commence à y inviter des troupes de province. En *1966,* il l'ouvre à d'autres formes d'expression. C'est Béjart * pour la danse. *Orden* pour la musique, avec Lavelli. C'est le cinéma avec Comencini. Et saviez-vous que la première de *La Chinoise* de Godard eut lieu en 1967 au Palais des Papes? En *1971,* Vilar meurt, à la veille du 25ᵉ Festival d'Avignon. L'équipe continue. Paul Puaux, qui fut aux côtés de Vilar depuis le premier jour, reprend le flambeau. Dans la lancée de Vilar, il élargit encore l'éventail des participants : Peter Brook *, les Soviétiques et les troupes de province : Le Grenier de Toulouse, Rennes, Saint-Étienne, Planchon * et sa troupe lyonnaise. La décentralisation en Avignon? On n'en parle même plus. *1980,* le festival est devenu une entreprise rentable. Une « Association de gestion » qui donne mandat, pour cinq ans, à un inconnu qui ne l'est pas pour tout le monde : Bernard Faivre d'Arcier. Sans tapage et sans *pub,* il a déjà donné bien des preuves qu'il était digne de continuer l'œuvre de Vilar. Mais d'abord, qu'est-il?

Un provincial dans l'âme

Faivre d'Arcier est un pur produit franc-comtois. Famille originaire d'un village du XIVᵉ, Arcier, près de Besançon. L'œil bleu, la barbe rousse, il dit fièrement que sa famille s'est toujours consacrée au service public, de Dieu ou de l'État. Chez lui, il semblerait que les hommes aient été, de préférence, ou général, ou évêque! Sans lésiner sur la grandeur de la tâche. Dans la tradition familiale, Bernard Faivre d'Arcier entre à l'E.N.A. *. Sorti dans un bon rang, il refuse les Finances et demande la Culture. A 27 ans, il crée un bureau d'assistance technique aux villes moyennes. Curieusement, c'est l'Équipement qui lui alloue un budget. Avec une petite équipe, il parcourt la France, discute avec les municipalités de leurs possibilités culturelles. Pour lui, il s'agit aussi bien d'aider à la rénovation d'une usine désaffectée qui servira de centre culturel que d'aider le maire à monter une troupe d'amateurs, une chorale ou même d'implanter un cinéma. « *Petites actions peu spectaculaires,* dit-il, *mais utiles localement.* » Quand on lui demande d'en citer quelques-unes, il répond pudiquement : « *Je n'aime pas les feux des projecteurs.* »

Maintenant, il est servi! On parle beaucoup de lui, par ici, pour la bonne raison qu'il n'a cessé d'améliorer le festival. En 1982, à son actif cet été : 125 000 spectateurs. Record battu. Une cinquantaine de spectacles, regroupant théâtre, danse, mimes, récitals. Seize troupes de province, venues aussi bien de Gennevilliers, Ivry, Bourges que de Grenoble ou d'Orange. Et pour rafraîchir les idées françaises, il a également invité des troupes du monde entier : américaines, canadiennes, italiennes, japonaises, javanaises, anglaises, hollandaises, indonésiennes, allemandes, etc. Faivre d'Arcier est l'homme des « spectacles vivants », comme on dit, pour faire la différence avec ceux des salles obscures.

Pour raisons professionnelles : il est surmené. Il semble garder une nostalgie du temps béni où il courait les petites villes « *pour semer de la graine, aider les gens à découvrir ce qu'ils souhaitent vraiment. Privilégier leur héritage culturel rural, agraire, pour excorciser le côté inhumain des grandes villes* ». Pour preuve de ce qu'il avance, il a invité cet été une troupe japonaise de théâtre moderne dont les racines s'ancrent dans l'antique théâtre *Nô.*

« Nous ne sommes pas le festival officiel du gouvernement. »

Malheureusement, ce sont les régions économiquement le mieux développées qui ont les moyens de satisfaire leur appétit de culture. D'où, sans doute, l'essor constant d'Avignon, devenu le festival numéro un de France. « *Mais nous ne sommes pas le festival officiel du gouvernement, je m'y refuse. Je suis contre le manichéisme du pouvoir, quelle que soit sa couleur politique. Je veux ouvrir à tous les perspectives artistiques. Je veux le public contre l'État, s'il le faut. Les artistes doivent passer avant les politiques.* » D'ailleurs, l'État n'entre que pour 15 % dans le budget du festival. 50 % des ressources viennent d'Avignon même, 30 % des billets, 5 % de la S.N.C.F. , Radio-France et divers. Cette année, il y a eu, à Avignon, une délégation de l'Assemblée nationale, venue voir comment ça se passait. Faivre d'Arcier jubile (pour une fois !) : « *Ils se sont trouvés dans l'obligation d'écouter les artistes, au lieu de s'écouter entre eux, comme d'habitude. Ils ont pris une petite leçon d'évolution sociale.* »

Une fête nationale...

Avignon, c'est désormais quatre semaines où un énorme public vient faire le point de la création contemporaine. Parmi eux, 20 % d'étrangers, 17 % de Parisiens, les 63 % restants représentant toutes les provinces. « *C'est une fête nationale, car toutes les régions y sont représentées. C'est aussi une fête de la communication entre créateurs et spectateurs, faite de chair, d'os, d'inquiétude et d'éphémère.* » Le public est neuf — souvent il s'agit de personnes qui n'ont pas la possibilité, dans l'année, d'aller au spectacle et, toujours, de gens qui estiment que l'art est une valeur importante. 10 % des spectacles tombent à ce banc d'essai d'Avignon. Quand le public n'aime pas, il hurle, trépigne. Il a ses propres goûts, sa propre sensibilité. Il n'a pas été prévenu par l'œil sacro-saint des initiés. (Faivre d'Arcier se dit excédé par la « *critique nationale* » parisienne.) « *On sait bien davantage, en province, réveiller peu à peu la France profonde. On n'y montre pas de ces snobismes d'opinion capables de tuer sans appel un spectacle à ses débuts.* »

A Avignon, on démarre tous les risques, on essuie les plâtres. Les créateurs, quels qu'ils soient, se trouvent trop souvent freinés, à leurs débuts, par des problèmes de financement. Un spectacle, même difficile, même de pointe, vu et choisi pendant l'hiver par Faivre d'Arcier et son équipe, a toutes ses chances en Avignon. On lui offre un vaste public. Un vrai public. Sans préjugé — puisque certains voient du théâtre pour la première fois.

« *Quand ils aiment, c'est le signe que l'œuvre peut exister, faire son chemin dans la mémoire.* » Et aussi dans le cœur, le rêve ou l'âme. Entrer dans la grande ronde de ce qu'on appelle l'art. Populaire ou pas. Provincial ou pas. Plutôt du monde entier.

Claire GALLOIS
Marie-France, octobre 1982.

Préparation   Rassemblez une documentation sur le festival d'Avignon et sur les festivals d'été en France.

La centralisation et la décentralisation

La centralisation sur Paris a longtemps caractérisé la France. Le général de Gaulle, président de la République (1958-1969), a proposé d'accorder plus de pouvoir aux régions dans le référendum d'avril 1969. Ce référendum n'ayant pas obtenu une majorité de « oui », le général de Gaulle a démissionné. Cette réforme a été de nouveau proposée par le président Giscard d'Estaing (1975-1981) mais n'a pas été réalisée. Le président Mitterrand et le parti socialiste ont accordé à la décentralisation une place importante dans leur programme politique. Par conséquent, le Parlement a voté en 1982 des lois qui donnent une plus grande autonomie administrative aux régions.

Tout comme Paris a dominé la vie administrative des régions, la capitale a également dominé la vie culturelle du pays. Sous la présidence du général de Gaulle, le ministre de la Culture, André Malraux, a essayé de lutter contre cette domination en créant, dans plusieurs grandes villes de province, des Maisons de la Culture où, parmi une diversité d'activités culturelles, des spectacles de théâtre étaient présentés par des troupes de la ville ou de la région. Ainsi encouragée, la vie théâtrale en province a connu une grande expansion. Cette activité s'est prolongée par la création de très nombreux festivals d'été.

Remarques   **Avignon** : ville principale du département du Vaucluse. De 1309 à 1378, les Papes n'ont pas résidé à Rome mais à Avignon. Leur résidence, le Palais des Papes, est aujourd'hui un musée et les spectacles principaux du festival d'Avignon ont lieu dans la cour d'honneur du Palais.

Les Avignonnais : habitants d'Avignon.

Explications complémentaires   **Chimène** : héroïne du *Cid* (1636), tragédie de Pierre Corneille. Chimène aime Rodrigue, personnage joué par Gérard Philipe (1922-1959), un des plus célèbres acteurs du T.N.P.

La Chinoise : film de Jean-Luc Godard, cinéaste de la « nouvelle vague ».

Toulouse, Rennes, Saint-Étienne : villes françaises où se trouvent des compagnies théâtrales très connues. La compagnie de Toulouse s'appelle le Grenier.

La Franche-Comté : région de l'est de la France dont Besançon est la ville principale. Les habitants s'appellent les Francs-Comtois.

Les Finances ; la Culture ; l'Équipement : les ministères des Finances ; de la Culture ; de l'Équipement.

Gennevilliers ; Ivry ; Bourges ; Grenoble ; Orange : villes françaises.

Le théâtre Nô : drame lyrique de caractère religieux et traditionnel au Japon.

Assemblée nationale : l'Assemblée nationale et le Sénat constituent le Parlement français.

La France profonde : la majorité des Français qui reste attachée aux valeurs traditionnelles.

Désormais : (ici) depuis l'élection du gouvernement socialiste en 1981.

Monter à l'assaut de : vouloir conquérir.

Éclairage (m.) de ruines : illumination nocturne par des projecteurs des restes d'un monument ou d'un bâtiment ancien.

Monter en flèche : se développer rapidement.

Quotidien (m.) : vie quotidienne.

Toile (f.) : peinture.

Monter une pièce : mettre en scène une pièce de théâtre.

Pari (m.) : tentative.

Sympathisant (m.) : (ici) personne qui est en faveur de ce projet.

Y aller de son obole : donner de l'argent.

Subvention (f.) : aide financière.

Qu'on tiendra à bout de bras : que des gens doivent tenir parce qu'il n'y a pas d'installation adéquate.

Lancement (m.) : promotion publicitaire.

Parisianisme (m.) : attitude adoptée par les Parisiens qui se croient supérieurs aux autres Français.

Création (f.) : première représentation d'une pièce.

Consacrer : donner.

Porte-bonheur (m.) : objet que l'on estime être porteur de chance.

Prendre le flambeau : assumer une tâche en conservant les mêmes objectifs.

Éventail (m.) : (ici) diversité.

Rentable : qui fait des bénéfices.

Gestion (f.) : administration.

Donner mandat à : nommer.

Tapage (m.) : grand bruit.

« Pub » (f.) (familier) : publicité.

Donner des preuves : prouver.

Ville (f.) moyenne : ville d'importance moyenne.

Allouer : accorder.

Parcourir : traverser.

Désaffecté(e) : que l'on n'utilise plus.

Pudiquement : avec modestie.

Les feux des projecteurs : la lumière des projecteurs qui éclairent les vedettes.

A son actif : comme résultat positif.

Surmené : très fatigué à la suite d'un excès de travail.

Temps (m.) béni : époque très heureuse.

Semer de la graine :(ici) fournir des idées.

Agraire : de la campagne.

Exorciser : chasser.

S'ancrer dans : être attaché à.

Essor (m.) : croissance, développement.

Manichéisme (m.) : conception dualiste, (ici) attitude tranchante.

Politiques (m. pl.) : hommes et femmes politiques.

Jubiler (familier) : éprouver une grande joie.

Faire le point : (ici) voir l'état actuel.

Faite de chair, d'os : constituée de personnes vivantes.

Éphémère : ce qui ne dure pas.

Tomber à ce banc d'essai : échouer quand ils sont présentés au public.

Trépigner : (ici) montrer vivement sa désapprobation.

Il n'a pas été prévenu... initiés : ses réactions n'ont pas été préparées par l'opinion infaillible des spécialistes (sens ironique).

Excédé : très irrité.

Sans appel : pour toujours, de façon irrémédiable.

Essuyer les plâtres : s'exposer aux inconvénients d'une première tentative.

Freiné : limité.

De pointe : d'avant-garde.

Exercices de compréhension

1 Qu'est-ce qui démontre la popularité des festivals d'été en France ?

2 Quelle est l'origine du festival d'Avignon ?

3 Pourquoi le premier festival a-t-il eu un grand succès ?

4 Comment Jean Vilar et le T.N.P. ont-ils contribué à la popularité du festival ?

5 Quels sont aujourd'hui les arts représentés au festival ?

6 Qu'est-ce qui caractérise le festival depuis l'arrivée de Bernard Faivre d'Arcier.

7 Quels devraient être, selon Faivre d'Arcier, les rapports : (a) entre les artistes et les politiques ; (b) entre les critiques de théâtre parisiens et le festival d'Avignon.

8 Est-ce que le succès du festival se limite à la province ? Justifiez votre réponse.

A vous maintenant

1 A votre avis, l'État doit-il subventionner des activités culturelles ? Pourquoi ?

2 A votre avis, faut-il développer la décentralisation culturelle dans votre pays ?

3 Comment la culture sous ses formes diverses s'exprime-t-elle dans votre ville ?

4 Quelle place la culture occupe-t-elle dans votre vie ? Sous quelles formes ?

5 **Travail de groupe :** Vous allez organiser un festival « en province », dans votre région. Quelles sont les difficultés que vous pourriez rencontrer ?

6 **Débat :** « La culture, c'est avant tout le besoin de croire en un monde meilleur. »

Exercices de langue

1 Faites la description d'un festival auquel vous avez assisté ou d'une activité culturelle à laquelle vous avez participé.

2 Vous êtes Parisien(ne) et vous assistez au festival d'Avignon. Vous envoyez une lettre à un(e) ami(e) parisien(ne) dans laquelle vous donnez vos impressions du festival.

PARIS-VACANCES

Vingt-deux maisons de province tentent de séduire les Parisiens

Pour le rêve et l'exotisme les habitants de l'Ile-de-France sont les plus gâtés des Français. Même s'ils ne prennent pas de vacances, ils peuvent, sans bourse délier, visiter nos terroirs les plus reculés et même nos îles tropicales en faisant la tournée des « maisons » de province. On en dénombre vingt-deux dans la capitale[1], plus aguichantes les unes que les autres.

Paris est la seule ville du monde à offrir une telle palette. Hôtesses de charme, affiches « comme si vous y étiez », décors typiques, toute la symbolique du tourisme est mobilisée. Y compris celle de la grande bouffe, puisque certaines maisons mitonnent des plats régionaux. On peut s'empiffrer de choucroute alsacienne aux Champs-Élysées, s'offrir des langoustes de la Réunion à la Madeleine et découvrir l'aligot lozérien sur le Boul'Mich *. Nul besoin non plus de descendre dans le Midi pour y faire provision de foie gras, d'armagnac ou de nougat. Tout cela se trouve en plein

centre de Paris, pas plus cher que chez le producteur et d'une qualité garantie.

Les Parisiens ne boudent pas leur plaisir. Le Nord-Pas-de-Calais reçoit quinze mille visiteurs par an, la Réunion en annonce le double, l'Auvergne affirme attirer quarante mille curieux. Le record semble détenu par la doyenne des maisons, celle de la Savoie, dont soixante-quinze mille personnes franchissent les portes. Cette année, restriction des changes et soleil aidant, on a battu tous les records. La Flandre, la Normandie, l'Alsace, le Poitou, les Charentes, le Limousin, ont fait recette comme jamais. Les Parisiens préféraient aller aux champs plutôt que sur la Côte d'Azur.

La tournée des provinces ne nécessite que trois tickets de métro. Leurs « maisons » — cela va de la boutique de 50 mètres carrés à l'immeuble entier — sont groupées pour la plupart dans le quartier des agences de voyages : Opéra, Madeleine, Palais-Royal. Deux sont installées sur les Champs-Élysées et deux autres — celles de l'Ouest — à Montparnasse. Seule la Lozère (qui ne fait

rien comme les autres) se niche dans le quartier Latin. Onze régions, quarante-six départements d'outre-mer et un territoire d'outre-mer ont ainsi leur « ambassade ». C'est en somme une bonne moitié de la France qui fait révérence à sa capitale et tente d'en exploiter le fabuleux gisement touristique.

Car les chiffres parlent : le tiers des touristes français qui se rendent en Lozère, en Franche-Comté ou dans les Alpes, pour ne prendre que ces exemples, viennent de la région parisienne. Ce constat, les Savoyards ont été les premiers à en tirer la leçon. Ils ont créé leur maison en 1934. Depuis lors — même pendant l'Occupation — elle n'a jamais cessé de canaliser vers les Alpes les Parisiens en mal de montagne. Les autres provinces, comme l'Auvergne et les Pyrénées, ne l'ont imitée que bien, plus tard, vers les années 50. A présent, le mouvement s'accélère. En moins de dix-huit mois, trois « ambassades » viennent d'ouvrir : celles de la Sarthe, de la Franche-Comté et de Tahiti. Les échecs sont rares. L'Aude, les Pyrénées-Orientales et l'Aveyron ont dû renoncer, mais sans doute n'est-ce que provisoire.

1. Liste des maisons de province. Office de tourisme de Paris : 127, Champs-Élysées, 75008 Paris, tél. : 723-61-72.

L'usine alsacienne

En revanche, il y a des absents fort remarqués. Ni la Côte d'Azur (pour cause de mésentente entre Nice et Marseille) ni la Côte du Languedoc, ni l'Aquitaine, ni le Val-de-Loire, qui vivent pourtant du tourisme, n'ont le moindre guichet à Paris.

Il est vrai que l'entretien d'une vitrine ou d'un bureau de réservation coûte très cher : entre 500 000 F et un million par an et par département. Les conseils généraux ou les chambres de commerce qui financent ces opérations se découragent parfois. A moins qu'on ait décidé à l'avance que la maison devrait équilibrer ses comptes. Elle s'adjoint alors une agence de voyage, une boutique, parfois même un restaurant.

La réussite la plus brillante dans ce domaine est celle de l'Alsace. En 1968, le Haut-Rhin et le Bas-Rhin achetèrent un immeuble de six étages sur les Champs-Élysées et le rénovèrent entièrement. Investissement : 16 millions de francs. Mais après quelques déboires initiaux la Maison de l'Alsace est devenue une véritable entreprise qui, sous la direction d'un manager de trente-trois ans, Marc Dumoulin, tourne rond. Le restaurant sert mille couverts par jour, trente-cinq bureaux et plusieurs salons d'exposition sont loués à des firmes privées, le bureau de tourisme assure toute l'année voyages de groupes et réservations individuelles.

Plusieurs fois par an, et à la demande, la maison organise, en banlieue, des soirées alsaciennes avec choucroute, orchestre et groupe folklorique garantis. Chiffre d'affaires global : 4 millions de francs dont les bénéfices sont immédiatement réinvestis. La Maison d'Alsace — qui représente aussi les Vosges depuis peu — assure la promotion de sa région, rend service aux Alsaciens de passage dans la capitale et ne coûte pas un centime aux départements.

Le dynamisme des maisons de province tient essentiellement à l'esprit d'initiative des hommes et des femmes qui les animent. Il ne leur suffit pas d'être de bons gestionnaires, il faut aussi qu'ils (ou elles) aient le sens des relations publiques, le bon contact avec les journalistes, de la diplomatie et de l'imagination. L'une des opérations les plus originales de ces dernières années a été montée, en 1981, par Michèle Reversade, la directrice de la Maison du Dauphiné. Sans qu'il leur en coûte rien, elle a réussi à envoyer trois cents handicapés de la région parisienne pendant une semaine dans les stations de ski de l'Isère. Faire de la promotion tout en se rendant utile, c'est un pari qui a été gagné [2].

Bureau de recrutement

Le développement du tourisme n'est d'ailleurs plus le seul objet des ambassades provinciales. La Maison du Nord-Pas-de-Calais, par exemple, créée à l'initiative du conseil régional et exclusivement financé par lui, se donne de multiples objectifs. Elle veut être à la fois la maison des nordistes (ceux qui habitant Paris, comme ceux qui n'y sont que de passage) et le reflet du dynamisme régional, économique aussi bien que culturel. Elle n'a finalement rien à vendre sinon une image de marque.

La dernière née des maisons, celle de la Sarthe, créée à l'initiative de la chambre de commerce, affiche un objectif assez nouveau : être le bureau de recrutement des industriels, artisans, commerçants et prestataires de services souhaitant s'installer au pays des rillettes.

Simple boutique, succursale de syndicats d'initiative, antenne économique, foyer d'amicales, service de relations publiques ou mini-ambassade, les maisons de province n'ont pas trouvé leur vérité. Pas plus d'ailleurs que leur assise territoriale. Certaines représentent un ou plusieurs départements, d'autres des régions entières. Vers quelle formule la décentralisation les fera-t-elle évoluer ? Pour l'heure la diversité paraît être la loi du genre.

Marc AMBROISE-RENDU
Le Monde, 23 août 1983.

2. *Le Pari dauphinois,* par Nicole Diederich et Dominique Velche. P.U.F., 1983.

L'étude d'un historien provençal

La province et sa capitale en mauvais ménage

Les rapports de l'administration parisienne et de l'opinion provinciale. Sujet largement débattu de façon passionnelle le plus souvent, mais qui n'avait guère tenté jusqu'à présent les juristes et les historiens. M. Pierre Guiral, professeur d'histoire à l'université de Provence, a présenté sur ce sujet une communication au colloque organisé par l'École des hautes études dans les locaux du Conseil d'État.

Il est malaisé de faire la distinction nécessaire entre ce qui, dans l'administration de la capitale, relève du gouvernement et de la ville. D'autant qu'il a paru normal aux meilleurs politiques du XIXᵉ siècle de doter la capitale d'une organisation particulière, et l'administration de Paris, dès qu'elle est confiée à quelque personnalité forte ou exceptionnelle, tend à prendre une importance nationale qui n'est pas dans l'esprit de l'institution. On le voit bien aujourd'hui.

M. Guiral a noté que cette administration de Paris est non seulement différente, mais qu'elle tend *« à favoriser, à privilégier ses administrés, considérés comme des Français plus difficiles à satisfaire, plus exigeants, et dont l'irritation aurait des conséquences incalculables ».*

Similairement, dans les domaines habituels de la vie quotidienne, Paris reste le premier servi, en raison du prestige qui s'attache à la capitale, de l'abondance de ses ressources financières, de la qualité des agents de son administration. Le service de la voirie et celui des eaux, par exemple, sont, dans les principales villes de province, en retard sur Paris. C'est en 1895 que l'administration parisienne a organisé les services rapides et sûrs que nous appelons Police-Secours depuis 1928, et il a fallu soixante-dix-huit ans pour que Marseille et Lyon possèdent leur métro comme Paris.

Cette « avance » aurait dû, en bonne logique, inciter les provinciaux à l'admiration et à l'imitation. En fait, Paris leur présente des images qui sont loin d'être radieuses : c'est un gouffre de dépenses où le train de vie ne saurait être celui de Romorantin. Le pouvoir n'hésite pas à intervenir en faveur de tel agent de l'administration parisienne. Surtout l'éclat de la vie parisienne est un manque à gagner pour la province. Lors de l'exposition de 1867 *« les Marseillais calculent ce que Paris a gagné et ce que la province a perdu. Quinze à vingt mille Provençaux s'y sont rendus : autant de millions perdus pour la région ».*

Le provincial en veut, en outre, à Paris d'être un lieu de vie chère et de tentations où fuit l'argent qu'il a patiemment économisé. Il adviendra même que l'administration parisienne, des comptes fantastiques d'Haussmann aux vespasiennes de Topaze, appelle des critiques — fondées ou non — qui justifient le réflexe épidermique des provinciaux.

Il y a plus grave : Paris est le lieu des explosions révolutionnaires et le foyer des passions mauvaises, et il y faut maintenir un régime de haute surveillance, un statut spécial que la province ne saurait vouloir pour elle en raison de son sérieux qui lui permet d'user de ses droits, alors que les Parisiens en mesureraient. Il ne faut donc pas s'étonner si la province tient Paris en suspicion. Réflexe durable que confirmera la Commune.

La province emprunte peu à l'administration parisienne. Quand il y a greffe, elle est forcée, le gouvernement la souhaite ou l'impose par souci de l'ordre : la garde nationale, par exemple; ou, plus récemment, le décret du 29 septembre 1972, relatif aux attributions des préfets délégués pour la police, qui modifie profondément l'administration départementale en instituant un haut fonctionnaire nouveau qui a pour indiscutable modèle le préfet de police de Paris.

A l'inverse, M. Guiral a observé que la province pèse sur l'administration de Paris. Ainsi les décrets-lois de 1939, qui visaient Marseille (en la mettant jusqu'en 1946 à l'heure parisienne), frappent aussi les franchises de la capitale.

En outre, la conception de « Paris et du désert français » est discutable sur plus d'un point et le retard de la province en matière d'administration urbaine est, estime M. Guiral, moindre qu'on ne le proclame. La nouvelle faculté de médecine construite par Edouard Herriot a placé Lyon à la tête de l'équipement médical français, et avant 1910 les transports urbains par tramways électriques avaient atteint à Marseille une manière de perfection.

Enfin, on ne saurait oublier que les administrateurs de Paris les plus brillants sont souvent des provinciaux ou des Parisiens qui ont fait leurs armes en province.

Aujourd'hui, les institutions parisiennes sont devenues un *contre-modèle*, une punition pour la province. Paris paraît de plus en plus la capitale d'une bureaucratie tracassière et paralysante ; l'exemple à ne pas suivre d'une civilisation moderne industrielle, mécanisée, sans détente. L'homme d'Aix ou de Quimper voudrait qu'on le laisse respirer. Peut-être verrons-nous la revanche des pays perdus, des régions délaissées, des provinces en voie de développement, des villes qui ont su rester mortes ou endormies et qui n'ont pas voulu briller et mourir.

Paul CHOVELON
Le Monde, 16 octobre 1978.

« Le Cheval d'orgueil » :
le film que les Parisiens boudent

Mais le film de Chabrol
remporte un triomphe en Bretagne

Étrange histoire que celle du *Cheval d'orgueil* de Pierre-Jakez Helias. Dans sa seule version française, le livre va bientôt atteindre les deux millions d'exemplaires. Au-delà du particularisme bigouden, nombreux sont ceux qui ont retrouvé une partie de leurs racines dans l'œuvre monumentale de l'écrivain breton. Une geste commune à la paysannerie de toutes les régions, sinon de toutes les époques.

Le Matin, 3 novembre 1980.

LIBRE PROPOS

Est-ce la faute aux Parisiens?

Un de nos lecteurs, M. Bernard Marrey, habitant du 9ᵉ arrondissement et qui signe « un Parisien de souche », manifeste sa mauvaise humeur.

Les régions, depuis quelques années déjà, reprennent la parole, et c'est tant mieux. Mais il est irritant que dans ces discours Paris serve de bouc émissaire. Écrire et dire, comme on le lit et l'entend tous les jours : « *C'est la faute à Paris* », « *Les vandales, c'est Paris* », est une accusation globale, facile, qui ne vise et n'engage finalement personne. (...)

Personne ne gagne à cette partie de cache-cache. Paris, plus que toute autre, en a souffert : aucune ville, aucun site de France n'a été plus saccagé que Paris ces vingt dernières années, sans qu'à aucun moment les Parisiens aient été consultés. Car, vu l'importance de la capitale, il est trop évident que les Parisiens ne pourraient décider de son sort. Paris est à la France! Seul le gouvernement a la lumière, la pénétration, la largeur de vue suffisantes et la nécessaire distance à l'égard des intérêts privés.

C'est cependant un président de la République qui a fait détruire les Halles, devenues quasi spontanément lieu d'exposition et d'animation de par la simple action de la population parisienne. C'est le même président de la République qui a fait construire 100 mètres plus loin un mausolée culturel dans lequel la culture est « conditionnée » pour la France entière.

C'est le gouvernement qui a dénaturé les quais de la rive droite de la Seine pour « adapter Paris à l'automobile », et c'est lui encore qui a imposé d'en faire autant sur la rive gauche. C'est un autre président, mais toujours un président de la République, qui a ensuite imposé d'abandonner le projet. Même si dans ce dernier cas on peut s'en réjouir, il est étonnant de constater combien les décisions échappent à Paris, et comme la majorité du Conseil municipal est... docile, pour employer un mot aimable.

C'est le gouvernement encore qui, cédant à la pression du « lobby * » de la viande, fit construire à grands frais les abattoirs de La Villette, et c'est le président de la République qui, pour passer l'éponge sur ce passé douloureux, suggéra d'y bâtir un musée.

On a « zacqué * » la place des Fêtes, « zuppé * » Jeanne d'Arc, « zaddé * » Montparnasse... Les sociétés immobilières ont expulsé les Parisiens et les ont remplacés par les résidents secondaires. C'est une population bien comme il faut, qui manifeste peu et vote bien. Les cadres supérieurs des sociétés multinationales ont un appartement à Paris. Les députés, les hauts fonctionnaires de tout poil, préfets, sous-préfets, généraux, professeurs de faculté... ont tous, ou quasiment, leurs pied-à-terre à Paris. Les Parisiens, eux, ont justement été déportés dans les betteraves, à l'« air pur ».

Même pour la langue, le français est encore assimilé à Paris, capitale de l'Ile-de-France. Or le français, ou ce qu'il en reste, est une langue imposée par Louis XIV, qui était si peu parisien qu'il préféra s'installer à Versailles. Comme l'a justement noté Doudan le 5 juillet 1841 : « *Le dix-septième siècle a détruit la vraie langue française. Il en a fait une demoiselle tout d'une veine, serrée dans son corset, parlant toujours du même ton, tandis que la pauvre fille, au seizième siècle, était vive, simple, courant dans les prés, cueillant des fleurs, les jetant pour courir après des oiseaux. Toutes ses paroles étaient variées et colorées comme ses pensées.* » Non! La langue de Paris, c'était plutôt l'argot. Il n'a sans doute pas les lettres de noblesse de l'occitan, du breton ou de l'alsacien, mais il était riche et dru. Mon grand-père, qui était loin d'être une exception, parlait argot *, louchebem *, javanais * et le français qu'il avait appris à l'école. Je ne parle aucune de ces trois langues, mais, comme beaucoup de « scolarisés », un peu d'anglais...

Les maux dont nous souffrons tous viennent des concentrations des pouvoirs. Que ceux-ci soient pour la plupart géographiquement situés à Paris ne donne aux Parisiens que l'avantage d'être mieux assujettis.

Le Monde, 18 septembre 1979.

Capitale sangsue

Après le libre propos d'un de nos lecteurs qui, dans « le Monde » du 18 septembre, se plaignait de ce que l'on impute aux Parisiens tous les défauts de la capitale, M. L. André, de Saint-Germain-de-Calberte, en Lozère, nous a fait parvenir sa réaction.

Eh bien oui! C'est la faute aux Parisiens si avec mépris on nous appelle les provinciaux. Un provincial fait rire à Paris (j'y ai vécu douze ans). Le terme provincial est péjoratif; voir le *Petit Larousse*. Les Parisiens utilisent encore couramment ces phrases : il vient de sa province, il porte le fumier avec ses sabots... pour nous désigner, et c'est là tout simplement du racisme.

Dans les Cévennes, nous en avons vu arriver de ces Parisiens qui ont pris et prennent encore les Cévenols pour des demeurés, et ces Parisiens disent ce qu'il y a lieu de faire pour nous sauver. Mais avons-nous besoin d'être sauvés? On se moque de notre accent, écoutez la télé et vous verrez. Tout cela fait naître la rancœur chez les Cévenols, les Languedociens, les Provençaux. Paris nous impose sa langue, sa culture; les nôtres ne sont-elles pas valables?

Le filet départemental

Certes, nous n'avons garde d'assimiler le Parisien de la Mouffe ou de Belleville avec le gouvernement. Mais il est vraiment difficile de lutter contre les jacobins de Paris. Les partis politiques quels qu'ils soient sont, eux aussi, centralisés. On se moque éperdument de la base et l'électeur n'est qu'une machine à mettre un bulletin dans l'urne.

Non, Paris n'est pas notre capitale, elle est la sangsue des régions. Les objets d'art découverts en province échouent dans les réserves du Louvre et d'autres musées, par exemple l'Éphèbe d'Agde. Le mammouth de Durfort est en péril au Muséum d'histoire naturelle. Sa place est à Durfort, tout simplement; et la Vénus d'Arles, pourquoi n'est-elle pas dans sa bonne ville? Nos impôts servent à payer Paris; le meilleur des régions est drainé sur Paris.

Si nos enfants veulent travailler, ils doivent partir dans le Nord, alors que les Parisiens s'installent chez nous. Pourquoi ne vote-t-on pas une loi à l'intention des fonctionnaires disant que la priorité des priorités, pour l'attribution d'un poste, est donnée au natif du pays où se situe ce poste?

Non, ce n'est pas en uniformisant l'Hexagone • qu'on en fera une nation, mais plutôt en favorisant les particularismes qui, ma foi, ne cherchent pas le séparatisme. S'il y a des autonomistes, c'est bien souvent par réaction démesurée au centralisme opprimant parisien. (...)

Vous parlez de l'anglais... Cette langue n'a aucune utilité pour la majorité de ceux qui l'ont apprise dans les écoles, alors que la langue du terroir apporterait plus et perpétuerait une civilisation dont la disparition sera une grande perte. Lorsque l'Europe parlera la même langue, quel ennui!

Le filet départemental qui étouffe toutes les régions n'est pas prêt à être démantelé, et Paris, au centre, figure l'araignée qui veut nous dévorer. Il est exact qu'il y a un sentiment antiparisien qui monte dans les régions, mais c'est la faute des Parisiens. Qu'ils abandonnent leur suffisance et, se considérant comme enfants d'une belle région, l'Ile-de-France, qu'ils emboîtent le pas aux défenseurs des régions.

Dans les prisons de Paris, il y a des Corses, des Bretons, qui croient en leur région, le savez-vous, Parisiens, et que faites-vous pour eux? Il en est qui ont quelque peu abîmé Versailles, mais pourquoi ne protestez-vous pas contre la défiguration de nos côtes et de nos montagnes, patrimoine écologique encore plus précieux pour tous?

Pour terminer, sachez que nous, les provinciaux, si méprisés, aimons tout de même beaucoup Paris et les Parisiens.

Le Monde, 3 octobre 1979.

La décentralisation est-elle la « grande » ou la « grosse » affaire du septennat?

Au moment où la bataille électorale bat son plein, le ministère de l'Intérieur et de la Décentralisation décide de diffuser un bilan de la réforme de la décentralisation. Quantitativement, ce bilan institutionnel, depuis vingt mois, est impressionnant, puisque dix lois ont été votées et promulguées depuis mai 1981, complétées par une cinquantaine de décrets.

Quant aux aspects financiers, le gouvernement met l'accent sur l'importance des ressources transférées par l'État aux communes, départements et régions (104 milliards en 1981, 120 milliards en 1983, soit une augmentation de 14,5 % en francs constants). Ce document ne manquera pas de soulever des polémiques dans les milieux politiques, puisque l'opposition reproche au gouvernement, d'une part, d'avoir freiné la mise en œuvre de la réforme de décentralisation et, d'autre part, de faire supporter désormais aux collectivités locales des charges et des responsabilités dont il se dessaisit.

A en juger par l'abondance des lois discutées et promulguées, des décrets et arrêtés signés par MM. Mauroy et Defferre, des circulaires envoyées aux commissaires de la République depuis vingt mois, la décentralisation aura été sinon la « grande affaire », du moins l'« une des plus grosses » du début du septennat.

A ce titre, et même si la réalité quotidienne et les mœurs administratives n'ont pas encore changé en profondeur, les engagements pris par M. Mitterrand, pendant la campagne présidentielle, auront été globalement tenus. Il n'est pas inutile de le souligner aujourd'hui, à quelques jours de l'élection de maires aux prérogatives nouvelles et un an après des élections cantonales, gagnées par l'opposition, qui avait alors soupçonné le gouvernement de vouloir réfréner son originelle ardeur décentralisatrice.

Les piliers de l'œuvre entreprise pour changer les rapports entre le pouvoir et les contre-pouvoirs, d'une part, entre les pouvoirs et les citoyens de l'autre, sont constitués par deux lois : celle du 2 mars 1982 intitulée « droits et libertés des communes, des départements et des régions » (complétée par une quarantaine de décrets d'application déjà publiés) et celle du 7 janvier 1983, qui arrête une première répartition des compétences.

Le premier texte supprime les tutelles juridiques, techniques, administratives, financières de l'État, raccourcit les circuits de décision, clarifie les rôles, permet aux commissaires et commissaires adjoints de la République d'être plus disponibles auprès des maires pour les conseiller, transfère l'exécutif aux élus, fait de la région une collectivité majeure et sans complexes, permet aux partenaires locaux de l'État d'agir concrètement dans le domaine de l'emploi.

Le second tente de mettre fin — le transfert des compétences s'échelonnera de 1983 à 1985— à un processus lent, lourd et coûteux de décision, qui faisait intervenir, parfois pour des affaires mineures, une multiplicité d'institutions. On ne savait plus qui, de la commune, de la région ou de l'État, était responsable. Dans un premier temps, pour six secteurs, on saura désormais qui fait quoi : urbanisme, formation professionnelle et apprentissage, planification et développement économique, logement, justice, police.

Ces deux piliers législatifs sont eux-mêmes complétés par des « annexes » spécifiques, qui ne sont d'ailleurs pas d'un intérêt secondaire :

— deux lois sur le statut et les compétences de la région corse;

— deux lois sur les chambres régionales des comptes (qui sont nées officiellement le 1er janvier 1983);

— deux lois spécifiques sur Paris, Lyon et Marseille;

— une loi sur les DOM *;

— deux lois sur la planification.

L'énumération serait fastidieuse, et même inutile, si elle n'illustrait l'idée que, en agissant vite, y compris pour vaincre les réserves de plusieurs de leurs collègues au gouvernement, MM. Mauroy et Defferre ont engagé un mouvement politique irréversible, dont les nouveaux maires de mars vont être les premiers acteurs et les premiers témoins.

ALORS !
ELLE VIENT CETTE
DÉCENTRALISATION ?

ILS NE SONT TOUJOURS
PAS D'ACCORD À
PARIS !

Dessin de PLANTU, *Le Monde,* 3 juillet 1981.

Mais il reste, pour demain, c'est-à-dire d'ici à 1985, autant à faire.

Première urgence de l'après-mars 1983 : les lois sur le statut des hommes et des femmes qui géreront les collectivités locales nouvelle manière, c'est-à-dire les fonctionnaires et les élus locaux. La fonction publique territoriale, symétrique de celle de l'État, devra être attrayante, permettre une mobilité des fonctionnaires, leur garantir des droits comparables aux agents de l'État, séduire des élèves de l'E.N.A. . Puis le statut des élus locaux définira les droits à la formation des maires et de leurs adjoints, les crédits d'heures pris sur le temps de travail, les indemnités, les conditions de retraite des « patrons » des communes.

Parallèlement, il faudra faire voter une proposition de loi sénatoriale qui complète le volet du transfert des compétences dans les secteurs de l'action sociale, des transports, de l'éducation, de la culture et de l'environnement.

Troisième étape : comment favoriser la coopération librement consentie entre communes ? Enfin, quatrième et dernier paragraphe de l'œuvre législative qui suivra immédiatement les élections : comment améliorer la participation des citoyens à la vie locale ?

Le nerf de la guerre

M. Deferre — ou son successeur — a donc encore du pain sur la planche, et les étapes politiques les plus faciles à franchir ne seront pas, assurément, la limitation du cumul des mandats des élus ou la redéfinition des rapports financiers entre l'État et ses partenaires locaux. C'est pourtant là que se trouve le nerf de la guerre et c'est sur ce terrain qu'on jugera le gouvernement. Car quel crédit accorderait-on à un pouvoir qui proclamerait les mérites de la décentralisation tout en empêchant Périgueux, la Bourgogne ou le Finistère d'exercer avec des caisses correctement remplies leurs nouvelles prérogatives ?

Sachant que c'est là que l'opposition pourra mettre en doute sa bonne foi, le gouvernement a fait calculer le montant des concours financiers de l'État à ses partenaires locaux : 104,6 milliards de francs en 1981, 108,8 en 1982, 119,7 en 1983, soit une augmentation de 14,4 % [1]. Quant à la façon dont l'État compense les charges nouvelles des communes, départements et régions, le budget de 1983 réserve 3,4 milliards de francs au lieu de 2,1 en 1982, tandis que le projet de loi préparé par le gouvernement de M. Barre se chiffrait à 1,13 milliard de francs [1].

Les batailles de chiffres, assurément, ne sont pas en voie d'apaisement. D'autant qu'il faudra bien se décider à ouvrir le difficile dossier de la réforme de la fiscalité locale, et ce, sur fond de contraction générale des ressources et des dépenses publiques...

Au milieu du gué, sur le plan institutionnel, et après avoir décidé « qui fait quoi », le gouvernement devra affronter l'obstacle redoutable : « qui paye quoi ».

François GROSRICHARD
Le Monde, 25 février 1983.

1. En francs constants.

TÉLÉVISION :

FR 3, un pas vers le futur

DES PROGRAMMES RÉGIONAUX QUOTIDIENS À PARTIR DU 5 SEPTEMBRE

Le 5 septembre sera sans doute considéré dans quelques années comme une date-charnière de l'histoire de la télévision en France : l'introduction de douze programmes de télévision régionaux quotidiens sur FR3 (de 17 h à 19 h 50 du lundi au vendredi et de 17 h 30 à 19 h 50 le samedi) fait entrer notre système audiovisuel dans l'ère de la régionalisation, inscrite dans la loi du 29 juillet 1982. C'est le premier pas vers une multiplication des télévisions locales, lorsque les réseaux câblés de télédistribution auront permis l'éclosion des initiatives.

FR3 a compris l'enjeu, et décidé de prendre les devants. C'est un pari, comme l'explique ici son président-directeur général, M. André Holleaux, puisque aussi bien la troisième chaîne ne disposera pas pour la fin de cette année de crédits supplémentaires. En 1984, toutefois, une partie des sommes prévues au budget pour la production audiovisuelle doivent aller aux régions (*le Monde* du 23 août). Le risque, ce sont des programmes au rabais, qui déçoivent les téléspectateurs, et les détournent définitivement des plages d'écoute « régionales ». Aussi la direction de la chaîne a voulu trouver une « locomotive » capable de « fixer » un maximum de personnes : ce sera « Dynastie », le super-feuilleton américain, rival de « Dallas », que chacune des douze régions va programmer. Mais l'arbre ne doit pas cacher la forêt : pour la rentrée, au moins, plus de 90 % des émissions diffusées seront produites « en région ».

Le Monde, 3 septembre 1983.

Les douze régions

Alsace (Strasbourg);
Aquitaine (Bordeaux);
Bourgogne-Franche-Comté (Dijon);
Bretagne-Pays de la Loire (Rennes);
Limousin-Poitou-Charentes (Limoges);
Lorraine-Champagne-Ardennes (Nancy);
Midi-Pyrénées - Languedoc-Roussillon (Toulouse);
Nord-Picardie (Lille);
Normandie (la région administrative n'est pas encore créée : centre, Rouen);
Paris-Ile-de-France-Centre (Paris);
Provence-Côte d'Azur-Corse (Marseille);
Rhône-Alpes-Auvergne (Lyon).

LA MALADIE DU CENTRALISME

M. Georges Challand, architecte à Aix-en-Provence, nous écrit pour sa part :

Le « périf » embouteillé jusqu'à l'apoplexie ? Cette voie est dépassée irrémédiablement. Si les pouvoirs publics ne se penchent pas un jour sur le véritable problème posé par la configuration en étoile de notre réseau de voirie, lui-même calqué sur le réseau ferroviaire, les aménagements *in situ* du boulevard périphérique ne serviront à rien. Car c'est un non-sens de ne pouvoir traverser la France sans passer par Paris si l'on ne veut pas se perdre dans le dédale des routes secondaires.

Toutes les autoroutes convergent vers Paris. C'est bien là le vice de notre réseau. Il faut réaliser un réseau d'évitement de la capitale pour trouver remède à cette maladie du centralisme. Ce n'est pas une thrombose locale qu'il faut soigner, c'est l'état vasculaire de la France.

Le Monde, 12 avril 1983.

Spinga, *École ouverte sur le monde*, n° 83, décembre 1981, Librairie Vuibert.

Monsieur le Gouverneur de Paris rendez-nous les régions!

La liste bretonne pour les élections européennes se met en place... L'association Régions-Europe, présidée par Jean-Edern Hallier, chargée d'établir cette liste, a été créée le 25 février. Son siège est à Fay-en-Bretagne, près de Nantes. Un choix symbolique pour attester que la Loire-Atlantique appartient à la Bretagne. Jean-Luc Le Douarin, président du CELIB (Comité d'études et de liaisons des intérêts bretons), est l'un des deux vice-présidents de Régions-Europe. La liste bretonne va surtout centrer sa campagne sur le thème : « Droits de l'homme = droits des régions. »

C'est bien au maire de Paris que j'adresse cette supplique. En effet, n'êtes-vous pas le gouverneur de la région la plus peuplée de France, Paris?

Élu au suffrage universel, Monsieur le Gouverneur, vous tenez de main ferme votre conseil, et les préfets de votre région exécutent vos directives.

Non seulement, vous possédez votre police, mais encore vous demandez au reste de la nation de vous la subventionner. Il en est de même de vos transports. Vous possédez dans votre province le temple de la culture : Beaubourg, les plus beaux musées, l'Opéra, les plus prestigieux théâtres. La plupart des sièges sociaux français sont installés chez vous. Vous avez autour de vous tous les centres de décision, ministères, grandes administrations.

Je sais que votre château est en Corrèze, et les Corréziens doivent être bien aise d'avoir à Paris un prince qui puisse, comme à Versailles, s'occuper de leurs intérêts.

Nous, Bretons, dans une Bretagne des cinq départements, voudrions avoir un gouverneur tel que vous. Élu au suffrage universel, entouré de son conseil, il donnerait des directives à nos préfets, il veillerait à la bonne gestion de notre police. Avec notre argent, il désenclaverait notre région, il veillerait à ce que notre culture soit respectée; peut-être construirait-il quelques maisons de la culture, les théâtres qui manquent, il ferait respecter la charte culturelle bretonne, il encouragerait en Bretagne la création de sièges sociaux d'entreprise, il créerait un centre de décision administratif. Il permettrait la décentralisation des ministères, et, à nos ports, le développement qu'ils attendent. Notre région pourrait se protéger des risques que lui fait courir la circulation des tankers au large de ses côtes.

Vous, monsieur Chirac, président du R.P.R., dites-moi pourquoi vous voulez rester le seul gouverneur de la seule région de ce pays. Je comprends bien que lorsqu'on a tout, on n'est point tenté de s'occuper des autres. Une occasion vous est pourtant donnée, ainsi qu'à votre parti, de conjurer vos égoïsmes. Les élections européennes sont une occasion de corriger une erreur historique, de ne pas vous maintenir à contre-courant, de promouvoir la France des régions, de redonner aux Français, et par là, à la Bretagne, la dimension de la responsabilité.

Je vous demande de reconsidérer votre position sur l'Europe et les régions et de porter vos yeux un peu plus loin que les limites de votre province; sachez être, aussi, grand, sachez prendre la mesure de la France, et portez votre regard plus loin sur les régions dans l'Europe, comme a su le faire l'homme de Colombey.

D'autres, avec vous, n'écouteront sans doute pas mon appel. C'est pourquoi une liste de tous les Bretons libres de « politicaillerie » se présentera au suffrage des Français.

Élus, du haut de la tribune de Strasbourg, des députés de la Bretagne prendront à témoin les régions de l'Europe du peu de cas que vous faites des régions de l'Hexagone.

Jean-Luc LE DOUARIN
Le Matin, 5 mars 1979.

Le renouveau culturel

« C'est blesser un peuple au plus profond de lui-même que de l'atteindre dans sa culture et sa langue. Nous proclamons le droit à la différence. »

François MITTERRAND

Discours de Lorient, 14 mars 1981.

Sept cultures minoritaires

Il existe en France sept minorités culturelles, sept « peuples », — d'aucuns disent « ethnies » —, qui ont préservé, plus ou moins bien, leurs langues ou dialectes : Catalans du Roussillon, au regard souvent tourné vers Barcelone ; Basques d'Euzkadi-Nord (Pyrénées-Atlantiques) tenant Bilbao pour leur métropole et la Bidassoa pour une rivière coulant au cœur de leur pays ; Bretons conscients que l'Irlande ou le Pays de Galles, aux langues très voisines, appartiennent comme eux à la grande famille celte ; Flamands de l'arrondissement de Dunkerque qui s'estiment aux « Pays-Bas » de France et se tiennent pour les éléments occidentaux du monde néerlandais ; Alsaciens décidés à ne rien sacrifier de leur double — et même triple — patrimoine linguistique : le dialecte et la langue littéraire allemande — son complément et support — et, naturellement, le français que nul ne leur conteste, comme ce fut le cas jadis ; Corses résolus, eux aussi, au bilinguisme ; Occitans, enfin, depuis peu réveillés, fiers de rappeler leur « latinité » culturelle, plus forte que celle des « Francimans » — ces « Latins amoindris » — situés au nord de Blaye, de Clermont-Ferrand ou de La Mure.

Ces sept « minorités », qui le sont à la fois dans le cadre de l'Hexagone · et même dans leurs provinces d'origine (sur 250 000 Basques « français », par exemple, on ne compte que 80 000 bascophones), ont, au-delà de leurs différences certaines, au moins un trait commun : leur appartenance à un État qui, depuis la Révolution — à l'encontre de l'Ancien Régime —, ne veut plus voir que des citoyens « égaux ».

Les sept langues réfugiées dans les terroirs, en recul perpétuel depuis Jules Ferry et son école publique — où l'on punissait, il y a peu, l'écolier parlant patois, le poussant même à la dénonciation de ses camarades —, semblent aujourd'hui se ressaisir.

J.-P. RICHARDOT
Le Monde, 26 octobre 1977.

uss'm follik

L'HEBDO LIBRE DES ALSACIENS
1 rue des veaux . 67 . STRASBOURG   N°56

Vendredi 3 Mai 1974

LA PAROLE AUX MINORITÉS

Préparation

• Situez sur la carte de France les sept régions ethniquement distinctes dont on parle dans ce texte, en vous aidant des cartes pp. 3 et 51.

• Les minorités ont des liens avec certains des pays entourant la France. Lesquels ?

Remarques

Le suffixe **phone** signifie « qui parle » + une langue :
    Francophone : qui parle français
    Hispanophone : qui parle espagnol
    Bascophone : qui parle basque

Le substantif : **le bilinguisme** (le fait de parler deux langues).
L'adjectif : **bilingue(s)**.

Une ethnie : ensemble d'individus que rapprochent un certain nombre de caractères de civilisation, notamment la langue, la culture. Voir également le texte « L'Hexagone éclaté », p. 6.

Un dialecte : voir définition p. 52.

Catalan, Catalane : de Catalogne (française et espagnole).

Le Roussillon : région sur la côte méditerranéenne de la France, près de la frontière espagnole.

Barcelone, Bilbao : villes d'Espagne.

Le Pays de Galles : un des pays qui composent la Grande-Bretagne.

Dunkerque : grand port du nord de la France.

Les Pays-Bas : la Hollande.

Blaye : petite ville sur la Gironde (estuaire qui mène à l'océan Atlantique).

Clermont-Ferrand : ville du Massif central située au centre de la France.

La Mure : petite ville au sud de Grenoble.

La Révolution : celle de 1789 qui a mis fin à la monarchie en France.

L'Ancien Régime : nom de la monarchie avant 1789.

Jules Ferry : ministre de l'Instruction publique de 1879 à 1883 qui a institué l'école publique obligatoire.

Notes de vocabulaire

D'aucuns : certaines personnes.

Sacrifier : (ici) perdre, abandonner.

Réveillés : (ici) passés à l'action, manifestés.

A l'encontre de : au contraire de.

Terroir (m.) : (ici) région rurale, provinciale.

En recul : en régression.

Se ressaisir : retrouver son énergie.

Exercices de compréhension

1 A quel élément de la culture a-t-on donné de l'importance dans ce texte ?

2 Pourquoi les Catalans ont-ils le regard tourné vers Barcelone ?

3 Quel est le lien entre les Bretons et les Gallois ?

4 Les Pays-Bas ne font pas partie de la France. Comment expliqueriez-vous cette expression : « Les Pays-Bas de la France ? »

5 Qu'est-ce qui fait la complexité du patrimoine linguistique des Alsaciens ?

6 De quoi les Occitans sont-ils conscients maintenant ?

7 Pourquoi punissait-on à l'école publique l'élève parlant patois ?

8 Citez deux traits communs aux sept minorités.

A vous maintenant

1 Pourquoi une minorité tient-elle beaucoup à sa culture ?

2 **Débat** : Est-ce qu'une minorité doit sacrifier sa culture à la culture dominante ?

3 Décrivez et discutez la couverture d'*USS'M FOLLIK*. Comment les minorités y sont-elles représentées ?

Exercices de langue

Utilisez les mots et les expressions suivants dans des phrases pour décrire brièvement la situation actuelle des minorités ethniques en France :

être décidé(s) à faire [quelque chose] — **être conscient(s) que** — **sacrifier** — **se ressaisir** — **avoir un trait commun** — **atteindre [quelqu'un] dans [quelque chose].**

Vivre au pays et parler sa langue

Lorsqu'il était candidat à la présidence de la République, M. François Mitterrand avait promis de favoriser l'enseignement des langues et cultures régionales. Après une période d'étude et de concertation, M. Alain Savary, ministre de l'Éducation nationale, a défini en juin 1982 « *un programme d'actions pour une période de trois années* ». De son côté, M. Jack Lang prend des initiatives pour mettre en application les propositions du rapport de M. Henry Giordan, « Démocratie culturelle et droit à la différence » (février 1982).

Une circulaire du 21 juin 1982 précise l'engagement de l'État pour l'organisation des enseignements de langues et cultures régionales [1]. Ceux-ci doivent être dispensés de la maternelle à l'université « *non pas comme une matière marginale, mais comme une matière spécifique* ». L'objectif du ministre est de favoriser le volontariat des élèves et des enseignants, dans le respect de la cohérence du service public.

Un an après ces décisions, les premiers résultats d'une enquête dans les académies par le ministère permettent de constater que, dans les écoles maternelles et élémentaires, le nombre d'élèves « *concernés par des expériences significatives d'enseignement des cultures et langues régionales* » atteint cent dix mille. Soit six fois plus que pendant l'année scolaire 1980-1981.

La création de cinquante et un postes de maîtres itinérants et de conseillers pédagogiques a facilité l'amplification et la coordination des séquences d'initiation dans les classes, à tous les niveaux. Un nombre croissant d'élèves maîtres devraient aussi être formés grâce à la mise en place d'une option facultative de langues et cultures régionales aux concours d'entrée aux écoles normales. Cette année, plus de mille candidats ont choisi cette option.

Dans les collèges et les lycées, l'affectation de postes spécifiques — une vingtaine — et d'heures supplémentaires a permis une progression importante du nombre d'établissements dans lesquels existent des options de cultures et langues régionales. Un enseignement facultatif d'une heure est prévu dès la prochaine rentrée pour les classes de sixième où un minimum de quinze élèves s'engageront à suivre ce cours. A partir de la classe de quatrième, une option « cultures et langues régionales » de trois heures est proposée aux élèves, qui peuvent continuer cet enseignement dans le second cycle. Ils ont été dix mille à choisir cette option au baccalauréat de 1983.

Le ministère a aussi créé des postes dans l'enseignement supérieur et accordé des habilitations pour délivrer des formations à l'occitan, au basque, au catalan, au breton et au corse dans les universités des régions dialectophones [2]. Enfin, les centres régionaux de documentation pédagogique (C.R.D.P.) ont publié, grâce à des crédits spécifiques, un matériel pédagogique. (...)

Entre les militants bretons ou basques et le ministère, la polémique continue. L'ouverture à la rentrée [3] de deux classes bilingues (occitan et béarnais), qui s'ajoutent aux deux écoles bretonnes et à l'école basque, favorisera-t-elle une évolution ?

Serge BOLLOCH

Le Monde, 3 août 1983.

1. La loi Deixonne — du nom d'un député de 1951 reconnaît officiellement cinq langues : le basque, le breton, le catalan, le corse et l'occitan.

2. Cette année, l'université de Rennes-II a délivré les soixante-sept premières licences de breton. La moyenne d'âge des diplômés, presque tous des salariés, est de trente-huit ans.

3. Les écoles bilingues déjà ouvertes sont les suivantes : Saint-Rivoal (Finistère), breton ; Lannion (Côtes-du-Nord), breton ; Sare (Pyrénées-Orientales), basque. Pour la rentrée 1983-1984, une classe d'occitan sera ouverte à Sarlat (Dordogne) et une classe de béarnais dans les Pyrénées-Orientales.

La plate-forme de Bordeaux

Cinq associations soutenant des écoles privées en langues bretonne, basque, occitane, catalane et corse [1] ont publié une plate-forme revendicative commune à l'issue d'une réunion qui a eu lieu le 24 juillet à Bordeaux. Ce rassemblement avait pour but de « *répondre collectivement* » aux dernières propositions du ministère de l'Éducation nationale concernant le statut et l'aide financière à ces écoles (...) Les associations signataires du texte de Bordeaux demandent, quant à elles, « *la prise en charge complète des systèmes d'enseignement existant dans les cycles préélémentaire, élémentaire et secondaire, et la fixation à cinq élèves du seuil d'ouverture des classes* ». Elles revendiquent aussi la mise en place d'une double filière d'enseignement (langue régionale et français), et le recrutement des enseignants « *dans l'aire linguistique concernée* » (admission de maîtres basques espagnols par exemple), tandis que le ministère s'en tient aux conditions légales qui exigent la nationalité française.

Dans une lettre adressée à M. Alain Savary, les cinq associations demandent à être reçues par le ministre de l'Éducation nationale avant le 20 août. Mais rue de Grenelle on semble plus favorable, « *étant donné son objet même* », à continuer la négociation au niveau des recteurs.

Ph. Be.

1. Respectivement : Diwan, Seciska, Calendreta, Bressola et Scolacorsa.

Langues régionales à l'école : Un impact culturel et pédagogique

« LE BRETON ME PLAÎT »

Aujourd'hui, le breton vit une troisième étape de sa jeune vie scolaire : après la loi Deixonne · de 1951, quasi inopérante quant aux résultats, et la Charte culturelle de 1978, en principe plus libérale et en définitive assez décevante, le breton bénéficie d'une circulaire d'Alain Savary réglementant l'enseignement des langues et cultures régionales.

Accueil très mitigé. Les organisations culturelles attendaient mieux du nouveau gouvernement de gauche. La circulaire du 21 juin a été disséquée, passée au crible. Quelques points positifs, mais aussi, affirment les responsables, trop de flou, d'imprécisions, et surtout un plan qui reporte la solution fondamentale du problème culturel, à savoir la sauvegarde ou la disparition de la langue.

François Kerrain, professeur de philosophie au lycée privé Bossuet à Lannion, enseigne le breton dans le cadre de son horaire normal, à 70 élèves de seconde, première et terminale.

« Je ne puis consacrer qu'une heure aux élèves de A2, au lieu de trois, nous dit-il, car l'Académie ne nous a accordé qu'un contingent de cinq heures pour des raisons budgétaires. Ce contingent est nettement insuffisant. »

Les élèves, fils de paysans, de commerçants, d'artisans ruraux, ont de solides motivations. Nous en avons interrogé trois, qui sont âgés de 18 ans.

Question utilité

Yann. — « J'ai entendu le breton à la maison entre mes parents. Je le comprends, mais je ne le parle pas. J'ai envie de l'apprendre. Pourquoi? Je pense que la région doit garder son autonomie. De toute façon, j'ai du plaisir à l'apprendre, bien que ce soit une langue difficile. Je manque de vocabulaire. Je préfère le breton à l'anglais. Question utilité, le breton me servira plus vite que l'anglais, dans ma vie de tous les jours. »

Marie-Madeleine. — « Mes parents ont l'habitude de parler breton entre eux. J'ai toujours été ennuyée de ne pas pouvoir participer à la conversation. J'ai donc ressenti le besoin de m'intégrer dans le milieu bretonnant. En prenant le breton au bac, je pense acquérir les connaissances qui me manquent, surtout le vocabulaire. C'est chez moi une démarche naturelle, je ne me suis pas demandée si cette langue servirait au point de vue professionnel. Si j'apprends le breton, c'est parce que je suis née en Bretagne. Et je suis confiante dans l'avenir du breton, il y a de plus en plus de jeunes qui l'apprennent... »

Éric. — « Le breton me plaît. Je constate qu'il me sert. Je vois mes deux petits frères : quand les gens plaisantent en breton, ils ne comprennent rien. Par contre, pour l'avenir du breton, je ne suis pas tellement confiant ; ça continue de se dégrader. Heureusement, il y a des gens qui le relancent. Le mieux, à mon avis, est de l'apprendre dès la naissance. »

Des bases

F. Kerrain ne contredit pas ce point de vue : « Dans le cadre de mon enseignement, je ne puis que leur donner des bases. A eux de les développer. En suivant des stages, en partant à la découverte du pays. Il faut qu'ils mettent l'imagination au pouvoir. »

Directeur du collège Saint-Joseph, toujours à Lannion, Yves Le Bourdonnec affirme à propos de la circulaire du ministre de l'Éducation nationale : « Compte tenu des travaux préparatoires nécessaires à l'organisation de cet enseignement nouveau — notamment en ce qui concerne les contenus des différents niveaux — ce dispositif sera mis en place progressivement à compter de la rentrée 1983 pour la 6e, puis 1984 pour la 5e, 1985 pour la 4e... »

Le Bourdonnec précise qu'actuellement, dans son établissement, 55 enfants suivent des cours de breton en 6e et une vingtaine en 5e, à raison d'une heure par semaine, dans le cadre de l'horaire normal du professeur.

« Ce sont des débutants, de tous milieux, poursuit-il. Les parents, s'ils ne poussent pas l'élève à accepter cette matière, ne s'y opposent pas non plus. Je puis dire qu'à 95 % des cas, c'est l'élève qui décide lui-même s'il apprendra le breton ou non. »

Toutefois, aucun cours de breton n'est organisé en 4e et en 3e, faute de professeurs disponibles. Alors que la circulaire précise qu'un approfondissement de la langue et de la culture régionales peut se faire dans ces classes par le truchement d'une option « culture et langues régionales » de trois heures hebdomadaires.

Le problème Diwan *

Au niveau des maternelles, le ministre n'a pas résolu le problème des écoles privées « tout en breton » de l'Association Diwan qui demandent à être reconnues par l'Éducation nationale.

Cette Association gère (et finance) 18 écoles maternelles et 2 écoles du premier degré. Au total : 220 élèves. Elle rétribue de ses deniers 33 personnes et fait face à un budget de 3 millions de francs. « Rien n'a changé depuis le 10 mai », proteste Diwan. Par réaction, elle compte créer 50 nouvelles écoles.

A Beg-Leguer, nous avons vu fonctionner l'une de ces écoles. 18 enfants entre les mains de deux maîtresses. Sur les murs, les jours de la semaine en breton, des noms d'oiseaux en breton. La lecture a commencé.

« Petra zo aman? (Qu'y a-t-il ici?). — Ur pesk (Un poisson) », répond sans hésitation un garçon de quelque cinq printemps.

« Après un an, ils parlent tous le breton au point de laisser pantois le cantonnier du coin », commente une maîtresse qui ajoute que son école ne peut satisfaire toutes les demandes d'inscription.

Quant à cette maman, qui se présente avec deux petits garçons, elle explique : « S'il ne s'agissait que de revanche sur un passé où la langue a été victime d'un ostracisme, ce serait une réaction passéiste. Je pense au contraire que de telles expériences vont dans le sens de nouvelles pulsions pédagogiques. Et puis il faut tout de même, comme le disait l'écrivain Morvan Lebesque, refuser le nivellement. Si le breton disparaît, pourquoi pas un jour aussi le français? »

Roger LAOUENAN
La Croix, 14 décembre 1982.

Les langues régionales au bac

Ils sont 5,74 % de candidats au bac à avoir choisi en 1981 de présenter une langue régionale. Ils n'étaient que 2,39 % il y a dix ans.

Cependant, l'évolution de la faveur des langues régionales de 1971 à 1981 (chiffres portant sur quatre langues : breton, basque, catalan et occitan, car le provençal et le corse n'ont eu droit de cité au bac qu'en 1974) n'est pas constante. En effet, si de 1971 à 1977, le chiffre a augmenté chaque année passant de 3 163 candidats à 8 426 en tout, il a chuté à 7 743 en 1978 pour remonter progressivement à 8 261 en 1981.

Pour cette dernière année, ils étaient 1 194 à avoir choisi de présenter le breton, 195 le basque, 205 le catalan, 6 667 l'occitan, 623 le corse.

Libération, 28 septembre 1982.

A l'Université...

Le ministère de l'Éducation nationale a décidé d'accepter pour 1982-1983 trois demandes d'habilitation de diplômes d'études approfondies (D.E.A., troisième cycle universitaire) en langues et cultures régionales : occitan à Aix-Marseille I, celte à Rennes II, béarnais à Pau.

Ces habilitations s'ajoutent aux D.E.A. déjà en place : celte à Brest, basque à Bordeaux III, créole à Aix-Marseille I et andorran à Perpignan.

La nouvelle carte universitaire, qui est provisoire, puisqu'elle devra changer avec la mise en application de la future loi d'orientation de l'enseignement supérieur, ne comporte aucune licence, aucun Capes (Certificat d'aptitude à l'enseignement dans le secondaire) et aucune agrégation. Cela provoque le mécontentement des militants régionalistes pour qui l'existence de tels diplômes est nécessaire afin de donner à tous les niveaux d'enseignement (et donc pas seulement au niveau du primaire) des professeurs formés et qualifiés.

La rue de Grenelle hésite à accorder aux universités la possibilité de délivrer de tels diplômes afin d'éviter, dit-elle, un manque de débouchés. Ainsi, Jean-Claude Luc, chef de la mission d'action culturelle du ministère, s'interroge « sur la décote entre le coefficient de sympathie (pour l'enseignement des langues régionales) et les actes ».

Cette crainte pourrait-elle impliquer sur le terrain moins d'ouvertures de postes d'enseignants que prévu et le cantonnement à un titre expérimental de la licence existant depuis 1981 à Rennes et à Brest?

La Croix, 14 décembre 1982.

Préparation

- Qui s'intéresse principalement à apprendre une langue régionale ?
- Quels sont les avantages, pour les Bretons, de parler leur langue, le breton ?

Remarque

L'organisation de l'enseignement en France
Le ministère de l'Éducation nationale est responsable de l'administration de l'enseignement. La France est divisée en Académies qui correspondent dans l'ensemble aux régions. Après l'école maternelle et l'école primaire qui constituent le premier degré de l'enseignement, les élèves entrent dans un collège (C.E.S.) pour les classes de 6e, 5e, 4e et 3e. A la fin des études de lycée (classes de seconde, première et terminale), les élèves passent le baccalauréat (le « bac »).

Explications complémentaires

Alain Savary : nommé ministre de l'Éducation nationale après la victoire des socialistes aux élections de 1981.

Le 10 mai : date de l'élection en 1981 du candidat socialiste, François Mitterrand, comme Président de la République.

Lannion : ville de Bretagne.

Notes de vocabulaire

Quasi : presque.
Inopérant : qui ne produit aucun résultat.
En définitive : finalement.
Circulaire (f.) : lettre officielle adressée à plusieurs personnes.
Mitigé : qui n'est pas enthousiaste.
Passer au crible : analyser très en détail.
Flou : vague.
Reporter : remettre à plus tard.
Contingent (m.) : (ici) le nombre total d'heures consacrées à une matière.
Bretonnant : qui garde les traditions et la langue bretonnes.
Démarche : (ici) attitude.
Être confiant(e) : être sûr(e).
Relancer quelque chose : donner une nouvelle impulsion, un nouveau développement.
Stage (m.) : période d'études pratiques, de formation, de perfectionnement.
Contenu (m.) : (ici) programme.
Faute de : parce qu'il n'y a pas de.
Par le truchement de : par l'intermédiaire de.
Maternelle (f.) : école maternelle.
Gérer : administrer, diriger.
Rétribuer de ses deniers : payer avec son propre argent.
Laisser pantois : étonner, surprendre.
Cantonnier (m.) : ouvrier qui travaille à l'entretien des routes.
Passéiste : qui accorde beaucoup d'importance au passé.
Pulsion (f.) : tendance.
Nivellement (m.) : (ici) le fait d'être uniforme, au même niveau.

48

Exercices **de** **compréhension**	1 Pourquoi est-ce que le breton n'a qu'une « jeune vie scolaire » ? 2 Est-ce que les mesures prises jusqu'à présent pour que le breton soit enseigné à l'école ont été très efficaces ? 3 Quelle serait la meilleure façon de sauvegarder le breton selon Éric ? 4 Qu'est-ce qui doit compléter l'enseignement du breton selon F. Kerrain ? 5 En quoi consiste le succès de l'Association Diwan ? Y a-t-il cependant un problème ? 6 Selon « la maman », pourquoi faut-il sauver le breton ?
A vous **maintenant**	1 Faut-il accorder plus de temps et d'importance à l'enseignement des langues ? Quelles langues ? 2 Dans quelles classes faut-il commencer l'enseignement des langues ? 3 Est-il utile d'enseigner dans les écoles les langues des minorités ? Pourquoi ?
Exercices **de** **langue**	1 Employez les mots et les expressions suivants pour expliquer pourquoi vous apprenez le français : **avoir envie de** **préférer [quelque chose] à [autre chose]** **constater** **penser acquérir [quelque chose]** **être confiant(e)** 2 Rédigez un article de journal sur l'enseignement du français dans votre pays.
Quelques **expressions**	**Avoir droit de cité** : être admis. **Chuter** : baisser. **Une demande d'habilitation** : demande de validation d'un diplôme. **La rue de Grenelle** : adresse à Paris du ministère de l'Éducation nationale. **L'enseignement supérieur** : enseignement universitaire. **La décote** : différence d'appréciation.
Exercices **de** **compréhension**	1 Est-ce que le nombre d'étudiants présentant une langue régionale au bac a augmenté au cours des dix dernières années ? 2 Selon les chiffres, quelle est la langue régionale la plus populaire parmi les étudiants ? 3 Où se trouvent les universités citées ? Quelles langues régionales y enseigne-t-on ? 4 Pourquoi le ministère hésite-t-il à offrir aux étudiants la possibilité de préparer, dans une langue régionale, tous les diplômes universitaires ?

Volem Viure A Pais, décembre 1982.

Des traditions maintenues

Mais, sauf des cas particuliers comme l'Alsace (une presse en langue locale très active), la langue n'est plus le lien principal des peuples minoritaires.

Ce lien est surtout culturel au sens le plus large, il est fait d'un art de vivre, d'habitudes alimentaires, d'une sociabilité différente (la vie de rue en Occitanie, les *penas* basques ou sociétés gastronomiques), d'un certain style des maisons rurales (Bretagne), d'une culture orale (contes bretons) qui fait large place à la danse et à la musique (pays celtes), et aussi de grandes œuvres écrites (Catalogne). L'identité collective de ces peuples s'inscrit dans des lieux, des dates, souvent un drapeau. Tous les Basques connaissent Guernica et son chêne, la journée nationale de l'*Aberri Eguna* (le lundi de Pâques), l'*ikurrina* vert-blanc-rouge, l'écusson *zazpiak bat* (les sept provinces en un peuple).

J. C.

Le Monde diplomatique, avril 1981.

Politique Hebdo, 18 mars 1978.

50

LANGUES ET DIALECTES DE FRANCE

D'après Gaston Tuaillon, *Comportements de recherche en dialectologie française,* Paris, CNRS, 1976.

Cartes reproduites dans le rapport Giordan, « Démocratie culturelle et droit à la différence », Paris, La Documentation française, 1982.

Parlers non gallo-romans en France

flamands
parlers celtiques de Bretagne
basque
catalan du Roussillon
parlers toscans de Corse
germanique d'Alsace-Moselle

Parlers gallo-romans hors de France

A	Iles anglo-normandes
B	Val d'Aran (Espagne)
C et C'	Parlers gallo-romans d'Italie
D et D'	Suisse romande
E	Belgique romande

LES PATOIS

Langues populaires

LANGUE, DIALECTE, PATOIS

Avant d'aller plus loin, il n'est pas inutile de rappeler quelques définitions.

Qu'est-ce qu'une langue ?

« C'est un ensemble de sons articulés, organisé en système de signes transcrits, en usage dans une communauté et servant à communiquer les pensées et les sentiments. »
Petit Larousse

Tout parler, quel qu'il soit, est donc une langue.

Un idiome : C'est une langue propre à une nation, parfois à une région (par exemple, le breton) ; il peut être commun à des gens de nationalités différentes (ex. : le catalan, le basque).

Un dialecte : C'est la variété régionale d'une langue (l'alsacien est un dialecte germanique).

Un patois : On donne généralement le nom de patois aux parlers locaux ne présentant pas de norme ni de forme écrite ; tout dialecte possède une variété de patois.

Le patois, où qu'il se pratique, où qu'il vive, est avant tout et surtout **parlé.** Cela signifie que les quelques textes de patois ardennais publiés ici ont soulevé des difficultés importantes. Fallait-il les écrire ? Et comment les écrire ?

Nous avons gardé l'orthographe que les auteurs avaient utilisée eux-mêmes.

B.T. [1], avril 1982.

1. B.T. (La Bibliothèque de Travail) est le symbole d'une pratique pédagogique, créée par C. Freinet il y a plus de cinquante ans, qui constitue une « contre-proposition » aux manuels scolaires. Elle propose aux enfants et aux adolescents, sous une forme journalistique, des documents élaborés à partir d'enquêtes menées par leurs pairs.

LE PATOIS... UN PHÉNOMÈNE ?

« Il y a plusieurs siècles, la majorité des Français ne parlait pas le français, mais un patois. Certaines activités professionnelles n'étaient attribuées qu'aux personnes ayant une bonne connaissance du français.

Il y a environ un siècle, on a décidé d'apprendre obligatoirement le français dans les écoles, apprentissage qui était bien plus compliqué que celui de l'allemand de nos jours, car il fallait parler le français à n'importe quelle heure de la journée et à propos de n'importe quoi, ceci pour que chacun abandonne définitivement son patois.

Après maints et maints efforts, on a réussi à faire disparaître dans sa quasi-totalité le patois, mais, fait nouveau, de nos jours, on s'y intéresse de plus en plus. »

BARBARA, classe de 4e C, Collège Pasteur, Vrigne-aux-Bois (Ardennes).

Quel avenir pour le créole?

Sur le thème de « L'état présent des études créoles », un colloque organisé par l'AUPELF · a réuni récemment, à Nice, des spécialistes venus de terres créolophones (Haïti, Antilles, Jamaïque, de l'océan Indien, Guyane), mais aussi, en grand nombre, des États-Unis, du Canada, d'Allemagne, etc.

Le fait créole (il s'agissait ici du créole « à base lexicale » française, le plus important en extension géographique et numérique) pose au linguiste, mais aussi au sociologue, à l'enseignant et aux Etats de sérieux problèmes.

La genèse de la « langue » créole récente est mal éclaircie. Elle s'est élaborée au XVIIᵉ siècle dans les comptoirs de traite des Noirs, à partir d'un sabir de marins et de négriers, s'est rapidement structurée et normalisée et n'a plus guère évolué depuis le XVIIIᵉ siècle.

Les traits essentiels du créole (prononciation, lexique, grammaire) sont les mêmes en Haïti, aux Antilles, dans l'océan Indien. Il y a bien des dialectes ou des parlers créoles assez distincts (trois en Haïti), mais il s'agit d'une même langue.

Une langue, et non un patois, qui ne doit rien, dans sa syntaxe ni dans son vocabulaire, aux langues africaines, même si des traits phonétiques communs à tous les parlers créoles ont très probablement une origine négro-africaine.

Le français est historiquement la langue mère de ce créole (comme le portugais l'est du « criollo » ou l'anglais du « jamaïca-talk »). Mais celui-ci a conquis et conservé sa spécificité : il est tout autant une langue à l'égard du français que le sont le portugais ou le catalan à l'égard de l'espagnol.

Le créole est essentiellement une langue non écrite et non officiellement enseignée. Pour l'écrire, on peut envisager deux systèmes. L'un, « étymologique », mettrait l'accent sur sa parenté avec le français; l'autre serait strictement phonétique.

L'écart entre la langue mère (le français) et la langue fille (le créole) ne serait pas modifié pour autant, pas plus que l'écart entre le latin et le français n'a été modifié par la substitution, à la fin du Moyen Age, d'une écriture « étymologique » du second à l'écriture « phonétique » de l'ancien français.

Mais la perception de cet écart serait, elle, très différente, beaucoup plus vive dans le cas de l'écriture phonétique. Il n'est donc pas étonnant que le choix d'un système graphique de transcription du créole apparaisse aux intellectuels créolophones comme l'enjeu d'une bataille importante. En fait, le problème se trouve résolu par l'impossibilité d'écrire le créole autrement que dans un système phonétique.

Les différentes écritures déjà adoptées (en Haïti) ou proposées (pour les autres communautés créoles) ne diffèrent que par un souci plus ou moins grand de rendre exactement la langue parlée.

C'est le sort de celle-ci, face à la pression du français, qui reste en question, et par conséquent l'avenir même du créole.

Bien qu'il soit la langue maternelle de la quasi-totalité des populations haïtienne, antillaise ou guyanaise et qu'il reste de loin la langue la plus parlée dans les îles, le créole y est senti généralement comme un patois, qu'on a honte d'utiliser.

Sa situation à l'égard du français rappelle beaucoup celle des langues régionales en France voici un siècle et demi. Comme elles, il est interdit de séjour à l'école, considéré comme le signe de la lourdeur et de l'inculture paysannes. Et comme elles naguère, il est l'objet de sentiments partagés.

La langue de la mère et celle de la misère

Il est à la fois la langue de la mère et celle de la misère. L'abandonner pour le français, c'est trahir la mère, mais c'est aussi se donner une chance de sortir de la misère. Le créole est la langue qu'ignore le maître métropolitain, et qui permet de se moquer de lui; mais aussi, la langue qui annonce et dénonce l'esclavage.

D'où une double et contradictoire revendication. Une nouvelle intelligentsia créole, qui refuse de s'assujettir à la culture française comme l'avaient toujours fait (et souvent avec enthousiasme) ses aînés, réclame une promotion du créole qui en ferait à terme une langue honorée, utilisée, l'expression de l'identité culturelle et de l'indépendance des îles.

Mais, dans le même temps, les familles du peuple, et d'abord les plus pauvres, réclament pour leurs enfants cette scolarisation accélérée en français qui paraît leur garantir le pain d'aujourd'hui, et peut-être un bon emploi demain.

Cette contradiction, si décevante pour les militants de l'identité culturelle et politique, est banale. On la retrouve au Québec (se battre pour le français, mais faire apprendre l'anglais à ses enfants), en Afrique noire (le ouolof ou l'éwé, bien sûr, mais d'abord le français), etc.

Ici comme là, elle est le signe d'une contradiction plus profonde entre la nécessité sentie du développement (ou du moins d'un développement à l'occidentale) et l'aspiration à une indépendance véritable et totale. Le sous-développement des îles créolophones est confusément rapporté à un sous-développement linguistique qui l'expliquerait. Signe de la richesse, l'usage du français est désiré comme une anticipation de l'aisance.

Peut-on suggérer que le même processus de dévalorisation de sa langue maternelle au profit d'une langue étrangère dominante explique, toutes choses égales d'ailleurs, le prestige de l'anglais (ou du franglais, « créole » de l'Hexagone) • en Europe et en France ?

On peut imaginer ou espérer que les communautés créolophones trouveront, dans la prise de conscience de leur identité culturelle et dans la revendication de leur indépendance, les moyens de se donner un véritable statut linguistique (...)

On peut du moins espérer et vouloir que cette langue si particulière, si profondément vécue, conserve longtemps encore son authenticité : celle de l'âme créole elle-même.

Jacques CELLARD
Le Monde, 26 janvier 1982.

Conte de la Guadeloupe
ZANBA È LAPIN KA PWAN PWASON

An tan lontan, té tini dé zanmi. Yonn sété Conpè Lapin é lot la sété Conpè Zanba.

On jou, Conpè Zanba pa té difé pou i té limé chabon a-y. Alo, i voyé timoun a-y aca Lapin mandé-y tibwin difé. Timoun la alé, i fwapé é i rantré. Lè i rantré, i touvé Conpè Lapin ka fwi pwason. Alo i di :

— Conpè, ka ou ka fwi la, on?

Lapin réponn con sa sé on pwason i soti kyinn adan létan a Conpè Louwa. Timoun la di :

— Ban gouté an timoso.

Lè timoun la gouté pwason la, i dit :

— Manmans! Sa bon minn!

Traduction
ZAMBA ET LAPIN PÊCHENT DU POISSON

Autrefois, il y avait deux amis, l'un s'appelait Compère Lapin et l'autre Compère Zamba. Un jour, Compère Zamba n'avait pas de feu pour allumer son charbon. Alors il envoya son fils chez Lapin lui demander du feu. L'enfant frappa chez Compère Lapin et entra. A l'intérieur, il trouva Lapin occupé à faire frire du poisson. Alors il lui dit :

— Que fais-tu donc frire là ?

Lapin lui répondit que c'était des poissons qu'il venait de pêcher dans l'étang de Compère le Roi. L'enfant dit :

— Fais m'en goûter un morceau.

Lorsqu'il eut mangé le poisson, l'enfant dit :

— Maman! C'est vraiment bon!

Extrait de *Lectures bilingues graduées, créole-français,* Ageco éditeur.

2

La France du Nord

Région parisienne • Picardie • Nord

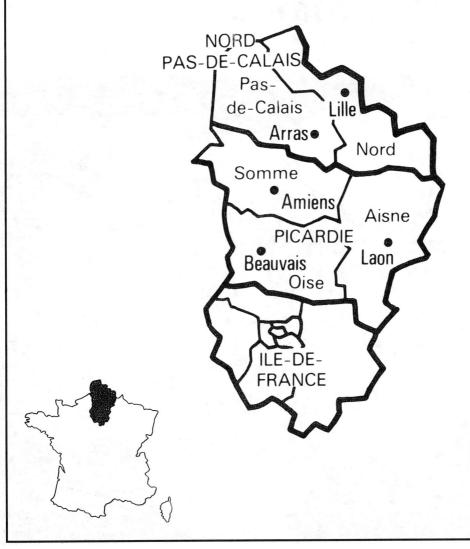

NORD-
PAS-DE-CALAIS

Pas-
de-Calais

Lille

Arras•

Nord

Somme

•
Amiens

Aisne

PICARDIE

•
Laon

Beauvais•

Oise

ILE-DE-
FRANCE

Campagnes, cités ouvrières, ports de pêche

L'Ile-de-France, aussi, devient majeure

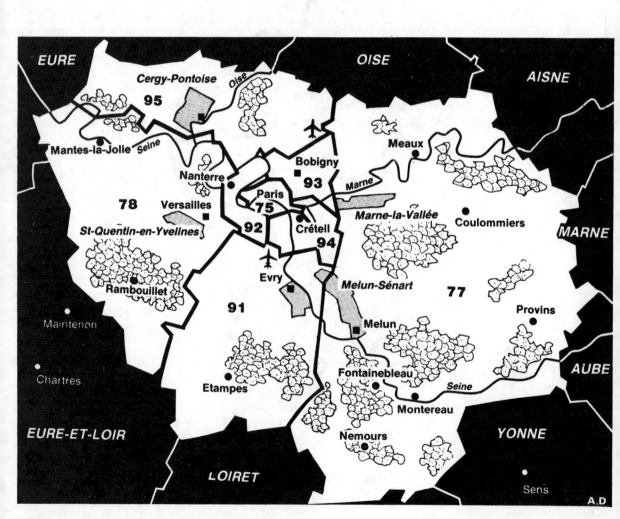

EURE

OISE

AISNE

Cergy-Pontoise

Oise

95

Meaux

Mantes-la-Jolie   Seine

Nanterre

Bobigny

93

Marne

Paris

75

Marne-la-Vallée

Coulommiers

78   Versailles

92

Créteil

94

MARNE

St-Quentin-en-Yvelines

Rambouillet

Evry

Melun-Sénart

77

Maintenon

91

Melun

Provins

Chartres

Fontainebleau

Seine

AUBE

Etampes

Montereau

EURE-ET-LOIR

Nemours

YONNE

LOIRET

Sens

A.D

Quelques pas à travers
une région qui existe...

... Sûrement dans ses paysages visibles
et ses changements continuels,
peut-être pas encore beaucoup dans la tête de ses habitants

Les nouvelles institutions politiques et administratives de la région; les souhaits et projets de son principal responsable élu pour les prochaines années; des données statistiques, des chiffres traduisant en millions de francs ou en dizaines de kilomètres de voies de circulation les réalisations déjà soutenues, depuis quinze à vingt ans, par les institutions régionales : tels sont en résumé les éléments de ce dossier.

Mais devant la carte, ce sont d'autres questions qui viennent à l'esprit. D'abord, comment ces institutions, ces réalisations se traduisent-elles, visiblement, dans la vie et le paysage quotidien des habitants de cette Ile-de-France? C'est ce que nous allons suggérer, de façon incomplète bien sûr, en rassemblant quelques traits du passé récent et du présent d'un couple de Parisiens : de « vrais Parisiens », comme il en existe tout de même quelques-uns, c'est-à-dire dont la vie n'a pas commencé en Bretagne ou en Provence, dans le Pas-de-Calais ou l'Aveyron!

A l'ouest de Paris

Appelons-les Stéphane et Claudine. Ils ont entre 35 et 40 ans; nés l'un dans l'ancienne Seine-et-Oise, l'autre dans l'ancienne Seine, ils avaient environ 20 ans quand Saint-Arnoult s'est retrouvé dans les Yvelines et Boulogne-Billancourt dans les Hauts-de-Seine. Lui avait toujours vécu à Boulogne, elle quelques années aussi à Bobigny et Courbevoie, ils habitent aujourd'hui Paris même.

Des changements en tous ces points de la région, ils peuvent en citer plus d'un. Et, qu'ils le sachent clairement ou non, plus d'une fois les institutions régionales — à côté de l'État, des Conseils généraux, de la RATP*, des communes, etc. — y ont joué un rôle.

C'est le domaine des transports qui est sans doute le plus frappant : dans les deux dernières années, deux nouvelles stations de métro se sont ouvertes à Boulogne. Mais dans les années précédentes, ils avaient vu considérablement changer les itinéraires de week-end entre cette ville et Saint-Arnoult, avec la voie rapide F 18 qui traverse la vallée de l'Yvette et rejoint l'autoroute A 10 ou, avec le doublement du tunnel de Saint-Cloud pour se diriger vers Rambouillet. Quant à la mère de Stéphane, il lui arrive de se rendre de Saint-Arnoult chez une de ses filles, à Bois-d'Arcy, par la gare nouvelle de Saint-Quentin-en-Yvelines.

Des champs... de pavillons

D'autres changements ont touché à différents aspects du cadre de vie. A Saint-Arnoult, la commune grandissait. Dans certains hameaux où, se souvient Stéphane, l'on ne trouvait dans les années 50 que quatre ou cinq familles d'agriculteurs et quelques rares ménages de « Parisiens » pour les vacances, des granges ont été peu à peu rachetées et transformées en résidences secondaires, Claudine a vu plusieurs dizaines de pavillons pousser à la place de champs. Dans cette croissance, Saint-Arnoult et les autres localités du même canton ont été aidées par le premier réalisé des contrats régionaux, contribuant à des aménagements de voirie, d'assainissement, de mise en valeur du centre des communes elles-mêmes.

Entre Boulogne et les communes voisines d'Issy-les-Moulineaux et Meudon, l'exemple le plus visible s'est inscrit sur l'île Saint-Germain. Bien sûr, dans cette partie ouest de Paris et cette banlieue toute proche, les habitants n'avaient déjà que l'embarras du choix pour la promenade, avec la proximité des bois de Boulogne, de Saint-Cloud, de Clamart et Meudon. Mais c'est un appréciable lieu supplémentaire de brèves sorties qui s'est dessiné et ouvert, à la place d'anciennes installations militaires.

Savoir patienter

Quittons nos deux habitants de l'Ouest parisien sur ce dernier exemple. Il est d'ailleurs significatif de la lenteur avec laquelle peuvent démarrer certaines réalisations lorsque doivent s'articuler des décisions entre institutions nationales, régionales, départementales, locales ; de la rapidité par contre avec laquelle elles entrent dans les faits lorsqu'un arbitrage a eu lieu.

C'est un trait que nous aurions trouvé en suivant d'autres habitants : des Parisiens « comptant les points », contemplant trous et chantiers autour des Halles ou de La Villette ; des habitants du Nord attendant qu'avancent les travaux de la ligne Ermont-Invalides ; du Sud, espérant la rénovation de l'hôpital de Corbeil ou la mise en service de celui d'Évry ; de l'Est, voyant davantage se fermer des usines que s'ouvrir des bureaux ; de villes rurales traditionnelles perdant de leur vitalité au profit d'une ville nouvelle ; d'un grand ensemble dont la réhabilitation serait urgente...

N'allongeons pas cet inventaire. On peut penser qu'après un temps de rodage, les nouveaux pouvoirs conférés à la collectivité régionale lui permettront d'accélérer certaines prises de décision et leur application. Une autre sorte de questions reste à dégager de ce survol, en regardant à nouveau la carte.

Identité ?

Quelles connaissances, quels centres d'intérêt peuvent avoir en commun l'agriculteur du Vexin et celui de la Brie, l'ouvrier de Bobigny et l'employée de la Défense, l'habitant d'un pavillon de proche banlieue et celui d'un hameau inclus dans la ville nouvelle de Melun-Sénart ?

Une réponse solide ne pourrait ici venir que de sondages et d'analyses empreints de rigueur scientifique. En 1978, dans la suite d'une campagne de sensibilisation lancée par l'Établissement public régional (notamment par expositions itinérantes, documents diffusés dans l'enseignement, mise en circulation intensive d'un « emblème » régional — le trèfle à huit feuilles et trois couleurs —, un sondage avait montré une progression régulière de la connaissance par ses habitants des réalités géographiques de l'Ile-de-France et des champs d'action des institutions régionales. La mise en œuvre de la décentralisation ne pourrait-elle redonner l'occasion de mesures comparables ?

Pour autant, la région Ile-de-France est-elle, deviendra-t-elle une région comme d'autres qui — tout en faisant la part du « folklore », de quelque dose de mythes glissés dans l'histoire authentique — peuvent se reconnaître une identité, « bretonne » ou « occitane » par exemple ? Faite indéniablement d'une majorité de déracinés gardant plus ou moins leurs attaches ailleurs dans l'Hexagone • , marquée par son rôle de région-capitale (on entend toujours dire plus facilement région parisienne qu'Ile-de-France), pôle d'attraction et pôle de décision, cette région trouvera-t-elle dans la tête de ses habitants une réalité affective, en tout cas autre qu'administrative ? Sans pour autant s'éloigner de la tâche, concrète et patiente, d'aménager la région, c'est peut-être une question fondamentale qui devrait être assumée.

Étienne GAU
La Croix, 15 avril 1982.

Préparation

• L'Ile-de-France est la région autour de Paris, traversée par la Seine et ses affluents la Marne et l'Oise. A travers ses paysages verdoyants de grandes forêts (Fontainebleau, Rambouillet, Compiègne) et de belles vallées, on peut suivre l'histoire des rois de France qui y ont construit de nombreux châteaux (Fontainebleau, Compiègne, Saint-Germain-en-Laye et surtout Versailles). C'est dans l'Ile-de-France que les premières cathédrales gothiques ont été bâties. Aujourd'hui, l'Ile-de-France est de plus en plus urbanisée et industrialisée.

• Renseignez-vous sur l'histoire de l'Ile-de-France et trouvez des photos de cette région.

Remarques

• Sur le plan administratif, la France est divisée en 22 régions constituées de 96 départements. Chaque département porte un numéro. Jusqu'en 1968, Paris et la région parisienne formaient deux départements : la Seine (75) et la Seine-et-Oise (78). A cette date, en raison de l'augmentation de la population autour de la capitale, ces deux départements étaient remplacés par sept nouveaux départements : Paris (75), Hauts-de-Seine (92), Seine-Saint-Denis (93) (ville principale : Bobigny), Val-de-Marne (94), Essonne (91) (ville principale : Evry), Yvelines (78) (ville principale : Versailles), Val-d'Oise (95). En 1975, la Corse a été divisée en deux départements.

• Chaque département de la France est divisé en arrondissements constitués de cantons qui sont eux-mêmes composés de communes. Il y a environ 36 000 communes dont les habitants élisent un conseil municipal ayant à sa tête un maire.

Explications complémentaires

Les Halles ; La Villette : quartiers de Paris où la vie a été perturbée par de grands travaux de rénovation.

Le Vexin ; la Brie : régions agricoles de l'Ile-de-France.

Notes de vocabulaire

Être majeur(e) : pour une personne, avoir 18 ans ; être responsable devant la loi de ce que l'on fait.

Responsable (m.) : personne qui prend les décisions.

Voie (f.) de circulation : route.

Soutenu : aidé, encouragé.

Trait (m.) : élément caractéristique.

« Vrais Parisiens » : personnes nées à Paris ou dans la région parisienne.

Itinéraire (m.) du week-end : (ici) chemin suivi en quittant Paris pour passer le week-end à la campagne.

Se rendre : aller.

Hameau (m.) : groupe de quelques maisons.

Grange (f.) : bâtiment servant à abriter la récolte.

Résidence (f.) secondaire : maison de campagne, où l'on passe le week-end ou les vacances.

Pavillon (m.) : petite maison.

Aménagement (m.) : modernisation.

Voirie (f.) : les rues et les routes.

Centre (m.) des communes : centre des villages ou des villes.
Patienter : être patient(e).
Arbitrage (m.) : décision prise dans un conflit entre plusieurs personnes.
Réhabilitation (f.) : (ici) rénovation.
Inventaire (m.) : liste.
Rodage (m.) : (ici) adaptation.
Dégager : (ici) discuter.
Ville (f.) nouvelle : ville récemment construite.
Trèfle (m.) : plante à trois feuilles.
Glissés dans : (ici) ajoutés à.
Déracinés (m. pl.) : gens qui ne sont pas originaires de la région où ils habitent.
Affectif : concernant les sentiments, les émotions.
Assumée : (ici) prise en compte.

Exercices de compréhension

1 Qui est-ce qui a joué un rôle important dans les réalisations qui ont changé la vie quotidienne des habitants de la région ?
2 Comment le cadre de vie des habitants a-t-il changé ?
3 Qu'est-ce qui ralentissait la prise d'une décision au niveau régional ?
4 Pourquoi est-ce que le journaliste pose la question de l'identité des gens de l'Ile-de-France ?
5 Qu'est-ce qui semble montrer que l'Ile-de-France pourrait devenir une région comme les autres ?
6 Pourquoi l'Ile-de-France doit-elle avoir une réalité affective aussi bien qu'administrative ?

A vous maintenant

1 Si vous étiez le principal responsable élu de l'Ile-de-France, quelles décisions prendriez-vous pour donner une identité plus marquée à cette région ?
2 Quels sont, selon vous, les avantages et les inconvénients d'habiter l'Ile-de-France ?
3 **Travail de groupe** : dressez une liste d'améliorations que vous souhaiteriez pour votre ville.

Exercices de langue

Vous êtes candidat(e) aux élections du Conseil municipal. Utilisez les mots et les expressions suivants pour présenter à vos électeurs un programme de projets :
Les voies de circulation
les transports
le cadre de vie
la croissance
l'aménagement
les hôpitaux
un emblème régional
le folklore

L'Ile-de-France veut garder ses paysans

- *Pour la première fois,
  le Conseil régional ouvre
  aujourd'hui un débat
  sur l'aménagement rural,
  les conditions de vie
  de 400 000 habitants.*

- *Plusieurs mesures
  envisagées.
  Elles vont
  de la réhabilitation
  de l'habitat
  à l'amélioration
  des transports,
  la lutte contre la pollution
  et la remise en état
  des chemins ruraux*

Le Quotidien de Paris, 19 octobre 1982.

LA PICARDIE

GÉOGRAPHIE ET CONSTRUCTION DE L'ESPRIT

Et pourtant elle existe...

La Picardie du XXe siècle, région « fabriquée »? Rapprochement artificiel de trois départements pour les besoins de l'administration? Et pourtant la Picardie d'autrefois ne s'étendait-elle pas jusqu'à l'actuel Tournaisis en Belgique et jusqu'au Boulonnais avec au moins pour ciment unificateur l'unité linguistique? Peut-on parler d'identité picarde de nos jours et de quelle sorte d'identité?

Au sud de l'Oise, c'est déjà la grande couronne de Paris et le style pavillons de banlieue confirme l'impression première. Dans l'Aisne, à l'est de Château-Thierry, on trouve les premiers vignobles d'appellation champagne. C'est significatif. Si dans la Somme de tels paradoxes sont moins flagrants, on se sent déjà néanmoins « dans le Nord » au-delà de Doullens et on devine la Normandie voisine en allant vers l'ouest. N'y aurait-il de typique que le plat Santerre avec ses grosses exploitations, ses riches terres à blé et à betteraves.

Nous voici à une vingtaine de kilomètres au sud-ouest d'Amiens. Un peu moins de quatre cents habitants groupés. L'habitat dispersé est vraiment l'exception en Picardie. Céréales (orge, blé), du colza, du maïs fourrager en nette progression, des betteraves, des pommes de terre en diminution. Plus rarement, un peu de lin. Sur des terroirs voisins, des légumes destinés aux conserveries. Ces dernières envoient d'ailleurs équipes et machines spécialisées quand vient l'heure de récolter les carottes, les haricots verts ou les petits pois. Bien qu'il n'y ait pas encore de monoculture, la spécialisation est en marche. D'aucuns se consacrent aux animaux d'embouche; beaucoup de fermes n'ont pas de bêtes. Il faut dire aussi qu'il n'y a plus d'ouvriers agricoles. Quant à ceux qui optent pour garder des vaches laitières, ils tendent à augmenter l'importance du troupeau et c'est le chèque de lait mensuel qui pourvoit, tel un salaire, aux besoins de la vie quotidienne.

Picards? Les agriculteurs interrogés disent qu'ils le sont. Ne sont-ils pas installés sur cette terre depuis des générations? Quant à définir ce que cela signifie d'être Picard plutôt que paysan breton, cévenol ou lorrain, c'est autre chose... On est attaché à son terroir natal, on s'y sent des racines, mais c'est loin la notion de région, très loin.

Bien sûr, il y a le parler et même si le véritable dialecte picard est tombé en désuétude et devenu le domaine des linguistes, l'accent est nettement reconnaissable et des expressions de tournure typique viennent émailler les conversations, même celles des jeunes. Il y a aussi le climat, jamais vraiment froid, jamais vraiment chaud, neutre en somme, à l'image du reste. Pas de vraies grandes villes, peu de hameaux, des villages moyens, de gros bourgs. Les Picards ne sont ni exubérants ni spécialement renfermés; aimables sans plus. Accueillants? S'il le faut vraiment. Les autonomistes? Ça fait sourire, mais de là à accepter de se fondre dans un moule commun, non.

La Picardie? Administrativement c'est une construction de l'esprit, mais malgré tout elle recouvre une réalité. Edouard Branly, Jules Verne ou plus loin dans la nuit des temps sainte Colette, saint Firmin. Des noms réservés aux historiens? Cathédrale d'Amiens, pâté de canard, morne plaine. Des jalons pour guides touristiques? Reste à définir la Picardie humainement parlant. A défaut de pouvoir l'énoncer clairement, nous pouvons assurer qu'elle existe.

Claire CURIE
Maître-assistant à l'I.U.T. d'Amiens.

Le Monde, 5 novembre 1980.

Amiens, cité ouvrière pénétrée par la campagne

AMIENS : pour les Méridionaux peu soucieux de géographie, c'est « dans le Nord », quelque part dans la brume, entre la grande banlieue de Paris, les champs de betteraves et les terrils des pays miniers. Pour les Français, qui ont appris leurs départements, c'est la capitale de la région Picardie. Pour ceux qui s'intéressent à l'art ou simplement aux belles choses, Amiens, c'est l'une des plus belles cathédrales gothiques françaises.

Pour les Amienois, par contre, il est beaucoup plus difficile de définir leur ville : ville « moyenne » disent ceux qui craignent de prononcer un jugement trop définitif, ville ouvrière disent certains, tandis que d'autres affirment : « la campagne n'est pas loin, ça se voit ».

Mais, au-delà de ces données, comment parler d'Amiens en 1981 ?

Rescapée de deux guerres

La Picardie, théâtre d'âpres combats, zone de passage des envahisseurs, a durement souffert des deux guerres mondiales. Amiens n'a pas été épargnée et le centre ville est aujourd'hui presque entièrement neuf. La « reconstruction » est d'ailleurs l'un des jalons de la mémoire des habitants. Il n'est pas rare d'entendre tel ou tel évoquer l'implantation d'un commerce « avant la reconstruction » ou « depuis la reconstruction ».

Si l'unité de style n'est pas totale, le pourtour de la gare porte, quant à lui, la marque de son architecte, Auguste Perret et la grande tour qui a pris son nom et fut en 1952, lors de sa construction, le plus haut immeuble civil d'Europe (104 m, 30 étages), a été loin de faire l'unanimité. Désormais, sa silhouette se détache à l'horizon et on l'aperçoit — tout aussi nettement que la cathédrale — quand on arrive aux abords de la ville.

Richesses du passé, amères réalités

Miraculeusement, la cathédrale n'a pas trop souffert des guerres, vitraux mis à part. Elle reste l'un des plus prestigieux et des plus purs édifices gothiques, l'un des plus hauts aussi (42,30 m sous la voûte). A l'intérieur, les stalles du XVIe siècle foisonnent de près de 4 000 figurines sculptées.

A l'extérieur, les sculptures ont échappé aux bombardements, mais elles courent néanmoins un risque beaucoup plus insidieux et tout aussi lourd de conséquences, celui de la pollution par les hydrocarbures. Si le beau Dieu du portail central est toujours impassible dans sa majesté, la Vierge dorée, que longeaient chaque jour des milliers de voitures, a dû être déposée et sera remplacée par une copie. Après avoir reçu les soins nécessaires, elle sera présentée au public dans une chapelle intérieure.

Non loin de là, une église flamboyante en cours de restauration, Saint-Leu, a donné son nom à ces quartiers bas de la ville, sillonnés par les bras de la Somme, où s'affairait autrefois la population laborieuse et où fonctionnaient des moulins à eau. Saint-Leu, pour les uns, c'est « l'affaire » dénichée chez un artisan, la soirée dans un bistrot faussement ancien ; pour les autres, ce sont des masures délabrées et pourries où l'insécurité s'est installée. Ce secteur fait aujourd'hui l'objet d'une polémique. Faut-il raser et assainir systématiquement ces artères étroites aux constructions branlantes rongées par les ans et l'humidité, ou convient-il de restaurer ce patrimoine ?

Manque de crédits, manque de coordination, enjeux contradictoires : certains secteurs ont retrouvé une âme grâce à des artisans et à des opérations de rénovation de l'habitat, mais d'autres rues offrent un spectacle de désolation et n'attirent l'attention que lorsqu'un clochard qui cherchait à s'abriter met le feu à une masure ou lorsqu'un enfant d'une famille déshéritée se noie à deux pas de chez lui dans un bras d'eau non protégé.

Typiques maisons de briques

Curieusement, la Somme ne joue plus de nos jours un rôle essentiel dans la vie d'Amiens. Le centre ville en est tout proche, mais ne l'intègre pas. Les quartiers un peu surélevés, Henriville et Saint-Acheul, étaient jadis fiefs de la bourgeoisie, sans doute en raison de leur grande salubrité. Le cloisonnement social reste relativement de mise quant aux zones d'habitat, mais la division en appartements d'anciennes grandes demeures et l'engouement de certains des plus nantis pour une installation à la campagne tendent à ébranler ces « privilèges ».

Même si des quartiers neufs se sont implantés à la périphérie, immeubles tours ou immeubles murailles (à l'ouest, Etouvie ; au nord, le Pigeonnier), Amiens peut tout de même se définir par ses enfilades de rues, toutes étrangement semblables, le long desquelles s'alignent les typiques maisons de briques au plan presque toujours identique et dont seule varie la taille.

Dans une ville moyenne, on s'attend en général à ce que tout soit facilement accessible. La jeune Université de Picardie a cependant été édifiée à la périphérie, loin de la vie urbaine, et, passé une certaine heure, les bus ne desservent plus le domaine où résident nombre d'étudiants, étrangers pour la plupart, qui se trouvent ainsi mis à l'écart. Les enseignants qui exercent à cette université sont d'accord pour louer les qualités d'une ville pas trop grande, mais combien d'entre eux résident à Paris et ont choisi Amiens à cause de la fréquence et de la rapidité des liaisons ferroviaires !

Paradoxes

Cinémas, expositions, Maison de la culture, sports variés, verdoyante promenade de la Hotoie avec plan d'eau ; vaste pelouse et parc zoologique, voilà quelques-unes des distractions possibles de la ville. Pas de grandes terrasses de café, le climat ne s'y prête guère. Mais, il ne faut pas l'oublier, on n'est tout de même pas « dans le Nord » ; alors, on dénombre assez peu de ces multiples sociétés qui se réunissent pour des concours de pigeons, de tir à l'arc, de combats de coqs ou de la musique.

Des cirques viennent de temps à autre planter leurs chapiteaux sur la zone de loisirs, mais aucun n'utilise plus maintenant le bâtiment municipal de 3 000 places, l'un des rares cirques français « en dur », édifié du temps où Jules Verne était conseiller municipal d'Amiens.

Si l'eau de la Somme n'est guère avenante à Saint-Leu, elle est par contre bénéfique dans les hortillonnages, ces quelque 300 hectares maraîchers sillonnés d'étroits canaux, les rieux, sur lesquels on se déplace dans des barques à fond plat manœuvrées à la perche. L'agglomération comporte donc aussi bien des jardins maraîchers qu'une zone industrielle (pneumatiques, agro-alimentaire, pièces pour automobiles...) et deux centres commerciaux.

Commune à forte population ouvrière, Amiens est, malgré tout, au cœur d'une zone agricole. Le nombre d'habitants est relativement important, mais le centre est dérisoirement petit. La ville est très étendue en surface, mais on s'en échappe très facilement pour trouver du vert ; la circulation y est fluide et les voies de dégagement nombreuses. L'environnement rural, qui vient jusqu'aux portes d'Amiens, ne meurt pas vraiment avec les panneaux annonçant les limites de la ville, c'est un des charmes de cette cité de 150 000 âmes.

Claire GUILLEMAIN
La Croix, 6 mars 1981.

« L'usine fermée, qui s'intéresse encore à nous? »

Dans la Somme, les cités ouvrières ne sont plus entretenues par les entreprises textiles en déconfiture

De notre envoyé spécial

« Un gros sifflet fit entendre sa voix rauque et puissante au-dessus de l'usine. Trois petits coups sonnèrent à l'horloge et des maisons, des cours, des cabarets, de partout sortit une foule compacte qui se dirigea vers l'usine. » C'est ainsi qu'Hector Malot * dans *En famille,* la suite du merveilleux *Sans famille* qui a ému des générations d'enfants, décrit l'arrivée chaque matin des ouvriers au travail à Flixecourt, L'Étoile et Picquigny, les villages de la vallée de la Nièvre (Somme) où sont installées les usines de production de jute.

« Aujourd'hui, c'est triste : les jeunes s'en vont à cause du chômage. » Plantée à la porte de sa maison, Mme Hallet contemple l'usine située en face de chez elle, à L'Étoile : « Elle est fermée depuis quatre ans. » Pendant cinquante et un ans, elle a travaillé là, chez les Frères Saint. Elle n'avait qu'à traverser la rue avec son mari, contremaître. Tous les matins, comme le décrivait Hector Malot, « un formidable mugissement amplissait les cours. Aux ateliers, les métiers à tisser battaient, les navettes couraient, les broches et les bobines tournaient. Les roues et les volants ajoutaient le vertige des oreilles à celui des yeux ».

Maintenant, il n'y a plus aucun bruit et les grilles de l'usine sont rouillées. Un jour, des camions sont venus pour enlever les métiers à tisser, les navettes et les broches. Les cordages, les sacs de toile et les ficelles, on les fabrique maintenant loin, très loin d'ici, du côté de Singapour ou de Hong Kong.

Le père et le grand-père de Mme Hallet avaient travaillé à l'usine. Et pour cause : il n'y avait rien d'autre à faire dans la vallée. Mais son fils, lui, est parti, à Amiens où il est jardinier « à la mairie ».

« On glande*, quoi... »

D'autres jeunes ont moins de chance : ils n'ont rien trouvé. Ils attendent le service militaire ou un stage de formation, ou rien : « On glande, quoi », dit François, 18 ans, plus résigné que désespéré. La plupart n'ont pas de formation. C'est l'usine qui embauchait à partir de 16 ans; alors, pourquoi faire des études?

Pour les plus âgés, la situation est encore plus catastrophique : « Je suis en chômage depuis une paire d'années, glisse Robert, 50 ans, et les allocations sont presque finies. » Il a deux enfants...

La crise a aussi des conséquences sur l'entretien des logements. C'est ce qui préoccupe Mme Hallet. En effet, les 114 logements de la cité du Moulin Bleu, où elle réside, appartiennent à l'usine, et comme celle-ci est fermée, il n'y a plus de crédits pour assurer les réparations. Quant au groupe Boussac-Saint Frères, qui en est théoriquement responsable, il est en pleine déconfiture.

« Les murs se lézardent et les toitures ne sont plus refaites », constatent les habitants en montrant leur intérieur : une salle au rez-de-chaussée et deux chambres à l'étage. En outre, il n'y a qu'un seul point d'eau et les wc sont à l'extérieur. Ces maisons, serrées les unes à côté des autres auprès de l'usine, ont été construites entre 1860 et 1914 par les patrons de l'entreprise. « Bâtir des crèches et des maisons ouvrières, c'est l'A.B.C. de la question sociale », dit Vulcain Paindavoine, le propriétaire des entreprises, dans *En famille*.

Un siècle après, les cités n'ont pas changé, alors que les normes de confort ne sont plus celles du XIXe siècle. Mme Hallet envie son fils qui habite en H.L.M. * : « Au moins lui, il a de la place et une salle d'eau. » Le seul avantage reste la modicité des loyers : 150 F par mois. « C'est parce que les salaires étaient petits chez les Frères Saint », ajoute-t-elle, lucide. Le dernier descendant de cette famille promène d'ailleurs à petits pas ses 84 ans dans l'immense jardin de son château situé sur les flancs d'une colline au-dessus des cités...

Des primes ignorées

Pour enrayer la dégradation de cet habitat, la région de Picardie met au point un programme de réhabilitation. D'ores et déjà, des primes encouragent les habitants à faire des travaux, mais « au Moulin Bleu », on ne sait pas qu'elles existent. Même si on le savait, on n'essaierait pas de les obtenir : la paperasse à remplir est trop importante, et puis la prime ne couvre pas tous les frais.

La crise est sensible partout dans la vallée dont la population diminue. L'école de L'Étoile, vaste bâtisse en brique, vient d'être transformée en foyer du troisième âge. Un carreau cassé fait penser que les réunions sont peu fréquentes.

Le seul motif de satisfaction pour le maire, Roger Minard, c'est que « le chômage des jeunes n'a pas entraîné d'augmentation de la délinquance ». Pour le reste, alors que son budget se réduit comme peau de chagrin à cause de la disparition des usines (et donc des ressources fiscales), il compte sur l'État, qui organise des permanences d'accueil et d'information, pour orienter les jeunes chômeurs, et sur la région pour améliorer l'habitat.

A la cité du Moulin Bleu, on attend depuis si longtemps des travaux qu'on n'y croit plus : « Depuis que l'usine est fermée, qui s'intéresse encore à nous? »

Philippe LEBELLEC
La Croix, 9 novembre 1982.

Préparation

L'économie des régions du nord de la France dépend en partie d'industries tradition-nelles comme le textile. Aujourd'hui ces industries sont en crise et le chômage est devenu un problème majeur. Quelles sont, pour la vie d'un village, les consé-quences entraînées par la fermeture de l'usine où travaillent la plupart des habi-tants ?

Explications complémentaires

La Somme : département du nord de la France, traversé par un fleuve qui s'appelle la Somme. Ville principale : Amiens. La Somme fait partie de la région de Picardie.

Notes de vocabulaire

Cité (f.) ouvrière : groupe de maisons ou d'immeubles servant à loger des ouvriers.
Entretenu : maintenu en bon état.
Entreprise (f.) : usine.
En déconfiture : en faillite.
Sifflet (m.) : instrument qui émet un son aigu.
Ému : touché.
Jute (m.) : textile grossier servant à faire de la toile de sac.
Chômage (m.) : inactivité forcée due au manque de travail.
Planté : debout et immobile.
Contremaître (m.) : personne qui est responsable d'une équipe d'ouvriers.
Mugissement (m.) : bruit sourd et prolongé.
Métier (m.) à tisser : machine servant à tisser.
Rouillées : couvertes de rouille car on ne les ouvre plus.
« A la mairie » : bâtiment où se trouvent le bureau de l'administration municipale.
Glander (familier) : ne rien faire, perdre son temps.
Stage (m.) de formation : période d'entraînement pour apprendre un métier.
Embaucher : recruter.
Se lézarder : se couvrir de crevasses.
A l'étage : au premier étage.
Crèche (f.) : garderie pour de jeunes enfants dont la mère travaille.
L'A.B.C. : ce qui est fondamental, ce qui doit être connu en premier.
Salle (f.) d'eau : salle de bains.
Modicité (f.) : (ici) petitesse, ce qui n'est pas cher.
Enrayer : arrêter.
Réhabilitation (f.) : (ici) rénovation.
Prime (f.) : somme d'argent destinée à encourager une activité.
Paperasse (f.) : nombre excessif de papiers administratifs.
Crise (f.) : (ici) crise économique.
Bâtisse (f.) : bâtiment de grandes dimensions.
Le troisième âge : les personnes âgées qui ne travaillent plus.
Carreau (m.) : vitre d'une fenêtre.
Allocation (f.) : (ici) allocation de chômage, somme d'argent que l'État paie aux chômeurs.

1 A quoi est due la crise des entreprises textiles ?

2 Depuis quand la famille de Mme Hallet était-elle associée à l'usine ? Pourquoi ?

3 Pourquoi les jeunes du village n'ont-ils pas de formation ?

4 Quelle est la conséquence de la crise sur les cités ouvrières ?

5 Quelles sont les mesures prises par la région de Picardie pour améliorer les conditions de vie dans les cités ouvrières ? Sont-elles efficaces ?

6 Comment le maire voit-il l'avenir du village ?

**A vous
maintenant**

1 Quel sentiment est évoqué par Hector Malot dans les deux descriptions citées ? Est-ce qu'on éprouve le même sentiment envers les usines aujourd'hui ? Quelle est, à votre avis, la place de l'usine dans la vie des ouvriers ?

2 Qu'est-ce que vous feriez si l'usine où vous travailliez fermait ses portes ?

3 Vous êtes envoyé(e) dans le village par l'État pour orienter les jeunes chômeurs. Quels conseils leur donneriez-vous ?

4 **Travail de groupe :** Préparez un projet pour améliorer les conditions de vie dans la cité du Moulin Bleu.

5 **Débat :** Y a-t-il une place pour l'artisanat dans une société moderne et industrialisée ?

**Exercices
de
langue**

1 **Pour enrayer la dégradation de cet habitat, la région de Picardie met au point un programme de réhabilitation.** Rédigez cinq phrases qui expriment un but en utilisant « pour + infinitif ».

2 **L'usine fermée, qui s'intéresse encore à nous ? Depuis que l'usine est fermée, qui s'intéresse encore à nous ?** Sur des thèmes de votre choix, faites des phrases selon ces deux modèles.

BOULOGNE-

Plus d'un million quatre cent mille demandeurs d'emploi en France, c'est officiel. Avec 500 familles dépourvues du minimum vital, Boulogne-sur-Mer est un triste microcosme.

SUR-CHÔMAGE [1]

« T'as qu'à aller à la banque! »

Gérard C. est un chômeur « ordinaire ». A 31 ans, après dix ans de travail comme ajusteur aux Aciéries Paris-Outreau, il a appris son licenciement « pour cause économique », un jour de décembre 1978. Après le Noël de la même année, c'était déjà fini. Les licenciés étaient dispensés de travailler pendant la période de préavis. Depuis, il cherche du travail, recherche cependant arrêtée pendant plusieurs mois par une longue période de maladie. Tous les jours, ouvrir le journal, cocher les petites annonces, écrire des lettres (plus de trente) et attendre...

« C'est éprouvant d'être rémunéré par les ASSEDIC *, assisté, dit Gérard. On a vite la tentation de se laisser aller au découragement. » Ses tentatives ne se limitent pas à son ancienne qualification. Il a postulé pour un emploi d'agent hospitalier et il passera le concours d'élève-infirmier psychiatrique. *« S'il faut partir, nous partirons, explique-t-il. Sur Boulogne, la situation est bloquée. »*

Le soir, il suit des cours de formation pour préparer l'examen spécial d'entrée à l'Université et il « marche » bien, lui qui a pourtant cessé sa scolarité en cinquième, avant de préparer son C.A.P. *. Le niveau bac, Gérard voudrait bien y parvenir, car il aimerait à l'avenir, travailler dans un métier social.

Mais, en attendant, les entreprises ne se montrent guère pressées de l'embaucher. Il montre une pile d'enveloppes ouvertes : des réponses, toutes négatives. Convoqué dernièrement pour un entretien, on lui a laissé entendre qu'il ferait l'affaire. Le chef du personnel lui a même fait visiter l'usine. La réponse définitive, arrivée peu après, ne donnait pas de suite. *« Pendant trois jours, j'ai été un peu sonné »*, avoue Gérard.

Cette inquiétude joue sur les nerfs. Annick, sa femme, qui ne travaille pas, était heureuse, au début, de voir son mari à la maison. Maintenant, c'est beaucoup plus dur, et les parents supportent plus difficilement quand François, 4 ans et demi, est turbulent, ou que Jérôme, 8 mois, pleure après son biberon.

D'un point de vue matériel, bien sûr, ce n'est pas la misère. Gérard C. fait partie de ceux que certains considèrent comme privilégiés. En stage, il touche l'équivalent de son dernier salaire, 2 600 F par mois. Avec cela, pour vivre à quatre, pas question de faire des extras. La famille n'est pas partie en vacances depuis cinq ans. Pas de sorties, pas de cinéma. Les weekends se passent sur place, la famille n'a pas de voiture. Heureusement, en été, la plage est toute proche. Le loyer de l'H.L.M. * n'est pas cher, mais les mois d'hiver avec les charges de chauffage, il atteint 800 F. L'achat d'une paire de chaussures nécessite de « tirer » sur un autre poste de dépense.

Et l'on met un point d'honneur à ce que les enfants ne manquent de rien. Eux comprennent mal. *« Si tu n'as pas assez d'argent, t'as qu'à aller à la banque »*, a dit un jour le petit François.

Gérard DESMEDT
La Vie, 3 avril 1980.

1. Ce titre fait allusion au chômage dans la ville de Boulogne-sur-Mer.

Gris-Nez, Blanc-Nez : caps de protection

*Départ pour la pêche :
grâce à d'innombrables
chalutiers tels que celui-ci
Boulogne est devenu
le premier port
de pêche français*

Deux heures et demie du matin. Les reflets de la lune brillent sur la mer bleue, noire, blanche. Les vagues, poussées par le vent, s'écrasent sur la plage. Au sud les lumières de Boulogne ; au large les cargos, les ferries, les pétroliers se déplacent doucement, lueurs silencieuses.

J'embarque sur le flobard de M. Ternisien, pêcheur à Audresselles. Toute la nuit, il relève ses casiers à crabes au large du cap Gris-Nez. Au petit matin, les premiers rayons du soleil éclairent les falaises et les cultures de l'arrière-pays.

Ballotté par les vagues, je me cale bien à l'avant du flobard pendant que Noël jette le trémail à la mer. Au loin, le phare du cap Gris-Nez rythme la nuit de ses éclairs réguliers. Flobard, vous avez dit flobard ? Mais qu'est-ce que c'est ? Eh bien, ce sont les embarcations caractéristiques du site des caps ! Courtes et ventrues, elles n'ont pas de quille mais, pour augmenter sa stabilité, le bateau est conçu « à clins » : ses flancs présentent une série d'arêtes vives obtenues par recouvrement des planches de bois constituant la coque. Aujourd'hui, la plupart sont en plastique, d'une

longueur standard de 4,95 m dont le poids varie de 1,5 à 2 tonnes.

Nous filons au large du cap Gris-Nez pour ramasser les premiers casiers. Chaque pêcheur les dispose en ligne parallèlement à la côte : point noir, point blanc, orange. Il faut reconnaître ballons et bouées. Si un bateau s'approche trop près, il risque de couper le cordage, alors on fixe plusieurs repères à 20 m, 40 m, et 60 m du casier. Le flobard est équipé d'un moteur de 13 à 35 chevaux. Celui de M. Ternisien faiblit : un vieux morceau de filet dérivant dans le courant s'est coincé dans l'hélice. Il faut se pencher par-dessus bord et la dégager au couteau.

Un tourteau de 2,300 kilos

Une grosse lune rousse éclaire les vagues. C'était, il y a peu, la seule lumière pour repérer les bouées. Aujourd'hui, un phare est fixé à la proue de l'embarcation et un autre éclaire à tribord. Noël, d'un coup de gaffe précis, se saisit du filin qui permet de hisser le casier. Il a mis ses gants. Déjà les premiers tourteaux remplissent les caisses au fond du flobard, triés directement par grosseur. Les trop petits, ceux qui sont en train de muer, sont rejetés à la mer. En trois heures, il relève cinquante casiers. Débarrassés des crabes, étoiles de mer, algues, ils sont vérifiés rapidement : parfois un trou est réparé, une attache raffermie. Puis Noël fixe l'appât aux crochets situés au centre du casier : une tête de poisson pêché précédemment qu'il change tous les jours.

*Régulièrement,
les chalutiers d'Étaples
tirés en cale sèche
se refont une santé...
et une beauté*

L'aube commence à peine que l'on aperçoit un énorme crabe qu'il est bien difficile d'extraire d'une des deux ouvertures opposées, qui laissent entrer les tourteaux mais les empêchent de sortir. De retour à la maison, nous le pesons : 2,300 kilos ! C'est un maximum : un plus gros ne pourrait pas rentrer par les manchons.

Très tôt ce matin, peu après notre départ, nous avons posé le trémail : un filet droit composé de trois nappes juxtaposées d'une cinquantaine de mètres de longueur sur 1,80 m de haut. Au sommet de la grande bouée servant de repère clignote une petite lumière. Le trémail est calé sur le fond, soutenu par une rangée de flotteurs. Nous sommes partis à marée descendante. Nous revenons à basse mer boire un café et manger une tartine à la maison. Le soleil s'est maintenant levé au-dessus du petit village d'Audresselles. Disque rouge parfait. Aujourd'hui, il fera beau. Et c'est sous une belle lumière que nous réembarquons. Le flobard n'a pas de quille et peut donc se mettre à l'eau de la plage. Le tracteur roule en marche arrière, jusqu'à un niveau d'eau suffisant : à peine plus d'un mètre, puisque l'on peut regagner le flobard à pied, avec de grandes bottes qui vous remontent jusqu'à la poitrine. Le froid de la nuit a maintenant disparu. Parfois nous croisons un autre flobard avec qui nous échangeons un bonjour amical.

« *Le trémail, cela va plus vite que les casiers.* » Hop! La bouée est rangée à l'avant du bateau, le filin entouré autour du treuil et la remontée du filet commence. Noël tire, M. Ternisien le range à babord. Quelques tourteaux, une araignée, beaucoup d'étoiles de mer, des soles... C'est la récolte de la matinée. Tout à coup, un coup de queue, des éclaboussures : un cabillaud de 10 kilos est hissé dans le flobard. M. Ternisien le libère du filet, retire le foie. Ainsi, chaque jour de l'année, M. Ternisien et son flobard travaillent au rythme des marées. « *Il est bien rare, quand il fait beau, qu'on loupe une marée!* »

Presque tous les pêcheurs vendent une partie de la pêche directement. Les amateurs de bons produits frais sont gâtés! Parfois, comme à Wissant, la vente se fait directement sur la place du village, à bord de flobards tirés par leurs tracteurs, où les marins tiennent lieu de marchands de quatre marées. Matin et soir, sur la plage de Wissant, c'est le ballet des flobards qui vont et viennent au large du Blanc-Nez. A Boulogne, les chalutiers et flobards sont visibles, soit à quai dans le bassin Napoléon, soit le long du quai Gambetta pour les Étaplois qui restent à proximité des côtes. (...) Chaque matin, les retours de pêche animent le quai Gambetta du port de Boulogne. Les caisses de poissons : soles, filets, cabillauds, seiches, carrelets... sont pesées avant d'être expédiées dans toute la France, ou vendues sur place. Boulogne est le premier port de pêche de France. Dans ses bassins, se pressent ces gros chalutiers auprès desquels les flobards sont des moustiques, de minuscules embarcations.

Le trafic des flobards tirés par leur tracteur, c'est la vie des petits villages de bord de mer sans port; Ambleteuse, Audresselles, Wissant... Au large existe un incessant trafic maritime : près de 400 à 500 navires, de tous types, de tous tonnages, circulent chaque jour dans le détroit.

Une des voies maritimes les plus fréquentées du monde

Spectacle impressionnant, continuel. Vrai catalogue de formes de bateaux. Il y a des transporteurs de passagers ou ferries : la nuit, ils brillent de tous leurs hublots et longent les côtes avant de piquer à angle droit dans le détroit à hauteur du Gris-Nez. Le départ de l'aéroglisseur du port de Boulogne est aussi spectaculaire dans son nuage d'embruns. Et puis, il y a toutes les variétés de transporteurs et cargos : gaz liquéfiés, produits chimiques, minéraliers, pétroliers... Un chiffre impressionnant peut donner l'importance du trafic : 1 200 000 tonnes/jour de produits pétroliers empruntent le passage.

Ambleteuse et l'estuaire de la Slack : une région qui semble avoir trouvé son équilibre

Une réglementation très stricte vise à limiter au maximum les risques d'accidents. Tout bâtiment, quelle que soit sa taille, est astreint aux règles des couloirs. Les navires devant traverser le détroit doivent le faire perpendiculairement au trafic. Par ailleurs, la règle générale de la priorité à droite s'applique aussi ici. Afin de contrôler au mieux cet énorme trafic et de veiller au respect des règles de circulation, a été créé en 1970 le Centre Régional Opération de Surveillance et de Sauvetage de la Manche (Crossma), dont une partie des équipements est installée au cap Gris-Nez depuis 1972. Le Crossma du Gris-Nez a, avec son homologue anglais comme missions : le sauvetage en mer, la surveillance de la navigation, la police des pêches et de la navigation, la participation à la lutte contre la pollution sur un secteur qui s'étend de la frontière belge au nord, au cap Antifer au sud.

Toutes précisions sur le trafic au large des deux caps, sur le milieu marin et les milieux naturels se trouvent dans les deux guides publiés par l'association « Espace Naturel Régional » (185, bd de la Liberté - 59800 Lille), qui devient officiellement Parc Naturel Régional en juillet 1982. Information et pédagogie se voudraient des moyens de réaliser l'équilibre harmonieux de cette région. A quoi bon des tessons de bouteilles dans les dunes? Pourquoi briser un équilibre qu'il est facile de conserver?

Dans cet équilibre, entre le facteur agricole qui se porte plutôt bien. Les falaises sont cultivées, les champs sont impeccables. Le Haut-Boulonnais est crayeux, le Bas-Boulonnais, argileux et plus humide, est surtout favorable au bocage et à l'élevage. Céréales, betteraves, plants de pommes de terre sont les composantes principales d'une polyculture moderne et mécanisée. Elle tente de trouver un juste équilibre entre le milieu naturel, les exigences du relief et les pressions économiques du marché.

Lorsque nous suivons le sentier de randonnée, à l'est de Wissant, nous faisons une très belle balade à travers les champs et appréhendons d'un seul coup d'œil le Boulonnais de Calais, Dunkerque, les carrières de Marquise jusqu'aux fumées de l'aciérie de Boulogne. Une façon de replacer le site des caps dans son espace géographique et humain.

Reportage de Bernard et Catherine DESJEUX
Touring, novembre 1982.

Les gens du Nord

VIVRE A
LILLE

Petite par la taille mais grande par l'animation,
centre d'une zone urbaine très dense
bien qu'à deux pas de la campagne,
Lille est une ville qui a su trouver son profil d'équilibre.
Et si l'on ne choisit pas toujours d'y vivre,
on ne veut plus en partir dès qu'on y a goûté...

Peu de villes ont une image de marque, une aura aussi forte et fascinante que Lille. Notre inconscient culturel (très daté XIXe siècle, le malheureux !) trace le portrait-robot de la ville en assemblant, vaille que vaille, les pièces de plusieurs puzzles disparates. Pour camper le décor de notre bande dessinée mentale, pas de problème. En arrière-plan, pour border l'horizon, des terrils géométriques et noirs, pyramides prosaïques et sombres de notre civilisation industrielle, une théorie de cheminées d'usines scandant les nuages qu'elles surchargent de fumée. Et dans ce cadre, une ville titanesque, géante dans l'entassement uniforme de maisons aux briques noircies, avec leurs petits jardins tristes sous la pluie et leurs courées où jouent des enfants chétifs, lançant sur les ultimes flaques d'eau, les petits bateaux de papier blanc chers à Rimbaud*. Pour la couleur, nous ajouterions volontiers quelques hauts-fourneaux et leurs coulées de soleil liquide. Pour la musique, la rumeur assourdissante des métiers à tisser. Mais notre imagination ne s'arrête pas là : dans ce décor de film expressionniste, il s'agit maintenant de faire vivre les nordistes. Là aussi les

images affluent. Sur le fond sublime d'un « Germinal » épique et misérabiliste vient se surimposer une kermesse à la Rubens*, avec son tourbillon insensé et frénétique — la fête pour la fête. La misère absolue du peuple grouillant et travaillant dans les caves lilloises — décrite par Victor Hugo* — et, en contrepoids, les images cossues des grandes familles du Nord, avec leurs liens de parenté plus forts que tous les contrats du monde, ces familles qui ont su se tailler dans l'économie française des fiefs inexpugnables. Pour peaufiner le tout, il ne manque plus que de se lire, en même temps et en jouant au jeu des cadavres exquis, c'est-à-dire en procédant à un mixage savant, *Le poème du travail et du rêve*, d'Amédée Prouvost et *Quand les sirènes se taisent* de Maxence Van der Meersch*, histoire d'opposer les tableaux du travail joyeux dans les usines textiles — décrit par le patron, et la peinture de la région industrielle du Nord en temps de grève. (Si Maxence Van der Meersch vous rebute trop, vous pouvez le remplacer par le *Germinal** de Zola*, ça marche aussi.)

Mais, dans notre B.D. imaginaire, j'oubliais les bulles. Impar-

donnable. Parce qu'on ne manque pas de matière pour cela. On n'arrête pas de le qualifier, le nordiste : courage, goût du travail et de la fête, sens de la famille. Dans le Nord, les mots entraide, accueil, parole donnée, amitié ne sont pas de vains mots : le Nord, c'est le pays franc à plusieurs sens du terme.

Une ville historique

L'histoire se lit à façades ouvertes tant les styles sont différents. Premier visage, la vieille Bourse (place du Général-de-Gaulle). Construite au XVIIe siècle par Jean D'Estrées dans un style baroque (en fait plus maniériste que baroque), c'est le monument le plus typique de Lille. Celui qu'on ne peut pas ne pas voir. Elle abritait vingt-quatre maisons de commerçants et sa cour bordée d'arcades qu'on nomme « le cloître » servait aux réunions quotidiennes des marchands. Les hermès, les cariatides, les cartouches et les guirlandes de fruits surchargent une structure sage, presque un peu grêle : cette contradiction confère à l'ensemble une élégance suave et délicate.

Nord, histoire sans doute que les voyageurs allant de Paris à Lille ne soient pas dépaysés. Et puis, si vous êtes fanatiques de l'art 1900, ne manquez surtout pas d'aller voir la maison du céramiste Coillot (rue de Fleurus) conçue par H. Guimard, l'architecte à qui l'on doit entre autres les plus belles de nos bouches de métro parisiennes.

Une ville-centre

Lille ne peut se comprendre sans Roubaix, Tourcoing et toutes les communes de l'agglomération urbaine du Nord qui regroupe plus d'un million d'habitants. Le trafic de la gare de Lille est, en nombre de voyageurs, le second de France, après celui de la gare Saint-Lazare à Paris. Le tramway, le « Mongy », du nom de l'ingénieur qui le mit au point, ne suffit plus aux échanges journaliers, pas plus que les autobus. Lille est quelque peu éventrée par les travaux et excavations consécutifs à l'installation d'un métro, le « Val », entièrement automatisé, qui roulera sans conducteur : un des plus modernes du monde. Le génie inventif lillois se devait ces techniques de pointe. Lille est aussi la capitale d'une région de 4 millions d'habitants et un carrefour de l'Europe du Nord-Ouest. La Belgique n'est qu'à deux pas. On va y danser le soir dans les boîtes proches de la frontière, on va le dimanche sur les plages belges plus proches que Hardelot ou Le Touquet. « Enfin on y allait, répète-t-on souvent, en insistant sur l'imparfait, parce que avec la dévaluation de la monnaie et la situation économique... »

A Lille, on ne peut pas parler d'un centre-ville mais d'une ville-centre. Conséquence : les activités économiques se « tertiairisent » — dirait-on en jargon administratif —, c'est-à-dire que les bureaux, les administrations, les magasins, les hôpitaux, etc., s'y multiplient plus vite que les industries et même que beaucoup de celles-ci ferment ou « s'expatrient ».

Mais la vieille Bourse n'est pas la seule représentante de ce style : il reste encore un certain nombre de façades sur lesquelles s'enlacent des angelots, deux par deux entre des tresses de fleurs et de fruits : les bambins solitaires marquent les limites de la façade. Ceux qui se tournent le dos nous font savoir qu'on passe d'une maison à une autre. Louis XIV expulse les putti des façades en faisant entrer — avec ses armées — l'art classique en Flandre, 1667, le Roi-Soleil dirige lui-même le siège de Lille et prend la ville avant de la combler de faveurs. De cette période datent la porte de Paris, un large arc de triomphe (tout proche de la mairie de Lille) qui a perdu un peu de sa signification depuis la destruction des remparts, la citadelle de Vauban avec ses fortifications en étoile — la plus importante et la mieux conservée de France — et aussi beaucoup de façades. Celle du « Furet du Nord » par exemple est typique de ce style : elle a été restaurée et remise dans son état d'origine en se référant à une gravure de Watteau.

Le XVIIIe nous vaut la rue Royale, un véritable Faubourg Saint-Germain lillois. Le XIXe vint aussi imposer son empreinte : ses grandes percées de rues, rue Nationale, rue Faidherbe, boulevard de la Liberté, boulevard Carnot... La façade de la gare de Lille, construite en 1863-1867, était semblable à celle de la première gare du

Dans le centre de Lille, certaines usines d'ailleurs sont transformées en îlots d'habitation de grand luxe. La mode des « lofts » et du « high tech » oblige, même à Lille. « Lille est une petite/grande ville », essaye d'expliquer Fabienne, une étudiante en médecine que nous avons rencontré au café « Le Moderne ». « On peut aller presque partout à pied, se balader (il y a beaucoup de rues piétonnes), rencontrer par hasard beaucoup de copains, de connaissances sans avoir en contrepartie les rues désertes le soir, les cafés qui ferment à dix heures du soir, chaises sur la table, les trois boutiques vieillottes et la troupe de théâtre amateur qui passe tous les deux ans... Sur le plan des spectacles par exemple, on est presque aussi gâté qu'à Paris. Mais en revanche, on ignore encore le phénomène de saturation parisien où, devant l'étendue du choix, on ne sait plus se décider. On possède l'équilibre en quelque sorte ! »

Une vie culturelle intense

La vie culturelle semble bénéficier des soins les plus attentifs de la municipalité, dirigée par Pierre Mauroy. Le musée des Beaux-Arts est un des plus beaux de France. On le dit le premier musée de province, prenant place juste après le Louvre. La galerie de peinture possède les plus rares signatures : Rubens*, Van Dyck*, Delacroix*, Courbet*, Renoir*, Monet*...

Si vous vous intéressez plus à la vie et au travail des hommes de la région, ne manquez pas d'aller traîner quelque peu vos bottes au musée Comtesse, situé rue de la Monnaie, dans l'hospice Comtesse (1237) : le musée en tant que « contenant » est déjà lui aussi à visiter. Vous pouvez aussi faire un tour au Musée industriel et commercial, rue du Lombard. Les activités théâtrales sont de premier ordre. Le Théâtre populaire des Flandres, dirigé par Cyril Robichez, a une vocation sage, classique. Il cherche à diffuser le théâtre,

à le rendre populaire au sens le plus large du terme — non sans une petite nuance pédagogique.

Le Théâtre de Salamandre, dirigé par Gildas Bourdet, est plus turbulent. Nouvelle mise en scène, comedia dell'arte... On invite Ariane Mnouchkine• et son « Age d'or », Planchon• et Chéreau•. C'est presque Vincennes en Lille. Les spectateurs ne se font pas peur : ils accourent, démontrant que le théâtre n'est pas mort. *Martin Eden* monté par la compagnie eut un succès national et fut diffusé par F.R. 3.•

Le sens de la fête

L'art lyrique a ses adeptes. L'opéra touche les milieux les plus bourgeois et les plus populaires. Dans les deux théâtres, le théâtre Sébastopol et surtout l'Opéra, on met au point des créations originales comme *Gipsy* ou *Le Trouvère*. Sur le plan musical, une célébrité aussi : l'Orchestre philharmonique de Lille dirigé par Jean-Claude Casadesus, qui bientôt pourra bénéficier d'une nouvelle salle dans l'immeuble du « Nouveau siècle » (aussi triste que le Palais des Congrès à Paris) : l'Auditorium, avec 2 000 places.

Mais la fête ce n'est pas seulement tous ces spectacles organisés. La fête c'est aussi se promener au « Furet du Nord », sans doute la plus grande librairie de France, maintenant associée à la F.N.A.C. pour les disques. Douze kilomètres de rayons, plus de 500 000 livres classés par genre, sept niveaux, un espace réservé aux enfants avec livres et jeux.

La fête c'est encore « être invitée plusieurs fois par an à des mariages ou à des baptêmes ». « Tiens, d'ailleurs j'ai un mariage cet après-midi », nous avoue Karin, sur qui nous comptions pour nous faire visiter Lille. « Avec les familles nombreuses d'ici, on est toujours le cousin ou la cousine de quelqu'un. On est d'ailleurs tellement apparentés que la région du Nord est l'une

des régions où l'on demande le plus de dispenses de mariages. Tu ajoutes à ça les copains et copines et tu vois : les cérémonies, on ne peut pas y échapper. L'ambiance est souvent très chaleureuse, très drôle. »

La fête c'est la Braderie en septembre — si vous avez lu *Jacinte*, vous y êtes peut-être allée.

La fête c'est le marché de Wazemmes, le dimanche matin. Autour de l'église Pierre-et-Paul, place de la Nouvelle-Aventure, (tout un programme), le marché se déploie, mêlant allègrement la brocante, les soldes de vieux vêtements délicieusement rétro, les fripes et les laitues avec une nonchalance inoubliable... C'est le quartier des rues commerçantes, des marchés couverts et des « sorcières » qu'on sort pour le carnaval. Le carnaval... avec ses processions de géants : il faudrait peut-être songer à y faire un tour. Mais chut! Top secret, ce ne serait pas à Lille qu'il serait le mieux. On vous refile des tuyaux « sous le manteau » en faisant jurer de ne jamais, jamais les répéter à personne. On vous parle à mi-voix de la fête des potirons, dans tel village retiré, à l'automne dans la brume, lorsque les courges creusées et sculptées par les enfants s'illuminent de bougies, mais chut... Le nordiste (décidément, je ne m'habituerai jamais à ce nom qui fait penser immédiatement à sudiste — et on se sent d'un bête!), le nordiste est pudique et secret. Pour vivre heureux vivons cachés. Il aurait fallu vous dévoiler leurs secrets? Pas sûr. Et puis, peut-être, ne le pouvais-je pas, faute d'avoir dans l'oreille, comme une langue maternelle, le patois lillois. faute d'avoir dans la mémoire l'odeur du café qui mijotait toute la journée au bord de leurs cuisinières, faute d'avoir dans les jambes des sentiers et des ruelles que je serais bien incapable de nommer, faute de ne pas être née dans le Nord, faute de...

Marie-Françoise SABLE
Jacinte, octobre 1980.

Le Nord est une fête

Le Nord est une fête : foires, kermesses, ducasses, braderies, festivals, carnavals se succèdent. Ces explosions de joie populaires sont un échappatoire aux règles policées de la vie quotidienne. Les géants, Gayant à Douai, Reuze à Cassel... s'y taillent la part du lion.

La braderie de Lille (le premier lundi de septembre) fait descendre toute une ville dans la rue. Il faut avoir vu ces milliers de gens qui dansent, chantent, rient, mangent et... bradent. Une réjouissance vigoureuse et saine.

Le Nord est une fête pour le corps.

Les jeux traditionnels demeurent très vivaces dans toute la région. Les énumérer tous est une gageure. Citons, outre le tir à l'arc et à l'arbalète, le billon, la crosse, le javelot, l'guiss, le beigneau, la bourle.

L'art campanaire et la colombophilie ont acquis leurs lettres de noblesse. Le bassin minier a donné à la France ses meilleurs joueurs de football, et le plus célèbre d'entre eux, Raymond Kopa, est natif de Nœux-les-Mines.

Les fanfares, orphéons et harmonies des houillères, ont connu leurs heures de gloire.

Cette vie associative, urbaine, riche, intense, est un trait caractéristique du Nord-Pas-de-Calais. Elle cimente la solidarité des « chtimi » et explique en partie la chaleur de leur accueil.

Le Nord est une fête pour le palais. Sa cuisine, rustique et plantureuse, est trop méconnue des gourmets. Et pourtant, que de spécialités délicieuses : le lapin de garenne aux pruneaux, le ramequin douaisien, le potje flesh, la carbo-nade de bœuf et surtout le hochepot ; que de fromages savoureux : le maroilles bien sûr, mais aussi le vieux-lille et le bergues.

Enfin, qui saurait résister aux incomparables frites du Nord.

Le Nord est une fête pour les yeux. Le touriste serait bien inspiré de s'y promener. Il découvrirait un patrimoine architectural varié et original : les moulins des Flandres, les places fortes et les châteaux (Esquelbecq, Olhain) les villes à beffroi (Douai, Cambrai...) et encore la somptueuse place d'armes d'Arras, la tour baroque de Saint-Amand-les-Eaux, la chapelle des jésuites de Cassel, le couvent des Augustins d'Hazebrouck, la bailliage d'Aire-sur-Lys, etc.

En outre, l'amoureux de la nature trouvera des plans d'eau et des centaines d'hectares de forêts préservés. Le parc régional naturel de Saint-Amand-Raismes est un des plus importants de France. Deux autres sont en cours d'aménagement, à Olhain et Avesnes.

Le Nord se refait une beauté. Il ne s'agit pas de chirurgie esthétique mais d'un simple ravalement. Les fumées de l'industrie ont un temps masqué le vrai visage de la région.

Messages P.T.T., mars 1979.

Flandre :
contre une civilisation hexagonalisée

La première ambition des Flamands : faire connaître leur pays, le « Westhoek »

Le Matin, 11 septembre 1978.

FLAMANDS ET FIERS DE L'ÊTRE

On parle beaucoup des Occitans, des Corses et des Bretons. Et pourtant des racines, il en pousse partout. Ainsi, dans le Nord, sur fond d'usines...

Jour de fête à Coudekerque-Branche. A quelques kilomètres des raffineries dunkerquoises, sur les pelouses qui longent le canal, le soleil accompagne les festivités dédiées à la « Nature et à la Flandre ».

Tout le monde est au rendez-vous, dirait-on. Ceux de la côte et ceux de l'intérieur. Les militants des mouvements écologiques locaux, la chorale dunkerquoise « Het Reuzekoor », les personnes âgées qui ont ressorti pour l'occasion les toilettes traditionnelles, les coiffes de dentelles des femmes de pêcheurs de Zuydcoote, Radio Uylenspiegel. Stands de librairie, d'artisanat, d'information. Enfants qui, au pied de la « Peule », géante de la famille des « Reuze » du carnaval, soufflent dans les « teutres », cornes de brume naguère utilisées pour se rejoindre et se reconnaître dans les intempéries. Rien ne manque ! Et lorsque la voix de Marieke, à la manière des marchandes de poissons d'hier, lance un sonore « Plat-ch'iou », les oreilles se tendent, les conversations s'apaisent, les anciens retrouvent avec émotion un répertoire qu'ils n'échangeaient plus depuis des années qu'en famille et que les jeunes découvrent, ravis.

Marieke, c'est Maryse Collache, née flamande et vivant au pays, une jeune femme qui respire la santé et qui se dépense sans compter depuis six ans à la renaissance de la musique des Flamands en France. Avec son frère Bart, elle a créé un duo vocal et instrumental. Leur répertoire ? Celui qu'ils ont hérité d'Edmond de Coussemaker, ce Bailleulois qui, au siècle dernier, eut l'excellente idée de recueillir et de transcrire les nombreuses chansons que les dentellières chantaient sur leur travail. Animatrice, avec son mari André Collache de « Het Reuzekoor », association « culturelle et musicale », Marieke, prix de chant au conservatoire de Lille, enseigne la musique.

Flamands « francisés de fait », Marieke et Bart découvrent, il y a une dizaine d'années, que le pays flamand perd petit à petit son originalité, sa langue, son patrimoine culturel. *« Nous-mêmes ne savions pas parler la langue du pays, le " vlaemsch ", qui est toujours parlée par quelque 100 000 habitants du Westhoek. »* (Partie occidentale de la Flandre, le Westhoek s'étend de la frontière belge à Saint-Omer et de la mer du Nord à Armentières).

« J'ai découvert cette langue, que j'utilisais depuis mon enfance sans y faire attention, à travers l'œuvre poétique d'un prêtre, Djoos Utendoale, explique Pier Vandevoorde, dit Keuntje, jeune agriculteur de Steenworde, et poète. *A travers ce langage concret, c'est notre vie de tous les jours que ses poèmes chantent. C'est ainsi que je me suis mis moi-même à écrire des poèmes sur ma vie de cultivateur et les mille rencontres que j'ai chaque jour avec les hommes et la nature. »*

Keuntje savait la langue, Marieke et Bart l'ont apprise. Dès 1972, ils rejoignent, avec d'autres artistes du Westhoek, Christian Declerck, le groupe « Rum » d'Hazebrouck, les Klauwaerts, Kreupelaer, Haeghedoon (l'aubépine) de Bailleul, le cercle Michael de Swaen. Avec le Comité flamand, ce groupe de sauvegarde de la culture flamande collecte les archives, organise des spectacles, des rencontres.

« Il faut dire qu'ici, les gens avaient honte de s'avouer flamands, honte de leur langue qu'ils ne parlaient qu'entre eux, chez eux. »

Mais entre-temps, il s'est passé autre chose. Important. Et c'est le jeune historien du mouvement flamand, Jean-Paul Sepieter, trente ans, auteur d'une méthode pour apprendre le « vlaemsch » et qui vient de publier un ouvrage sur *La musique du peuple flamand* [1] qui explique : *« Le mouvement folk venu des États-Unis, notamment avec Peter Seeger, invitait les nations à reprendre possession de leur patrimoine culturel. En France, le travail d'Alan Stivell a été spectaculaire : loin de prendre ombrage de cette renaissance subite, les autres peuples de l'État français ont été ravis de découvrir cette musique et ont recherché à leur tour ce qui était enfoui auprès de leurs racines. »*

En Flandre française, le mouvement se révèle à lui-même en 1974. Les veillées du café « Saint-Sébastien », à Steenvoorde tournent vite en cabaret folk et deviennent un lieu de découvertes et de retrouvailles. *« Je croyais qu'on allait rire de mes poèmes, se souvient Keuntje. D'autant que l'établissement était aussi fréquenté par des " loubards " visiblement plus attirés par le rock anglosaxon que par le folk. A notre grande surprise, les gens nous écoutaient et appréciaient. »*

Alors, tout est allé très vite. Marieke et Bart enregistrent deux disques de *Chants traditionnels de la Flandre française* [2]. En 1977, Jean Denyse crée Westhoeck éditions. Amiénois d'origine, cet ingénieur vient s'installer à Dunkerque en 1967 et, là, se prend de passion pour le célèbre carnaval annuel, cherche des ouvrages sur le sujet, des recueils de ces truculents refrains qui parcourent les cortèges : *« Rien, dit-il. Il n'existait rien sur le sujet. Alors j'ai décidé d'écrire un livre, « les Enfants de Jean Bart ». J'ai travaillé pour réunir toutes les informations nécessaires, puis j'ai cherché un éditeur dans le pays. Personne. »*

Le 1ᵉʳ janvier 1978, depuis l'église de Cassel, Radio Uylenspiegel émet pour la première fois en langue flamande. Persécutée, brouillée, saisie, Radio Uylenspiegel n'est jamais vraiment réduite au silence et ses animateurs, Pascal Vanbremeerch et Régis de Mol, trouvent heureusement auprès des responsables du Comité flamand et des élus socialistes du Westhoek, le maire de Bailleul entre autres, d'ardents défenseurs.

« Dire que toute la population des Flandres françaises participe activement à cette effervescence serait exagéré, dit encore Jean Denyse. D'autant qu'il faut bien le dire, dans le pays, le travail et le chômage, l'avenir de l'agriculture sont, comme partout, des préoccupations de taille. Mais, poursuit-il, si les jeunes d'ici savent enfin ce que signifient leur nom de famille et celui de leur village, ce n'est pas si mal... »

Depuis quelques semaines, Edmond de Coussemaker a sa stèle à Bailleul. Les 28 et 29 novembre prochain, à Hazebrouck, l'Université populaire flamande définira les revendications du manifeste pour la reconnaissance de la langue à l'école et sur les ondes.

Entre-temps, Marieke et Bart auront chanté au profit d'Amnesty International : *« La renaissance de la culture populaire flamande n'est pas une aventure en vase clos. Quand on est bien chez soi, on s'ouvre plus aisément au monde. »*

Dans la sonorité joyeuse des cornemuses et des épinettes, rythmée par le son cocasse du « rommelpot » (percussion fabriquée à partir d'un pot de grès et d'une vessie de porc), dans la mousse de la bière et les odeurs de thym du « potjevleisch » (terrine), le réveil du Westhoek n'engendre guère la mélancolie! Tyll Uylenspiegel, héros légendaire l'avait prédit : *« Est-ce qu'on enterre l'esprit, le cœur de la mère Flandre? Elle aussi peut dormir. Mais mourir, non! »*

François-Régis BARBRY
La Vie, 5 novembre 1981.

---

1. 2. Westhoeck Éditions.

Préparation

• Cherchez des photos de carnavals et de costumes traditionnels flamands.

• Écoutez des chants traditionnels flamands et les chansons de Jacques Brel : *Le plat pays* et *Les Flamingants*.

• Remarquez dans le texte les noms de lieu et de personnes d'origine flamande. En quoi sont-ils différents de noms traditionnels français ?

Remarques

Mots tirés de noms de région ou de ville :

La Flandre (ou **les Flandres**) : région divisée entre la France et la Belgique. **En Flandre française. Les Flamands** (les habitants). **Une chanson flamande.**

Dunkerque : grand port français sur la mer du Nord. **Les Dunkerquois** (les habitants).

Bailleul : ville française du Nord. **Les Bailleulois** (les habitants).

Amiens : ville principale de Picardie. **Les Amiénois** (les habitants).

Les enfants du pays : personnes qui sont originaires de la région.

Les enfants adoptifs : personnes venant d'autres régions.

Explications complémentaires

Lille : ville principale de la région du Nord qui constitue avec les villes de Roubaix et Tourcoing un très grand centre industriel.

Peter Seeger : chanteur américain.

Alan Stivell : chanteur breton. (Voir p. 131).

Jean Bart (1650-1702) : marin français, né à Dunkerque, et corsaire célèbre par ses succès contre les Hollandais et les Anglais.

Radio Uylenspiegel : les radios libres étaient interdites par la loi jusqu'à l'élection du gouvernement socialiste en 1981.

Tyll Uylenspiegel : héros populaire qui a inspiré des œuvres de la littérature flamande et allemande.

Notes de vocabulaire

Sur fond d'usines : où les usines forment le décor.
Raffinerie (f.) : usine où s'effectue le raffinage du pétrole.
Dédié à : en l'honneur de.
Militant (m.) : personne qui lutte en faveur d'un mouvement.
Coiffe (f.) : coiffure féminine en tissu ou en dentelles faisant partie des costumes traditionnels.
Corne (f.) de brume : instrument sonore utilisé par les marins quand il y a de la brume.
Intempérie (f.) : mauvais temps (pluie, vent).
Animatrice (f.), animateur (m.) : personne qui organise.
Se dépenser sans compter : se consacrer totalement à un travail.
Recueillir : rassembler.
Dentellière (f.) : femme qui fait de la dentelle.
Francisé de fait : d'éducation française en tant qu'habitant de la Flandre française.
Patrimoine : héritage.
Prendre ombrage : être jaloux.

Enfoui : enterré, caché.
Veillée (f.) : (ici) soirée.
Loubard (m.) (familier) : jeune voyou.
Truculent : gai et très réaliste.
Émettre : faire une émission de radio.
Brouiller : (ici) troubler la clarté d'une émission.
De taille : important(e).
Stèle (f.) : monument commémoratif.
Sur les ondes : à la radio et à la télévision.
En vase clos : (ici) limitée à un groupe particulier.
Cornemuse (f.) : instrument de musique à vent.
Épinette (f.) : ancien instrument de musique à clavier et à cordes pincées.
Cocasse : amusant.

Exercices de compréhension

1 Quel rôle ont joué dans le mouvement de sauvegarde de la culture flamande (a) Marieke et son frère Bart, (b) Edmond de Coussemaker, (c) Keuntje, (d) Jean-Paul Sepieter, (e) Jean Denyse, (f) Radio Uylenspiegel?

2 Quels sont les sentiments des vieux et des jeunes en écoutant chanter Marieke?

3 Comment s'appelle la langue du pays? Pourquoi les Flamands ne parlaient-ils cette langue que chez eux?

4 Où est-ce que Keuntje trouve son inspiration?

5 Qui assiste aux soirées du café Saint-Sébastien?

6 Est-ce que tous les Flamands se préoccupent de la renaissance de la culture populaire flamande? Pourquoi?

7 Qu'est-ce que cette renaissance apporte d'abord aux jeunes? Pourquoi est-ce important?

A vous maintenant

1 A votre avis, est-ce qu'une région ou un pays peut perdre petit à petit son patrimoine culturel? Pourquoi?

2 Comment est-ce que la musique et la chanson peuvent contribuer à la renaissance culturelle d'un peuple ou d'un pays?

3 **Travail de groupe** : Préparez une émission à la radio pour présenter le patrimoine culturel de votre région.

4 **Débat** : Est-ce que la renaissance de sa culture sert à isoler une région du reste du pays? Pourquoi?

Exercices de langue

1 Rédigez un questionnaire destiné aux personnes âgées de la Flandre pour recueillir les traditions populaires de leur région. En utilisant ce questionnaire, imaginez une interview.

2 En vous inspirant de la description de la fête à Coudekerque-Branche, faites la description d'un carnaval auquel vous avez assisté, ou d'une fête populaire.

De notre correspondant

Le phénomène s'amplifie, tranquillement, sans coup d'éclat. Non pas que les « Nordistes » se découvrent, comme en Bretagne ou en Corse, un goût d'autonomie prononcé. Mais, petit à petit, c'est comme si leurs racines prenaient une vigueur nouvelle. La presse régionale reflète le souci de nombreuses associations pour le passé historique et culturel du Nord-Pas-de-Calais. Et voici que les frontières régionales s'ouvrent encore vers la Picardie et une partie de la Belgique...

En effet, le « chti-mi * », ce patois nordiste, on le retrouve avec des particularités locales à Lille, Boulogne, Lens, Amiens ou Tournai. Il s'agit en fait du picard, une langue qui remonte au XIIe siècle et que d'aucuns utilisent encore : poètes et écrivains.

Il semble que les Nordistes apprécient de plus en plus contes, récits et nouvelles en patois. Beaucoup y retrouvent la langue de leur grand-père et un passé encore « chaud ».

Un mouvement s'est même créé qui souhaite sensibiliser les habitants du terroir picard (Nord, Pas-de-Calais, Somme, Tournaisis et Borinage belge) au devenir de leur langue.

« Chti qui pinse »

L'an dernier une université d'été, qui prit le nom de « Chti qui pinse », réunit près d'Arras cent cinquante personnes venues réapprendre leur pays à travers sa langue. Cette année, c'est à Quevaucamps (Belgique), entre Tournai et Mons, que s'est tenue la deuxième session.

Picardie :
Quand le patois redevient langue régionale

Le programme de ces deux journées est très chargé : 24 cours et discussions diverses. Neuf heures de spectacle, chansons et théâtre de ceux qui s'expriment aujourd'hui en picard. Car le but des organisateurs est bien de montrer que la défense et l'illustration de la langue picarde concernent directement l'avenir de la région. Les sujets abordés n'avaient rien de passéiste : luttes sociales, nouvelles technologies agricoles, énergies, aussi bien que linguistique et histoire des mentalités picardes.

22 000 mots

« Nous ne devons pas avoir honte de notre "patois" », explique M. André Lévêque, l'un des fondateurs de « Chti qui pinse ». Il s'agit d'une langue qui a son originalité, ses richesses. Un dictionnaire publié entre les deux dernières guerres faisait état de 22 000 mots, alors qu'à la même époque on en attribuait 30 000 au français... Mais c'est une langue qui a été refoulée. Dans les écoles de chez nous aussi, on montrait du doigt ceux qui parlaient « patois ». Finalement, on nous a un peu « volé » notre langue. Le premier effort d'une régionalisation conséquente serait de nous la rendre.

« Chti qui pinse » ne voudrait pas en rester à une manifestation annuelle. Le mouvement souhaite que soient entrepris d'importants travaux : collecte de vocables village par village, études systématiques en vue de l'édition d'un véritable dictionnaire, sorte d'inventaire de la langue régionale. Il accueillerait volontiers, par ailleurs, des mesures favorisant l'expression en picard (littérature écrite ou orale, théâtre...).

L'idée, peu à peu, pourrait faire son chemin...

Christian CASSETI
La Croix, 10 septembre 1979.

Français et patois

«Le patois? non, ce n'est vraiment pas un problème.. » Nommée pour sa première année d'enseignement à Roost-Warendin, petite ville de la banlieue de Douai, au cœur du pays minier, Mlle B... est enchantée de ses élèves : une « bonne » troisième, qui fait de l'allemand comme première langue. Bien sûr, de temps en temps il faut traduire. Quand on vous dit « je suis farcé » pour expliquer que le réveil n'a pas sonné, « il me traite » pour dire « il se moque de moi » ou « la honte » quand on est intimidé. Mais c'est plutôt un prétexte à connivence entre cette jeune certifiée parisienne et les enfants du pays : une façon de plaisanter ensemble et d'échanger ses cultures. « Mon attitude a été d'abord : apprenez-moi tout ce qui concerne votre pays. Ensuite, j'ai fait une leçon sur les niveaux de langue de manière à leur faire comprendre ce qu'on ne peut pas employer dans une copie. »

Mais, ici, les élèves ne parlent pas toujours patois. Plutôt un terme de temps en temps. Même chose dans cette autre troisième d'un collège rural plongé, cette fois, dans la région de la dentelle, près de Calais (enfants non pas d'agriculteurs mais d'ouvriers, « élevés près du métier à broder »). Six le comprennent, aucun ne le parle vraiment, seuls les grands-parents l'utilisent encore. « Ce que les élèves emploient surtout, c'est un français très populaire qu'ils ressortent dans les rédactions », explique leur professeur, fille d'immigrés polonais, comme tant d'habitants du Nord. « Il s'est passé le même phénomène que pour nous autres immigrés. Ils ne parlent plus la langue pour mieux s'intégrer dans le pays. Et l'école aussi a longtemps combattu les dialectes. »

Aujourd'hui, de toute évidence, l'attitude des enseignants a changé. Sous l'effet conjugué du renouveau des langues régionales (il y a maintenant des sketches en patois à Radio-Lille) et des mots d'ordre de la rénovation du français s'élevant contre l'abus de la norme, on part du langage des enfants tel qu'il existe en essayant d'en élargir les registres. « Il faut accepter le patois, affirme la directrice d'une école maternelle. Autrement les enfants seraient bloqués. Certains ne comprennent que ça. Alors, chez moi, toutes les institutrices le connaissent. Après, elles reprennent la phrase corrigée en français. On réussit bien car, au cours préparatoire, les enseignants nous disent : "Qu'est-ce qu'ils parlent!" »

S'agit-il vraiment d'un problème spécifique? Il semble que le patois ne soit qu'un aspect du divorce entre la culture de l'école et celle de la maison, obstacle si important à la réussite des enfants des milieux populaires. Ainsi, au lycée, comme à Hénin-Beaumont, le problème n'est plus linguistique. Bien que les élèves y soient en majorité d'origine ouvrière, ils ont peu à peu acquis auparavant les différents registres de la langue. S'il y a difficulté, c'est plutôt à accorder l'enseignement aux intérêts de ce « milieu accablé » (un tiers de boursiers, immigrés, souvent orphelins de père).

En revanche, dans la classe préparatoire à l'apprentissage de Roost-Warendin, c'est de langage qu'il s'agit. Ici, oui, le patois est une réalité pour ces jeunes gens qui ont connu l'échec par le français. « On se gourre souvent », commente l'un d'eux. Alors le professeur s'efforce d'« exploiter leur dynamisme » pour d'abord les faire parler, ensuite on s'occupera de langue écrite.

Est-ce une particularité du « plat pays »? Une conséquence d'un milieu généralement peu favorisé? Une constatation est valable du collège au lycée : la parole, dans le Nord, n'est pas plus facile que l'écrit.

Le Monde de l'éducation, octobre 1981.

Les prénoms de l'Ile-de-France

La première chanson d'un folklore régional

Un emblème sous forme de trèfle dont les pétales figurent les huit départements, et que l'on voit sur des boîtes d'allumettes, des timbres et des autobus ; des jeux-concours pour susciter dans le public un mouvement de curiosité et d'intérêt ; une chanson, *les Prénoms de l'Ile-de-France*, dont voici les couplets et les refrains et qui devrait devenir le drapeau des chorales de la région…, quelque chose se prépare à ce sujet. Autant d'actions lancées par le Conseil régional d'Ile-de-France.

Pourquoi ? « L'Ile-de-France existe, a déclaré son président Michel Giraud, mais ses habitants sont peu nombreux à éprouver le sentiment de vivre dans une communauté régionale. » Alors, pour développer ce sentiment de complicité collective que l'on trouve dans les autres régions de France, on fait appel à l'intelligence, à la curiosité et aussi au cœur. C'est le but de cette chanson d'ajouter une note d'émotion artistique à la campagne d'information, et aussi d'élaborer le premier élément d'un folklore de la nouvelle région d'Ile-de-France.

C'est un coin de terre entouré de terres
Une île de champs de prés et de bois
Dont le cœur serait — la Seine en artère —
Un bateau qui flotte et ne sombre pas
C'est Fontainebleau cher aux lys de France
Et doux au muguet Chaville et Sénart
C'est le canotier d'un lointain dimanche
Rêvant d'inspirer un prochain Renoir

> *Barbizon Saint-Germain*
> *Robinson Choisy Melun*
> *Ainsi chantent et chanteront*
> *Les prénoms de l'Ile-de-France*
> *Barbizon Saint-Germain*
> *Robinson Choisy Melun*
> *Comme ils chantent les prénoms*
> *De l'Ile-de-France*

C'est un peuple entier dressant Notre-Dame
Un seul grain de blé fécondant l'hiver
C'est un inconnu dormant sous la flamme
Et dix millions de vies dans la lumière
C'est une péniche allant nonchalante
C'est le sillon blanc d'un oiseau d'Orly
Et c'est la grand-ville aux voix violentes
D'où vient quelquefois le mal du pays

> *Rambouillet Survilliers*
> *Vernouillet Nogent Villiers*
> *Ainsi chantent et chanteront*
> *Les prénoms de l'Ile-de-France*
> *Rambouillet Survilliers*
> *Comme ils chantent les prénoms*
> *De l'Ile-de-France*

C'est un coin de terre entouré de terres
Une île dont le tour vaut le détour
Même si le passé lui a fait des guerres
Si le progrès lui a joué des tours
C'est selon le jeu de la marguerite
On l'aime un peu beaucoup à la folie
La fille qu'on n'a pas vue tout de suite
Et dont on s'aperçoit qu'elle est jolie

> *Barbizon Saint-Germain*
> *Robinson Choisy Melun*
> *Ainsi chantent et chanteront*
> *Les prénoms de l'Ile-de-France*
> *Barbizon Saint-Germain*
> *Robinson Choisy Melun*
> *Comme ils chantent les prénoms*
> *De l'Ile-de-France*

Paroles de Claude LEMESLE
Musique de Gilles MARCHAL
La Croix, 2 mai 1978.

83

Le français tel qu'on le parle encore... en Ile-de-France

- Un français différent mais non mauvais
- Des archaïsmes qui tombent en désuétude

Dans un rayon de 100 kilomètres autour de Paris, on parle « un français bien de chez soi ». Un parler régional — celui de l'Ile-de-France — qui constitue une variété riche, et qu'il ne faudrait pas minimiser, du français.

A force de recherches patientes, Marie-Rose Simoni-Aurembou, chercheur du C.N.R.S. et auteur d'un Atlas linguistique d'Ile-de-France, veut faire apparaître « le vrai visage d'un langage qui, s'il est proche de Paris, n'en est pas pour autant parisien ». Ce français de Roissy, Montlhéry, Étampes... est considéré comme correct par ceux qui le parlent ; pour eux, il va de soi d'employer ces mots qui collent aux réalités locales.

L'école tue les parlers régionaux

Une grande partie du vocabulaire touche, en effet, au domaine affectif et aussi rural : noms d'outils, d'activités agricoles ou champêtres, de plantes... dont certains sont très beaux et poétiques.

C'est, bien sûr, auprès des paysans que se recueillent ces archaïsmes : « On guette (garde) un enfant » ; et puis il y a ces mots dont le sens dans le français régional est différent de celui du français courant, ce qui peut conduire à des quiproquos fâcheux : ainsi, vers Pithiviers, « une ferme » a plus de 100 hectares ; sinon, ce n'est pas une ferme.

Peu à peu ces termes tombent en désuétude. Tant que la chose existe, on garde le mot qui la nomme : un « charnier » est un échalas pour la vigne, mais lorsque, les modes de vie et de culture changent, elle disparaît, à quoi bon en parler encore ? D'autant que bien des interlocuteurs se sentent en infériorité par rapport à la langue courante des mass media et de l'école. Depuis le début du siècle, les instituteurs ne se privent pas de corriger « ces fautes ». Différences d'accent : toé, moé pour toi, moi, on se souvient encore de cette prononciation dans l'Essonne ; siau*, chapiau• qui affleure encore en Beauce. Dans le Nord, on dit « eu » donc Saint-Leu, dans l'Ouest « ou » donc Saint-Loup ; de même chanteloup devient canteleu en Normandie. Ce zèle pour la bonne langue est plutôt maladroit quand il fait copier 100 fois à une écolière : « Je ne dois pas dire " tuchté "'' (éternuer) », meilleur moyen de le lui ancrer dans la tête !

Certes, ces expressions sont moins fréquentes qu'il y a soixante ans, mais dans les relations familiales ou entre enfants, des mots anciens subsistent, dans les jeux notamment.

Ne pas avoir honte

« Ce n'est pas un *mauvais* français comme on le juge trop volontiers, explique Mme Simoni-Aurembou, mais un français *différent ;* une langue plus courante que celle de Paris qui est finalement la langue de culture, celle des possédants. »

Relever ces archaïsmes et/ou transformations permet de reconstruire l'histoire du français. Celui-ci s'est fait à partir d'une petite classe de dirigeants, s'est généralisé depuis 1789, puis par l'école obligatoire. La langue a progressivement gagné une plus grande abstraction, et quand on privilégie l'abstraction, on ne peut plus avoir dix mots différents pour dire « l'herbe ».

Cette uniformisation a été vécue comme une sujétion à une langue dominante. Néanmoins des noyaux de résistance existent dans les campagnes. Il me semble important de recueillir ces termes, de les expliciter auprès des enfants et surtout d'enlever le caractère de honte qui y est attaché. Au contraire, il faut rendre les gens conscients de ce qu'ils vivent. »

Odile NAUDIN
La Croix, 2 avril 1978.

Petit lexique

Si on vous dit, comprenez...

La chave : le trou sous la rive.

Crôner : pêcher à la main en s'immergeant complètement.

Bernache : le vin qui sort du pressoir.

Le friche : herbe courte qui pousse dans les endroits incultes.

Certains meubles sont **macabres à déplacer :** difficiles à remuer.

Le berguignon (dard de l'abeille) est **maussade** (désagréable). Il y a des vipères, pas de serpents, mais des **venins :** on dit donc froid comme un venin (froid comme un serpent).

La France de l'Ouest

**Bretagne • Normandie
Pays de la Loire • Poitou-Charentes**

Les problèmes socio-économiques

Marée noire, peur nucléaire : les calvaires bretons

La Bretagne est malade de l'énergie. Entre le risque hypothétique du nucléaire et celui, bien réel, de la marée noire [1], les Bretons refusent de choisir. Hélas, les côtes bretonnes sont toujours aussi vulnérables à d'éventuels accidents pétroliers.

Côté Plogoff, le rouge de la colère. Côté Trégastel, le noir du pétrole. Fièvre et lassitude : elle est tout en contraste la Bretagne telle qu'elle apparaît sur les écrans de l'actualité.

La colère d'abord. C'est celle des habitants du cap Sizun, qui refusent de voir E.D.F. construire chez eux une centrale nucléaire de 5 200 mégawatts. Contre ce projet, officiellement soumis à leur appréciation pendant les six semaines réglementaires de l'enquête d'utilité publique, certains habitants de Plogoff ou des environs ont chaque soir pris les armes. Du lance-pierres au cocktail Molotov.

Dès le 30 janvier, le ton est donné. Barricades, autodafé des documents d'information d'un côté, 400 gendarmes mobiles en tenue de combat de l'autre. Chaque soir, à l'heure des replis stratégiques des « mairies annexes » (installées dans des camionnettes) où se déroule l'enquête, la tension monte. « Il faut avoir vu les vieilles bigoudens, portant coiffe du pays, injurier en breton les forces de l'ordre pour mesurer leur colère », raconte un témoin. On mesure! De part et d'autre, les coups pleuvent, et les « bavures » se multiplient.

Le 9 février, la fille du premier adjoint au maire de Rennes est quelque peu bousculée par les policiers de Quimper. Le 6 mars, au cours du procès de plusieurs manifestants arrêtés à Plogoff, leur avocat, Yann Choucq, s'emporte lors de sa plaidoirie. Il accuse la police d'avoir relâché un manifestant en raison de ses liens de parenté avec un magistrat de Nantes. C'est l'incident. Faute professionnelle, reproche-t-on à l'avocat : dix jours de suspension. Du coup, c'est tout le barreau breton qui entre en émoi.

Enfin, au dernier jour de leur « intervention » à Plogoff, les gendarmes mobiles rossent copieusement Hervé Debois, le correspondant de France-Inter en Bretagne. Bilan : onze jours d'arrêt de travail. Aussi, quand s'achève, lundi dernier, le procès des manifestants de Plogoff, c'est presque avec soulagement que les Bretons apprennent le verdict : d'un mois de prison ferme à quinze jours avec sursis... La foule qui cerne le palais de justice de Quimper se disperse dans la nuit.

Apparemment, c'est la fin du premier acte, sur un verdict d'apaisement. Apparemment seulement, car les six semaines de guérilla au cap Sizun ont réveillé quelques vieux fantômes celtiques qu'on croyait, depuis un an ou deux, en sommeil : l'opposition aux décisions prises ailleurs, l'attrait séculaire de la lutte contre le pouvoir central : « A Plogoff, on a ressorti le drapeau breton, les chants et les slogans autonomistes, confie un haut fonctionnaire du ministère de l'Intérieur. Cela, c'est un très mauvais signe. »

Trégastel. Changement de décor. Face au flot noir du pétrole, c'est la lassitude. « Les volontaires? Ils viennent de l'extérieur; nous, c'est fini, nous estimons que la coupe déborde », raconte un habitant de la côte de Granit rose. Lorsque, le 7 mars, le pétrolier Tanio, battant pavillon malgache, se casse en deux au nord de l'île de Batz, la Bretagne a l'impression d'assister, à quelques variantes près, à un film ressassé : la tempête, le naufrage, la ronde des remorqueurs autour du navire, la valse-hésitation avant de déclencher le plan Polmar.

Et puis, le pétrole qui s'écoule. 6 000 tonnes qui commencent à s'échapper de l'avant du Tanio, tandis que l'arrière du pétrolier est remorqué vers Le Havre avec les 12 000 tonnes qu'il contient. Qu'importe la qualité ou la nature du pétrole qui s'épand : ici, ce qui prédomine, c'est — comme dans ces cauchemars sans cesse renouvelés — l'impression du déjà vu.

1. Expression qui désigne les nappes de pétrole noir qui recouvrent la mer après le naufrage d'un pétrolier.

POUR TOUT DÉCAPAGE
DE FAUNE ET FLORE MARINES

Domaine de MEN GOULVEN

Château AMOCO-CADIZ

Shell Portsall

Appellation **BRUT LÉGER** contrôlée

1978

Importateur Exportateur
Amoco - Chicago - U.S.A.
Adresse **Monrovia Liberia**

300 millions de bouteilles

Domaine de SEIN

Château BOEHLEN

R.D.A. de Cornouaille

BRUT VÉNÉZUÉLIEN

1976

Importateur Exportateur
R.D.A. Berlin Est

13 millions de bouteilles

Domaine de SEVEN STONES

Château TORREY-CANYON

B.P. du Granit Rose

BRUT

1967

Cuvée Réservée

Importateur Exportateur
Bermuda Tanker Corporation
Los Angeles - U.S.A.
Adresse **Monrovia Liberia**

40 millions de bouteilles

Domaine d'OUESSANT

Château OLYMPIC-BRAVERY

Onassis d'Ouessant

Appellation **FUEL LOURD** contrôlée

1976

Kirron Panama S.A.
Importateur-Exportateur
Monaco - Monrovia Liberia

1,6 million de bouteilles

Grands crus bretons millésimés

**AFFICHE
HUMORISTIQUE
PUBLIÉE
EN BRETAGNE
APRÈS LE NAUFRAGE
DE L'« AMOCO CADIZ »**

Torrey Canyon, Olympic Bravery, Boehlen, Amoco Cadiz, Gino, aujourd'hui *Tanio* : c'est trop. Le découragement gagne. Mille trois cents militaires sont appelés à la rescousse. Armés de pelles et de seaux, ils vont nettoyer de leur mieux, selon une « technique » désormais classique : celle de l'« huile de coude ». Quelques semaines, voire quelques mois de travail! En attendant le prochain super-tanker en détresse? Du coup, beaucoup de Bretons se posent la question : les marées noires sont-

elles aussi fatales que le nucléaire est nécessaire? Personne ne veut le croire. « Il y a incontestablement un *désarroi de la population locale,* explique au *Point,* Marc Bécam, le maire de Quimper, l'homme qui, en mars 1978, organisa la lutte contre le pétrole de l'*Amoco Cadiz. Mais il n'y a pas une fatalité de la marée noire.* »

Bon. Mais si aucun mauvais sort ne jette les pétroliers sur les rochers bretons, pourquoi cette succession de naufrages dans le

secteur? Pourquoi, ici, les navires sombrent, se cassent ou s'éperonnent? Et pourquoi, depuis 1967, seuls la pelle et le seau demeurent les dérisoires instruments de la lutte contre la pollution?

Réponses :

La géographie d'abord. Un simple coup d'œil sur la carte explique bien des choses. Les Bretons ont le tort de se trouver au bord de l'une des voies maritimes les plus fréquentées du monde. Du Moyen-Orient, via l'Afrique du Sud, aux ports de l'Europe du Nord, tous les chemins du pétrole mènent à Portsall, Ouessant, Perros-Guirec.

De plus, lorsque à ce trafic Sud-Nord s'ajoute dans l'autre sens celui des produits raffinés, totalement ou partiellement, comme c'était le cas pour le *Tanio,* faisant route de l'Allemagne vers l'Italie, les risques d'accident ne font qu'augmenter. Aussi, depuis le 1er janvier 1979, la France impose aux navires une route obligatoire plus éloignée de nos côtes que les « raccourcis » habituels. Avantage : lorsqu'un navire est victime d'une avarie mécanique, les remorqueurs ont le temps d'aller à son secours avant qu'il ne vienne s'échouer sur les rochers. « *Mais,* affirme l'Association des capitaines de navire, *on a repoussé les pétroliers au large à une distance telle — entre 48 et 59 kilomètres de la côte — que les moyens tant de contrôle que de positionnement deviennent insuffisants.* » D'où une augmentation des risques de collision. Les capitaines français réclament donc la création d'un corps de *coast guards* pour aider les navires à traverser cette passe dangereuse et — pourquoi pas ? — des pilotes hauturiers connaissant parfaitement le secteur et qui prendraient la barre. Comme à Suez ou dans les ports.

Pourquoi et comment un pétrolier peut-il être brisé par une tempête qui n'a pourtant rien d'inhabituel ? L'enquête sur ce point ne fait que commencer. Mais déjà les accusations et les protestations pleuvent. Le *Tanio* ? « *Une épave flottante* », selon l'un de ses anciens commandants. Pourtant, sa coque avait été revue et renforcée à l'automne dernier et expertisée le 19 octobre 1979. Une seule chose est d'ores et déjà certaine : dans le cercle des armateurs, des compagnies pétrolières et des assureurs concernés par le naufrage, tous sont prêts à se renvoyer la balle lorsque viendra l'heure du bilan. D'ailleurs, sous le pavillon malgache du bateau, l'imbroglio des intérêts financiers est tel qu'une des premières tâches des deux hauts fonctionnaires de la commission d'enquête créée par le ministre des Transports sera de retrouver le véritable propriétaire du navire.

« *De toute façon,* affirme Marc Bécam, *il n'y a qu'une solution : le renforcement du droit international. Il faut interdire, partout dans le monde, les bateaux ne correspondant pas aux meilleures normes de sécurité.* » On ne saurait qu'approuver. Hélas ! depuis le naufrage, en 1967, du *Torrey Canyon,* pétrolier libérien, rien n'a vraiment changé. Les pavillons de complaisance sont toujours aussi nombreux. L'an dernier, près de 45 % des condamnations prononcées en France pour non-respect des règles de circulation au large de la Bretagne l'ont été à l'encontre de navires s'abritant sous ces pavillons. Le Libéria, ce petit État de la côte africaine, a été le pire ennemi de la Bretagne : quatre des six derniers pétroliers naufragés portent son pavillon !

Pourquoi le seau et la pelle sont-ils encore les seuls moyens de lutte ? « *Problème d'argent !* », affirme-t-on ici et là. Il est vrai que dans les budgets de 1979 et de 1980 le gouvernement n'a inscrit que 15 % des sommes qu'une commission d'enquête du Sénat avait jugées nécessaires pour prévenir et lutter contre la pollution.

Mais l'argent suffirait-il à tout régler ? Certainement pas. Car le pétrole réserve aux spécialistes de la lutte anti-pollution plus d'une surprise. Celui qui gisait dans les soutes du *Gino* depuis le 28 avril dernier était très lourd. « *Il ne pourra pas remonter à la surface, il va s'étaler sur les fonds marins* », annoncent les experts. Quelques mois plus tard, au cours d'une plongée — surprise ! — 30 000 tonnes de ce *black carbon oil* particulièrement toxique ont disparu...

De même, cette fois encore, c'est par sa consistance que le pétrole du *Tanio* a surpris les spécialistes du Centre de documentation, de recherches et d'expérimentations sur les pollutions accidentelles des eaux. Destiné aux chaudières industrielles, ce fuel « n° 2 » s'est épaissi au contact de l'eau froide. Impossible de l'envoyer par le fond à l'aide de craie. Impossible également de le pomper lorsqu'il arrive le long de la côte. Résultat : la lutte contre la marée noire tourne au Concours Lépine. Une drague à huîtres est équipée d'un treillis mécanique et tente d'intercepter les nappes. Un chalut spécial d'une cinquantaine de mètres de long, traîné par deux bateaux, tente, lui aussi, de saisir les nappes avant qu'elles n'atteignent la côte. Condition *sine qua non* dans les deux cas : une mer calme ! Alors, faute de mieux, on récupère sur la côte ce que la mer veut bien rejeter, en espérant secrètement qu'elle « digérera » le reste avec le temps...

« *A la prochaine marée noire, nous irons à Paris déverser nos poubelles et nos cuves de mazout* », lançait au début de la semaine un marin-pêcheur de Ploumanac'h à l'adresse du préfet des Côtes-du-Nord. Jean-Pierre Foulquié. Premier cri de colère là où, depuis plusieurs jours, l'abattement et le désespoir conduisaient au mutisme. Mercredi dernier, sans attendre, ce sont cinq manifestants qui ont fait le voyage de Saint-Brieuc à l'Élysée pour répandre devant la porte du palais présidentiel plusieurs poubelles remplies d'un mazout noir, épais, provenant directement des soutes du *Tanio.* Un signe qui ne trompe pas : le ton monte sur la côte.

Or, à l'avant du pétrolier malgache, il reste encore quelque 12 000 tonnes de fuel, 12 000 tonnes qui risquent à tout moment, si on ne les extrait pas à temps, de s'échapper. Pour ternir de nouveau le rose du granit. Et cette fois, les lance-pierres en usage à Plogoff risquent de réapparaître quelque part entre Paimpol et Saint-Brieuc.

Georges POTRIQUET
(avec Jean MAHENE et, à Brest, Claude GRANDMONTAGNE),
Le Point, 24 mars 1980.

Bretagne : le ras-le-bol

Marée noire, nucléaire, agriculture :
les Bretons ne veulent plus subir.

L'Express, 22 mars 1980.

BRETAGNE : VENTS DE RAGE ET D'ESPOIR

Marées noires hâtivement nettoyées
Plogoff provisoirement calmé
Chômeurs et paysans isolés, oubliés.
Chacun pour soi dans une région
à la recherche d'un second souffle.

La Vie, 19 juin 1980.

La Bretagne amère

Brest. — « *Nous sommes écœurés. La France a 3 000 kilomètres de côtes et une mentalité de pays enclavé comme l'Autriche.* » Il n'y a pas d'adjectif suffisant, en Bretagne, pour qualifier « *la disparition du ministère de la Mer et sa relégation au rang de dernier secrétaire d'État* ».

Le Monde, 26 mai 1983.

Spécial Bretagne

WEEK-END A TREGASOIL

50 % de touristes en moins pour Pâques dans les Côtes-du-Nord et le Finistère : sur le littoral touché par la marée noire, la riposte s'organise

Le Quotidien de Paris, 7 avril 1980.

Le pot de terre [1] a gagné

De notre envoyée spéciale

Plogoff. — Plogoff a oublié. Durant deux ans, les arbres qui veillent sur la route reliant Audierne au cap Sizun, les pans de murs, les châteaux d'eau, les panneaux indicateurs avaient revêtu l'uniforme de la révolte et racontaient les péripéties d'un combat obstiné. Aujourd'hui, le pot de terre a gagné contre le pot de fer. Seule la vitrine du bar Céline affiche encore d'énormes macarons jaunes qui proclament « Nukeel Nann Trugarez » (« Nucléaire, non merci »).

« Plogoff? Je ne veux plus en parler. Cela me fait trop mal au cœur. Nous ne pouvions plus soutenir la lutte des anti-nucléaires des autres régions menacées par l'installation d'une centrale. Les habitants du bourg estiment que nous n'avons plus désormais à le faire... » Mme Annie Carval et, avec elle, les membres du comité de défense ont donné leur démission. Personne ne s'est présenté pour les remplacer. Si la décision des Plogoffites se maintient, le comité sera purement et simplement dissous à la fin du mois

de mai. Plogoff n'aura même pas d'anciens combattants.

Fallait-il une preuve de plus que la réaction du bourg n'était pas d'abord un combat anti-nucléaire? Ici, au « bout de la terre », ce n'est pas une idée qu'une poignée de retraités de la Royale et quelques femmes de marins ont défendue. C'était « notre pays » menacé par une décision imposée depuis Paris, ainsi que le reconnaît Mme Amélie Kerloc'h, maire (sans étiquette) de Plogoff. Tout en affirmant que les villageois ont été un moment solidaires des luttes menées ailleurs. Mais hier, vingt mille Bretons venaient chanter les cantiques sous une pluie battante. Les fêtes de Pâques et de la Pentecôte rassemblaient jusqu'à cent mille personnes à la pointe du Raz. Aujourd'hui, on comptait huit militants dans le car qui partait du Finistère apporter leur soutien, quelque part en France, à une manifestation anti-nucléaire.

« On ne peut s'obstiner dans une attitude négative toute sa vie », constate M. Jean Peuziat, député (P.S.) du Finistère, conseiller général, qui doit ses élections au rôle de fer de lance qu'il a joué durant les événements aux côtés des habitants du village. A ses yeux, Plogoff est à l'origine d'une prise de conscience irréversible : *« E.D.F. ne pourra plus jamais imposer de centrale*

nucléaire à une population qui n'en veut pas, dit-il. *D'autre part, la lutte du bourg a prouvé définitivement à tous les décideurs que l'énergie n'est pas le seul fait de l'E.D.F. • et que toute politique en la matière doit être aussi prise en charge par les citoyens. Il y a, à Plogoff, les nostalgiques du comité de défense, mais aussi bon nombre de militants d'hier, volontaires et compétents, qui participent aujourd'hui aux recherches sur les énergies renouvelables. »*

Maintenant les énergies nouvelles

La Bretagne est donc devenue, grâce à sa détermination, une région pilote dans le domaine des énergies nouvelles. Il existe un centre de recherches éolien à Lannion (Côtes-du-Nord), un centre de recherches sur les économies d'énergie à Rennes, un autre sur les énergies hydrauliques dans le Morbihan et un centre de conseils et d'aide aux collectivités et aux particuliers intéressés par des équipements énergétiques d'avenir, dans le Finistère. Enfin, les élus bretons créent actuellement une association régionale pour la maîtrise de l'énergie. Les Bretons défendaient leur « pays ». Ils continuent de le faire en cherchant d'autres moyens de

1. Allusion à une fable de La Fontaine : « Le pot de terre et le pot de fer ».

s'éclairer, de se chauffer, de faire « tourner » leurs entreprises. Et tant pis pour Chooz, Golfech ou Le Carnet...

Plogoff est devenue une sorte de « borne » dans la mémoire et la conscience collectives de la Bretagne. Les études demandées par M. Peuziat mettent en cause les savants calculs par lesquels E.D.F. essayait de justifier la centrale. On établit à présent des distinctions entre consommation de pointe et consommation de base, on conteste la courbe de croissance des besoins futurs de la Bretagne.

La « victoire » de Plogoff est, au fond, la victoire de citoyens « de base » sur une tèchnique et une politique qu'ils n'avaient pas approuvées.

Aujourd'hui, au bord de l'océan, le bourg, telle une « vedette » heureuse de prendre sa retraite, a retrouvé sa vie quotidienne. Le local du comité de défense est devenu la permanence de la Sécurité sociale, et la « maison autonome », symbole ultime de la révolte, attend banalement ses subventions.

M.-C. R.
Le Monde, 26 mai 1982.

QUE SE PASSE-T-IL VRAIMENT A LA HAGUE ?

Appelée à tort l'usine des « déchets » sans qu'on prenne le temps d'essayer de comprendre ce qui s'y passe, cette usine, unique en son genre, a pour vocation principale le retraitement des combustibles nucléaires irradiés.

A La Hague, la Cogema reçoit ces combustibles et les retraite au cours d'un certain nombre d'opérations qui se font sur plusieurs années. Le processus de retraitement permet de transformer le combustible irradié en plusieurs éléments : du plutonium, de l'uranium et une partie infime, mais réelle, de déchets qui seront vitrifiés. Tous ces produits sont ensuite retournés aux centrales nucléaires, y compris les centrales étrangères. La Cogema leur livre le combustible nucléaire réutilisable, le plutonium et tous les déchets, de même que les gants irradiés qui ont été utilisés pendant la manipulation de leurs combustibles. On peut difficilement parler alors de la « France, poubelle du Japon », ou de quelque autre pays. On peut simplement exprimer des réserves sur l'utilisation de l'énergie nucléaire, mais ce n'est plus un problème spécifique à La Hague.

Marie-France, avril 1983.

Un peuple déchiré
entre le passé et le présent

Au-delà du folklore, du respect des traditions, ce n'est pas à vivre
comme leurs ancêtres qu'aspirent les Bretons.
Mais avec la même authenticité, la même dignité.

La poussée de fièvre de la marée noire va sans doute s'apaiser en Bretagne. Si les promesses présidentielles se concrétisent rapidement. Le combat continue à Plogoff. Mais, soutenu, compris par de plus en plus de Bretons, ce n'est quand même jamais qu'un petit village qui se bat. Les conflits sociaux restent pour l'instant ponctuels. On vit pourtant là-bas un malaise réel. Peut-être parce que, en le sachant ou sans le savoir, on a engagé une course de vitesse. D'un côté, une région qui a sa spécificité, ses particularismes, mieux, sa manière de vivre et d'être. De l'autre, une Bretagne que l'évolution économique déchire : rupture du monde agricole, cassure des villes et des campagnes, des pays de l'Argoat et de ceux de l'Armor. S'agit-il d'une course contre le temps ?

De notre envoyée spéciale

Quartier Villejan, au nord-ouest de Rennes. Un classique : les tours, les barres et, dernière génération urbaine, les pavillons. Bien équipé : il y a les écoles primaires, les collèges, les pelouses et les centres commerciaux. Ils sont 20 000 à y vivre. Pour le travail, c'est autre chose. Il faut aller le chercher assez loin.

Trigarmat, c'est dans les Côtes-du-Nord, pas loin de Saint-Nicolas-du-Pélem. Si l'on ne connaît rien à la Bretagne, on sourit quand on entend parler d'altitude : le point le plus haut n'est pas à 300 mètres. Ça change tout pourtant : la terre est plus âpre, l'hiver plus froid, la vie plus dure. Le jeune éleveur fait ses comptes : « *On doit être 199 dans la commune.* » Puis il reprend : « *Non, 200 avec la petite fille de la ferme à côté, qui vient d'avoir deux mois.* » Mais il hésite encore : « *C'est bien 199. Une vieille vient de mourir dans le bourg.* »

Ça veut dire quoi, l'identité bretonne, aujourd'hui ? Dans une région cassée qui a vu enfler la périphérie de ses villes, qui vaille que vaille voit se développer son littoral et dont par brassées les villages crèvent, dont le cœur se dépeuple. Dans un « pays » où l'on appelle « griculteurs » le vieux fermier qui s'échine à faire rendre un sol maigre, qui sait qu'après lui il faudra « fermer boutique », et l'industriel qui peut nourrir, sans posséder un gramme de terre, simplement en appuyant sur quelques boutons, 1 000 ou 2 000 porcs. Qu'est-ce qu'il a encore à raconter, cet ouvrier du bâtiment ou des Arsenaux de Brest, ou de quelques zones industrielles rennaises à son aïeule qui s'assoupit paisiblement, les pieds dans le four ouvert de la cuisinière, les sabots et le chien près d'elle, et qui dit « bonjour » en breton ?

Le temps a filé à toute allure en Bretagne, accentuant des clivages ancestraux : entre la Haute et la Basse Région, entre les Gallos d'Ille-et-Vilaine et les bretonnants du Finistère. En créant de nouveaux, cette fois irrémédiables, puisqu'on appelle leur moteur : « progrès ». La Bretagne est mécontente, certes, elle le dit et elle commence à le montrer. Mais souvent désormais par des voies plus traditionnelles : en quelques années, une à une, les grandes villes sont tombées dans l'opposition, la poussée de la gauche et notamment des socialistes s'accentue peu à peu dans des fiefs jadis blancs. Alors, l'identité bretonne ?

Il y a des résistances. Ils sont une poignée, autonomistes ou indépendantistes, qui se révoltent, mêlant à leurs colères nationalisme et besoin de garder des racines, qui reprennent le flambeau du vieux combat historique, de l'*Emsav* *. Ils ne trouvent que peu d'échos dans la population. D'autres ont engagé la lutte culturelle. Il y a trois ans, au beau milieu du mois de mai, dans un printemps éclatant, une petite école maternelle ouvre ses portes dans le Nord-Finistère, en plein pays du Léon : on y enseigne le breton. Aujourd'hui, le mouvement Diwan • a créé presque une douzaine de ces écoles. Il y a eu la grande vague des nouveaux chanteurs bretons, dans les années 1970, avec ses mots qui voulaient dire la mer et la terre de là-bas. Des jeunes gens qui n'ont plus honte d'être les héritiers des « ploucs » et de Bécassine. Des troupes de théâtre qui vont « de pays en pays » raconter la Bretagne. On négocie sec la charte culturelle promise par le président de la République. On est de plus en plus nombreux à se proclamer, à s'afficher « Bretons ». Et après ?

C'est un signe bien sûr, ce sont de beaux et d'utiles combats sans doute. Mais une langue et une culture ne sont que des outils morts ou un folklore si elles ne véhiculent pas des traditions en vie, des manières de vivre, d'être ensemble pour s'aimer ou se haïr. Le temps file vite en Bretagne, et ceux qui pourraient le mieux parler d'elle sont de moins en moins nombreux. D'ailleurs, ils n'en parlent pas : ils sont Bretons. C'est tout.

Dans la riche terre agricole de Languouet, on rencontre ce petit éleveur de porcs. Il n'a rien déclaré sur la Bretagne. Simplement, d'abord intimidé, un peu honteux même de sa propriété modeste, il s'est animé au fil du discours, il s'est mis à courir d'enclos en enclos pour finir par offrir le goûter « comme chez nous » : du beurre avec d'immenses tranches de pain. Le silence pendant le petit repas ne le gênait pas. Quand on lui a dit qu'on allait visiter une autre ferme, en entendant le nom, il s'est mis à rigoler doucement : « Lui, c'est " un gros ". Il a des machines. » Et on aurait dit qu'il était tout fier de continuer, lui, à « traiter » ses bêtes à la main. Sa fille fait des études. Elle ne reprendra pas la ferme.

Louis, le pêcheur de Port-Blanc, n'a rien raconté non plus sur son identité bretonne. Il a montré la mer, plus froide ici, les bons rochers pour les casiers à homards, là-bas, et, perché sur le point le plus haut d'un îlot de Saint-Gildas, le chef des cormorans. « Il sert avant tout le monde. Les autres doivent attendre pour manger. » Il a expliqué Louis à huit ans, qui apprend à nager parce que le père pêcheur, a dit : « Tant que tu ne sauras pas, je ne t'emmène pas. » Louis adolescent, qui a le mal de mer. Il éclate de rire : « C'est drôle pour un marin. » Louis sur les chantiers. Le père avait déclaré : « La pêche, ça rend mal. » Vingt-quatre ans : « Maintenant, ça y est, je crois bien que je mourrai sur l'eau. »

Vieux métiers, gestes de toujours, bribes de vie qui ne montrent rien, sinon qu'on est d'ici et pas d'ailleurs. Beaucoup les regardent fascinés, rêvent que le temps n'existe plus. D'autres se battent « pour que vive le pays ». Ils ne parlent ni de traditions ni de racines. Leurs objectifs sont apparemment clairs : l'emploi, le refus d'une centrale, le dégoût d'une énième marée noire, l'opposition à une « marina ». Comme ailleurs, tout se mêle bien sûr dans ces combats. Mais souvent, en Bretagne, quand on y regarde de près, ils ont une allure un peu particulière. A un moment ou à un autre, on sent que l'on n'y parle dans le fond que d'une chose : de sa dignité, de son désir confus de vivre non pas comme les ancêtres mais avec la même authenticité. Le temps va vite en Bretagne ! Est-il sûr, au bout du compte, qu'il joue contre les Bretons ?

Andrée MAZZOLINI
Le Matin, 25 avril 1980.

BORD DE MER

Dieppe
sans morte-saison

Deauville a ses planches, Saint-Malo ses remparts et Dieppe ses pelouses étirées le long de la mer — son *sea-front*. L'Anglais, lui, est partout. Mais, signe des temps, ce n'est plus Oscar Wilde qui débarque, à la sauvette, dans le port de Dieppe, mais des groupes d'Anglais participant à des « Mammouth parties », du nom de la grande surface chez qui nos voisins d'outre-Manche viennent s'approvisionner en alcool et en pain... « Balcon maritime de Paris », ce port du pays de Caux, calé entre les hautes falaises crayeuses, « tourne » toute l'année en raison de la proximité de la capitale et des nombreux car-ferries qui assurent la noria entre la gare maritime, et Newhaven.

Une étude de la chambre de commerce estime qu'entre 1980 et 1981 le tourisme aura injecté plus de 120 millions de francs dans l'économie régionale. Cet apport, non négligeable, a profité essentiellement à Dieppe et aux plages environnantes. Pourrait-on faire mieux ? « Certainement », réplique-t-on boulevard de Verdun ou place du Puits-Salé, le cœur de la ville, où commerçants et hôteliers estiment que, finalement, on vit plus sur un acquis que sur le pari d'un véritable développement touristique. La question de l'hébergement, par exemple, n'est toujours pas réglée. Les hôtels deux ou trois étoiles existent en nombre suffisant, mais ceux de la catégorie inférieure font cruellement défaut. Et ce n'est pas la fermeture d'un vieil hôtel situé le long de la plage (il va être transformé en immeuble de standing) qui arrangera les choses.

Mais pourquoi s'arrêter à Dieppe, « *ville fatidique* », selon André Pieyre de Mandiargues, claquée par ce terrible vent d'ouest qui amasse les galets et roule les nuages ? « *Parce qu'il y a ici une atmosphère que l'on découvre rarement ailleurs* », affirme M. Pierre Bazin, le dynamique conservateur du château-musée de la vieille cité corsaire. Turner l'avait compris. Avant de peindre Venise, cet Anglais, non rancunier, dressa son chevalet, dans le pays de Caux, et du port de Dieppe fit une toile qui annonce l'impressionnisme. Cette école s'épanouit ici puisque Walter Sickert, Camille Pissarro et Alfred Sisley fréquentèrent les quais du Pollet. Il est vrai qu'à Dieppe tout est délayé, mouvant et fragile...

Fragile, l'économie du port l'est aussi. Et c'est bien ce qui inquiète la municipalité dirigée par M. Irénée Bourgois (P.C.) pour qui, « *à la base de tout espoir pour l'avenir, il y a le développement portuaire* ». Il faut savoir, en effet, que c'est dans ce secteur de la Haute-Normandie que le taux de chômage est le plus élevé : 16 % de chômeurs par rapport à la population active. Cette situation est due, selon M. Bourgois, « *à la politique menée par la droite jusqu'au 10 mai* ». Mais aussi, plus techniquement, à l'exiguïté du port dans lequel, par exemple, ne peuvent pénétrer les nouveaux porte-conteneurs important les bananes et au développement du Havre. Pour M. Christian Cuvilliez, adjoint au maire, « *la situation est grave, très grave. Le trafic de la banane s'est effondré et, entre 1976 et 1980, 30 % des emplois de la pêche ont disparu* ».

Que faire ? La planche de salut de Dieppe sera-t-elle le « transmanche » ? Le coup de fouet économique tant attendu viendra-t-il de ce terre-plein que l'on construit sous les falaises de Neuville et qui est l'embryon d'un port en haute mer où les bateaux aux tonnages conséquents pourront enfin accoster ? Ce nouveau port sera relié, grâce à une route creusée dans la falaise, à la centrale nucléaire de Penly, située à une dizaine de kilomètres de Dieppe, et en cours de réalisation. Est-ce là l'espoir ? « *On a eu peur pour la centrale avec les socialistes* », avoue malicieusement M. Bourgois qui ajoute : « *Heureusement le site n'est pas touché dans le programme défini par le gouvernement.* » Tel est donc l'avenir de Dieppe.

Jean PERRIN
Le Monde, 19 novembre 1981.

Les Pays de la Loire

*Ne plus être
les marginaux
de l'Ouest*

(...) Qu'il soit ostréïculteur vendéen, marin ou « col blanc » nantais, pêcheur de Loire, agriculteur du Maine, ouvrier du Mans, vigneron en Anjou, etc., l'homme des « Pays de la Loire » se sent bien dans « sa région ».

Ces pays si différents ont véritablement réussi à sceller un pacte d'union entre eux.

Une entente concrétisée entre autres, par l'institution de l'Établissement Public Régional, la chambre régionale de commerce et d'industrie, celle de l'agriculture, etc., ou par des organismes comme l'Association Ouest-Atlantique qui, depuis 1970, œuvre en matière d'implantations industrielles et d'aides aux entreprises ; ce, en liaison avec la D.A.T.A.R. (Délégation à l'Aménagement du Territoire et à l'Action Régionale).

Pour tous, un objectif fondamental : rattraper un lourd retard et combler des insuffisances tant démographiques qu'économiques. Un handicap dû essentiellement à la position marginale de ces pays par rapport aux grands courants de la vie économique française.

Ainsi, entre 1971 et 1974, sur les 15 milliards investis dans des opérations industrielles lourdes, 87 % ont été versés en Lorraine, dans le Nord, dans la région Rhône-Alpes et en Provence. L'Ouest et le « Grand Sud-Ouest » — c'est-à-dire tout le reste du territoire — n'ont récolté, quant à eux, que les faibles 13 % restants. Par ailleurs, l'appartenance de notre pays à la Communauté Économique Européenne a rejeté le centre moteur de l'Europe sur l'axe rhénan, de Bâle à Rotterdam, accentuant par là même la marginalisation non seulement kilométrique mais encore économique des Pays de la Loire.

Une chance
pour la France

Enfin, rappelons que les concentrations industrielles au profit des secteurs compétitifs et l'attraction de Paris ont, eux aussi, contribué à accroître le déséquilibre entre une France « riche et soutenue », au Nord, à l'Est et au Sud-Est et une France des « laissés pour compte » à l'Ouest.

C'est contre cet état de fait qu'une volonté de revaloriser ces pays s'est affirmée notamment au sein des assemblées régionales. Olivier Guichard, président du Conseil régional ne déclarait-il pas dans un discours « l'Ouest existe comme une chance pour la France ».

La région ne manque pas, en effet, d'atouts : un potentiel humain de près de trois millions de personnes, une façade atlantique qu'il s'agit dès lors de valoriser et un cadre de vie privilégié où la diversité des « pays » apparaît ici comme une carte à jouer. Les Pays de la Loire veulent afficher leur personnalité et espèrent bien jouer un rôle dans le développement économique futur de la France.

Messages P. T. T., mars 1980.

vivre en breton

Les fleurs d'ajonc de Botrel, Bécassine *,
les coiffes de dentelle des cartes postales
ont longtemps réduit la Bretagne à de fades clichés
ou à de méprisantes caricatures.
Naguère encore, les sonorités du biniou
ne manquaient pas de susciter
sarcasmes et ricanements...
Aujourd'hui, les souillures répétées des marées noires
et les tentatives de nucléarisation
tendent à estomper les contours
de cette imagerie folklorique.
D'autant qu'il arrive que l'élection d'un Breton
à l'Académie des sciences, la réussite d'Alan Stivell
ou les succès de Pierre Jakez Hélias
rappellent fort opportunément à la France et au monde
l'existence, à la pointe de l'Europe,
d'un peuple qui vit et qui pense.
Comme toute communauté humaine de ce type,
la Bretagne est en effet riche de romanciers,
de poètes, de peintres, de sculpteurs, de cinéastes,
d'historiens, de scientifiques...
Dépositaire aussi d'une culture originale et millénaire.

L'Éducation, 2 mai 1980.

Quinze jours en mer avec des pêcheurs bretons

Les quais sont quasi déserts. A Lorient-Keroman, ce mercredi soir, seules quelques femmes attendent, le regard fixe, que le *Drake,* chalutier de 53 mètres, ait disparu au-delà de la citadelle de Port-Louis dans le soleil couchant. Un départ ordinaire. Ni mouchoirs qui s'agitent ni larmes sur le visage. D'Etel, de Caudan, d'Auray, de Mendon, de Plouhinec, elles sont venues conduire leur mari au travail. Tout à l'heure, lorsque le chalutier ne sera plus qu'une frêle silhouette au fond de la rade, elles repartiront et regagneront leur foyer. Les enfants ne poseront pas la question : « Où est papa ? » Ils connaissent la réponse. En mer !

Alexandre le patron, François le lieutenant, Alain le chef mécano, Régis, Elie le cuistot, Prosper, Jean-François... Ils sont tous là. Les 15 hommes d'équipage, de dix-huit à quarante-neuf ans. Un petit salut discret et chacun retrouve sa cabine et son poste de travail. Il y a trois jours, ils débarquaient du *Bisson,* chalutier jumeau du *Drake.* Aucune difficulté donc pour s'adapter à ce bateau. Ils le connaissent comme ils se connaissent. Pour eux, une pêche de quatorze jours (« marée ») commence. Nouvelle et ordinaire.

Pour moi, un rêve qui se réalise. Une aventure qui commence.

Dimanche, Lundi, Mardi : un rythme infernal

Aujourd'hui, j'ai essayé de noter le rythme de cette vie que je découvre.

Minuit. Le chalut est viré. François, le lieutenant, remplace Alexandre, le patron, de 22 heures à 6 heures du matin. C'est donc lui qui est aux commandes... A peine cinq minutes après la sonnerie, tous les matelots arrivent sur le pont. Étranges ombres rouges, orange et jaunes qui avancent et travaillent au milieu des paquets de mer qui, de bâbord, s'abattent sur eux ou insidieusement surgissent en rafales par l'arrière qu'aucune rambarde ne protège. Dehors, il vente, il souffle (100 km/h). Le chalutier franchit, en les respectant, les creux de 7 à 8 mètres que nous offre l'océan animé.

Malgré les difficultés, le chalut est amené sur le pont, puis vidé. Les ouïes des colins, des élingues, des morues sont plus rouges que nature. Pêche médiocre mais qu'il faut trier, étriper, nettoyer, laver, glacer.

3 h 30 : coucher. Les corps épuisés s'allongent sur leurs couchettes. 6 heures : lever pour un nouveau coup de chalut... et travail du poisson.

8 h 15 : coucher-pause.

10 h 10 : lever-travail, pêche.

12 h 30 : coucher-pause après le repas pris vers 11 h 30.

13 h 30 : lever-travail, pêche.

14 h 40 : coucher-pause.

17 heures : lever-travail, pêche.

18 heures : repas.

20 heures : travail, pêche.

22 heures : Prosper est de quart.

24 heures : lever-travail, pêche.

Rythme infernal, près de trois cents jours sur trois cent soixante-cinq. Par tous les temps. Par toutes les saisons. « Quand je dors deux fois deux heures, me dit Prosper, c'est bon ! » Quoi d'étonnant à ce qu'ils aient du mal à s'adapter au rythme des terriens !

Mercredi : Un coup de 4 tonnes

C'est la poisse ! Rien à faire ! Les visages sont serrés, marqués. Vraiment ça ne va pas, ou plutôt ça continue à ne pas aller.

A table, dans le carré des officiers, on ne parle pas de pêche. J'évite de poser des questions.

13 heures. On vire le chalut... Les treuils fonctionnent... les panneaux latéraux remontent et délicatement sont mis à leur place. Dans les mailles premières, quelques lieus apparaissent. C'est, je crois, bon signe !

Le chalut est maintenant visible. Entre les vagues, des ventres de poissons scintillent, se confondent avec l'écume. Sur le pont, les embruns continuent d'absorber les matelots. Il suffirait d'un rien pour que... mais ils tiennent le coup. Petit à petit, deux poches pleines (le cul du chalut) apparaissent et sont délicatement hissées sur le bateau. « Oui, c'est bon ! Assez bon ! » confirme Alexandre. « A peu près 4 tonnes, mais il en faudrait beaucoup comme ça pour sauver la marée ! » La radio continue de crachoter et vante les exploits d'un navigateur solitaire au milieu de l'Atlantique. Vraiment, qui réalise des exploits à longueur d'année?

Sur le pont d'étripage, sauf le patron qui est à la barre, ils sont tous là. Le radio, le lieutenant, le chef mécano, le graisseur, les matelots... Les couteaux piquent, s'enfoncent, coupent. D'un geste, mille fois répété, le poisson est pris aux ouïes. Un coup de couteau à la tête, un autre sur le ventre, un autre pour dégager les tripes... Et le lieu s'en va, rouge de son sang, sur le tapis roulant vers les bassins de nettoyage d'où il est expédié dans la cale où la glace l'attend.

Jeudi :
Le métier des incertitudes

Cette marée commencée pour moi comme une croisière et un spectacle, se poursuit en une aventure partagée avec quinze hommes que j'apprends à connaître et dont j'entrevois à peine l'existence. « Métier de dingue! », disent-ils. Vue d'ici, la mer n'a plus ses côtés romantiques et chatoyants que nous lui connaissons, même si elle garde pour tous son caractère envoûtant. Mais quelle inconnue!

« Métier de dingue! » « Métier des incertitudes. » La météo? La mer? Les avaries? Les accidents? Les abordages? La pêche? Quels poissons? Et à quel prix sera-t-il vendu à la criée le jour où ils débarqueront? Leur femme, leurs enfants, là-bas sur la côte, dont ils sont sans nouvelles, avec qui ils ne passent que quelques jours par an. Un salaire variable au gré des pêches et des marchés. Une situation professionnelle instable. D'une marée à l'autre, ils peuvent être « débarqués » ou avoir des conditions de travail encore plus exigeantes. Ainsi, du fait de l'augmentation du prix du gas-oil (plus d'un franc par litre, soit environ 9 millions de centimes pour une marée) les armements ont-ils mis en place des bases avancées en Écosse.

Désormais, les pêcheurs ne rentreront chez eux que tous les vingt-sept jours... et en allant toujours plus loin.

« Métier de dingue! », « métier exceptionnel ». Pendant quinze jours ni T.V., ni sortie avec des copains. Ni soirée au coin du feu. Ni week-ends. Mais pendant quinze jours l'existence commune avec d'autres hommes qui sont profondément solidaires. C'est leur vie, et je crois qu'ils l'aiment!

Vendredi, Samedi, Dimanche :
Le quotidien

Les coups de chalut succèdent aux coups de chalut. Dans l'ensemble, très moyens. « Ce ne sera pas une bonne marée » (= « ce ne sera pas une bonne paie »). La vie se poursuit. Le radio fait ses sept vacations quotidiennes. Les matelots renouvellent les mêmes efforts. Le patron, tout en tenant le cap, examine les cartes, scrute le sondeur et s'informe, auprès de ses collègues lorientais présents dans les parages, des bancs de pêche. Elie, dans sa cuisine, mijote quelques baudroies ou rascasses fraîchement sorties de l'océan. André, dix-huit ans, le novice, n'en finit plus de préparer les navettes pour ramender les chaluts et de piquer ses cinq ou six tonnes de glace quotidiennes. La mer, quant à elle, vit à son rythme. Tantôt comme une route blanche sinuée à travers les champs. Tantôt comme des cratères qui se déplacent. Tantôt comme un entrelacs de collines et de vallons... Tantôt... Ailleurs, loin ailleurs, le périphérique est bouché et les autoroutes encombrées!

Lundi, Mardi :
Le chemin du retour

Les consignes de l'armement sont claires et précises. Que la pêche soit bonne ou mauvaise, il faut rentrer pour le 14e jour. Le poisson ne supporterait pas un délai supérieur. Les cales ne sont pas pleines. A peine 75 tonnes de colins et d'élingues. Quelques merlus, lottes et morues en sus! C'est peu. Et à quel prix!

Qu'importe, il faut rentrer! Les machines se mettent à leur régime le plus élevé. Cap, direction plein sud, vers Lorient... Les vents ne sont pas de la partie... et les courants entravent la vitesse. L'Écosse, l'Irlande, la pointe de Cornouaille, Ouessant, la pointe du Raz, Groix. Plus de soixante heures pour un retour de 1 200 km sans problème mais non sans travail. C'est à nouveau une profusion de petits métiers qui s'activent : plombier, électricien, charron, ramendeur, etc. Tout est nettoyé, vérifié, remis en état, rangé. Dès mercredi, une autre équipe prendra la relève sur le *Drake* et le bateau repartira.

Les hommes aussi se préparent et se transforment. Rasé, leur visage exprime l'attente. On approche de Lorient. La visibilité est de plus en plus mauvaise. Roger, le bosco (chef d'équipe des matelots) se promène avec une corbeille de quinze petits billets sur lesquels sont inscrits des numéros. Chaque marin, du patron au novice, en tire un au hasard, puis se rend dans la salle de travail où sont disposés quinze paniers de poissons frais. Un pour chaque membre d'équipage que le sort attribue. C'est sa godaille, sa part de pêche qu'il emportera chez lui.

Il pleut maintenant sur Lorient. Sur le quai, à nouveau désert à cette heure, des femmes et des enfants attendent. Elles viennent chercher leur mari, ils viennent retrouver leur père. Pour quelques jours!

Les quinze hommes se saluent rapidement, et dans la nuit tombante, des voitures quittent le port. La marée, une de plus, est terminée!

Dans trois jours, ils repartiront.

Bernard JOUANNO
La Croix, 13 juillet 1980.

DES FEMMES TENACES CES BRETONNES

Qui sont-elles, aujourd'hui, les Bretonnes ? Comment vivent-elles, entre Fougères et Quimper, de Lannion à Lorient ? Depuis longtemps, Bécassine • a jeté sa coiffe par-dessus les bocages et les femmes de Bretagne sont bien présentes dans toutes les activités de la région. Alors qui sont-elles, les Bretonnes ? L'une d'elles, que la vie associative met en contact avec des femmes de toute la France, m'a gravement retourné la question : « *Sommes-nous différentes ?* » Après un silence, elle m'a répondu elle-même : « *Je crois que nulle part ailleurs, les femmes n'éprouvent un amour aussi viscéral pour leur pays.* »

Du « pays » de Bretagne, voici donc quelques portraits de femmes, et leurs paroles.

Anastasie à pleine voix

« *J'ai commencé avec une vache, je finirai avec deux...* » Le seul regret d'Anastasie Le Bras, c'est de ne pas pouvoir conserver un cheptel plus important. Mais, à soixante-sept ans, elle n'a plus beaucoup de forces, même si son énergie reste entière...

Elle vit seule, depuis que son mari est mort, sur une petite ferme, dans une toute petite maison, comme elle a toujours vécu : « *du travail plein la peau* ». Cela ne craquait pas, cela éclatait d'un coup en chansons.

Anastasie Le Bras est en Bretagne une grande artiste, une des célèbres « Sœurs Goadec » (son nom de jeune fille), reines des festou-noz, gardiennes vénérées de la pure tradition vocale finistérienne. Partout applaudies. Et payées... du plaisir de voir aujourd'hui comme hier jeunes et vieux entrer dans la danse.

Pourtant, il fallait parfois se lever à trois heures du matin, le mari ne s'opposant pas à la fête, du moment que tout le travail serait fait, pour les bêtes et les gens. La fatigue, comme une ombre, sur toute la vie d'Anastasie... Mais la danse fait toujours briller ses yeux. Et le souvenir des grands festou-noz de septembre, après le ramassage des pommes de terre, des concours de gavotte.

Anastasie et ses sœurs ont appris leurs chansons tout en parcourant, du talus au chemin, la longueur des champs de la parente. Par cœur, sans jamais rien écrire. D'ailleurs, elle n'a passé que trois ans à l'école. Dans d'autres villages, les mêmes musiques ont d'autres paroles, ou les mêmes mots, un air différent. Chacun en Bretagne conserve avec amour ses variantes vivantes, en breton ou en gallo, le parler de Haute-Bretagne.

Mais les enfants d'Anastasie « en exil » à Paris, comme on dit ici, oublient la langue maternelle, tandis que, de Nantes à Brest, des jeunes se remettent à son étude. Leur « breton d'école » fait rire Anastasie, tout comme la multiplication de ces jeunes concurrents bretonnants dans le sillage d'Alan Stivell. Lui était venu respectueusement prendre le conseil des célèbres sœurs...

Sans le talent, le courage et la pureté de Stivell, le renouveau culturel breton aurait-il fleuri, qui pousse au pied des podiums de Cornouaille et d'ailleurs des foules vibrantes, quand les sœurs Goadec lancent leur chant? Ici, on parle de Stivell avec reconnaissance : il est de ceux qui ont « rendu l'honneur » à la Bretagne.

Rendre visite à Anastasie, ce n'est pas seulement un pèlerinage rétro. Même si son mode de vie, lessive sous la pente du toit, histoires saintes et peur du crédit, évoque un monde passé, fermé, trop rude. En l'écoutant, plus heureuse que nostalgique, il me semblait qu'entre la misère et la frugalité, entre l'ignorance et la simplicité, entre la résignation et la sagesse, Anastasie et sa génération indiquent à leurs petites-filles la mesure : moins d'ouvrage, mais pas moins de chansons...

Anne-Marie et la monnaie verte

Presque quarante ans séparent Anastasie d'Anne-Marie, la présidente régionale du Centre des jeunes agriculteurs. Elle et son mari, Joseph Crolais font partie de cette génération de Bretons pour qui le mot d'ordre séculaire, travailler, ne suffit plus. Et dont les horizons ne se bornent plus au clocher de la commune... Progresser, réussir, s'instruire, militer, c'est tout un pour Anne-Marie. Si elle s'est lancée dès l'âge de vingt ans dans le syndicalisme agricole, ce n'est ni par philanthropie ni par idéologie mais parce que la vie impitoyable des femmes de la génération précédente la révolte et lui fait peur. Le seul moyen d'améliorer la condition féminine, c'est de se grouper, de se former et de revendiquer.

« Anne-Marie », comme on l'appelle avec amitié dans toutes les Côtes-du-Nord, surtout depuis qu'elle a publié un livre et incarné à la télévision « la » fermière modèle des années 80, Anne-Marie vit avec équilibre sa triple vie : familiale, professionnelle et militante. En jeans et sabots de cuir, coiffure nette et sourire gai, elle vaque sans hâte à ses occupations, aidée d'une stagiaire et d'un commis, tout en m'expliquant les menaces que la « monnaie verte » européenne fait peser, depuis 1977, sur l'agriculture bretonne.

Avec 37 hectares, en partie hérités, en partie rachetés, un élevage de taurillons et de porcs

charcutiers, les Crolais ont eu la chance de débuter avant la crise qui a cassé le développement de la Bretagne agricole. « On a fait partie, dit Anne-Marie, des Japonais de l'agriculture en France : en quelques années, la Bretagne est devenue numéro un national du lait, a produit 45 % des porcs français, un tiers des œufs, 65 % des pommes de terre. En volailles, en légumes, on a battu sans cesse des records. La technicité ici, est une des meilleures du monde. On a énormément travaillé, progressé. Et puis il y a eu la crise. Et maintenant, on est passé de la confiance à l'inquiétude. Notre problème n'est plus de produire plus, c'est de vendre... »

De plus en plus souvent, le téléphone sonne chez les Crolais. Souvent, c'est la femme qui appelle. La situation se résume en une explication pudique qui fait désormais partie du langage courant en Bretagne : « Cas difficile. » Traduisez : endettement maximum, revenu trop faible. Le crédit est bloqué et, un jour, on attend en vain la fourniture d'aliments pour le bétail...

Pour les Côtes-du-Nord, il y a 950 dossiers de « cas difficiles » actuellement à l'étude. « Beaucoup sont des jeunes, récemment installés, qui ont eu des crédits trop courts et trop chers. Et la conjoncture mauvaise n'a pas correspondu à leurs prévisions. Aujourd'hui, seuls les champions peuvent s'en sortir. On assiste à un retour de l'égoïsme, et de l'égoïsme collectif : chaque coopérative essaie d'attirer les meilleurs producteurs. »

Anne-Marie ne veut pas renoncer à la solidarité... Si, malgré son inexpérience et les difficultés à surmonter, elle s'est engagée dans le syndicalisme, c'est parce qu'elle a cru à l'entraide et à l'unité. Elle continue, parfois déçue, mais obstinée, calmement passionnée.

Une victoire a donné courage aux milliers d'agricultrices qui se sont battues comme elle pour ne plus être des « sans-profession » : une loi de 1980 leur a donné le statut de co-exploitante. « Nos grands-mères, dit Anne-Marie, avaient conquis le nom de "patronnes" en remplaçant leurs maris partis à la guerre de 14. Mais ensuite l'arrivée des machines agricoles, aux mains des hommes, a déclassé toute une génération de femmes, celle de ma mère, en en faisant des ouvrières chargées des tâches que l'homme rejette. Les exploitantes actuelles veulent l'égalité et la dignité. »

Une voisine d'Anne-Marie, qui vient de prendre sa retraite, laissant à ses huit enfants une industrie de 100 000 poules pondeuses, m'a dit sa plus grande joie de membre fondateur de la J.A.C. (Jeunesse agricole catholique) : « *Nous avons réalisé notre idéal : bien sûr, il fallait améliorer matériellement le sort des agriculteurs. Mais surtout nous voulions faire reconnaître la valeur et la dignité du monde agricole.* »

Et pourtant, quand cette dame se rend à son cours de piano, quand Anne-Marie rencontre des personnalités, elles entendent parfois encore cette phrase qui leur fait mal et les met en colère : « *Tiens! On ne dirait pas une agricultrice!* »...

« *Tiens! On ne dirait pas une cinéaste...* » A Plonéour-Lanvern, en plein pays bigouden, Nicole Le Garrec a installé de très professionnels studios et laboratoires de cinéma dans une vieille ferme. Pour pouvoir vivre et tourner au pays. Son exemple, et celui de Félix, son mari, donnent confiance à bien des créateurs bretons.

Nicole en images

Nicole et Félix sont tous deux enfants de petits paysans. Ils ont eu vingt ans dans ces années de revirement où, soudain, l'héritage breton renié ou mis de côté, a été redécouvert. Par la musique d'abord. Et puis par la langue, tout un passé de traditions rejetées mais pas mortes et qui parlaient encore. Le réveil politique. Les luttes : être Breton, c'est l'exiger. « *On voyait la fin du pays; comme les Cévennes mortes, la Bretagne mourait. Et puis, il y a eu un sursaut. Aujourd'hui, on peut parler d'un pays neuf.* »

Ils ont le droit d'y croire : Félix et elle, pour la Bretagne, ont renoncé à un brillant avenir dans le Paris de la publicité et du spectacle. Découvert par le producteur du film Z en vacances, Félix, petit photographe de village, devint en quelques mois un grand des plateaux de cinéma tandis que Nicole brûlait les étapes : scripte, scénariste, réalisatrice...

Mais ils ont choisi de rester au pays « *pour servir la renaissance bretonne* », et investi leurs gains dans du matériel à la disposition des autres créateurs.

50 000 personnes ont déjà vu et passionnément discuté leur montage audio-visuel sur la langue bretonne. En voisins d'abord, puis en militants anti-nucléaires, ils ont tourné le long métrage *Plogoff, des pierres contre des fusils,* grâce à la vente d'un terrain, qui a payé la pellicule... Mais ils se sont aussi imposés auprès des entreprises privées et des Chambres de commerce de la région par la qualité de leurs films techniques. Cette activité et la gestion rigoureuse de Nicole leur permettent, après des années de vaches maigres, de vivre correctement de leur travail.

Nicole n'a pas abandonné son rêve d'enfant : « *écrire des histoires* » (une gifle de sa mère sanctionna une ambition aussi démesurée...). Elle prépare un film sur un village qui se bat pour revivre, à partir de témoignages vécus, patiemment recueillis. Comme les photos et les séquences filmées, les enregistrements de musique que Félix engrange, pour servir la mémoire et l'histoire vivantes du pays. « *La création régionale,* dit Nicole, *c'est l'oxygène de l'enracinement. Il y a un public en Bretagne pour des films de qualité. Et puis, on voudrait montrer aux non-Bretons autre chose que les insultantes,* Galettes de Pont-Aven *ou* Vos gueules les mouettes. *Car, le cinéma peut être un moyen de connaissance mutuelle et réduire les incompréhensions, entre vacanciers et gens de la côte, par exemple.* »

Nicole aimerait aussi faire connaître les femmes bretonnes qu'elle admire : enseignantes, agricultrices, animatrices de groupes de jeunes et aussi femmes de militants bretons dans toute la France. Des inconnues dont le travail discret a transformé en profondeur les mentalités.

Liliane et la mer

Comme Liliane, une femme de marin de commerce, qui a beaucoup réfléchi aux difficultés propres aux familles où les hommes naviguent et essayé, avec d'autres femmes du « quartier » maritime du Guilvinec, de rompre leur solitude. Leur association, la première en France, n'a pas connu que des succès : on est individualiste ici, et fier. Et surtout, entre la pêche et le commerce, entre femmes de patrons et de simples marins, des castes se sont formées.

Liliane le regrette : « *Nous avons,* dit-elle, *les mêmes problèmes familiaux, dus à l'absence du père, si néfaste notamment pour les adolescents! Il nous faut le valoriser dans l'esprit de nos enfants, tout en devant prendre sa place dans la vie quotidienne...* » C'est elle qui a acheté, seule, le terrain et surveillé les travaux de la maison. Elle qui signe la feuille d'impôts et, avec sa procuration générale, fait toutes les démarches, prend toutes les décisions.

Habituée à l'absence, à l'inquiétude? Il suffit d'évoquer les aubes des départs pour qu'elle change de visage. Son mari est mécanicien, exposé des mois durant, au gaz des machines et au bruit, aux trépidations. Aujourd'hui, c'est moins souvent la mer qui prend aux femmes leur mari — encore que le « quartier » ait chaque année un naufrage — que la maladie, l'usure. « *Depuis 1955,* dit Liliane, *la retraite est à 55 ans. Mais beaucoup de marins meurent avant.* »

Elle ose évoquer aussi un tabou : l'alcoolisme. L'association dont elle fait partie a abordé le problème dans une lettre ouverte au ministre Le Pensec. En soulignant que l'alcool à bord est « presque un médicament » utilisé d'abord pour détendre les nerfs, atténuer les effets de la promiscuité, du travail de nuit, des problèmes affectifs...

France de LAGARDE
La Vie, 13 mai 1982.

Préparation
- Connaissance du Finistère : sur une carte de France, repérez les principales villes citées dans le texte. Cherchez une définition du mot « bocage ». Illustrez-la par des photographies.
- Trouvez des documents illustrant les ressources de la terre et celles de la mer.

Explications complémentaires

Bécassine : jeune Bretonne habillée de manière traditionnelle, personnage principal d'une bande dessinée extrêmement célèbre. Dans la langue française, le terme de Bécassine qualifie le plus souvent la jeune fille niaise, un peu stupide.

Alan Stivell : chanteur célèbre qui défend la langue et de la culture bretonnes (voir également p. 131).

Les menaces que la monnaie verte fait peser... : depuis l'établissement du Marché commun (C.E.E.), les pays européens tentent de mener une politique agricole commune qui provoque des mécontentements chez les agriculteurs des pays concernés.

Remarques

Stagiaire : le mot s'emploie indifféremment au masculin et au féminin. En revanche, on dit toujours un stage.

Vocabulaire

Jeter sa coiffe : (ici) se débarrasser de sa coiffure; au sens figuré, se libérer de la tradition.

Éprouver de l'amour : ressentir de l'amour, aimer.

Viscéral : (ici) profond, intime, opposé à réfléchi; qualifie le plus souvent un sentiment profondément ancré chez quelqu'un, « jusqu'aux viscères ».

Cheptel (m.) : ensemble d'animaux d'élevage, de bestiaux.

Vénérées : adorées, honorées, révérées, estimées.

Gavotte (f.) : danse traditionnelle française.

« Breton d'école » : breton « appris » à l'école, ayant un caractère littéraire qui provoque le rire chez ceux qui parlent la langue quotidienne.

Sillage (m.) : trace que laisse un bateau derrière lui; (ici) à la suite de.

Qui pousse au pied des podiums : (ici), qui attire.

Vibrantes : enthousiastes.

Rétro : vient de rétrograde ; terme à la mode qui signifie retour au passé.

Nostalgique (f.) : adjectif tiré de nostalgie qui signifie « mal » du pays, regret d'un certain passé.

Frugalité (f.) : état qui qualifie une nourriture extrêmement simple.

Indiquer la mesure : (ici) montrer la voie du juste milieu.

Séculaire : qui date d'un ou plusieurs siècles.

Philanthropie (f.) : charité, désintéressement.

Incarner : (ici) représenter.

Vaquer à ses occupations : (ici) s'occuper, s'appliquer à.

Taurillon (m.) : petit taureau.

Porc charcutier (m.) : porc destiné à la charcuterie.

Pudique : (ici), réservée.

Endettement (m.) : état de celui qui est couvert de dettes.

Conjoncture (f.) : ensemble de faits et d'événements qui, à un moment donné, déterminent une situation économique.

S'en sortir : se sortir bien d'une situation difficile.

Coopérative (f.) : ici, association d'agriculteurs.

Déclasser : (ici) faire passer dans une situation/catégorie inférieure.

Poule pondeuse (f.) : poule destinée à la ponte des œufs.

Tourner : (ici) tourner des films.

Revirement (m.) : changement complet, en sens contraire, de situation.

Sursaut (m.) : (ici) réveil brusque.

Brûler les étapes : progresser très vite.

Vaches maigres (f. pl.) : temps très difficiles, époque de difficultés.

Engranger : (ici) recueillir, rassembler.

Castes (f. pl.) : (ici) groupes, clans.

Procuration (f.) : papier notarié qui permet d'agir à la place d'une personne pour toute démarche officielle.

Trépidations (f. pl.) : (ici) l'agitation.

Promiscuité (f.) : voisinages nombreux et néfastes.

Exercices de compréhension

1 L'expression **« du travail plein la peau »** vous paraît-elle courante ? Connaissez-vous une expression plus courante ayant la même signification ? Expliquez l'utilisation du verbe « craquer » juste après cette expression.

2 **Et payées… du plaisir** : est-ce qu'ici le verbe payer est employé dans son sens habituel ?

3 Pourquoi peut-on dire : **il (Stivell) est de ceux qui ont « rendu l'honneur »** à la **Bretagne** ? Cherchez des réponses dans le texte.

4 **Les horizons ne se bornent plus au clocher de la commune…** : que symbolise ici le mot clocher ? Connaissez-vous une autre expression contenant ce mot ?

5 Pouvez-vous définir le thème de l'article en quatre ou cinq lignes ?

Exercices de langue

1 **Pourtant, il fallait parfois se lever à trois heures du matin… les bêtes et les gens.** Réécrivez cette phrase au présent : Pourtant, il faut… ; reprenez la même phrase en remplaçant « du moment que » par « à condition que ».

2 Remarquez la phrase suivante : **Progresser, réussir, s'instruire, militer, « c'est tout un »** (= cela fait un tout) **pour Anne-Marie.**

Construisez des phrases du même type avec des noms ou des verbes de votre choix :

C'est tout un pour le gouvernement. — C'est tout un pour un enfant. — A mon avis c'est tout un.

LE QUOTIDIEN
EST ROI

D'une manière générale, la frugalité, voire l'austérité, des gens de l'Ouest s'accommode mal de la frénésie de divertissement et de consommation de Paris ou du Sud de la France. Attachés à leur terroir mais ouverts; traditionalistes mais aussi progressistes, ils recherchent un média qui soit un véritable outil de communication, informatif, éducatif, ouvert sur le monde et la région. En toute logique, c'est donc la presse régionale, quotidienne et hebdomadaire, qui domine largement l'ensemble des médias de l'Ouest. Il est symptomatique qu'*Ouest-France* soit, de loin, le plus grand quotidien de France.

Les quotidiens

Média-roi de l'Ouest de la France, la presse quotidienne pèse, dans la région, près d'un million quatre cent mille exemplaires par jour, soit 20 % du total de la presse quotidienne française. Si *Ouest-France* fait, à lui seul, la moitié de la diffusion, il ne faut pas sous-estimer d'autres titres qui compensent leur manque relatif de puissance par un taux de pénétration important auprès des foyers de leur département d'édition : *Le Télégramme* (53 % de pénétration dans le Finistère), le *Courrier de l'Ouest* (45 % en

Maine-et-Loire) ou *le Maine Libre* (34 % en Sarthe). Le nombre et la diversité des quotidiens de l'Ouest, auxquels il faudrait ajouter les hebdomadaires locaux et régionaux, reflètent fidèlement les aspirations de la population : s'ouvrir à l'actualité nationale et mondiale mais aussi, et surtout, participer à la vie locale.

Médias, 15 avril 1983.

	Diffusion OJD 81 (000)	Ville d'édition	Meilleur taux de pénétration	
Ouest-France	702	Rennes	Ille-et-Vil.	52 %
Le Télégramme	170	Morlaix	Finistère	53 %
Paris-Normandie	139	Rouen	Seine-Mar.	27 %
Le Courrier de l'Ouest	114	Angers	Maine-et-L.	45 %
Presse-Océan	81	Nantes	Loire-At.	22 %
Le Maine-Libre	58	Le Mans	Sarthe	34 %
Havre-Presse	31	Le Havre	Seine-Mar.	4 %
Presse de la Manche	26	Cherbourg	Manche	17 %
L'Éclair	24	Nantes	Loire-Atl.	7 %
Havre-Libre	17	Le Havre	Seine-Mar.	8 %
La Liberté du Morbihan	14	Lorient	Morbihan	9 %

L'ensemble de ces quotidiens fait près d'un million quatre cent mille exemplaires sur 20 % de la presse quotidienne régionale.

Rennes

Justice et Liberté
Vendredi
12 août 1983
N° 11 800   2,80 F
**Normandie - Bretagne
Pays de Loire**

Fondateur :
Paul Hutin-Desgrées
Président : Louis Estrangin
Rennes - Tél. (99) 03.62.22

ouest france

Les « secrets » du « Télégramme de Brest [1] »

De notre envoyé spécial

Morlaix (Finistère). — « *Les pompiers ont été appelés, hier, vers 13 heures, chez M. Michel Bretèche, 1, rue Edgar-Quinet, conducteur de travaux, pour éteindre un feu qui s'était déclaré dans une friteuse. Mais, à leur arrivée, tout danger était déjà écarté, et les flammes n'avaient fait que noircir le plafond de la pièce.* » Le Télégramme de Brest et de l'Ouest, vendredi 12 août 1983, dix lignes parmi d'autres. (...)

Le bureau local du *Télégramme* se trouve au pied de cet acqueduc monumental qui entaille la ville d'une orgueilleuse balafre, entre le café de « La Grande Terrasse » — très *revival* 1900, avec juke-box au-dehors —, où se retrouvent les jeunes, et la pâtisserie Martin, dont la façade a ce je-ne-sais-quoi d'élégance désuète propre aux commerces chics des sous-préfectures, en plein centre de Morlaix, entre les glapissements de Jackie Quartz et la vitrine des bonbons bretons.

D'autant qu'il y a cette espèce de gêne. Un exemple, le directeur à ses principaux collaborateurs : « *Je vous présente Monsieur, journaliste au* Monde, *qui nous rend visite pour voir comment fonctionne un journal régional* (on ne dit pas « de province ») *pendant les vacances.* » Pourquoi pas en effet? Poignées de main, regards qui s'observent. L'affaire n'est-elle pas entendue d'avance? Certes, le directeur, Jean-Pierre Coudurier, n'est pas mécontent qu'un confrère national s'intéresse à lui; dame, quand on se

bat tous les jours contre le « plus grand quotidien du pays », *Ouest-France* aux 707 000 exemplaires vendus, il n'est jamais mauvais de faire parler de soi. Mais le représentant de la « grande information » ne vient-il pas s'intéresser à la manière dont on distille la « petite » pour mieux lui administrer une leçon d'une condescendance toute paternelle? En mal estival d'un sujet facile, le Parisien?

Au *Télégramme*, où l'on sait que l'on vaut mieux que de se faire tailler un cliché, on affiche une assurance paisible. Et l'on devine bien que le confrère est plutôt venu chercher la réponse — qu'on lui donnera volontiers — non sans fierté, à cette question : comment peut bien faire un petit quotidien sans aucun lien, ou appui de quiconque, pour progresser tous les ans de 3 000 à 4 000 exemplaires, et particulièrement en été, quand l'ensemble de la presse quotidienne se porte de plus en plus mal? Quels secrets de fabrication expliquent cette réussite?

« *C'est simple, on participe à la vie locale et on s'accroche au terrain, à tous les terrains.* » Simple en effet : mais qu'est-ce que cela signifie?

« *Cela veut dire que, lorsque l'on vit en vendant 172 000 exemplaires, on ne peut pas se permettre, par exemple, de perdre 40 000 lecteurs pendant les mois d'été sous prétexte qu'ils partent en vacances* », explique Rémy Théréné, responsable des ventes et de la promotion. (...)

« *Les lecteurs ne se contentaient plus des traditionnelles pages vacances où l'on donnait des buts de promenades*, raconte Albert Coquil. *La Bretagne a évolué, ces dernières années, d'un tourisme familial vers*

un tourisme de jeunes, beaucoup moins " popotes ". Il nous fallait nous adapter. » Autre effort notable, la publication de quatre suppléments d'été demi-format, encartés dans le quotidien tous les quinze jours. Ils remplacent les suppléments « femmes » et « télévision » habituels du *Télégramme*. (...)

Maillage serré

Les efforts de l'été, il est vrai, ne sont qu'un des aspects d'une mobilisation permanente contre un concurrent puissant, de qualité, lui aussi en constante progression. Une mobilisation tous azimuts pour une bagarre avec bec et ongles. (...)

En doublant ses capacités de tirage, *le Télégramme* a voulu retarder au maximum son heure de bouclage pour servir les nouvelles les plus fraîches possibles par rapport à son rival *(Ouest-France),* à travers onze éditions très différentes les unes des autres.

Pour coller le plus possible au terrain, le quotidien de cette Bretagne de granit du bout du monde a aussi tissé une fantastique toile sur son domaine, qui couvre tout le Finistère et une partie des Côtes-du-Nord et du Morbihan. L'organisation d'une distribution autonome fait appel à un vaste réseau de 1 000 dépositaires, exclusifs pour la plupart, et de 2 500 sous dépositaires. Au total, près de 4 000 personnes mobilisées, dont 400 porteurs, qui livrent à domicile le journal à 80 000 avant 7 h 30 le matin.

Eric ROHDE
Le Monde, 24 août 1983.

---

1. Titre d'un journal de la presse régionale.

« Rouen mériterait plus que Paris, d'être capitale du pays », déclare sans sourciller Eric, responsable de R.V.S. (Radio Vallée de Seine), la radio libre n° 1 à Rouen. Et pourquoi s'il vous plaît? La Parisienne que je suis, en reste estomaquée. Un nouveau régionalisme normand serait-il en train de voir le jour? Pas du tout. Trop sages pour ça, les Normands. Mais Eric argumente. « La situation géographique de Rouen est rêvée. Solidement campée dans un large méandre de la Seine, la ville est facilement accessible de la mer. Et son histoire est à la hauteur. Les Gaulois occupaient déjà son site, les Romains en firent une belle cité, Rotomagus, et au XIIᵉ siècle, Rouen devenait une des capitales du royaume anglo-normand. Un royaume qui s'étendait des Pyrénées... à l'Écosse. » Oui, mais depuis, Paris lui a damé le pion. N'empêche qu'en 1982, riche de son passé gaulois, romain, viking, anglais et... bourgeois, Rouen reste la vedette de la Haute-Normandie. Une vedette qui ne veut pas rester à la traîne de Paris.

Cent clochers contre cent cheminées

« Tout se passe rive droite à Rouen. La rive gauche est réservée aux usines et aux grands ensembles. Les loyers sont peut-être deux fois moins cher, mais pour rien au monde, je ne voudrais m'y exiler. D'un côté la vieille ville, les églises, la cathédrale, les restaus, les cinés, la fac, la vraie vie, quoi. De l'autre côté, les cités-dortoirs et la fumée. Il y a bien sûr des lycées rive gauche, mais surtout des lycées techniques ou d'enseignement professionnel. » Le combat des cent clochers contre les cent cheminées?

Fabienne, sportive pleine d'humour, bien dans notre XXᵉ siècle finissant, ne ressemble pourtant pas au portrait robot de la bourgeoise locale, étroite d'esprit et bourrée d'idées reçues, telle que l'ont croquée Flaubert ou Maupas-sant, des Rouennais à la plume féroce.

Mais Fabienne est normande. Avec cinq générations de cidriers derrière elle. Et à ce titre, prudente et attachée aux valeurs sûres. (...)

Le poids des traditions

Au XIXᵉ siècle, toute l'histoire de Rouen se confond avec l'irrésistible ascension de grandes familles bourgeoises style Boussardel, qui faisaient fortune dans le textile et collectionnaient les armoires normandes. Pourquoi s'étonner que leurs petits-fils aient hérité de certains de leurs réflexes, de certaines de leurs habitudes ? Nathalie, Rouennaise d'importation, qui entame une première année en Langues étrangères appliquées à la Fac, acquiesce : « Quand je suis arrivée à Rouen en venant de la région parisienne, il y a quatre ans, j'ai eu beaucoup de mal à m'intégrer. Fréquenter un café plutôt qu'un autre, c'est déjà choisir son camp. Si tu prends ton diabolo menthe au *Métro*, tu es cataloguée jeunesse dorée, si tu préfères le *Donjon*, de l'autre côté de la rue, tu deviens *baba cool*. Les Rouennais, dès le lycée, qu'il soit privé ou non, sont très exclusifs dans leurs relations. Et pour entrer dans le système des rallyes mondains, il faut montrer patte blanche. »

Paris-Rouen, drôle de match

« Oui, nous avons envie que Rouen se mette en mouvement et sorte de la torpeur. » Luc Dentin, animateur enthousiaste et débordé, permanent à R.V.S., ne manque ni de conviction ni d'énergie. Et R.V.S. qui émet 24 h sur 24 depuis le 14 juin 1981, tourne rond grâce à une équipe de quatre-vingts fanas de la communication, des amateurs qui ont les exigences de vrais pros. Résultat : 47 % des Rouennais se branchent sur 102 MHz pour l'écouter.

« La proximité de Paris, on veut en faire un atout. Jusqu'à présent, l'avantage d'être à une heure de train de la capitale, se retournait plutôt contre le dynamisme de Rouen. Puisque les spectacles ne venaient pas, on allait à eux mais à Rouen, rien. Nous voulons que ça change et nous faisons tout pour qu'un certain état d'esprit parisien, jeune, branché, arrive jusqu'ici. Parallèlement, nous essayons de créer l'événement sur place. En

ROUEN

Héritière d'une longue histoire, Rouen pourrait se contenter de se replier douillettement sur son passé. Mais aujourd'hui la capitale normande s'émancipe de la tutelle parisienne, prête à jouer son rôle de métropole d'équilibre.

octobre dernier, R.V.S. a organisé un grand spectacle gratuit à l'Espace Duchamp-Villon. Avec pour tête d'affiche, Gainsbourg. S'il est facile de s'ennuyer à Rouen, le manque d'information y est pour quelque chose. Pendant plus de huit mois, nous avons édité *R.V.S. Magazine,* un officiel des spectacles rouennais. Impossible de tenir comme hebdo, nous allons devenir mensuel. » Belles initiatives parce qu'il est vrai que jusqu'à présent, la vie nocturne et surtout culturelle de Rouen, était des plus calmes. Pour les amateurs de musique classique et lyrique, pas de raison de se plaindre. Les concerts d'orgue dans l'abbatiale Saint-Ouen, le dimanche après-midi, ont leurs habitués heureux. Et le théâtre des Arts offre opéras et opérettes de qualité à tous ceux qui veulent bien les entendre. « Même des Parisiens se déplacent », s'exclame Cécile, une diva en herbe, qui prend des cours de chant, et pas en dilettante. « Mais j'aime aussi le rock. Et là, nous ne sommes pas gâtés. Quelques rares concerts rive gauche, au Studio 44 à qui certains mettent des bâtons dans les roues. Mais comme tous les autobus s'arrêtent à 21 h, sans voiture, ce n'est pas très pratique. Quant à l'Espace Duchamp-Villon, créé il y a trois ans, pièces de théâtre, récitals, concerts de jazz s'y succèdent, mais la salle reste souvent à moitié vide. » Et pourtant deux salles de spectacle seulement pour une ville de 100 000 habitants et une agglomération qui en compte plus de 400 000, il n'y a pas vraiment pléthore.

« C'est vrai, les rues de Rouen, le soir, c'est plutôt l'image de la désolation. Il est d'ailleurs dangereux de s'y balader seul après une certaine heure », explique Sophie, en deuxième année de droit. Mais elle qui avait le choix, a préféré le campus de Mont-Saint-Aignan, sur les hauteurs de Rouen, plutôt que la fac de Tolbiac ou d'Assas. « Quand on s'est fait des amis — certains disent quand on s'est intégré à un clan —, on peut mener à Rouen une petite vie sociale pas désagréable. (...)

Une poésie particulière

Mais Rouen ménage à celles qui aiment chiner entre antiquaires et brocanteurs, beaucoup de belles surprises. Passage émerveillé par la rue Saint-Romain et la rue Damiette. Se promener dans Rouen, c'est retrouver le cours de l'histoire. Parce que le passé s'y décline à tous les siècles et s'affirme au présent dans celles des constructions qui ont résisté à l'assaut du temps et aux bombardements de la dernière guerre. Souvenir du Moyen Age dans l'étroite rue Saint-Romain où les maisons à pans de bois tout de guingois, belles dans leur modestie, sont dominées par la masse importante de la cathédrale et de l'archevêché. Retrouvailles avec le XVᵉ siècle devant l'église Saint-Maclou, et le Palais de Justice, interprétation sacrée et profane du gothique flamboyant. Avec le XVIIᵉ siècle devant les Hôtels de Senneville et d'Étancourt, des hôtels particuliers en belle pierre, signe de richesse dans cette région où le bois des forêts environnantes construisait les maisons.

Mais la griffe du XXᵉ siècle est partout. Dans les efforts de restauration et de mise en valeur de la municipalité d'abord, qui sauve toutes les maisons à colombages devenues taudis insalubres, qui nettoie la cathédrale, vient à la rescousse de sa flèche menacée, et qui a tissé dans le centre-ville, un réseau heureux de rues piétonnières. Mais aussi dans des constructions nouvelles. Tel ce Palais des Congrès qui jouxte la cathédrale, ou sur la place du Vieux-Marché, l'église et le mémorial Jeanne d'Arc achevés en 1978, dont les lignes futuristes font des mécontents qui y lisent plutôt un outrage à leur Jeanne brûlée vive à cet endroit même, en l'an 1431.

Maria, jeune Portugaise nourrie de littérature française, étudiante à Mont-Saint-Aignan, est prête à tout pardonner à Rouen plutôt que d'être privée de sa beauté. Même le caractère renfermé des Normands, même la pluie, cette brume fine qui tombe, un jour sur deux. « Après deux mois d'été sur les plages dorées du Portugal, j'ai toujours hâte de retrouver les pavés mouillés de Rouen. Et pourtant quand il pleut dans les petites rues étroites, tout s'assombrit et se colore d'une infinie tristesse. Gare au spleen ! Mais dès qu'un rayon de soleil indécis filtre à travers les nuages pour s'accrocher à la pierre ciselée des églises ou allumer les ors patinés du Gros-Horloge, on se sent une âme de peintre. »

Ce n'est pas Monique, plus jeune modiste de Rouen, amoureuse de « sa » rue Saint-Romain qui la contredirait. Une petite boutique-atelier qui vous fait venir la nostalgie du siècle passé, et où Monique, animée d'une passion, les chapeaux, tire parfois l'aiguille jusque tard dans la nuit. « Je crée des chapeaux depuis vingt-cinq ans. Et j'ai besoin du cadre de ma vieille rue pavée pour ne pas perdre l'inspiration. Je tiens là le lien avec les artisans d'antan. Je ne suis pourtant pas une passéiste hors du coup. J'adore par-dessus tout confectionner des chapeaux tout fous pour les défilés de mode. »

Cécile, elle, préfère déchiffrer sa ville du haut de la côte Sainte-Catherine « pour échapper à l'aspect parfois étouffant de Rouen, surplombé par toutes ces collines. Et pour y retrouver les signatures mêlées du passé et du présent ».

Étudiants à Rouen

« Ce qui est formidable aussi à Rouen, c'est la proximité de la campagne, raconte Isabelle. Pas n'importe laquelle. Celle du Pays d'Auge, du Pays de Bray. Et la mer n'est qu'à une heure. Les dimanches à Deauville ou Étretat, c'est agréable. D'accord, la fac d'un aspect peu engageant est excentrée, exilée sur les hauteurs de Mont-Saint-Aignan, mais la Forêt-Verte est à cinq minutes. » (...)

Corinne BLANCHÉ
Jacinte, janvier 1983.

Foire de Lessay : La fête populaire existe toujours

(...) Lessay, 1 400 habitants, bourg du Cotentin à l'ouverture de la Lande célébrée par Barbey *, se situe aux antipodes de la métropole flamande. Mais sa foire de deux ou trois jours, selon les années, attire la Normandie entière, et au-delà : 200 000 visiteurs s'y retrouvent chaque année entre les expositions de matériel agricole, les marchands de meubles, de vêtements, de vaisselle, la fête foraine, et surtout, l'immense rôtisserie de plein air : 70 bouchers venus de partout griller, pour ces milliers de clients affamés, des centaines d'agneaux de pré salé. Une autre et solide tradition du pays.

Pas de moules (enfin, beaucoup moins, malgré la proximité de la mer) à Lessay, au cœur du Cotentin. Règne ici la grillade, de « pré salé » de préférence.

Lessay, 1 400 habitants, l'une des plus belles abbatiales romanes de Normandie, coiffée de la première voûte gothique d'Europe, le tout remonté, pierre après pierre quand se fut achevée la dernière guerre. Lessay, c'est déjà la lande, cette plaine de sable et de végétation dure, qui commence à 10 kilomètres au nord de Coutances et s'allonge sur une douzaine de kilomètres, précisément jusqu'ici, où la mer a défoncé la côte, pour créer un havre de sable et de sel mêlés. Barbey d'Aurevilly, qui était de ce pays, a déjà dit ces choses, ce qui interdit que l'on s'y essaye.

Ici, la plaine ouverte rompt pour un temps le bocage pressé. Peut-être est-ce tout simplement pour cette raison, place offerte et terrain ne valant guère, que depuis plus de mille ans, dit-on, se tient là, chaque année, la foire de septembre. Une foire de deux ou trois jours, selon le moment où tombe le 11 du mois, repère immuable.

En ces quelques jours, on estime à 200 000 le nombre de ceux qui viennent acheter, s'amuser, flâner, manger, et, avant tout, se livrer au hasard des rencontres.

La foire au pluriel

La foire de Lessay commence tout juste là où finit le village. Au sud, sur la lande elle-même. Alors, forcément, parce qu'elle est installée là, on tombe d'abord sur la cité des marchands forains. Vins, vêtements, vannerie, verrerie, vaisselle, on trouve de tout dans ce vaste caravansérail, largement colonisé par les professionnels parfois venus de fort loin, et par là même, constituant la partie la moins originale de la foire.

Alors, laissez-vous attirer par les tonitruances de la fête foraine ; les manèges, pour beaucoup, sont venus en voisins.

Quelques centaines de mètres encore, on n'est pas avare de place à Lessay ; les visages sont sérieux et sont cette fois visages d'hommes : le marché au matériel agricole aligne ses immenses moissonneuses jaune serin ou rouge vif, ses ensileuses, ses remorques, ses tracteurs, ses girobroyeurs et j'en passe... Le rendez-vous est d'affaires ; on pèse, on se pèse, on soupèse. Comme l'explique un peu plus loin un marchand de meubles, plus habitué aux chalands bretons du pays gallo, du côté de Fougères ;

— Les gens, ici, ne s'emballent pas. Ils regardent, ils réfléchissent, ils prennent leur temps, ils discutent entre eux... et ils s'en vont. Mais on sait, pour certains, qu'ils reviendront. Ils ont très conscience de la somme qu'ils vont dépenser. Ce n'est pas du tout avarice, mais ce serait ne pas considérer l'argent pour ce qu'il est que de le dépenser sans réflexion. La réflexion justifie la dépense.

A la foire de Lessay, tout de même, des choses aussi ont changé. C'est un vieux fabricant de chaises, voisin du marchand de meubles, et Normand celui-ci, qui l'explique :

— Elle a tout de même perdu une partie de sa raison d'être. Il y a dix ans, avant « la crise », on voyait les gens, les bras chargés de paquets. Regardez autour de vous : on en voit beaucoup se balader les mains dans les poches. Il y a trente ans, il n'y avait pas beaucoup de voitures. Dans tout le département, on attendait une occasion comme celle-ci pour faire en masse ses achats de l'année : la vaisselle et les bottes, les chaises et le tracteur. Aujourd'hui, n'importe qui, en une demi-heure au plus, est à Coutances, à Saint-Lô, à Cherbourg, à Granville ou à Avranches. Pourquoi attendre six mois ?...

Les fumées et le fumet

Et pourquoi attendre une minute de plus pour se diriger, abandonnant tout le reste, vers ces fumées qui, depuis longtemps, s'élancent en larges tourbillons par-dessus les toits des baraquements et les flèches des manèges, vers ce fumet puissant de viandes rôties, de graisses rissolées envahissant les allées foraines ?

Car la foire de Lessay, c'est aussi, c'est peut-être surtout, pour nombre de ses visiteurs, une immense rôtisserie de plein air. De tout le département, ils sont venus à quelque 70 bouchers ; en deux ou trois jours, ils vont débiter 3 000 agneaux. De « pré salé » en principe. On est quelquefois arrivé en famille, et il n'est pas rare que le cousin, fonctionnaire à la préfecture de Saint-Lô, vienne aider le boucher d'un chef-lieu de canton voisin.

Sur d'immenses broches sont enfilés les quartiers d'agneaux, les colliers, les poitrines, les gigots.

Mécaniques parfois et parfois conduites à la main par de puissantes matrones ou des bouchers dont la chaleur colore le teint, les broches tournent au-dessus des braises épaisses ou des flammes vives alimentées par de fortes branches longues de deux mètres. Le vent, le merveilleux vent du Cotentin, tend des écharpes de fumées grises aux senteurs puissantes, mêlées à celles des saucisses et autres charcutailles. Les joues vous brûlent à trois mètres, on étouffe, on pleure ; on râle, on s'étrangle. C'est incomparable !

Peut-être, vous inquièterez-vous :

— Pas trop grasses, vos côtelettes ?

— Mais non, mais non, sont point trop grasses mes côtelettes. Mais, faut bien qu'elles aient de la qualité, tout de même !

La tranche ou la côtelette d'agneau achetée, et peut-être roulée en un sandwich inédit, on va la dévorer sous l'une des tentes voisines, dont le propriétaire trouvera son bénéfice à vous vendre l'indispensable cidre, tonneau ou pur jus, et peut-être le calva qui complète le tout.

Ensuite, plus tard, peut-être bien plus tard, il s'agira de reprendre le chemin de la maison. Calculez bien votre temps. Il en faudra. En voiture, par exemple, le soir de clôture de la dernière foire, il fallait bien compter trente-cinq minutes pour atteindre Périers. A dix kilomètres. Des horaires dont, Dieu soit loué, on n'est pas coutumier dans la presqu'île.

Jacques MARION
La Croix, 4 octobre 1981.

Un week-end chez les fées de Brocéliande

Lancelot, Merlin, Viviane,
le roi Artus, Morgane, Gauvain :
tous les sentiers qui sillonnent la forêt de Brocéliande,
à l'ouest de Rennes, mènent à l'épopée
des chevaliers de la Table Ronde et de la quête du Graal.
Et à un week-end enchanteur en Bretagne.

La forêt de Brocéliande, ou forêt de Paimpont, à l'ouest de Rennes, c'est 8 000 hectares de forêt, la capitale des légendes celtiques. On peut encore s'y rendre pour un week-end. Les enchantements n'ont pas cessé.

Il faut s'y promener en avril « *dans les temps que les bois sont feuillus* » ou en mai, le joli mai des troubadours, qui rend l'âme complice des amours et des enchantements.

Prenez le chemin du bûcheron ou la sente du charbonnier. Errez. Suivez la route du soleil. Votre caprice, vos intuitions. Ou les nuages encore, les merveilleux nuages, qui sont, ici, les meilleurs guides. Sous le vent frais des premières feuilles frémissantes, des sentiers oubliés vous sembleront avoir été dessinés pour *Blanche-Neige* ou pour *La Belle au bois dormant*.

Où Viviane séduit Merlin

Parmi les ajoncs et les genêts fleuris qui barrent le passage, vous entendrez le premier coucou; et le pic-vert vous dira, en morse, son message. Si vous avez un peu de chance, un renard peu farouche surveillera votre approche au milieu du chemin ou bien vous finirez, au coucher du soleil, la traversée du Val-sans-Retour au moment où des sonneurs bucoliques s'exerceront sur la colline qui domine le Miroir aux fées. Le vent vous portera par rafales leurs notes très étranges et, vraiment, vous ne pourriez pas douter qu'il y eut dans cette forêt (qu'on appelait autrefois Douna : la Profonde) des amours parfaites et des enchantements infrangibles.

Ici erra Gauvain et Yvain se maria. Ici Morgane retint captifs les chevaliers d'Artus. Ici fut élevé Lancelot. Ici Merlin succomba au charme de Viviane...

C'était en mai. Viviane avait douze ans et elle était, à douze ans, « *la plus belle créature que l'on pût rêver* ». Pour marcher vers son destin, Merlin prend l'apparence d'un étudiant. Il s'arrête près d'une fontaine « *à l'onde limpide, au sable transparent, à la source argentée* ». C'est Barenton. Il sait qu'il y rencontrera Viviane et quel sera son sort. « *Quelle folie à moi, pense-t-il, si je m'endors dans un péché au point de perdre le savoir que Dieu m'a donné pour le dédain d'une simple fille...!* » Mais il s'approche tout de même, et engage la conversation.

— *Qui êtes-vous, demoiselle?*

— *Je suis la fille d'un vavasseur de ce pays. Mais vous, bel ami?*

— *Je suis un valet errant à la recherche du maître qui m'apprenait.*

— *Vous appreniez? Et quel métier?*

— *Dame*, répond Merlin, *à soulever dans l'air un château, fût-il entouré d'assiégeants et rempli d'assiégés; ou bien à marcher sur un étang sans y mouiller mes pieds; ou bien à faire passer une rivière sur une plaine desséchée.*

— *Voilà un beau savoir*, dit la jeune fille, *et je donnerais bien des choses pour apprendre de tels secrets.*

— *Ah, demoiselle*, reprend le mage, *j'en connais encore de plus beaux, de plus agréables. Il n'est pas de jeu que je n'aie le pouvoir de jouer pour tout le temps qu'il me plairait.*

Elle lui engage sa foi et peu à peu Merlin se dépouille de ses secrets. Elle le pille, le gruge et très vite lui demande comment « *enserrer un homme sans tour, sans murailles et sans liens, par l'effet d'un seul charme* » dont elle aurait seule disposition.

Le mage évidemment devine sa pensée.

Ah! Madame, je le sais, vous voulez faire de moi votre prisonnier. Et telle est la force de mon amour que je ne puis aller contre votre volonté!

Autre amoureuse de grand renom, Morgane, la sœur du roi Artus sévit aussi à Brocéliande. Elle aussi avait été l'élève de Merlin. Réfugiée dans la forêt pour y vivre avec son amant Guyomard, elle fréquentait si peu les humains qu'on ne la croyait plus une femme mais une fée. Et parfois une déesse.

Un jour elle s'aperçoit que Guyomard lui échappe et qu'il préfère une demoiselle de grande beauté qu'il retrouve au fond d'un val (près de Tréhorenteuc) bien fait pour dissimuler les amours interdites. Morgane est avertie. Elle accourt et les surprend. Peu s'en faut qu'elle n'en meure de douleur. Puis, revenant à elle, elle jette sur le val un enchantement dont la vertu consiste à retenir à jamais tout chevalier errant qui aurait fait à son amie la moindre infidélité d'action ou de pensée.

Lancelot, le plus hardi

Seul un chevalier « *qui n'aurait jamais rien senti de l'aiguillon des désirs* », ou qui n'aurait à se reprocher aucune infidélité pourrait rompre le maléfice.

Le plus hardi et le plus franc de tous les chevaliers, Lancelot vint et l'enchantement disparut. Bien lui en prit. « *Moi qui n'ai peut-être pas toujours été un chevalier sans reproche. Je me suis promené dans le val et j'en suis ressorti...!* »

Autre lieu fantastique que vous ne manquerez pas : l'étang de Comper. Au fond de cet étang, pour des yeux dessillés, s'étend une cité secrète. C'est ici que Viviane éleva Lancelot. Lui apprenant la chasse, la droiture et le beau parler. Si vous êtes un peu fou, baignez-vous, à l'aube, dans le lac. Le moment où le château (très réel) étincelle, sur le brouillard, dans le soleil levant, est un instant sacré.

Moins fou, vous vous promènerez

à une heure raisonnable, sur les rives d'un magnifique étang, bordé de sapins, d'ifs, de chênes et de bouleaux. Et vous admirerez l'architecture austère du manoir qui fut donné par Diane, dit-on, à son filleul Dyonas (le père de Viviane). Vous saurez que Comper est le seul survivant des cinq châteaux qui jouèrent un rôle dans l'histoire de la forêt.

Un paysage étrange

Brocéliande n'est pas seulement une forêt dont les enchantements auraient été perpétués par des générations d'enchanteurs bénévoles. Elle est aussi une forêt très réelle. Et bien d'autres drames que les galantes amours des chevaliers et des fées s'y commirent. Les guerres plusieurs fois l'ont ravagée. En 1976, un incendie gigantesque a brûlé la lande tout autour de Tréhorenteuc. Mais les troncs calcinés ajoutent encore à l'étrangeté du paysage.

Bien des sites « réels » et des monuments très datables attendent là-bas votre visite. La localité de Paimpont d'abord, avec son monastère fondé près d'un étang par le roi Judicaël au VIIᵉ siècle. Son église du XIIIᵉ siècle renferme de remarquables bois polychromes et un reliquaire en argent du XVᵉ siècle. Les pittoresques forges aussi, où l'on exploitait le fer de la forêt, et, sur l'étang du Pas-du-Houx, le manoir de Brocéliande.

A Tréhorenteuc (en breton : « le pays de la charité »), on visitera une pittoresque chapelle où Morgane, dans le chemin de croix, voisine avec Jésus. Un tableau y représente aussi l'apparition du Graal aux chevaliers rassemblés autour du roi Artus.

A Campénéac enfin, on admirera la petite chapelle Saint-Jean auprès de l'ermitage ruiné que les Templiers édifièrent sur une lande désertée et le château de Trécesson : une demeure du XVᵉ siècle, qui a traversé les ans sans altération d'aucune sorte.

Faites crédit aux songes celtes

Les panoramas non plus ne manquent pas de vous arrêter : Butte aux tombes (à cause des tumulus qu'on y suppose ou qu'on y devine), le Tertre, le carrefour du Rox, et combien d'autres encore. Les étymologistes croient pouvoir affirmer que le nom de Brocéliande (anciennement Brechelien) se traduit : « *capitale de l'Autre Monde* ». C'est vrai. Allez-y. Voyez l'essentiel ou le superflu. Perdez-vous du côté du Pertuis-Néanti, de Folle-Pensée, de Hucheloup ou du Pâtis-aux-Ronces. N'oubliez pas qu'une forêt enchantée peut se donner la faune qu'elle veut et ne soyez pas surpris si vous y rencontrez, à côté d'un sénat de corbeaux, ours, singes, lions et léopards. Le roman de Claris en signale qui semblaient vivre en bonne entente avec les connins et les escuriaux d'alors, ancêtres de nos lapins et de nos écureuils d'aujourd'hui...

Peut-être, si le temps et l'âme ne s'y prêtent pas, ne verrez-vous rien de ces mystères. Même des poètes comme Robert Wace les ont manqués.

La forêt de Paimpont, écrit Michel Renouard, « *se joue de l'étranger comme le vent d'une feuille, l'entraîne par ses chemins creux, lui fait perdre cent fois sa route, lui jette un sort, en un mot. Bien malin qui saurait échapper à cet envoûtement et qui pourrait, cartes d'état-major en main, arpenter ses laies forestières, escalader ses talus, dévaler ses vallons avec la sûreté d'un conquérant. Femme insaisissable, Brocéliande ne se laisse aimer que de ceux qui (...) décident de faire patiemment leur cour...* ».

Mais faites ce crédit aux songes celtes, si vous ne voyez rien : pensez que peut-être vos yeux ne sont pas faits à la lumière du pays. Ainsi les âmes bien nées se révèlent : elles savent croire sans avoir vu.

Philippe CAMBY
Le Figaro Magazine, 17 mai 1980.

Gastronomie

L'andouille du pays. Le caneton aux cèpes. L'andouille au musca-
det. L'escalope Viviane. Le canard aux pêches. La coquille Saint-
Jacques au cidre. Et, bien sûr, pendant la saison de la chasse, toutes
les venaisons.

Le cycle arthurien

Après que Merlin eut été enfermé dans sa prison magique, les Bretons, que ses pouvoirs soutenaient, n'ont plus connu que des défaites
contre l'envahisseur saxon. Artus, blessé à la bataille de Camiann,
s'est réfugié sur l'île d'Avalon. Mais Artus reviendra. Un jour, un
héros animé par une quête sans objet trouvera, dans Brocéliande, un
chemin qui le conduira au chevet de Merlin. Il l'éveillera et Merlin
fera résonner sa harpe d'or. Ce sera le signal du retour d'Artus. Et la
Bretagne, ce jour-là, retrouvera ses preux et sa grandeur passée.

A lire

Chrétien de Troyes. Erec et Emilde, Cligès, le chevalier à la charrette, le chevalier au lion. L'œuvre de Chrétien de Troyes est à la
fois le prélude et le complément indispensable à toute découverte de
Brocéliande.

Gustave Flaubert retrouvé... et perdu

Qui voudrait découvrir la Normandie à travers Flaubert * en serait pour ses frais. Il était Normand, plus Normand (et Viking!) qu'aucun autre Normand. Il est né à Rouen et, ses études terminées, ne s'en est guère éloigné : la campagne l'ennuyait autant que l'irritait Paris, les Parisiens et ce que l'on n'appelait pas encore le parisianisme, et Croisset, où il se retire dès son retour d'Orient, n'est qu'à deux ou trois portées de fusil du Gros-Horloge et de la place du Vieux-Marché.

Certes, à Croisset, du moins tel qu'était Croisset au siècle dernier, car aujourd'hui ce n'est plus guère qu'une assez morne banlieue industrielle, il était au cœur et à l'écoute de la terre à laquelle il s'était identifié. De la fenêtre de son pavillon, il voyait la Seine qui, entre d'admirables rives, pousse lentement ses flots vers Jumièges et Villequier.

Il regardait les bateaux, le mouvement du fleuve et il n'était nullement insensible à la beauté des saisons, aux parfums que lui envoyait la plus grasse et onctueuse de nos provinces. « *Tu as raison, pauvre vieux*, écrivait-il à Louis Bouilhet une nuit de juin 1855, *de m'envier les arbres, le bord de l'eau et le jardin, c'est splendide! J'avais, hier, les poumons fatigués à force de fumer les lilas, et ce soir, sur la rivière, les poissons sautaient avec des folâtreries incroyables, et comme des bourgeois invités à prendre un thé à la préfecture.* »

Mais on voit bien ici le tour singulier de son imagination et que lilas et poissons l'intéressent moins que ses grotesques et adorés bourgeois de préfecture. Et la Normandie des vergers et des fermes à colombage, avec ses forêts, sa brique, ses abbayes, ses merveilleuses églises, ses châteaux, cette Normandie dont Proust fit son Japon, il n'en a presque rien dit.

Allons à Pont-L'Évêque après avoir relu *Un cœur simple*, puisque c'est là que Flaubert a situé le premier des *Trois Contes*. Une petite ville charmante mais où rien n'évoque le souvenir de Félicité et de Mme Aubain. Pont-L'Évêque pourrait être Pont-Audemer, Pont-L'Abbé, Argenton-sur-Creuse ou La Châtre-en-Berry ou n'importe lequel de ces gros bourgs ruraux où jadis vivaient de pauvres servantes qui usaient leurs jours à astiquer des casseroles et à ravauder des camisoles, ne quittant leur lessive que pour la messe ou le marché. *Un cœur simple* est l'histoire négative d'une destinée, ce n'est pas un conte normand.

Quant à Trouville, l'environnement y est devenu tel et la bicoque si proliférante qu'il est bien inutile d'y chercher le pré d'où l'on voyait « *la mer brillante de soleil, lisse comme un miroir* » et où « *Mme Aubain travaillait à un ouvrage de couture* », cependant que « *Virginie, à ses côtés, tressait des joncs* » et que « *Félicité sarclait des fleurs de lavande* ». La scène est aussi délicieuse et tendre que l'aurait peinte Manet, mais on peut l'imaginer n'importe où il y a des fleurs, de l'eau, de la lumière et « *le silence épandu* » sur « *la tranquillité des choses* ».

Mais où habite Mme Bovary?

Et *Madame Bovary?* Que de mal se sont donné d'estimables érudits pour identifier la Vaubyessard, Yonville-l'Abbaye, la ferme du père Rouault, le château de Rodolphe! Aux dernières nouvelles, Forges-les-Eaux ayant été définitivement éliminé, Yonville serait Ry, dans la vallée du Crevon. Partons pour Ry!

La promenade est superbe. On quitte Rouen par la colline de Bonsecours et l'on atteint à Fleury-sur-Andelle la première des trois vallées (l'Andelle, le Crevon, l'Héronchelles) dont les guides recommandent le circuit et qui méritent largement leur réputation. On n'imagine rien de plus frais et feuillu que ces trois vallées : nous nous glissons dans leurs plis, nous prenons langue avec leurs villages, saluant au passage l'église de Blainville et les ruines augustes de l'abbaye de Fontaine-Guérard, nous nous égarons délicieusement, nous nous blottissons sous les hêtraies de la forêt de Lyons, et, après une halte au château de Martainville, nous voici à Ry.

Rien de plus joli, rien de plus normand. Un vallon bien doux, de belles maisons de brique, une coquine de mairie qui pourrait bien être cette « *manière de temple grec* » devant laquelle se déploya la pompe des comices agricoles, et, tout près, plus vraie que nature, une boutique de droguiste qui fait irrésistiblement penser à la pharmacie de M. Homais. Et pourtant, Ry n'est pas Yonville.

Ry est charmant, Yonville ridicule : le village « *est couché le long de la rive, comme un gardeur de* vaches qui fait la sieste au bord de l'eau », la contrée est « bâtarde », on y fait « les pires fromages de l'arrondissement », et, alors que l'église de Ry s'enorgueillit d'un magnifique porche en bois sculpté, la seule œuvre d'art que Flaubert signale à Yonville est le coq gaulois de la mairie « appuyé d'une patte sur la Charte et tenant de l'autre les balances de la justice ». Quelle position, et où est-il allé chercher cela ?

Bref, Flaubert s'acharne sur Yonville, comme il s'acharne sur ses malheureux habitants : Homais, Binet, Lestiboudois, Lheureux, Tuvache, quels noms! Yonville, dit Claudine Gothot-Mersh, n'est « d'abord qu'un simple ailleurs où l'héroïne espère échapper à l'ennui ». Flaubert en précisera ensuite les traits, mais en prenant bien garde qu'on puisse les associer à un lieu quelconque : « Yonville-l'Abbaye est ainsi nommé à cause d'une ancienne abbaye de capucins dont les ruines n'existent même plus. » Avis aux topographes et aux archéologues!

Yonville, c'est le fond de la vallée, le bout de la route, le dérisoire, le rien, une sorte de désert des Tartares. Emma n'ira pas plus loin : il n'y a pas d'ailleurs et Yonville n'est pas plus Ry que Madame Bovary n'est l'histoire d'une petite bourgeoise qui fait des dettes et trompe son mari : « Ma pauvre Bovary souffre et pleure dans vingt villages de France, en ce moment même », « Madame Bovary, c'est moi », vous, tout le monde, la tristesse de vivre, et, dans sa cellule, dans sa bulle métaphysique de Croisset, Flaubert pensait trop en termes de condition, de comédie humaine, pour accrocher son drame à un personnage ou un lieu réel. « C'est la faute de la fatalité », pas de la Normandie.

Tous les vrais romanciers sont ainsi. Zola lui-même brouille les dates et les lieux. Un roman n'est pas un récit de voyage ni une suite de photographies : on peut descendre le Rhin avec Hugo, voir Jérusalem à travers les yeux de Chateaubriand et aujourd'hui encore, de Venise à Lucques et de Rome à Lorette, il n'est pas de plus agréa-

ble compagnon de route que Montaigne et son Journal italien. Mais essayez donc de retrouver Issoudun dans la Rabouilleuse ou de vous promener dans Limoges le Curé de village à la main...

Il n'y a guère qu'un lieu dont la présence soit très forte dans l'œuvre de Flaubert et où le souvenir de Flaubert accompagne presque chaque pas. Et c'est Rouen. De la vue de Rouen avec ses clochers, ses bateaux, ses usines que l'on découvre en haut de la côte Sainte-Catherine et qui est un des plus beaux panoramas urbains du monde, il a laissé une description inoubliable de carrure, de vérité simple et chaleureuse, on dirait presque de force tranquille, et si les bas quartiers du port où Emma s'encanaille avec Léon n'ont pas résisté à la guerre et à l'urbanisme hygiéniste des années 50, c'est toute son enfance que nous retrouverons à l'Hôtel-Dieu, où son père était chirurgien-chef et où il vécut jusqu'en 1846.

Le bâtiment (dont on restaure la chapelle) est d'une grande noblesse, et dans le pavillon où le terrible Achille-Cléophas logeait avec sa famille, on a installé un petit musée « Flaubert et de l'histoire de la médecine ». Ce rapprochement aurait sans doute paru à Flaubert assez « farce », mais le musée mérite une visite : portraits et souvenirs s'y mêlent à des pots de pharmacie, aux scalpels et aux bistouris que maniait le père; on voit la chambre du fils et la salle à manger, dont les fenêtres touchent presque au petit bâtiment qui était alors la morgue.

Et l'obligeant cicérone de ces lieux vous rappellera le passage célèbre : « L'amphithéâtre de l'Hôtel-Dieu donnait sur notre jardin. Que de fois, avec ma sœur, n'avons-nous pas grimpé au treillage et, suspendus entre la vigne, regardé curieusement les cadavres étalés! Le soleil donnait dessus, les mêmes mouches qui voltigeaient sur nous et sur les fleurs allaient s'abattre là-bas, revenaient, bourdonnaient. »

Il y a aussi le théâtre où Charles assiste sans y rien comprendre (il n'est pas le seul) à une représentation de Lucia di Lammermoor, et il y a surtout, dominant la ville et la vallée, symbole de toutes les gloires et de tous les trésors de Normandie, la cathédrale. C'est là que, sous la Marianne dansant du portail gauche (en réalité une Salomé qui deviendra Hérodias), Léon donne à Emma son premier rendez-vous et qu'il se fait harponner par un suisse « reluisant comme un ciboire », qui lui collera aux talons pendant toute la visite.

La description de la nef inondée de lumière avec les « exhalaisons de soupirs » qui montent des parties sombres de l'église est une des plus belles pages du Flaubert impressionniste, même s'il a eu la curieuse (et super-flaubertienne) idée de nous la faire voir à travers le bavardage d'un imbécile et le regard de deux amants qui ont tout autre chose en tête que le tombeau des cardinaux d'Amboise. Tout y est dit, pourtant, ou évoqué et, en particulier, ce « vitrage bleu où l'on voit des bateliers qui portent des corbeilles » dont il fera un jour la Légende de saint Julien l'Hospitalier.

Le « chaudronnier fantaisiste »

Si la cathédrale a fourni à Flaubert le sujet de deux de ses contes, elle n'a cessé d'alimenter son indignation à mesure que s'élevait la flèche de fonte dont Alvoine avait commencé la construction en 1824. Que n'a-t-il pas dit à son propos! « Un tuyau tronqué », « une cage oblongue » « une cheminée à jour », « la tentative extravagante de quelque chaudronnier fantaisiste »! Que n'aurait-il pas dit en voyant l'« extravagant » serpent de mer et monstre du Loch-Ness que, sous le nom d'église, on a récemment installé place du Vieux-Marché!

André FERMIGIER
Le Monde, 17 novembre 1981.

Vendée :
Tourisme de masse et détente... quand même

Un pays remodelé

La Vendée, après les Alpes-Maritimes et le Var, constitue le troisième département d'accueil touristique en France. Exception faite de ceux qui vivent sur la côte, il est pas mal de Vendéens pour s'en montrer surpris ; et plus encore de Français en général. Les chiffres, encore que plutôt flous (accueil familial, camping sauvage, etc.), n'en sont pas moins impressionnants. Le nombre de nuitées passées en Vendée pour les touristes de toutes catégories s'inscrit entre 15 et 20 millions (y compris les séjours en « tourisme vert » à l'intérieur du département, une formule que la Vendée s'efforce de développer à travers la formule des « pays d'accueil », mais qui échappe à ce reportage effectué sur la côte). Ainsi, regarder la côte vendéenne « vivre » le tourisme en cet été 1981, c'est un peu prendre la température de ce tourisme pour le pays entier. Avec, tout de même, les nuances qu'impliquent des types de fréquentation différents et les particularités propres à une région originale, à son climat, à ses habitudes de vie et à ses autres activités. A son passé aussi. Il est par contre des aspects qui, selon toute probabilité, sont valables pour l'ensemble de l'Hexagone. A commencer par celui-ci : l'étalement des vacances, cette année, c'est un peu raté...

On a cent fois décrit, pour cent fois la déplorer, la transformation de la Côte d'Azur, littéralement remodelée par le tourisme de masse. La Vendée, approchant de chiffres comparables, encore qu'inégaux, à ceux des départements méditerranéens, n'échappe pas à des effets plus ou moins semblables. Le phénomène étant toutefois plus récent, il est intéressant d'en étudier les conséquences... en souhaitant voir éviter ici les pires d'entre elles.

Descendre aux Sables ou à Saint-Gilles-Croix-de-Vie est une chose ; s'installer à Saint-Jean-de-Monts une tout autre. Et choisir le camping une troisième. Du point de vue du mode de vie, bien sûr, mais tout autant de celui de l'environnement.

Il y a là un fait, déjà enregistré ailleurs : le tourisme crée moins de nuisances, fait naître moins de laideurs lorsqu'il se développe, d'une part, dans une zone déjà fortement structurée ; de l'autre, quand son développement est conçu de manière globale.

Sur le premier point, l'exemple des Sables-d'Olonne constitue une bonne démonstration. Cette ville, à vocation touristique déjà ancienne, assume aussi une fonction administrative ; c'est également un port de pêche notable ; elle s'est plus récemment dotée d'une zone industrielle. Quitte à se faire arracher les yeux par les défenseurs inconditionnels du passé, il serait injuste d'écrire que le tourisme moderne l'a systématiquement enlaidie. Il a créé des verrues, parfois impardonnables (cet immeuble massif sur la pointe harmonieuse que ponctuait seule une chapelle romane...) ; mais il a su conserver aussi les marques de son originalité : son quartier du port et celui de la Chaume, tellement attachant. Et puis, prenez une carte postale et comparez : le célèbre « remblai » qui domine cette admirable plage dans la ville peut parfaitement être préféré, dans sa forme actuelle, à celle qu'il présentait au début du siècle. (...)

L'absence de coordination et de volonté planificatrice, qui a si longtemps marqué le développement touristique de la côte vendéenne, porte, en revanche, ses fruits catastrophiques en une foule de points de ce rivage. La manière dont les ensembles Merlin ont poussé dans les dunes en fournit un bon exemple. Ces groupes, pris en eux-mêmes, ne sont ni plus ni moins choquants que beaucoup d'autres. Mais, sans revenir sur les conditions mêmes où ils se sont élevés, leur environnement paie le prix d'une édification non concertée : tout autour de ces demeures (et de bien d'autres), s'élève en août un invraisemblable « Far West » de baraquements, d'appentis, de cagibis proposant les fruits, les frites, la viande, les légumes, le téléphone ou la danse, et j'en passe... toutes, ou presque, indispensables d'ailleurs, dans la mesure où l'on a été initialement laissé construire sans se préoccuper de services essentiels.

Il faudrait encore parler de ces terrains de camping aux allures de camps tout court (l'un d'eux, portant, en principe, le maximum d'étoiles, quelque part entre Les Sables et Croix-de-Vie, a tout bonnement été baptisé « le stalag » par les gens du pays), alors que d'autres, un peu à l'intérieur, en particulier, donneraient immédiatement envie de s'y installer, tellement verdure et ombrages s'y font accueillants...

Autres taches : celles que provoque la floraison complètement incontrôlée et proprement délirante des panneaux, flèches, banderoles, piquetages et panonceaux signalant à 300 mètres la moindre cahute à merguez. (...)

... Et pourtant, cette rapide énumération en témoigne : dans une large mesure, le mal demeure limité aux superstructures. Ce littoral n'est pas encore bétonné. La Vendée peut rester belle et, ici ou là, le redevenir, sans sacrifier son tourisme. Mais il y a urgence.

Jacques MARION
La Croix, 22 août 1981.

La cuisine bretonne

cuisson des fruits de mer

Crabes, tourteaux, araignées

• Lavez et brossez les crabes.

• Préparez un court-bouillon fortement salé (2 poignées de gros sel gris) et poivré, aromatisé de thym et de laurier, jetez les bêtes vivantes dans l'eau en ébulition.

• Laissez cuire à petits frémissements, 10 minutes pour les étrilles (ou crabes-cerises), 15 à 20 minutes pour les gros tourteaux (ou dormeurs), 20 à 30 minutes pour les arraignées suivant grosseur.

• Servez avec pain et beurre salé ou mayonnaise.

homard à l'armoricaine

• Un homard d'un kilo convient pour 3 personnes, pour plus de commodité on peut choisir de petits homards et en servir 1/2 par personne.

• Pour la sauce : 3 échalotes, 1 oignon, 30 g de beurre, 1 cuillerée d'huile, un verre à liqueur d'eau-de-vie (lambic), 1/2 litre de cidre sec, 1 bouquet garni (thym, laurier, persil), une gousse d'ail, 3 tomates, sel, poivre, beurre ou crème.

• Tronçonnez le homard vivant. La queue par anneaux, la tête en deux dans le sens de la longueur. Enlevez et jetez la poche à pierres qui se trouve dans le haut de la tête.

• Enlevez, mais réservez, les parties crémeuses et le liquide qui s'écoule de la tête.

• Écrasez les pinces légèrement pour briser la coquille afin que la chair s'imprègne du parfum de la sauce.

• Dans une sauteuse, faites chauffer beurre et huile. Mettez échalotes et oignons finement hachés.

• Ajoutez les morceaux de homard et laissez cuire en les retournant jusqu'à ce qu'ils aient atteint la coloration rouge. Flambez à l'eau-de-vie, ajoutez le cidre, sel et poivre, le bouquet garni, la gousse d'ail écrasée, les tomates pelées, épépinées et concassées. Couvrez et laissez cuire 20 minutes seulement à feu doux et avec couvercle. Retirez le bouquet garni en fin de cuisson.

• Pour terminer, ajoutez un gros morceau de beurre manié avec 1 cuillerée à café de farine ou mieux ajoutez 2 grosses cuillerées à soupe de crème fraîche de saveur plus délicate que le beurre manié.

homard grillé

• Choisir de petits homards de préférence. Plongez-les vivants dans un court-bouillon en ébullition (voir cuisson des crabes). Laissez cuire de 3 à 5 minutes suivant leur taille. Pour la cuisson, il est préférable d'utiliser une poissonnière sur laquelle on peut ficeler les bêtes, ce qui évite les projections d'eau.

• Égouttez. Laissez refroidir, ouvrez les homards en deux dans le sens de la longueur, arrosez de beurre fondu, salez et poivrez, passez sous le plafond rayonnant du four 5 minutes.

• Servez tel.

Marie-France, juin 1979.

Les trois « C »

**Il n'est pas de région en France
sans spécialités gastronomiques.
Les plus beaux fleurons
de la Normandie se nomment cidre,
calvados et camembert.**

Si sur le plan architectural et culturel, la Normandie est une province privilégiée, dans le domaine gastronomique elle est un véritable réservoir où l'on trouve, non seulement de quoi vivre, mais plus encore de quoi bien vivre.

C'est une région d'opulence. Ses très riches prairies permettent l'élevage de magnifiques bétails, qui donnent une viande de tout premier ordre. Ses côtes lui assurant une incomparable richesse avec ses coquillages, crustacés et poissons. Son beurre, particulièrement celui d'Isigny, et sa remarquable crème ont permis à la Normandie de doter la gastronomie française d'un atout de poids, la qualité de ses volailles est également à souligner. Tous ces produits exceptionnels ont été à la source de recettes fastueuses et aussi populaires, parmi lesquelles certaines connaissent une renommée universelle.

D'abord, le célèbre canard à la rouennaise ou canard au sang, qui exige que le canard soit tué par étouffement et non saigné comme il l'est traditionnellement ; ce qui lui donne un goût particulier de viande rouge, voire même de gibier. Ensuite les tripes à la mode de Caen, dont chaque chef français assure qu'il détient le secret... Ou encore l'andouillette de Vire, qui est le fleuron de la charcuterie de cette province.

Cinquante variétés de pommes

Mais les trois glorieux produits du terroir normand, ce sont bien les trois « C » : cidre, calvados, camembert.

La Normandie fait mentir le proverbe qui dit que *« l'on ne peut bien manger dans une région où il n'y a pas de vin ».* Son célèbre verger, dont la reine est la pomme, donne un cidre incomparable et une très grande eau-de-vie : le calvados.

Déjà du temps des Gaulois, favorisés par un climat tempéré et humide, les pommiers croissaient à l'état sauvage dans cette province. Les conquérants romains en font d'ailleurs mention dans leur chronique. Sous Charlemagne, les pommiers ont commencé à faire l'objet d'une culture plus ordonnée.

Les Normands tiraient de la pomme, à cette époque, une boisson amère et acide. Ils avaient aussi réussi à fabriquer une eau-de-vie de « sydre » (on l'écrivait encore de cette façon jusque sous le règne de Louis XIV).

Le cidre que nous obtenons aujourd'hui est une magnifique boisson saine et hygiénique, qui mériterait d'être mieux connue. Il existe à peu près autant de crus dans le cidre que pour le vin. Les meilleurs proviennent de la vallée d'Auge, du Domfrontais et du pays de la Risle.

On peut regretter que certains technocrates aient envisagé de changer les types de plantations des vergers normands, pour augmenter la productivité aux dépens de la qualité. Pour conserver cette qualité, les exploitants sérieux continuent à entretenir et replanter des pommiers de « hautes tiges » sous lesquels peut paître le gros bétail, qui contribue à l'engraissement naturel du sol. Pour cet effort, ils devraient être encouragés, car ces pommiers (100 à l'hectare) ne produisent qu'au bout d'une quinzaine d'années.

Il existe une cinquantaine de variétés de pommes, les unes douces, les autres amères ou acidulées, qui sont plus ou moins précoces et productives. Les récoltants qui s'attachent à respecter la qualité ont choisi d'assembler certaines variétés, non pas en fonction de leur rendement, mais en tenant compte de leur particularité.

Pour faire un bon cidre bouché, il faut laisser les pommes finir de mûrir au grenier, en attendant que certaines fassent ce qu'on appelle du pourri brun, qui lui apporte beaucoup de parfum. Le cidre peut être obtenu par un mélange de pulpe de pomme et de pulpe de poire. L'assemblage de ces deux fruits constitue un heureux équilibre.

La Normandie est une région qui, dans son ensemble, est restée assez fidèle aux traditions. On trouve encore, dans le pays d'Auge, des récoltants qui utilisent d'antiques pressoirs dont certains datent du XVIIe siècle.

En 1553, un gentilhomme gastronome, Gilles de Gouberville, distilla du « sydre » pour obtenir de l'eau-de-vie. Cela se passait dans le Cotentin, à Mesnil-en-Val. Mais c'est au début du XIXᵉ siècle, que l'eau-de-vie de cidre reçut le nom de « calvados », aujourd'hui bien normand, puisqu'il désigne à la fois un département normand et une eau-de-vie normande. Pourtant, il est d'origine espagnole! En 1588, l'Invincible armada de Philippe II voguait vers l'Angleterre lorsqu'un de ses navires *El Calvador* vint se briser sur les rochers qui bordent la côte normande. On donna son nom au lieu du naufrage et « El Calvador » devint en français « le Calvados ».

L'aire de production du calvados est répartie sur les départements du Calvados, de l'Orne, de la Manche, de la Mayenne, de l'Eure et de la Seine-Maritime; quelques communes empiètent même sur les départements de la Sarthe et de l'Oise. (...)

Un pays de fromages

Cette merveilleuse province ne compte pas moins de vingt et un fromages. Le plus célèbre est le camembert qui fut, dit-on, inventé à la fin du XVIIIᵉ siècle par une fermière normande nommée Marie Harel à qui la ville de Vimoutiers, avec le concours des Américains, a érigé une statue à sa gloire.

Un bon camembert doit être souple, c'est le critère n° 1, ne jamais couler et avoir une croûte plutôt rose, fine et transparente : il doit être vu « *comme une jeune fille au travers d'un tulle... »*.

Cependant, la gloire du camembert ne doit pas éclipser celle de deux autres grands fromages, beaucoup plus anciens. Le pont-l'évêque — sans doute de création monastique au XIIᵉ siècle — s'appelait à l'origine « angelot du Pays d'Auge ». Il prit son nom actuel aux environs de 1600. Un bon pont-l'évêque fermier doit être moelleux sous le doigt et avoir une croûte plutôt sèche et gris-rose.

Le livarot, qui est sans doute encore plus vieux que le pont-l'évêque, est une croûte lavée au goût très fort. Il n'y a malheureusement plus d'exploitations fermières dans cette appellation.

Michel HARALD
Le Figaro Magazine, 12 mai 1979.

Haute-Normandie, pays de la pomme, pays du cidre, pays de bocages. D'innombrables vergers... Imagerie réelle ou réelle imagerie? Nous sommes dans le Parc naturel régional de Brotonne, dans une zone de fragilité territoriale. Les deux grandes agglomérations de Rouen et du Havre, l'une à l'est et l'autre à l'ouest, tendent à se rejoindre, à transformer ces boucles de la Seine en un immense espace industriel. Le Parc a été créé comme « barrière verte », pour éviter l'envahissement des villes, la destruction du site par l'extension inconsidérée des carrières, les constructions anarchiques, l'industrialisation à outrance. Région de forêt, de vergers, d'élevage, elle veut le rester.

Touring, mars 1981. D.R.

Préparation

• Situez sur une carte les limites de la Normandie. Quels sont les « pays » qui la composent ?

Remarques

« **Sur le plan architectural et culturel** » : on peut également dire « au plan de l'architecture et de la culture ».

Gentilhomme : homme noble de naissance. Aujourd'hui, ce mot est employé pour désigner une personne qui fait preuve de générosité, de distinction dans son comportement.

Vocabulaire

Gastronomique : qui concerne l'art de bien manger.
Fleuron (m.) : (ici) le produit le plus précieux, dont on est fier.
Réservoir (m.) : (ici) réserve.
Opulence (f.) : grande richesse.
Doter : donner à.
Atout de poids (m.) : un grand avantage, une grande force.
A la mode de : à la façon de, à la manière de.
Hygiénique : qui est bon pour la santé.
Plantation (f.) : (ici) champ, exploitation.
Aux dépens de : au détriment de, en sacrifiant.
Engraissement (m.) : (ici) enrichissement par l'engrais naturel fourni par le bétail lui-même.
Acidulées : légèrement acides.
Bouché : (ici) mis en bouteille comme du vin mousseux ou du vin de champagne.
Pulpe (f.) : chair du fruit.
Pressoir (m.) : machine servant à extraire le liquide du fruit.
Distiller : (ici) action de convertir le cidre en eau-de-vie.
Aire de production (f.) : (ici) l'étendue.
Empiéter : déborder.
Ériger : (ici) élever.
Monastique : (ici) fait par les moines.
A outrance : de manière excessive.

Exercices de compréhension

1 Selon l'auteur, comment reconnaît-on un bon camembert ?
2 Imagerie réelle ou réelle imagerie : explicitez et développez cette expression.

A vous maintenant

1 Choisissez un fromage ou un vin de votre goût et décrivez-le à la manière de l'auteur en utilisant des adjectifs qualificatifs appropriés. Vous pouvez envisager des comparaisons aussi poétiques que celle utilisée par l'auteur.
2 **Débat** : êtes-vous d'accord avec le proverbe « L'on ne peut bien manger dans une région où il n'y a pas de vin » ?

Exercices de langue

1 Construisez des phrases en utilisant « ... non seulement... mais encore... ».
2 Trouvez des exemples où la place de l'adjectif par rapport au nom modifie le sens de l'expression :
   — imagerie réelle/réelle imagerie
   — homme grand/grand homme...

BALADE PRINTANIÈRE EN ANJOU

On part souvent bien loin. Mais connaissez-vous l'Anjou ? C'est une des plus gracieuses provinces françaises.

Le printemps ici est précoce ; dès la fin mars, la campagne a pris toutes les teintes du vert, d'immenses champs de fleurs éclatent de couleurs vives, la vigne épanouit ses premières feuilles et, ici et là, entre les rangées de ceps, un cheval tire la vieille piocheuse. Dans ce pays étonnamment varié alternent bocages, forêts, prairies, coteaux en pente douce où moutonne le vignoble et que coiffe un moulin à vent, routes sinueuses, ruisseaux endormis, large trouée de la Loire parsemée d'îles embroussaillées, vieux villages aux maisons de pierre d'un blanc légèrement ocré, superbes demeures seigneuriales au toit d'ardoise à demi inconnues. Une lumière douce baigne le paysage et les rayons du soleil jouent sur les rides de l'eau.

Pas de meilleur moment pour découvrir la douceur de vivre en Anjou et pour savourer sa fine cuisine, qu'on découvre aussi bien dans les petits caboulots des bords du fleuve que dans les grands restaurants. Un pays d'une beauté sereine, qu'il faut découvrir de préférence en dehors des jours de Pâques et de la Pentecôte.

Une grande cuisine toute simple

Province chérie des poètes de la Renaissance qui chantèrent ses fruits, ses fleurs et ses vins, l'Anjou n'a pas démérité. Sa cuisine s'appuie sur les savoureux produits locaux que des générations de femmes ont traité avec simplicité et beaucoup d'amour. Symbole de leur réussite : la légèreté parfumée et onctueuse du beurre blanc.

Et d'abord ce pays de rivières regorge de poissons : brochets et saumons que l'on sert pochés, rôtis, grillés ou encore en pâtés enrobés de feuilletage, brèmes et tanches farcies à l'oseille, anguilles accommodées en « bouilleture », une sorte de matelote au vin rouge enrichie de champignons, d'oignons et de pruneaux. Nouveau venu qui prolifère dans la Loire, le sandre à la chair fine et savoureuse se retrouve aujourd'hui sur la carte de tous les bons restaurants.

Pour les viandes, deux recettes traditionnelles : le cul de veau longuement braisé (on le remplace dans les familles par la noix de veau), et la poularde en fricassée enrichie de crème double. Un peu partout triomphe la charcuterie : savoureuses rillettes dont les morceaux maigres hachés assez gros s'effilochent sous la fourchette, « rillauds » gros cubes de lard de poitrine croustillants et dorés, confits dans le saindoux, fines andouillettes qu'on mange grillées avec une purée d'oseille. A partir de Pâques on trouve aussi les « gogues » vantées par Rabelais, un énorme boudin boursouflé enrichi de morceaux de lard gras épicé et de feuilles de bettes hachées.

Ce jardin de la France déborde de légumes primeurs : asperges, haricots verts, artichauts, choux-fleurs, tomates, etc., et aussi de fruits succulents : fraises, framboises et cerises au printemps, plus tard abricots, prunes et melons (ces melons que Ronsard surnommait « pon-pon »). Sans compter de nombreuses variétés de poires dont la plus parfumée se nomme « Belle Angevine ». C'est avec ces fruits que sont faits les desserts traditionnels de la province : fraises au vin rouge, melon garni de framboises, charlotte aux fraises, pâtés feuilletés aux prunes, etc. Autre dessert classique et très délicat, le crémet d'Anjou : du fromage blanc sucré et battu, allégé avec des blancs d'œufs montés en neige.

A tout seigneur, tout honneur : commencez par Angers

Avant de découvrir cette province, il faut d'abord faire connaissance avec sa capitale, Angers, d'où rayonnent toutes les routes. La ville ne se livre pas au premier coup d'œil, il faut l'explorer patiemment pour apprécier son charme, entrevoir les jardins secrets plantés de palmiers, de camélias et de fleurs rares et explorer ces vieux quartiers où les maisons Renaissance ont été restaurées avec bonheur. Surtout, il faut passer la porte de son gigantesque château aux murailles rayées de pierres noires et blanches pour admirer la superbe tapisserie de l'Apocalypse. De l'autre côté de la Maine, il faut aussi voir l'hôpital Saint-Jean qui abrite les dix tapisseries du Chant du Monde de Jean Lurçat faisant écho au chef-d'œuvre du Moyen Age.

André COGNET
La table et ma cuisine, mai 1980.
© Paris-Graphic.

Des trois vins de mon cellier : Anjou, Lorraine et Provence, le meilleur est le premier.
RENÉ Iᵉʳ (duc d'Anjou, duc de Lorraine, comte de Provence)

Langue et parler, chanson et école...

BRETAGNE
CENTRALISME RÉGIONALISME

UR DE SURETE DE L'ETAT
ROCES du F.L.B.
RDI 3 OCT. 72

LES BRETONS ACCUSENT

■ MEETiNG Jeudi 5 oct 20-30.

■ MUTUALiTE metro MAUBERT MUTUALITE

es OUVRiERS du JOiNT FRANÇAiS

s PAYSANS de la GUERRE du LAiT

CHANTEURS BRETONS

PAN PAN

BZh

AU JOUR LE JOUR

Comment peut-on être Breton ?

Beaucoup de gens semblent surpris qu'un Breton ait pu passer le baccalauréat dans sa langue. Décidément, on n'a jamais fini en France de se demander comment on peut être Persan, et surtout comment on peut, en ce cas, parler le persan.

Cela dit, si c'est l'absence de la langue française qui choque, qu'on se rassure : il y a longtemps que le jargon des technocrates, des philosophes, des sémioticiens, des psychanalystes, des économistes et des théoriciens en tout genre l'ont chassée des copies du baccalauréat.

Robert ESCARPIT
Le Monde, 11 juillet 1979.

Nous venons refuser raison
Nous venons dire « je suis Breton »
Je suis Breton en vérité
Je réclame mon identité
Au nom des sourds et des muets
De ceux qui n'osent pas parler
Au nom des morts dans la misère
Sur les richesses de leur terre
Au nom des exilés épaves
Qu'on vend sur les marchés
d'esclaves
Au nom des travailleurs en grève
Au nom des luttes et des rêves
Je réclame...!

Ki Du, (chien noir)
Gilles SERVAT
Kelenn 6332 629

FÊTES FOLKLORIQUES EN BRETAGNE

1980

MICHEAU.VERNEZ

« *Je ne fais pas de politique*
Je ne suis qu'un barde breton
Qui libre chante son refrain
En semant son modeste grain
Écoute qui veut ma chanson
Récolte qui veut ma moisson. »

Théodore BOTREL

GLENMOR FERNIOT

A gauche, Glenmor, figure de proue de la chanson bretonne moderne.

A droite, Jean Ferniot, vedette de la presse et de la radio.

Le premier, Breton de combat et de rêve.

Le second, Breton par sa mère, mais totalement opposé aux « pouvoirs régionaux ».

Le livre de Glenmor [1] en appelle aux puissances mystiques du vieux trésor celte. Le livre de Ferniot a failli s'appeler *Vos gueules, les binious*. Hier soir, Bernard Pivot avait invité Glenmor et Ferniot à *Apostrophes*. Thème : la question régionale. Brûlante, au moment où une liste bretonne *Régions-Europe* entre dans l'arène des élections européennes.

Glenmor, bien sûr, en est. A lui et à Jean Ferniot, *Le Figaro Magazine* a posé trois questions-clés qui tracent la ligne de démarcation entre deux psychologies : celle de la profonde revendication des minorités, et celle du « projet français ». *L'Europe aux cent drapeaux face à la grande nation.* Beaucoup de choses séparent Glenmor de Ferniot. Une seule les trouve d'accord (en sens inverse) : l'importance du culturel au cœur du politique.

Voici leurs réponses. A vous de réagir.

Pour le déplorer ou non, vous estimez la France « fragile »...

Jean Ferniot : Ce n'est pas le fruit du hasard si, depuis Hugues Capet, tous ceux qui ont gouverné la France, sous la monarchie, l'empire ou la république, ont développé la même politique centralisatrice.

La nation française n'a pu se construire qu'autour d'un État, et contrairement aux apparences, elle est moins solide que l'allemande ou même que l'italienne.

Il y a en réalité plusieurs France. Celle du Nord est radicalement autre que celle du Midi, et il faut également compter avec les marches : Bretagne, Euzkadi, Catalogne, Corse, Alsace, Flandre. Je suis persuadé que cet assemblage aurait explosé si un pouvoir central fort n'avait sans relâche veillé à maintenir l'unité, notamment par la langue, le droit et l'administration.

1. *La Septième Mort*, par GLENMOR. Éditions Libres Hallier.
2. *Vous en avez vraiment assez d'être Français ?* par Jean FERNIOT. Grasset.

Un député nationaliste écossais m'a avoué récemment que son parti serait moins fort (il a onze députés) si l'Angleterre n'avait pas laissé à l'Écosse ses lois et son système d'éducation. Voilà qui n'encourage guère à la décentralisation.

Glenmor : Comme tout État que l'histoire a forgé par l'épée plus que par l'accord des composantes, la France, sous une façade monolithique, dissimule très mal ses points de brisure. D'autre part, cette unité que l'État voudrait plus qu'apparente, est historiquement toute récente. On étonnera les Bretons eux-mêmes, qui, pour la plupart, ne sont pas au fait de leur réelle histoire (ce n'est pas leur faute), en leur disant que la première guerre qu'ils aient faite aux côtés de la France fut celle de 1914-1918.

L'illusion de l'unité française est entretenue par des mensonges historiques permanents. Les livres d'histoire mis à la disposition de nos enfants dans les écoles primaires sont des tissus de mensonges et de contre-vérités. Saint Louis ne fut jamais roi de Bretagne, etc. La France a cru devoir cimenter davantage encore son unitarisme avec le spectre de l'ennemi extérieur, comme l'a si bien démontré Morvan Lebesque : aujourd'hui, par tout un jeu d'effroi calculé, n'ayant plus le spectre de l'ennemi extérieur, le pouvoir peut encore parfaire cette impression d'unité et de solidarité par le spectre de l'ennemi intérieur : gauchistes, autonomistes, etc. Encore faut-il ajouter qu'une structure très centralisée est toujours fragile. Pour posséder la France, il suffit d'occuper Paris. Nous l'avons touchée du doigt, cette fragilité structurelle, en mai 1968, quand de Gaulle lui-même perdit les pédales...

Croyez-vous les cultures régionales plus fortes que la culture française ?

J.F. : Évidemment non. D'abord parce que la culture française, issue des diverses cultures régionales, en additionne les caractères. Ensuite, parce qu'elle est davantage que leur produit.

Je veux bien qu'il y ait du breton chez Chateaubriand, du tourangeau chez Rabelais, de l'auvergnat chez Pascal, du genevois chez Rousseau et, pourquoi pas de l'italo-polonais chez Apollinaire. Mais il y a surtout du français.

Je pense même que, loin d'avoir détruit, comme certains l'en accusent, les cultures celtique ou occitane, par exemple, la culture française lui a permis d'en rencontrer d'autres, à commencer par la germanique. Ce n'est que par les assemblages, les mariages, les croisements, que les civilisations progressent. De tels « accidents » manquent un peu trop à la France aujourd'hui.

Je trouve également absurde de supprimer l'enseignement du latin et de revendiquer celui du breton ou du basque. Et ce n'est pas au moment où le français bat en retraite devant l'anglais qu'il faut se mettre à apprendre le corse ou le catalan.

D'ailleurs, regardons hors de nos frontières. L'Irlande s'est battue longtemps pour garder sa langue, qui est devenue officielle chez elle (et du reste fort peu parlée); mais ses grands écrivains, comme James Joyce, s'expriment en anglais.

G. : Drôle de question! C'est demander si les cultures sont plus fortes que la non-culture. Ce n'est pas un moindre paradoxe que de voir une caste parisienne courtisane d'abord, bourgeoise ensuite, prétendre imposer à des peuples différents le dire et le penser salonnard d'un petit monde fermé. Ce qu'il est convenu d'appeler la « culture française » doit au cycle arthurien (et celtique en général) une grande part de ses premiers balbutiements. J'ajoute qu'en pleine explosion du classicisme, je n'ai jamais trouvé que de très mauvais traducteurs d'Anciens — nommez-les comme vous voulez.

La culture française n'existant pas, il lui est difficile d'être matrice

— ce qui ne veut pas dire que la langue française n'ait pas ses grands poètes, évidemment. Quant aux cultures, si elles ont résisté à toutes les volontés de destruction qu'a ordonnées l'État français, c'est qu'elles sont fortement ancrées dans l'âme des peuples. En fait, elles sont le reflet exact de l'âme de ces peuples. Les vouloir réduire ou détruire, c'est accomplir une forme de génocide qui ne sera jamais à l'honneur de ces parangons de démocratie qui veulent réduire toutes les richesses à un niveau de petit folklore désuet.

L'État : croyez-vous qu'il soit l'ennemi naturel des libertés ?

J.F. : Il faut s'entendre sur la signification du mot État. Le « mal français », pour reprendre le titre d'un livre qui, à mon avis, diagnostique imparfaitement ce mal, ne vient pas de la centralisation, au sens où on l'entend en général et dont j'ai dit qu'elle était à mes yeux — et pas seulement aux miens, fort heureusement — nécessaire.

Il faut en chercher l'origine dans l'absence d'une réelle séparation des pouvoirs, les trois classiques — législatif, exécutif, judiciaire — et le quatrième et non le moindre : l'administratif.

L'impression — plus, la certitude — que nous avons de supporter le poids terrible de l'État vient à mon sens exclusivement de cette confusion de pouvoirs qui devraient être séparés.

En bonne règle démocratique, le peuple est souverain, la justice est rendue en son nom et il délègue cette souveraineté à ses représentants. Ceux-ci votent les lois et contrôlent l'action du gouvernement, qui lui-même fait appliquer

ses instructions par l'administration.

En France, dans la pratique de la Ve République, le pouvoir exécutif ne se contente pas de dominer les trois autres, il les absorbe.

De sorte que ce n'est pas géographiquement, mais institutionnellement; pas *horizontalement* avec je ne sais quelle régionalisation qui affaiblirait ce qu'il y a de plus utile et de plus légitime dans l'État (le principe d'unité nationale), mais *verticalement,* avec la remise de chacun des pouvoirs à sa place... qu'il faut réformer le système écrasant de la France gaullienne.

G. : L'État, de par sa nature, est toujours contraignant. C'est un mal nécessaire. L'aberration vient du fait que l'État revendique pour lui seul l'autorité. C'est toujours au nom de l'autorité de l'État que se font les atteintes les plus évidentes aux libertés individuelles. Tout vocabulaire s'est institutionnalisé pour dissimuler ses exactions : *raison d'État, affaire d'État, secret d'État, État fort, sauvegarde des institutions...*

Toutes les prérogatives du grand anonyme qu'est l'État se prennent toujours au détriment des libertés individuelles. J'ajoute que plus le pouvoir en place se confond avec l'État, et plus ce pouvoir se sent faible, plus il légifère contre les libertés individuelles. Pour se maintenir en place, ce pouvoir va faire le lit de tous les dictateurs (loi anti-casseurs, Cour de sûreté de l'État). N'ont-ils pas voulu permettre la fouille de toute voiture sans autre forme de procès? En fait, en France aujourd'hui, quel que soit l'homme qui pourrait s'adjuger le pouvoir, il pourra instaurer la dictature sans légiférer. Toutes les lois nécessaires sont déjà en place — le système policier est répressif aussi. Mais les pires et les plus grandes atteintes aux libertés individuelles sont toujours dues aux États centralisateurs.

Le Figaro Magazine, 17 mars 1979.

L'éclatement du mouvement breton favorise la résurgence du courant extrémiste

De notre correspondante

Brest. — « *Le mouvement breton est traversé par deux tendances : un régionalisme mou, qui se contente de ce que le P.S. a accordé ou de ses promesses, et un nationalisme dur, suscité par la déception des militants...* » Après quelques semaines d'espoir et des mois d'attente depuis mai 1981, c'est bel et bien l'éclatement qui guette l'E.M.S.A.V. [1].

Il aura fallu attendre les élections municipales pour que l'évolution amorcée depuis la victoire du P.S., en mai et juin 1981, mette quelques milliers de militants au pied du mur. Ancrés à gauche, dans leur quasi-unanimité, les mouvements et partis bretons avaient connu une période d'euphorie fondée sur les promesses des socialistes, qui apparaissaient profondément décentralisateurs (certains d'entre eux, et non des moindres, étaient même venus témoigner aux procès des militants du F.L.B. •). Mais les mesures prises (la dissolution des tribunaux permanents des forces armées, celle de la Cour de sûreté de l'État, la mise en liberté des prisonniers politiques, la création d'une licence de breton, la loi sur la décentralisation) apparaissent insuffisantes à ces militants, qui espéraient une large autonomie économique et culturelle.

Si la déception fut unanime, les mouvements qui forment l'E.M.S.A.V. réagirent différemment. L'Union démocratique bretonne (U.D.B.), parti autonomiste et socialiste, seul parti structuré jusqu'à une date récente depuis sa création, en 1964, avait profité de l'union de la gauche pour entrer

1. E.M.S.A.V. : ensemble de mouvements, partis, associations, qui luttent pour « *le respect et le maintien de l'entité bretonne* ».

dans les conseils municipaux bretons lors des dernières élections.

Le parti avait conservé une stratégie d'union avec le P.S. mais souffrait de la désillusion générale des Français. La preuve en fut faite lors d'une élection partielle, à Brest (Finistère), en septembre dernier. En essayant de se démarquer du P.S. par une « surenchère » socialiste, l'U.D.B. déçut les militants qui attendaient des revendications plus vigoureusement autonomistes, entraînant une véritable hémorragie. « *Nous étions deux mille environ avant l'arrivée de la gauche au pouvoir, nous sommes aujourd'hui huit cents* », affirme un militant. Tandis qu'un tout jeune parti qui refuse toute étiquette politique (le parti républicain breton) se constituait et que deux autres mouvements indépendantistes naissaient des cendres du F.L.B. — Emgann (le combat), parti socialiste et autogestionnaire, et P.O.B.L. (Parti pour l'organisation d'une Bretagne libre) —, une multitude de mouvements culturels, qui font partie de l'E.M.S.A.V., réclamaient à cor et à cri le respect des langues et cultures minoritaires sur un ton qu'on avait oublié.

« Cette fois, nous irons très bien »

Aujourd'hui, la perspective des municipales a clarifié la situation et l'éclatement plus ou moins violent guette chaque mouvement, excepté les plus « durs » ou les plus récents. « *C'est le parti socialiste qui a changé, pas le mouvement breton,* affirme M. Tanguy Louarn, responsable de l'association Skol An E.M.S.A.V. *Quelle différence entre les promesses et ce qui est réalisé!*

Comment peut-on comparer, dans le domaine culturel, par exemple, le projet de loi Le Pensec sur les langues régionales et le dernier texte que M. Alain Savary va publier, qui souligne les dangers d'une dissolution de la France! A Paris, c'est le jacobinisme qui a gagné. Cela provoque actuellement le durcissement du mouvement breton qui réplique par le nationalisme. »

Cette évolution entraîne, d'autre part, des réorganisations de structures à Skol An Emsav, où les militants sont souvent affiliés à la C.F.D.T. Une décentralisation de fait se met en place, comparable à celle qu'a engagée le syndicat sur le terrain.

Dans chaque mouvement on retrouve le même débat, l'éclatement du mouvement favorisant la résurgence du mouvement extrémiste. Alors que l'U.D.B. est parvenue à un accord dans de nombreuses villes, la rupture avec la gauche est consommée dans plusieurs communes où elle ira seule devant les électeurs : Guingamp, Plourin-les-Morlaix, Ploudalmezeau. « *Notre union avec le P.S. a bénéficié aux socialistes en leur donnant une caution bretonne,* affirme M. René L'Hostis, membre du bureau politique. *Nous ne sommes plus d'accord. Le 8 mai, la convention qui doit préparer les élections régionales nous permettra de réaffirmer les deux principes de notre charte : la vocation nationale de la Bretagne et le fait qu'elle est colonisée.* »

Des clarifications se préparent donc pour les mois à venir. Mais la plus importante des évolutions pourrait intervenir dans un futur plus lointain si la déception s'accroît. « *Cette fois,* affirme un militant nationaliste, *nous irons très loin. Le F.L.B. n'était pas un parti politique. Sa violence était sentimentale. On peut envisager la création d'une aile clandestine d'un mouvement indépendantiste, comme il en existe au Pays basque ou en Irlande...* »

Marie-Christine ROBERT
Le Monde, 25 février 1983.

Réparer les injustices
faites à la langue bretonne

De notre correspondant

Rennes. — Promise le 8 février 1977 par le président de la République — alors M. Giscard d'Estaing — à Ploërmel, dans le Morbihan, pour *« favoriser le maintien des cultures bretonnes sous toutes les formes »*, signée un an plus tard, la Charte culturelle de Bretagne est arrivée à expiration le 31 décembre 1982. Très critiquée par la plupart des associations et des mouvements culturels de Bretagne, tout comme par les partis de gauche, en raison d'une insuffisance des moyens mis en œuvre, la Charte aura eu toutefois une influence non négligeable.

A la veille de la signature d'une convention culturelle, bon nombre de responsables d'associations y font référence et souhaitent que l'idée en soit reprise.

En cinq ans, 30 millions de francs de crédits d'équipement (moitié venant de l'État, moitié de l'établissement public régional) et plus de 15 millions de francs de crédits de fonctionnement (moitié de l'État et moitié des cinq départements de la Bretagne historique [1]), sont venus s'ajouter aux interventions ordinaires du ministère de la Culture, et, en raison des taux de subvention retenus, ces sommes ont entraîné plus de 100 millions de francs de dépenses culturelles, qui n'auraient pas été faites sans la Charte.

Outre l'aide substantielle accordée aux associations qui ont pu développer leurs équipements et étoffer sensiblement leurs effectifs, on notera une participation significative dans la réalisation du conservatoire régional de chants et de danses traditionnels de Lorient (6 millions de francs), les efforts consentis pour la restauration des chapelles, la préservation du patrimoine maritime, le développement des centres d'action culturelle ou encore la création d'un fonds régional d'art contemporain.

L'agence touristique régionale mise en place dans le cadre de la Charte, et installée à Ploërmel, a permis aux associations de disposer de matériels (expositions, spectacles) loués aux collectivités locales à des prix symboliques. Son action va continuer désormais sous la responsabilité du conseil régional.

En revanche, le comité interdépartemental chargé de la répartition des subventions de fonctionnement et composé de neuf représentants de l'État et de neuf représentants de conseils généraux n'a pas toujours su éviter le saupoudrage. Il a même pris de grandes libertés par rapport aux avis émis par le Conseil culturel de Bretagne : même si, comme le remarque M. Michel Denis (qui a présidé pendant cinq ans ce conseil culturel), *« il y a eu une certaine moralisation dans la répartition des fonds publics »*.

Précisément, c'est sans doute au Conseil culturel que le côté positif de la Charte s'est fait sentir. La rencontre dans une même assemblée consultative d'élus locaux et d'animateurs d'associations culturelles a permis un dialogue, des échanges, une meilleure compréhension des difficultés de chacun. Le maintien du Conseil culturel au-delà de la Charte apparaît aujourd'hui acquis et ses membres espèrent que ses avis et propositions pour la définition d'une politique globale seront pris en compte aussi bien par l'État que par la région, les départements et les grandes villes de Bretagne.

Dans le secteur de l'enseignement de la langue et de la culture bretonnes, les moyens nécessaires n'ont pu être débloqués pour répondre aux besoins (50 000 élèves de l'académie de Rennes ont exprimé, lors d'une enquête, leur désir d'apprendre le breton) et surtout pour contribuer à la *« réparation historique »* évoquée dans le rapport de M. Henri Giordan sur les langues et les cultures régionales minoritaires [2]. *« On n'a pas arrêté la stagnation et le recul de la langue bretonne,* explique M. Michel Denis. *Or il y a urgence et l'impatience est ici tout à fait justifiée. Il convenait d'aller au-devant de la demande. »* Des licences de breton ont été créées (non sans mal) à Rennes et à Brest, mais le C.A.P.E.S. · est toujours refusé.

L'Union démocratique bretonne fait remarquer de son côté que *« les moyens nécessaires à l'enseignement du breton (200 postes) sont peu de chose au regard des énormes dépenses pour les grands projets culturels du septennat à Paris »*.

1. Ille-et-Vilaine, Côtes-du-Nord, Finistère, Morbihan, Loire-Atlantique.
2. Ce rapport intitulé *Démocratie culturelle et droit à la différence* a été publié à la Documentation française.

Autre point noir dans le bilan de la Charte culturelle : la diffusion de la culture et de la langue bretonnes à la radio et à la télévision. « *On n'a pas pris au sérieux les problèmes audiovisuels dans l'application de la Charte culturelle »,* souligne M. Michel Denis, qui sait manier l'euphémisme. L'octroi de quelques minutes supplémentaires par semaine d'informations en langue bretonne, la réalisation dans la même langue de quelques dramatiques, la mise en place de Radio-Bretagne Ouest à Quimper (où le breton et le français alternent avec plus ou moins de bonheur d'ailleurs), n'ont nullement réduit une volonté très affirmée d'utiliser davantage les moyens audiovisuels. Le comité consultatif régional de l'audiovisuel, prévu depuis 1974 et repris par la Charte culturelle, n'a jamais vu le jour. Le comité consultatif régional des programmes, mis en place en mai 1982, qui n'a su se réunir que deux fois depuis, ne peut qu'émettre des avis sur des projets d'émissions déjà approuvés par un comité de lecture sans pouvoir se prononcer sur une politique globale.

Prévu par la Charte, l'Institut culturel de Bretagne, mis en place avec un certain retard en 1982, dispose désormais d'une vocation générale puisque, à travers les travaux de réflexion de ses seize sections de base, qui vont des sports aux relations interceltiques et de l'histoire à la protection de l'environnement, il coordonne le développement et la diffusion de la culture bretonne dans son acception la plus étendue. L'Institut devra proposer des projets d'actions soit pour la recherche, soit pour l'animation culturelle. Le fonctionnement de cet outil nouveau dépendra des moyens que la région acceptera de lui accorder. Et, pour l'Union démocratique bretonne, à travers cet institut « *moins turbulent* » que le Conseil culturel de Bretagne, « *la droite cherche à récupérer les mouvements culturels bretons et a donc décidé de défendre la survie d'une instance dont elle souhaitait se débarrasser avant le mois de mai 1981* ».

Au Conseil culturel de Bretagne aussi, l'après-Charte s'est traduit par des évolutions particulièrement significatives. Son nouveau président, M. Michel Quesnel, universitaire, originaire du Nord, non bretonnant et non militant mais appuyé par le parti socialiste, entend promouvoir et défendre la culture en Bretagne et non plus seulement la culture bretonne. Une orientation et un subtil « distinguo » qui, évidemment, ne rencontrent pas l'assentiment de tous.

Christian TUAL
Le Monde, 20 janvier 1983.

Bretoned omp, Greomp gant ar brezhoneg

SKOL AN EMSAV
Kentelioù brezhoneg, studi istor ha sevenadur hor bro

BRETONS
UNE CULTURE ORIGINALE
A LA BRETAGNE
Apprenons le breton

SKOL AN EMSAV
- Cours de breton.
- Ouverture aux problèmes bretons
(Histoire, Économie, Société)

126

QUE FAIRE POUR SAUVER LA LANGUE BRETONNE?

« Le breton, il n'y a plus que les vieux qui l'utilisent »... « Les jeunes qui l'apprennent dans les facs, c'est rien que des intellos »... « Il y a longtemps que les gens de quarante ans ne le parlent plus »... « Vous voulez nous faire revenir en arrière, ou quoi? »... « La langue du travail c'est le français, pas le breton. »
En répondant à la question : « Qui parle encore breton? », une enquête sur la commune de Plouvien apporte de solides éléments de réponses. Surprenant.

Dernier volet de l'enquête menée à Plouvien. Les réponses ont été très nombreuses et très variées : plus de 300 ont donné leurs suggestions. Certes quelques très rares pensent « qu'il est trop tard pour essayer le sauvetage ». Très nombreux sont ceux qui pensent que l'école a un grand rôle à jouer : « donnez-nous des écoles »; « Il faut donner sa place au breton dans les écoles »; « Il faut apprendre le breton à l'école dès la maternelle » (au moins dit par 50); « Il faut mettre le breton comme seconde langue après le français » (dit par beaucoup); « Il faut des cours de breton obligatoires à l'école »; « Il faut enseigner le breton d'une manière intéressante »; « Il faut rendre l'enseignement bilingue »; « Il faudrait que le breton soit la seconde langue dès la maternelle » (nombreux à le dire); « Il faut éveiller les enfants au breton à l'école, pour que les adultes s'y intéressent aussi ».

Si certains, beaucoup même, demandent des cours obligatoires, d'autres souhaitent « des cours facultatifs »; « Mais, dit un autre, l'école est insuffisante, il faut faire poursuivre l'apprentissage à la maison ».

Citons encore cette expression très heureuse d'un ouvrier agricole : « Diwan a zo da genta er gear » insinuant, par là, qu'il faut commencer à la maison, à apprendre le breton. Nombreux d'ailleurs sont ceux qui le disent explicitement. « Il faut apprendre le breton aux jeunes enfants... car cela se fait sans difficultés »; « Il faut apprendre le breton aux jeunes »; « Il faut parler breton aux enfants » (très nombreux à le dire); « Il faut aider à apprendre »; « Il faut parler breton en famille ».

Une personne est très explicite à ce sujet : « Il faut parler le breton à la maison, et pour reprendre un pli perdu, commencer par une heure par jour, par exemple, pendant le souper. »

Et un autre écrit : « Que tout le monde s'y mette, grands-parents, instituteurs »; « L'école, c'est bien! mais que les parents s'y mettent aussi. »

Parler breton à l'école, parler breton en famille, mais aussi, tout simplement : « parler breton »; « Continuer à parler breton »; « Parler breton au maximum »; « Parler le breton le plus possible. »

A ceux qui ont connu le « symbole » et qui gardent encore le souvenir de ces humiliations, les plus jeunes disent « que les anciens n'aient pas de honte à transmettre la richesse de leur langue »; « Il ne faut pas avoir de complexe à parler breton »; « Il faut sensibiliser les gens à cette richesse »; « Il faut la reconnaître »; « Il faut la faire aimer »; « Il faut faire découvrir ses origines »; « Il faut organiser des soirées de découvertes pour tous les âges, jeunes et moins jeunes » (plusieurs réponses dans ce sens).

Plusieurs aussi écrivent : « Il faut organiser davantage de messes en breton »; « Il faut mettre davantage de chants bretons à la messe. »

Le mot « continuer » revient dans beaucoup de réponses : « Continuer »; « Continuer à parler »; « Continuer à faire ce qui est commencé dans les écoles. »

On demande aussi la mise en place de cours du soir, soit pour apprendre la langue, soit pour la découvrir (grammaire, mutations, verbes...), soit pour la perfectionner : « parler à l'école »; « parler en famille »; « parler dans la vie de tous les jours, dans la vie publique ».

Et pour qu'on puisse le parler partout « créer des mots pour utiliser la langue en toutes circonstances ».

Certains désirent « l'unification de l'écriture »; « la création d'une licence de breton à Brest, le C.A.P.E.S. * »; « La reconnaissance des diplômes »; « que l'on fournisse des moyens aux enseignants »; « que l'on multiplie les émissions bretonnes, à la radio, à la télé, et qu'elles soient aux grandes heures d'écoute »..., etc.

Le sauvetage du breton à Plouvien ne peut se faire que par les gens de Plouvien : « Sauver ne peut se faire que par ceux qui sont ici. »

Le Peuple Breton, octobre 1982.

LANGUE BRETONNE   AR BREZHONEG

Ouest-France, 5 décembre 1974.

Et voici
le chèque
en breton...

A la fin du mois, des chèques en breton seront mis en circulation par le Crédit mutuel de Bretagne, à la demande d'une partie de sa clientèle. Cette initiative, sans précédent, va dans le sens de la charte culturelle qui doit aider à la promotion de la langue bretonne.

Mais cela était possible depuis... 1935 grâce à un décret de loi sur les chèques « en langue régionale ou étrangère » qui précisait qu'ils devaient être entièrement rédigés dans la même langue.

De _____ Adverkad _____

Delzied _____ Soldad de adverkañ _____   Hollad _____

🔁 Crédit Mutuel de Bretagne
Kef Kengredit

Paeit evit ar chekenn-man NA CHELLER
KEINVERKAÑ NEMET evit goured un ti bank pe damhemvel _____
Payez contre ce chèque NON ENDOSSABLE SAUF au profit d'un établissement bancaire ou assimilé

B.P.F. _____

da _____   Lec'h _____
Lieu

De vezañ   ◄ Payable à   D'an _____ 198_
paeet e   Le

De vezañ   ◄ Compensable à   Sinadur
kempouezet e _____

Chekenn Nn   Kont Nn
Chèque N°   Compte N°

Le Crédit mutuel a réalisé une formule bilingue en adaptant le vocabulaire financier. Chèque devient *chekeen* et au pluriel *chekennou*, et banque devient « Tibank ». Seul le signe B.P.F. (Bon pour francs) n'a pas été traduit en M.E.L. *(mad evit lur)*.

Mais un problème demeure, le tireur doit inscrire le montant de la somme en chiffres, ce qui est facile, mais aussi en lettres. C'est d'ailleurs cette souscription qui donne la valeur du chèque. Les bénéficiaires qui parlent le breton n'en seront pas gênés mais il n'en sera pas de même pour les autres. Comment un guichetier de banque à Carpentras ou à Dunkerque, un commerçant de Bayonne ou de Bourges, pourra-t-il vérifier la conformité des chiffres et des lettres ? Aussi sera-t-il conseillé au tireur d'utiliser le français pour cette rédaction afin d'éviter le refus de leur moyen de paiement. Des notices sur les nombres en langue bretonne seront diffusées par le Crédit mutuel près de sa clientèle.

Mais s'il y a volontairement ou involontairement divergence entre la somme en lettres et en chiffres, le chèque pourra-t-il être honoré par le Crédit mutuel de Bretagne ? Voilà du travail en perspective pour le service contentieux.

Quel est l'intérêt des chèques en breton ? Ils étaient souhaités par les Bretonnants, depuis plusieurs années, qui veulent démontrer que leur langue s'adapte facilement. De plus, l'été, les commerçants acceptent les « euro-chèques » rédigés en anglais, allemand ou italien. Pourquoi ne pas utiliser la langue du pays ?

On connaîtra dans quelque temps l'accueil de la clientèle à cette formule, car seuls ceux qui le désirent recevront les chéquiers bilingues. Les Bretonnants ont néanmoins un regret : le Crédit mutuel de Bretagne ne couvre pas le cinquième département. Aussi on ne trouvera pas de chéquiers en langue bretonne en Loire-Atlantique.

Le Crédit mutuel de Bretagne en lançant ces chèques ne veut pas seulement se donner une image folklorique. Cette banque a une politique nouvelle en matière d'informatique et de télématique. Elle vient d'installer un centre de traitement des plus modernes au Relecq-Kerhuon, près de Brest.

Jean-Pierre CRESSARD
Le Figaro, 13 septembre 1980.

Bretagne orientale :
Le parler gallo
tente un renouveau

Plus menacé encore que la langue bretonne, le parler gallo agonisait dans la quasi-indifférence générale. Quand, un jour de décembre 1975, sept personnes décidèrent, à Dinan (Côtes-du-Nord), de sauver leur langage de tous les jours. Aujourd'hui, le mouvement de défense et de promotion du gallo est sur les rails [1].

De notre correspondant

Le gallo? Pour les uns, la grande masse avouons-le, un patois, sous-produit paysan du français. Pour d'autres, un parler spécifique, ni français, ni breton, parfois un peu des deux; certains le classent même dans la catégorie d'une langue romane, ou mieux britto-romane, affirmant ainsi sa double filiation, vieux français et celtique.

Au-delà de ces savantes recherches, visant à décomplexer le patoisant, ou si vous préférez, le gallésant, il est une réalité toute prosaïque : à l'est d'une ligne Paimpol-Vannes, ce sont peut-être 500 000 personnes qui « causent » gallo, autant sinon plus que le français. Et, il faut bien se rendre à l'évidence que le gallo a ses spécificités, ses tournures, son vocabulaire, son esprit. Dire que « Le fouirou emporte le morvou » paraît, avouez-le, plus « senti » que la traduction française : « Avoir le derrière plus lourd que la tête. » (...)

Roger LAOUENAN
La Croix, 22 décembre 1979.

1. L'association des Amis du parler gallo publie maintenant un bulletin *Le Lian* (du latin *Ligamen,* le lien).

Quer et Ker

Ile vendéenne, donc historiquement et ethniquement poitevine, Yeu est un peu, par la faute du cadastre et par celle de la naïveté des estivants, victime de la « mode bretonne ».

Beaucoup des écarts de la commune portent en principe l'appellation de quer, suivi généralement du nom d'un ancien occupant de l'endroit. Ce « quer » est l'abréviation du vieux mot poitevin « querry », « quairui », ou « quéri », signifiant « aire à battre le blé ». Il a fallu des erreurs de cartographes pour faire apparaître sur des documents, puis sur des panneaux routiers, l'incongru ker, de consonance bretonne. Il n'en fallait pas plus pour que les constructeurs de résidences secondaires en fassent autant avec leurs propres domaines...

La Croix, 22 février 1983.

INTERVIEW

Donatien Laurent :

« Quelles que soient ses fonctions, la chanson bretonne est d'abord le témoin d'une identité »

Comment collecter, et surtout, pourquoi? Dans cette courte interview, un collecteur de longue date répond. Donatien Laurent [1], chercheur au C.N.R.S. ·, spécialiste de littérature orale bretonne à la faculté des lettres de Brest (auteur en 1974 d'une thèse d'État sur le premier carnet de collecte de Hersart de la Villemarqué), parle des différentes fonctions de la chanson, de langue bretonne en l'occurrence, qui toutes ont en commun de posséder une force — la force de la parole chantée — sur laquelle le temps a eu peu de prise. Quant à l'avenir de ce qui est encore notre civilisation orale...

(...) **P.B.** : *En 1982, pour quelles raisons récolter les textes des chants traditionnels ?*

D.L. : Je dirais d'abord qu'en 1982, il n'y a pas de problème nouveau. Il y a simplement plus de raisons de collecter en 1982 qu'en 1981. Et il y en aura encore davantage d'agir ainsi en 1983 qu'en 1982. C'est une question d'urgence. D'abord à cause de la langue bretonne qui se meurt. Ensuite quant à la transmission de cet héritage qui, au passage, peut apparaître comme des vieilles choses sans intérêt par rapport à des productions modernes attirant davantage les jeunes. La société s'est transformée, les gens ont changé, et ceux qui détenaient par filiation longue ces trésors, ne les transmettent plus. On risque donc de les perdre.

P.B. : *Tout ça n'est pas très optimiste pour la perpétuation de la tradition...*

D.L. : C'est vrai qu'aujourd'hui, il y a beaucoup moins de spontanéité de la création. En 1961, j'ai connu un jeune de Baud qui composait ses quinze couplets, uniquement dans sa tête, tandis qu'il travaillait le bois. Cette chanson, sur les manifestations paysannes de l'époque, j'ai vu l'impact qu'elle a eu dans le pays, la façon dont elle se transmettait.

Cependant, même si ce type de création se fait rare, son apparition ponctuelle prouve que la civilisation orale (qui, à la différence de celle écrite, est en perpétuel mouvement) qu'est la civilisation bretonne n'est pas éteinte.

P.B. : *Vous dites vous être spécialisé dans la collecte de chansons narratives. En quoi consistent-elles ?*

D.L. : Elles sont un témoignage d'histoire. Dans ces chansons-là, on ne faisait entrer que ce qui était reconnu comme vrai. Les événements racontés étaient souvent un pan de la réalité de la vie des gens. A ce titre, ce genre narratif est le noyau le plus important de ce que la tradition orale nous a transmis. Mais, c'est aussi le genre le plus menacé : il s'agit d'histoires se rapportant à un temps trop éloigné pour que les gens d'aujourd'hui épris de nouveauté s'y intéressent.

P.B. : *Cependant, ce type de chansons n'est pas propre à la Bretagne...*

D.L. : Si, en ce sens que les chansons composées pour se souvenir d'un événement se sont intégrées de façon si entière dans la tradition, qu'actuellement encore on peut avoir une information sur un événement très précis sous Louis XIV, par exemple. Tandis qu'en français, ces chansons ont été banalisées, ni datées ni localisées.

J'ajoute que ces chansons racontant des histoires tenues pour vraies sont à l'audition indéniablement prenantes, et parfois boule-versantes — qualités que la tradition a également permis de conserver.

P.B. : *Ce genre de chanson est menacé. Mais il n'est pas le seul à exister?*

D.L. : En effet. Même si le peuple l'a classé au-dessus des autres, il est bien certain que le premier rôle de la chanson en elle-même n'est pas l'information (on n'« informe » d'ailleurs que la première année; après c'est le souvenir qui intervient). Sa première fonction, et qui reste permanente en 1982, elle est esthétique et récréative. C'est aussi une fonction militante, par le fait qu'elle permet, au sein des minorités en France, de communiquer de façon préhensible pour la sensibilité une idée, politique ou non. Il est donc d'autant plus capital, dans un pays qui est en perte de sa substance comme l'est la Bretagne, d'engranger ces témoignages sur ce qui a été et qui fait toujours notre identité. »

Recueillie par P. G.
Le Peuple Breton, novembre 1982.

---

1. D. Laurent est également directeur du Centre d'Ethnologie de la France, seule antenne d'ethnologie dans l'hexagone de l'École des Hautes Études en Sciences sociales de Paris.

STIVELL :

Une tournée bretonne pour Diwan *

P.B. : Alan, peux-tu nous faire un bilan de ton cheminement musical?

A.S. : Tout jeune, je me suis intéressé à la musique. Mon père m'a appris à jouer de la harpe celtique. Je suis rentré au Bagad Bleimor. Mais, très vite influencé par le rock et le folk song américain, j'ai pensé faire bouger la musique bretonne. J'ai commencé à monter sur scène en 1965-1966. Mais j'ai mis quinze ans à réaliser toutes mes idées d'adolescent, de Reflets à la Symphonie celtique.

En effet, il me fallait procéder par étapes à tous les niveaux : musicien, technique, public. J'ai d'abord acquis de solides bases traditionnelles, nécessaires pour choisir volontairement de faire évoluer la musique bretonne. Ensuite, il fallait faire se rejoindre les musiciens et les gens d'orientation rock et bretonne, grâce à la fois à une musique audacieuse, mais aussi à beaucoup de pédagogie. Enfin, il fallait une grande maison de disques, qui permette de réaliser correctement ce que je voulais faire. Finalement, cela s'est fait très vite en 1970-1973.

Ensuite, j'ai voulu aller plus loin au niveau des textes. Ainsi, mon « Brezhonneg Rock » venait rappeler aux gens que la musique est secondaire par rapport à la langue. En même temps que des textes politiques, j'ai fait de plus en plus de création musicale. International Tour a été un résumé de cet itinéraire, avant que la Symphonie celtique marque un nouveau départ.

P.B. : Que joues-tu sur scène maintenant?

A.S. : Pendant la tournée Diwan *, je jouerai quelques nouveaux morceaux de mon prochain disque. Mais il n'y aura pas de cassure au niveau de ma musique. Avec moi, il y aura un groupe assez électrique. Globalement, il y aura une première partie plutôt acoustique et une deuxième plus électrique.

P.B. : Pour toi, quel nouveau départ marque la Symphonie celtique?

A.S. : En fait, je suis beaucoup plus libre. J'ai fait 11 disques, chacun représentant une des expressions que je voulais faire. Maintenant, je serai moins planifié. Je ferai beaucoup plus ce que je ressentirai sur le moment. On peut faire un parallèle entre mes deux passages de l'Olympia en 1972 et celui de Bobino en 1981. Je vais sortir en août un nouveau disque, avant un mois à Bobino en septembre-octobre. Il y aura un enthousiasme conquérant qui rejoindra celui de 1972. J'ai voulu prendre une semi-retraite avec peu de galas en Bretagne et ailleurs, pas de passage à Paris et à la télé depuis cinq ans. Mais il est temps de repartir pour se faire connaître auprès des nouvelles générations et du grand public.

P.B. : Quelle est l'importance que tu donnes au public et au public breton?

A.S. : C'est un peu difficile car il y a une dialectique entre ce qui nous plaît, et le militant que je suis. Le militant breton réfléchit sur ce qu'il fait, sur comment le faire comprendre aux gens. Même si parfois je prends les gens à rebrousse-poil en ne faisant pas ce qu'ils attendent. Je veux empêcher le public de prendre des pantoufles en changeant de musique. Quand on respecte le public, il faut le bousculer pour ne pas tomber dans la facilité.

La Symphonie celtique est un point de départ pour remettre les gaz à fond après une période de recul par rapport à moi-même, ma musique, le public. Cela va s'affirmer par cette tournée où je chercherai un contact étroit avec le public en passant dans de petites salles. Ça continuera par un nouveau 30 cm, Bobino, et une grande tournée française. Ensuite, je continuerai à l'étranger, en particulier aux U.S.A. Il faut faire connaître la culture celtique au monde entier car sa véritable renaissance ne fait que commencer. Ce qui a été la mode bretonne en France va se passer dans le monde entier et la situation de la Bretagne va changer.

P.B. : Comment juges-tu la situation politique en Bretagne?

A.S. : Je m'intéresse à tout ce qui bouge au niveau politique, les procès F.L.B. •, Plogoff et la lutte antinucléaire. Après une période de pessimisme, Plogoff est pour moi un espoir : tout n'est pas perdu, on peut réveiller les Bretons et se battre jusqu'à la République bretonne que je souhaite pour nous.

Pour cela, il faut populariser et internationaliser le problème breton. Je le fais, moi, par le biais de mes concerts. Les gens, les jeunes surtout, se passionnent vite pour la culture celtique dès qu'ils la découvrent. Ils y cherchent une nouvelle culture à l'opposé des cultures étatiques et hiérarchiques. Ils veulent une culture plus proche des gens et de la nature, plus égalitaire et ils la trouvent dans la culture celtique qui accorde beaucoup d'importance aux personnes, à la nature, au rêve, à la fantaisie.

Souvent en Bretagne, on est pris par les problèmes quotidiens et on rejette tout cet aspect de la culture bretonne trop romantique. Le besoin d'affirmer la Bretagne dans le monde moderne a fait mettre l'accent sur les aspects sociaux et économiques. Or je pense que les problèmes se résoudront mieux par la synthèse de la culture celtique et des luttes quotidiennes.

Quand on est au chômage, on a d'autres soucis que la langue bretonne, on pense plutôt à nourrir sa famille. Mais ce n'est pas être bourgeois que d'affirmer que nous ne sommes pas des bestiaux supérieurs avec seulement des problèmes matériels. La vie n'a plus d'intérêt si on ne s'intéresse pas aux aspects culturels et intellectuels de la personnalité humaine.

P.B. : Tu fais cette tournée pour Diwan. Pourquoi?

A.S. : C'est évident. On est menacé de mort. Plus besoin de parler de problème breton, de parlement breton s'il n'y a pas d'identité bretonne. Il faut sauver la langue bretonne. Il peut ne jamais y avoir de gouvernement breton, ce ne sera pas trop grave s'il reste une identité bretonne. Même une société socialiste passe après une libération psychologique de chaque Breton. La lutte pour l'autonomie passe après l'existence de la Bretagne, avec sa culture et la langue. La Bretagne peut peut-être se passer de musique bretonne, pas de sa langue. Comment se dire Breton? Sûrement pas par référence à un lieu de naissance. C'est une question de rapport de force culturelle. Chacun reçoit des influences du monde entier, mais toujours une force prime et donne son identité à une nation, un individu.

Si la langue bretonne influence chaque moment de la vie d'un individu, il ne peut pas être français. Si par contre un breton n'utilise que le français, sa pensée est influencée par l'esprit français car la langue modèle la pensée.

Diwan est une des solutions de la survie du breton. Ce qui prime c'est l'espoir de la survie d'une communauté bretonne. Pour cela il faut que les enfants parlent le breton.

Le Peuple Breton, 6 mars 1981.

Préparation	• Écoutez des chansons d'Alan Stivell ou d'autres chansons bretonnes. Quels en sont les thèmes?
	• Écoutez des chansons traditionnelles d'un pays. Qu'est-ce qu'elles révèlent des valeurs culturelles du pays?

Remarques

Un disque : un 45 tours; un 33 tours; un 30 cm.

Une maison de disques : firme qui produit des disques.

Passage (m.) : période pendant laquelle les concerts d'un chanteur (d'une chanteuse) ou des spectacles ont lieu dans une salle de concert ou un théâtre.

Tournée (f.) : série de concerts donnés dans des villes différentes.

Explications complémentaires

Bagad Bleimor : groupe de musique traditionnelle bretonne.

Reflets, la Symphonie celtique : albums de chansons enregistrées par Alan Stivell.

L'Olympia, Bobino : les deux plus grands music-halls de Paris.

Plogoff : la construction par le gouvernement d'une centrale nucléaire à Plogoff en Bretagne a provoqué des protestations antinucléaires. (Voir p. 90).

Notes de vocabulaire

Bilan (m.) : le résumé, le point d'une question, d'une histoire.

Cheminement (m.) : (ici) évolution.

Bouger : évoluer.

Monter sur scène : donner des concerts en public.

Acquis : (ici) appris.

Se rejoindre : se mettre ensemble.

Pédagogie (f.) : instruction, éducation.

Au niveau de : en ce qui concerne.

Départ (m.) : (ici) orientation.

Cassure (f.) : rupture.

Planifié : organisé selon un plan préconçu.

Ressentir : éprouver une émotion.

Sortir : (ici) produire.

Rejoindre : (ici) ressembler à.

Gala (m.) : concert spectaculaire.

Dialectique (f.) : synthèse de deux tendances opposées.

Militant (m.) : personne qui lutte en faveur d'une idée, d'une cause.

Prendre à rebrousse-poil : agacer, vexer.

Bousculer : déranger.

Remettre les gaz à fond : recommencer avec énergie.

Recul (m.) : (ici) réflexion.

Salle (f.) : salle de concert.

Par le biais de : grâce à.

Étatiques : (ici) favorisées par l'État, centralisées.

Souci (m.) : préoccupation.

Bestiaux (m. pl.) : animaux.

Se passer de : ne pas avoir besoin de.

Primer : dominer.

Survie (f.) : continuation de l'existence.

Exercices de compréhension

1 Quel rôle ont joué la chanson folk américaine et le rock dans la carrière de Stivell ?

2 Est-ce que la musique de Stivell est purement traditionnelle ?

3 Qu'est-ce qui est le plus important d'après Stivell, la musique ou les paroles ?

4 Pourquoi Stivell retourne-t-il à la scène après une absence de cinq ans ?

5 Quel est l'objectif principal de la musique de Stivell ?

6 Qu'est-ce qui caractérise, selon Stivell, la culture celtique ?

7 Quels sont, selon Stivell, les éléments les plus importants de l'identité bretonne ?

A vous maintenant

1 Donnez-vous plus d'importance aux paroles ou à la musique d'une chanson ? Pensez-vous qu'il soit nécessaire de comprendre les paroles d'une chanson pour l'aimer ?

2 A votre avis, les chanteurs engagés (militants) peuvent-ils faire évoluer les attitudes du public ? Illustrez votre réponse par des exemples précis.

3 Y a-t-il des sujets sur lesquels vous aimeriez écrire des chansons ? Lesquels ?

4 **Travail de groupe.** Si vous aviez à interviewer votre chanteur favori, quelles questions lui poseriez-vous ? Préparez une liste de questions.

5 **Débat.** Faut-il sauver la langue bretonne ?

Exercices de langue

1 **Quand on est (au chômage), on a d'autres soucis que (la langue bretonne), on pense plutôt à (nourrir sa famille).** D'après ce modèle, écrivez cinq phrases logiques où vous remplacerez les parties entre parenthèses.

2 Étudiez, dans le deuxième paragraphe de la première réponse d'Alan Stivell, l'utilisation des expressions suivantes qui indiquent les différentes parties d'un raisonnement : **en effet, d'abord, ensuite, enfin, finalement.** Ensuite écrivez vous-même un paragraphe où vous utiliserez ces expressions.

Pour les classes en breton, c'est la fin du purgatoire

Pendant trois ans, les écoles de Diwan *
seront subventionnées.
A la clef, leur possible intégration à
l'Éducation nationale en 1986

Diwan vient de sortir cette plaquette bilingue sur les écoles en breton.
Le Peuple Breton, août 1983.

« Toute population détentrice d'une langue a le droit reconnu, proclamé, indiscutable, d'utiliser cette langue pour l'éducation de ses enfants et pour exprimer sa propre vie culturelle. » Au terme d'une longue négociation, les principes affirmés avant le 10 mai 1981 dans le Projet socialiste, viennent de se concrétiser, par la signature d'un accord entre l'association Diwan, qui gère des écoles en langue bretonne, et le rectorat de Rennes. Ce dernier subventionnera Diwan avec, à terme, la possible intégration des écoles de l'association dans un « service public rénové d'enseignement ». Cet accord est d'autant plus important que, dans le même temps, les parents d'élèves des ikastolas tentent d'obtenir une augmentation des subventions accordées à ces écoles où l'enseignement s'effectue en basque et en français.

De notre correspondant à Lorient

Victoire de l'obstination : après trois années de luttes et de négociations, l'association Diwan vient de signer avec le rectorat de Rennes un protocole d'accord, conclu pour une durée de trois ans et qui pourrait, en 1986, déboucher sur une intégration des écoles en breton dans le service public.

Avec l'arrivée du 10 mai 1981, et alors que, jusque-là, toutes ses tentatives pour se faire admettre par l'Éducation nationale avaient échoué, Diwan croyait être parvenu au bout de ses difficultés. Mais au fil des mois, la situation financière des écoles Diwan — maternelles et primaires — ne cessait de se dégrader, sans que le changement promis se concrétise. Pour assurer la survie de l'enseignement breton-français, il fallut organiser des ker-

messes ou des fest-noz, lancer des souscriptions et effectuer des quêtes lors des grandes manifestations culturelles bretonnes. Pendant ce temps-là, les négociations engagées avec le rectorat piétinaient. Des négociations difficiles, parfois houleuses. Mais finalement payantes.

Le protocole d'accord signé au terme de ce marathon prévoit, en effet, le versement d'une subvention forfaitaire et la prise en charge par l'État des salaires des enseignants employés par l'association. Ce protocole permettra l'ouverture, dès la rentrée prochaine, de quatorze classes nouvelles qui viendront s'ajouter à la trentaine déjà existantes, qui rassemblent plus de deux cents enfants. Mais ce développement ne devra pas se faire de manière anarchique : les ouvertures de nouvelles écoles et les dédoublements de classes ne pourront s'effectuer que dans le cadre de la carte scolaire des langues régiona-

les, afin d'éviter un double emploi avec les expériences engagées dans le secteur public.

En contrepartie de la subvention accordée par l'État, Diwan devra accepter un contrôle financier de sa gestion. Et au terme de l'accord, c'est-à-dire en 1986, si le bilan est jugé satisfaisant, les écoles Diwan seront intégrées dans le service public « *tout en conservant notre spécificité, ce qui est essentiel* », précise Bruno Pinell, instituteur stagiaire à Lorient. Une belle revanche pour les militants de Diwan, qui se sont heurtés à bien des réticences. Celles notamment des syndicats d'enseignants de gauche, qui voyaient souvent d'un mauvais œil l'intrusion dans l'école de cette sacrée langue bretonne que les instituteurs laïques avaient mis tant d'énergie à expulser du « temple ».

Michel ALLENO
Le Matin, 19 mars 1983.

*Vers 1200 av. J.-C., un peuple auquel
on ne donne pas encore de nom
se forme dans la forêt du nord de l'Europe.
Ce peuple allait donner jour à la Gaule.*

Marie-France, juin 1979.

Ces Vikings qui devinrent des Normands

L'année 1979 a été celle des abbayes normandes. On sait qu'elles sont légion, que ce soit en Haute ou en Basse-Normandie. Certaines sont célèbres, d'autres ignorées. Un certain nombre ont été fondées avant l'an 1000. Beaucoup l'ont été par les premiers princes normands. Ainsi, le Bec-Hellouin, l'une des plus renommées, a été fondée par Guillaume, arrière-petit-fils de Rollon, premier duc de Normandie. Guillaume, personnage extraordinaire, allait en 1066, par la bataille de Hastings, s'emparer de la couronne d'Angleterre. Cent cinquante ans plus tôt, ces princes normands étaient des chefs vikings, contemporains de l'empereur Charlemagne, qui vécut de 742 à 814. Grands marins, découvreurs de terres, pirates redoutables et redoutés. Chose étrange, convertis au christianisme, en échange du duché de Normandie, ces souverains mirent à construire les splendides demeures du dieu chrétien, une ardeur semblable à celle qu'ils avaient déployée pour les détruire.

Marie-France, mai 1980.

Le Mouvement normand milite pour le régionalisme dans l'ordre

De notre envoyé spécial

Jersey. — Le Mouvement normand — groupement qui bataille pour la réunification de la Normandie, actuellement divisée en deux régions administratives, la Haute et la Basse, et pour l'extension des pouvoirs des élus régionaux — s'est réuni au cours du dernier week-end en assemblée générale à Jersey. (...)

Qu'une organisation politique française tienne congrès à l'étranger, le fait est peu banal. Le Mouvement normand, il est vrai, cultive l'originalité. Organisation autonomiste, il dénonce fermement tout recours à la violence, se déclare ouvert à toutes les tendances politiques et accueille militants ouvriers et intellectuels de la nouvelle droite.

En se réunissant à Jersey, le Mouvement normand a simplement voulu, comme devait le déclarer M. Didier Patte, son président, « *proclamer son appartenance à une communauté de civilisation, celle du nord-ouest européen, dont la Normandie est le ciment* ». « *La Normandie*, a-t-il ajouté, *doit redevenir le lien entre le monde franco-latin auquel nous appartenons et les mondes nordique et britannique dont nous sommes issus et que nous avons fondés.* »

La Normandie autonome qui est ainsi revendiquée restera dans le cadre français, mais elle possédera la pleine « maîtrise » de son économie et de la gestion de ses affaires locales. Son régionalisme est simplement un rejet du « centralisme parisien », et devrait permettre de créer une « *nouvelle forme de civisme qui enrichirait la France* ». Pas question de revendiquer un statut particulier, qui mettrait en péril l'unité nationale. Il est indispensable que ce soit l'ensemble du pays qui soit régionalisé. (...)

Le Mouvement normand n'arrive pas à camoufler une certaine tonalité « nouvelle droite » de sa doctrine.(...) Depuis ses origines, le mouvement idéalise le mythe viking conquérant et veut s'efforcer de redonner à un peuple de paysans calme et mesuré le goût de l'aventure de ses « ancêtres » marins. (...)

Les militants chrétiens et de gauche qui s'y trouvent aussi ont beau affirmer qu'ils sont là justement pour contrebalancer cette influence, on peut toujours se demander qui sert de caution à l'autre?

Thierry BRÉHIER
Le Monde, 30 octobre 1980.

UN APPEL DE JERSEY

Le Mouvement normand a voulu profiter de sa présence à Jersey pour lancer un appel aux autres régionalistes et au gouvernement. Après avoir rappelé que « le régionalisme est l'expression de la France profonde dans son unité comme dans sa diversité », il déclare aux premiers que « la vraie force de leurs mouvements, profondément légitimes par leurs aspirations, c'est d'abord le respect de la légalité et la collaboration avec les élus » ; il demande aux seconds que « soit réalisé avant qu'il ne soit trop tard le renouveau régional, condition d'un renouveau national ». Inquiet de l'escalade des actions brutales qui se manifestent dans le pays, et notamment en Corse, le Mouvement normand propose d'être un intermédiaire entre régionalistes et pouvoirs publics.

La France du Centre

Centre • Limousin • Auvergne • Bourgogne

Une terre d'exil

Le Centre, terre de passage

- *Un « mouvement » de 72 000 habitants par an*
- *Un des plus forts accroissements régionaux de France*
- *Un sentiment régional difficile à créer*

Environ 32 000 habitants du Centre partent chaque année dans une autre région métropolitaine, et 40 000 venus d'autres régions viennent habiter le Centre. La population régionale s'accroît, de ce seul fait de 8 000 habitants par an, nous indique l'observatoire de l'I.N.S.E.E.* d'Orléans dans sa dernière livraison des « indicateurs de l'économie du Centre ». Mais, cette mobilité enrichissante ne facilite guère le développement d'un véritable esprit régional. Le Centre est une des régions françaises dont la population s'accroît le plus vite. Entre les deux derniers recensements, seules deux régions ont eu un taux de croissance supérieur ou égal : Provence-Côte d'Azur et Rhône-Alpes. Depuis 1975, selon les plus récentes estimations, ce classement serait pratiquement inchangé. D'où vient cet avantage régional, s'interroge l'I.N.S.E.E. ?

De notre correspondant :
Gérard DELETANG

Le Centre a un excédent naturel très moyen, puisqu'il ne vient qu'au 14ᵉ rang des régions françaises. Ceci s'explique par le fait que cette région compte relativement moins de jeunes que, par exemple, l'Alsace ou la Haute-Normandie. En revanche, le solde migratoire du Centre est tout à fait exceptionnel : le Centre est une région de mobilité forte et cela depuis longtemps, qui connaît beaucoup d'arrivées, mais aussi beaucoup de départs.

Un brassage permanent

Pour l'I.N.S.E.E., il est en position remarquable, ayant à la fois le plus fort taux d'immigration intérieure et un des plus forts taux d'émigration intérieure. C'est donc véritablement une région de passage.

A quoi est due cette forte mobilité ? Le Centre, terre de passage, n'est-il pas une terre attachante ?

Seulement deux tiers des habitants du Centre y sont nés. C'est cependant plus qu'en Ile-de-France ou en Provence-Côte d'Azur où seulement un habitant sur deux est originaire de sa région.

Pour les analystes de l'I.N.S.E.E., le Centre a surtout été marqué depuis toujours par d'importants courants dans les deux sens, peut-être à cause d'un certain rôle de relais sur le chemin de l'Ile-de-France : forte émigration de jeunes mais aussi nombreuses arrivées d'adultes n'ayant pas d'attaches dans cette région. Ce brassage, très différent par nature de celui qui affecte la Bretagne, ne pouvait qu'émousser, s'il existait, l'ancien sentiment régional des Berrichons, Tourangeaux et Orléanais.

Pourquoi les jeunes ont-ils quitté le Centre et continuent-ils à le faire alors même que des emplois s'offraient qui ont été occupés par des immigrants d'autres provinces ? Cette question trouve sa réponse au-delà des examens statistiques et fait intervenir la qualité et la rémunération des emplois offerts.

Reste que le Centre n'est pas homogène ni par son passé (coupures entre le Berry et l'Orléanais, attirance de l'Ouest sur la Touraine) ni même dans le présent : c'est l'opposition Nord-Sud, conclut l'I.N.S.E.E. qui estime qu'une telle situation atténue naturellement les courants migratoires à courte distance, entre départements ou bassins d'emploi de la région et renforce les courants interrégionaux, surtout lorsqu'une partie du territoire se rattache nettement au bassin d'emploi de l'Ile-de-France (nord de l'Eure-et-Loir).

Comment créer un sentiment régional Centre dans ces conditions ? Plus d'un habitant de Bourges ou de Chartres pourra se le demander une fois de plus. Quant à faire la région des hommes, encore faut-il que ceux-ci aient des raisons de la faire.

La Croix, 11 mars 1979.

140

Difficile de « travailler au pays »,
dans la France de 1980.
Mais les jeunes de la Haute-Loire
ne s'avouent pas vaincus...

« POUR VIVRE ICI, IL FAUT SE BATTRE »

En France, il n'y a que nous qui cultivons la lentille. Par ici, la terre est volcanique et elle a ses secrets. Nos vieilles fermes, nos châteaux, nos cathédrales sont construits en basalte, la pierre de la région, où les reflets du soleil prennent un air étrange », raconte Pierre-André, dit Jeanet, agriculteur à Solignac.

Brioude, Yssingeaux, Le Puy sont les trois grandes villes de la Haute-Loire, département situé en bordure du Massif Central, dont on ne connaît guère que les produits artisanaux... Le Puy, chef-lieu, est dominé par une gigantesque Vierge, repeinte en rouge, et dans laquelle se baladent les touristes. C'est une ville de pèlerinage avec ses foules d'été, ses monastères, sa cathédrale austère autour de laquelle sont installées les dentellières. La Haute-Loire est jalonnée de sites archéologiques préhistoriques, et peuplée de... centenaires.

Pourtant, derrière ce visage bon enfant, l'inquiétude des jeunes de la Haute-Loire ne cesse de grandir. La population vieillit, régresse même; les industries traditionnelles (les tanneries) périclitent; le nombre de chômeurs s'accroît.

Pour ces jeunes, une seule question vaut la peine d'être posée : « Demain, sera-t-il encore possible de vivre en Haute-Loire? »

LA FUITE DES CERVEAUX

« Quel avenir? reprend Michel, un jeune Ponot de dix-huit ans, aux yeux bleus et aux cheveux châtains. L'exode, l'exil! Au Puy, après le bac, il n'y a ni fac, ni autre école pour poursuivre des études. Comme beaucoup de camarades, dès la reprise des cours en octobre, je quitterai mon pays pour m'inscrire, soit à Saint-Étienne, soit à Clermont-Ferrand. Je sais que je ne vivrai plus jamais au pays, sinon un mois ou deux par an. »

Agnès, étudiante en deuxième année de Lettres modernes à Saint-Étienne : « On parle de la fuite des cerveaux à l'étranger, mais le phénomène est similaire en Haute-Loire : tous partent vers les grandes métropoles. Notre région est décapitée. Seuls, les sans-diplôme restent, et encore! »

ON PEUT

S'EN SORTIR

Sortant de l'A.N.P.E.*, François — vingt ans — reçu au bac l'année dernière, dit sa colère face au silence dont on entoure sa région : « *L'hiver dernier, les chutes de neige et les violents coups de vent ont provoqué d'importants dégâts dans les forêts; des routes ont été coupées, des villages privés d'électricité pendant plusieurs jours. Les radios et télévisions n'en ont pas soufflé mot! Mais quand Paris grelotte, c'est toute la France qui doit suivre... L'école primaire de mon bourg n'existe plus depuis l'année dernière et, tous les ans, on en ferme entre cinq et dix dans le pays. Aujourd'hui, pour vivre ici, il faut se battre; nous sommes encore trop peu nombreux à l'avoir compris.* »

Une exploitation agricole disparaît chaque jour dans le département. De 1954 à 1962, la population du Puy est passée de 23 453 à 28 006 habitants, soit une augmentation de plus de 20 % (époque qui correspond au plus fort de l'exode rural). De 1962 à 1979, elle n'a progressé que de 3 %. L'exode s'est déroulé en deux temps : d'abord, la population a quitté les campagnes pour les centres urbains; ensuite, elle a abandonné la région pour les grandes métropoles.

Jean-Jean, vingt-sept ans, a pourtant repris l'exploitation familiale, dont personne ne voulait plus. Aujourd'hui, l'affaire est rentable; avec son troupeau de vingt bêtes et ses bâtiments modernisés, Jean-Jean dirige une des plus grosses fermes du village : « *Ces trente dernières années, beaucoup d'exploitations ont disparu. La plupart d'entre elles n'étaient plus adaptées à la situation économique. Il y a trente ans, un gars avec six bêtes et un peu de culture de céréales s'en sortait. Les gens d'ici vivaient presque en autarcie, faisant tout eux-mêmes. Pour s'adapter, il fallait s'agrandir, donc investir. Beaucoup ont préféré travailler chez un patron et laisser leurs* femmes s'occuper de la ferme. Pour ma part, j'ai suivi une formation professionnelle agricole, ce qui m'a permis d'emprunter. Aujourd'hui, l'affaire tourne, et, au moment des gros travaux d'été, mes frères viennent me donner un coup de main. Ça me fait drôlement plaisir de voir qu'à force de travail on peut s'en sortir, même en partant de rien.* »

Si l'agriculture doit faire face à une situation économique difficile, l'industrie a, elle aussi, beaucoup souffert ces derniers temps. Sur les 1 200 ouvriers des tanneries françaises du Puy, seuls 300 y travaillent encore. En quelques années, ce fut donc une chute vertigineuse de l'emploi! Même si une usine Michelin s'est installée à Blavousy, créant du même coup 500 emplois, ce qui a permis d'absorber bon nombre de chômeurs des tanneries.

AUTRE CHOSE

QUE LA TÉLÉ

On ne peut pas dire que les industriels cherchent à implanter de nouvelles entreprises en Haute-Loire. « *D'abord parce que les liaisons, tant par fer que par route, avec le reste de la France sont insuffisantes et mal adaptées à un transport rapide et efficace,* explique Philippe. *Ensuite, parce que beaucoup de cadres n'ont aucune envie de venir « se perdre » en Haute-Loire. En effet, comme il n'existe pas d'écoles pour former les cadres sur place, il faut les faire venir d'ailleurs. Leurs femmes et eux-mêmes sont assez réticents à la perspective de vivre dans le département.* » C'est vrai que les hivers, par ici, sont rigoureux et qu'on est assez éloigné d'un centre urbain important. Bref, les cadres redoutent une certaine solitude.

Que nous discutions avec un agriculteur, un ouvrier, un commerçant, ou un jeune d'Yssingeaux, tous expriment le même attachement à leur région. Franck Castagné, poète et libraire, a créé avec quelques jeunes une revue de poésie : *Nadir,* dans laquelle ils expriment leur refus d'une culture préfabriquée, imposée de l'extérieur. « *Par mon métier, la librairie, je croise beaucoup de monde,* explique Franck. *Nadir est né de l'échange de poèmes et d'écrits divers entre quelques jeunes et moi-même. Je pense que cette expérience — même si elle est encore limitée — révèle un besoin réel d'expression et de rencontres chez ces jeunes à qui on ne propose qu'un programme de télévision.* »

LE PRIVILÈGE DE

LA CAMPAGNE

Jeune enseignant, Jean-François Amould a, lui aussi, décidé de prendre en charge une animation : le théâtre. « *On a la désagréable impression que la Haute-Loire devient un département-réserve, où toutes les animations financées par les pouvoirs publics sont exclusivement programmées en fonction du tourisme. Exemple : pour assister aux dix concerts du Festival de la Chaise-Dieu, il vous en coûte entre 520 et 820 F. Quel jeune de la Haute-Loire peut s'offrir ce luxe?* »

« *Un département pauvre reste souvent un département pauvre,* poursuit Agnès. *Comme nous sommes tous, de près ou de loin, des enfants de paysans, nous acceptons sans doute plus facilement nos conditions d'existence. De toute manière, un rural est souvent moins démuni qu'un citadin, avec son petit lopin de terre... et, de ce fait, peut-être revendique-t-il moins d'avantages sociaux. Aujourd'hui, dans notre société, c'est déjà un privilège de vivre à la campagne où, malgré tout, les gens se connaissent et prennent le temps de se rencontrer. A cette qualité de vie, nous voudrions ajouter un dynamisme culturel et économique pour qu'enfin nous, jeunes, puissions vivre décemment au pays.* »

J.-P. GODFIRNON
La Vie, 6 mars 1980.

Ni train, ni pain, ni essence :
Les symptômes de la mort d'un village

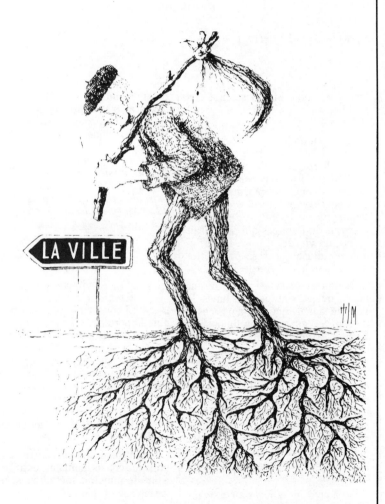

Une ligne de chemin de fer désaffectée, et la clientèle d'un hôtel disparaît ; un café qui se ferme, et les occasions de rencontre se perdent. C'est à ces signes que l'on sent une région abandonnée. Mais, dans le Livradois, des gens déterminés luttent contre cela pour leur vie au pays ; ils ont l'impression, parfois, d'être devant le mur d'une administration sourde et illogique.

• Pour se rendre à Saint-Bonnet quand l'on vient de Paris par le train, il faut descendre à Vichy, et prendre un bus qui vous met trois heures plus tard à Arlanc. La ligne S.N.C.F. Arlanc-Le Puy a été supprimée car elle n'est « plus rentable ». Les gens ne viennent plus passer leurs vacances de Noël dans la région. Les hôteliers de Saint-Sauveur-la-Sagne, par exemple, considèrent qu'ils ont perdu environ 60 % de leur activité de morte saison.

• A Saint-Bonnet-le-Chastel, un jeune ménage devait reprendre la gérance de la boulangerie. Mais le syndicat de la boulangerie voulait racheter le fonds pour le fermer, prétextant qu'ainsi les commerçants des environs auraient plus de travail. Il a fallu que le maire s'interpose et exige qu'on laisse le jeune boulanger prendre la gérance pour la survie de sa commune.

• Il y avait deux cafés à Fayet-Ronaye ; l'un est fermé, l'autre n'ouvre que le dimanche matin ; quand la vieille dame, qui le tient et ne veut pas le vendre, ne pourra plus le tenir, il n'y aura plus de lieu de réunions dans le village, plus de relation sociale.

• Saint-Sauveur-la-Sagne, Chambon-sur-Dolore, Saint-Alyre d'Arlanc n'ont plus de poste à essence. Il faut faire parfois plus de 20 kilomètres pour s'approvisionner. Mais pour pouvoir ouvrir des postes sur les autoroutes, les firmes pétrolières doivent en fermer dans les endroits où il y a moins de débit.

La Croix, 31 août 1978.

Dessin de TIM, L'Express, 22-28 mars 1971, reproduit dans la *Documentation photographique* n° 6060, Paris, La Documentation française, août 1982.

LA CAPITALE DES ARTS DU FEU LIMOGES

Limoges et le Limousin ont longtemps souffert d'une réputation
de terre d'exil et de disgrâce mais, aujourd'hui, les Limougeauds
sont en train de faire taire [1] cette rumeur
en exploitant judicieusement les richesses de cette région.

La scène se passe au cœur des Halles centrales — le « ventre » de Limoges, dit-on — une sorte de pavillon Baltard égaré en Limousin, dans une de ces gargotes qui font l'originalité de ce marché couvert... *« Ces gargotes, rien de tel pour prendre le pouls de la ville et se mettre à l'écoute des Limougeauds... »*, m'avait-on dit. C'est un peu vrai. Sur le coup de midi des centaines de Limougeauds s'entassent dans ces entrailles enfumées, mais éclatantes de bonne humeur : sur les bancs de bois, le dépanneur côtoie la dactylo et le cadre de banque comme le tripier n'hésitent pas à faire menu commun...

« Ah, vous êtes Parisien !... », s'exclame mon voisin de table en levant un sourcil interrogateur. *« D'habitude, ils ne s'arrêtent jamais !... »* (...) *« Chabaz d'entrar !... »* (« Finissez d'entrer ») répète d'ailleurs une maxime locale aux touristes pressés. Il est vrai que Limoges et le Limousin ont longtemps souffert d'une réputation de terre d'exil et de disgrâce. *« Pays froid et pluvieux, population honnête mais lourde, ·timide et gauche »*, disait l'historien Michelet d'une voix enrhumée de suffisance. *« Terre ingrate à l'esprit social étroit »*, constatait, voici dix ans seulement, un document du secrétariat général du gouvernement.

Ces épithètes péjoratives avaient bien sûr endolori la conscience des Limougeauds. (...)

Le Limousin semblerait donc traîner tout un bagage de misères... y compris sur la carte pluviométrique où la région se détache comme un îlot de forte pluviosité. Encore faudrait-il nuancer puisque ici les étés sont parfois torrides et que la vigne a poussé pendant des siècles alentour de Limoges qui produisait même un vin de terroir : les effluves méridionaux caressent en effet la ville natale d'Auguste Renoir...

Quelques érudits vous diront aussi que pendant bien des lunes, le vent de la malédiction n'a pas cessé de souffler sur la région limousine. Exemple : entre l'empire wisigoth et le royaume franc, Limoges a changé quinze fois de propriétaire ! Toute l'histoire de la ville est en effet scandée par d'incessantes migrations dévastatrices : tornades barbares d'Alaric et Chilpéric, flux et reflux des légions romaines, exactions des Arabes et des Normands, etc. Même les cieux n'ont pas épargné ce pays si cher à Giraudoux.

Voilà pour les ombres au tableau. Côté lumière, Limoges (capitale régionale de 150 000 habitants) reste, bien sûr, la cité des arts du feu grâce à ses émaux et porcelai-

nes qui lui assurent un rayonnement mondial. *« Mais il est une facette moins connue, et peut-être plus déterminante pour l'avenir de la région,* explique un responsable de la Chambre de commerce, *à savoir l'activité originale de l'université. Une université toute jeune — elle est née en 1968 — mais déjà rayonnante puisqu'un tiers des étudiants inscrits à Limoges vient des autres académies.* (...)

Enfin, n'oublions pas que les gisements uranifères du Limousin figurent parmi les plus importants d'Europe (ils fournissent la moitié de l'uranium français). La mine de la Crouzille, par exemple, au nord de Limoges, découvre chaque année plus d'uranium qu'elle n'en extrait. Au rythme de 1 000 tonnes par an (et des réserves estimées à 23 000 tonnes) la mine sera donc active bien au-delà de l'an 2000.

Le sous-sol limousin offre, il est vrai, un échantillonnage extraordinaire de minerais métalliques ; une variété qui a, bien sûr, généré l'un

1. (ici) mettre fin à.

144

des arts les plus fameux de Limoges : l'émaillerie. Cette activité millénaire (aujourd'hui consacrée par les Biennales internationales de l'émail à Limoges) servait déjà au Moyen Age de support à toute une imagerie sacrée. (...)

Mais Limoges doit avant tout sa renommée et son auréole à sa merveilleuse porcelaine. Une activité toujours prospère puisqu'en 1980, les soixante-quinze fabricants de la ville ont réalisé un chiffre d'affaires de 37 milliards de centimes! (dont 40 % à l'exportation). (...)

D'autres activités traditionnelles limousines connaissent aujourd'hui de redoutables aléas : la chaussure notamment. (...)

Si la chaussure de luxe (Weston, Heyraud) se porte encore bien à Limoges, il n'en va pas de même pour d'autres facettes de la « filière cuir » : les ganteries notamment. Il est vrai que le gant de ville n'est plus l'accessoire indispensable des femmes d'aujourd'hui.

La filière cuir limousine bat donc de l'aile. Principales victimes : les femmes, puisque cette industrie emploie jusqu'à 80 % de personnel féminin. Le secteur tourisme, lui, en revanche, se porte bien : le pays vert attire, il est vrai, tous les amateurs de chlorophylle et de vie au grand air. Côté qualité de vie, Limoges fait figure de leader, notamment au niveau des espaces verts (15 m² par habitant!), sans oublier les espaces piétonniers et l'absence de fumées industrielles.

« *Une seule chose nous pollue : c'est le terme "limoger"* », disent les Limougeauds avec humour. Leur souhait majeur : supprimer ce verbe du dictionnaire et le proscrire du langage public. Même les moins chauvins d'entre eux trouvent à ce mot une fâcheuse résonance.

Jacques THOMAS
Marie-France, mars 1982.

Triste, Clermont? Ennuyeux, Ferrand? Pas du tout. Ski l'hiver, planche à voile ou deltaplane l'été et marches à pied toute l'année, les Clermontois sont vraiment gâtés. Au cœur de l'Auvergne, à l'ombre du Puy de Dôme, Clermont-Ferrand porte vertement ses presque 2 000 ans.

CLERMONT-FERRAND

« *Je devais voir Reims et on a vu Clermont!* »... Cette chanson de Brel me trotte dans la tête en débarquant du train, persuadée que plus personne ne nous attend à cette heure si tardive. Eh bien si, un trio « futé » avec une grande pancarte *Jacinte* en évidence, forme un sympathique comité d'accueil qui nous entraîne illico tester l'une de leurs adresses gourmandes.

Nous découvrons nos premiers Clermontois à bâtons rompus. Michel et Théo sont pions. Ils se souviennent de l'époque pas très lointaine où les horaires étaient décalés entre le lycée Jeanne-d'Arc et le lycée Blaise-Pascal pour que garçons et filles ne se rencontrent pas. Aujourd'hui les lycées sont mixtes.

Fabienne, elle, révise ses U.V.[1] de Sciences Éco[2] pour terminer sa licence au plus vite. Elle veut se diriger vers le journalisme.

Fabienne, Michel et Théo, c'est l'équipe du *Petit Futé,* ce guide sympathique qui figure dans la bibliothèque de tous les Clermontois à l'affût des bonnes adresses.

Premier rendez-vous : les Puces. Elles se tiennent le premier samedi de chaque mois sur la place du 1er-Mai. Il ne faut pas rater ça! Sur la vaste esplanade-parking viennent ainsi s'installer les cirques et les chapiteaux lors des concerts rock ou folk.

Les greniers des environs recèlent encore bien des trésors! Bien sûr les bonnes affaires sont déjà parties très tôt ce matin. « Moi, je viens chaque année, à la rentrée quand j'ai envie de tout brader », explique Florence. Elle regarde d'un air détaché des intéressées qui tripotent les vêtements dont elle ne veut plus : santiags, blousons, jupes, écharpes et bijoux fantaisie. Tout en discutant avec son amie Mylène venue lui tenir compagnie.

Mylène et Florence font toutes deux des études d'allemand (Florence a un poste d'assistante à Berlin) et toutes deux sont péremptoires : « Clermont manque de bistrots sympas, c'est terriblement clos. C'est simple! Ici, il ne se passe rien. »

Programmes chargés à Radio-Riom

Il ne se passe rien à Clermont-Ferrand? Nathalie n'est pas d'accord. Derrière la vitre, casque sur les oreilles, elle vient de terminer son programme à Radio-Riom, la plus importante radio libre du Puy-de-Dôme et de l'Allier. Au dernier signe de la technique, Nathalie se détend un peu pour répondre à nos questions et surtout défendre son cher Clermont. Pour cette lycéenne de dix-huit ans, très occupée entre ses préparations d'émissions et ses études en parallèle,

sans oublier la danse moderne sa passion, « vivre à Clermont c'est d'abord profiter de cette proximité exceptionnelle des champs de neige en hiver, du tennis et des balades à cheval au printemps, de la marche et des excursions par tous les temps ».

Depuis un an, Nathalie fait chaque semaine son émission sur Radio-Riom, avec à chaque fois un thème différent : l'enfant, la danse, la poésie ou la chanson italienne comme aujourd'hui. La grosse tête, Nathalie avec un programme chargé et une émission plébiscitée? « Pas du tout, ironise-t-elle, dans ma classe en terminale, les filles ne m'écoutent pas. Ce que je fais sur les ondes les laissent indifférentes. »

Christine, dernière arrivée au C.I.J.A. (Centre information Jeunesse Auvergne), elle, a eu du mal à s'adapter. « En débarquant à Clermont, il y a six ans, la " ville " m'a semblée oppressante, précise-t-elle, et j'ai surtout trouvé l'accueil assez froid. Vrai problème : le logement. Six mois de résidence au Home-Dôme m'ont suffi : 400 chambres pour les jeunes travailleurs empilés dans deux tours où l'on se voit rien, mais dès que j'ai pu, j'ai pris un deux-pièces à Clermont. » Trouver un logement en ville, et vite, c'est par exemple le souci n° 1 d'Angeline qui se lève à 6 h du matin pour ne rentrer qu'à 8 h du soir chez ses parents. « Je suis en apprentissage pour deux ans chez un architecte après avoir fait un stage dans une agence de pub. »

1. U.V. : unités de valeur.
2. Sciences Éco : Sciences économiques.

Rues piétonnes et fontaines

Martine et Caroline, toutes deux dix-huit ans, attablées comme nous devant un double-croque, la spécialité du Quick, sont partagées. Elles énumèrent contre Clermont des griefs déjà entendus, mais Martine conclut : « J'aimerais bien voir du pays, mais je reviendrai sûrement ici. Je m'y sens très attachée. »

C'est avec Martine que nous sommes parties à la découverte des rues anciennes, parfois piétonnes et souvent émaillées de fontaines. Elles tissent une toile assez dense autour de la cathédrale : la rue Pascal, la rue des Chaussetiers où logeaient les artisans sabotiers, les rues Gras et des Petits-Gras en cours de rénovation. Puis, Martine nous entraîne rue de Marché-aux-Poissons où, curieusement, les odeurs d'ail et de saint-nectaire se mêlent à celles des charcuteries portugaises et des pâtisseries arabes. C'est le quartier du Mazet en pleine rénovation.

Au hasard des porches anciens et des façades, nous débouchons sur de superbes cours intérieures Renaissance, inattendues. Nous redescendons par le marché Saint-Pierre, couvert, par une chaleur de plein été. Toute la ville baigne dans une lumière écrasante. De partout, les flèches en pierre de lave de la cathédrale se détachent sur un ciel bleu profond. Clermont, dans sa cuvette, est entouré de volcans — encore en activité d'après Haroun Tazieff, pourtant ils ont l'air bien endormis sous leur tapis d'herbe verte —, c'est la ville la plus chaude de France ! Et Martine de nous entraîner vers la place Sainte-Victoire, à l'ombre de la cathédrale, majestueuse...

Les Barboteuses clermontoises

De place en place, voici la place de Jaude enlaidie d'un centre commercial flambant neuf qui rencontre auprès de la jeunesse un enthousiasme mitigé. Nostalgie du square et de l'ancien quartier disparus. Béton contre vieilles pierres. A Clermont aussi les passions se déchaînent.

Rencontre-tilt à la Fnac avec Marie, vingt-trois ans, qui habite Surgères, à 50 km de Clermont. « Je travaille à la Fnac, mais mon truc à moi, c'est la musique. J'ai fait partie d'un groupe qui n'a pas marché, envoyé des cassettes aux maisons de disques, frappé aux portes à Paris, la galère comme tout le monde. Mais maintenant, c'est fini, je compose des musiques ici, j'écris des textes — en français — et je les chante en tenant les claviers dans notre propre groupe : *Les Barboteuses.* » Avec Anne, vingt-deux ans, qui joue de la basse et Agnès, vingt ans, sœur de Marie à la batterie. Il leur manque une guitariste (avis aux lectrices !). Toutes trois sont bien décidées à ne se produire que lorsqu'elles seront tout à fait prêtes, après avoir trouvé leur style propre. Nous devons retrouver les autres au Suffren, place de Jaude, Théo, sa sœur, Louisa et Boune sont déjà là. Enfin Martur (surnom khâgneux de Michel) arrive, l'œil lunaire.

Sur le sujet cinéma, Martur est incollable. Il est d'ailleurs membre du jury, au festival de court métrage qui a lieu désormais chaque printemps, au Capitole. Le dernier a accueilli 7 000 spectateurs en une semaine, en présentant 80 courts métrages de Chine, d'U.R.S.S., d'animation, de recherche, régionaux...

Tout Clermont se met au vert

Le dimanche, tout Clermont se met au vert, c'est si facile ! C'est l'embarras du choix, que faire ? Nous, nous improvisons un pique-nique au pied du puy de Dôme à base de jambon d'Auvergne, saint-nectaire, fourme d'Ambert, pain et vin de pays : nous aurons goûté à toutes les spécialités.

Théo nous raconte la mésaventure d'un Américain n'ayant pas voulu dormir dans l'unique hôtel haut perché du puy de Dôme, après avoir entendu des rugissements de lion impressionnants amplifiés par la montagne. L'histoire ne dit pas pourquoi l'anti-Tartarin n'a pas cru à l'explication du zoo installé non loin (celui des Dombes). Théo ne pensait pas si bien dire, l'Auvergne était, paraît-il, habitée autrefois par des crocodiles vivant dans une mer chaude. On a même retrouvé des dents à Pont-du-Château !

En haut du Puy (1 465 m), l'horizon nous appartient. La chaîne des volcans fait la belle sous le soleil et déroule pour nous tous ses tons de vert. En hiver, très tôt, on peut voir se profiler le Mont-Blanc entre les monts du Forez. Les deltaplanes ne déplieront pas leurs ailes aujourd'hui, le vent souffle en rafales violentes.

Au retour, en voiture, Luisa nous montre « ses » points de vue préférés. Elle ne peut s'empêcher de s'arrêter pour admirer son Auvergne.

Pris par les rendez-vous, écartelés entre tous nos nouveaux amis, nous avons failli rater le train qui nous ramenait trop vite, hélas, à Paris. Alors triste Clermont, ennuyeux Ferrand? Je vous laisse conclure.

Au fil du temps (film de Wim Wenders, ajouterait Martur) et de nos rencontres, j'ai acquis la quasi-certitude que Clermont-Ferrand est une auberge espagnole où chacun trouve ce qu'il vient y chercher. Même s'il faut parfois avoir la patience d'apprendre à ouvrir les clés de la ville.

Geneviève MENNELET
Jacinte, novembre 1982.

147

Le « pays »

DE LIMOGES A CLERMONT-FERRAND :

Sur les pas de Vercingétorix

Situées pourtant l'une et l'autre au centre de la France, et établies sur ce vieux socle qu'est le Massif central, les deux provinces du Limousin et de l'Auvergne ont toujours souffert de « l'isolement ». Le relief impose ses particularités mais aussi ses beautés.

En traversant ces terres isolées, on s'imprègne du caractère de ces régions, identique, car la route a facilité un rapprochement long-temps précaire. Elle est aussi l'axe par excellence autour duquel se sont équilibrées les campagnes.

L'intérêt ici est précisément de pouvoir découvrir un pays à l'abord austère, et de s'y enfoncer en quelque sorte; on souhaiterait même emprunter ces départementales qui sillonnent vers les solitudes verdoyantes, claires, à la sortie de Limoges, espaçant bois, châtaigneraies et pâturages humides, plus sombres et venteuses à mesure qu'on approche des hauteurs. Peu après Pontgibaud, inattendu, élargi à l'infini, se dégage enfin le paysage lunaire de la chaîne des puys. Les sommets que le temps a usés composent un panorama accusant les bouleversements de l'ère primaire, mais intact, originel. L'homme n'a rien modifié; le voyage en apprend d'un seul coup plus qu'un long cours de géographie.

Chaque étape apporte un aspect différent qui annonce cependant les autres. Saint-Léonard-de-Noblat est la cité riante, resserrée autour de son église romane des XIe et XIIe siècles, dont le clocher est typique du Limousin : étages en retrait jusqu'à la courte flèche.

Creuse heureuse

A 30 kilomètres de là, Bourganeuf. L'ancienne capitale de la Haute-Marche est belle, vue des hauteurs qui l'entourent. Elle apparaît rassemblée comme au creux de la vaste coupe de ses collines, autour de la tour Zizim, ronde et pointue, datant de 1484. De loin, elle semble protéger les maisons du centre et l'ancien prieuré du XIIe, et former un tout uni par l'histoire. On est entré en Creuse; à Pontarion, au bord du Taurion, le seigneur du lieu érigea un gracieux mais solide castel. Habilement restauré, il est bien visible de nos jours dans son intégralité féodale.

On arrive à Aubusson, capitale de la tapisserie, qui n'eut jamais besoin depuis la création des manufactures au XVIIIe siècle d'assurer le renom de ses fabrications. Les petites rues ont gardé un cachet d'authenticité et une hospitalité médiévale. La tour d'Horloge (XVIe siècle) marque un temps qui n'a pas fui. On quitte le département en se souvenant que le panneau qui marquait sa limite ouest n'était pas une simple publicité : « *En Creuse, vacances heureuses.* »

Virages, lacets, on s'élève vers l'Auvergne, si amoureusement chantée par Henri Pourrat. Le plateau de Millevaches, immense et désert, est resté sur la droite. Pontaumur, dans une boucle de la Sioule, Pontgibaud et son château de pierre rose, dressant apparemment en désordre ses tours fortifiées à la manière écossaise, délimitent au sud le plateau de Combrailles, davantage « humanisé ».

Pour rejoindre Clermont-Ferrand, deux itinéraires au choix, la R.N. 141 se dédoublant. Au nord, par le col de la Nugère, peu fréquenté, la route pénètre dans une région de puys moins connus, moins élevés aussi, mais plus sauvages : puy Chopine, puy de Louchardière, de Chaumont. Un hameau porte le nom révélateur de « Cratère ». Volvic est à quelques kilomètres; les sources minérales, les roches basaltiques, la pouzzolane tant recherchée, attestent de l'intense activité volcanique qui, au tertiaire, forma toute la région. Au sommet de son promontoire, dominant la Limagne, « la grande tentation de l'Auvergne », le château de Tournoël, édifié au XIIIe siècle, défend majestueusement son isolement et sa puissance contre lesquels s'acharna en vain Richelieu.

L'autre route, la R.N. 141 B, plus droite, se lance, semble-t-il, à l'assaut du puy de Dôme, le cône énorme et presque parfait pourrait encore, dirait-on, cracher son feu. Encadré de part et d'autre par des forêts séculaires, il marque le début de toute la série des grands volcans du Massif central. Clermont-Ferrand, enfin et soudain apparue du col de La Baraque, est construite de la même lave. Au pied du cirque de montagne, la pierre noire a servi à édifier d'autres élancements, également incomparables, se découpant avec une étonnante netteté : la cathédrale du XIIIe siècle, illuminée intérieurement par ses verrières, la basilique Notre-Dame-du-Port, en pur roman, les hôtels particuliers où habitèrent les comtes d'Auvergne, là même où vécurent les Romains qui régissaient la province, quand celle-ci faisait partie de l'Aquitaine première. Le plateau de Gergovie est tout proche : préfiguration inverse d'Alésia, Vercingétorix y tint en échec César...

Dominique VERGNON

Le Monde, 5 juin 1974.

« Achabatz d'entrar... »

Au pays de l'arbre et de l'eau, l'automne étale des splendeurs incomparables. La forêt rouillée joue sur les tons et demi-tons, en virtuose. La Corrèze se cuivre et l'or flamboie sous le soleil bas. Avant le long hivernage, sans doute n'a-t-elle jamais été aussi sauvagement belle. Ni plus proche du visiteur de l'arrière-saison, tandis que sont déserts les campings au bord de l'eau et qu'à Tulle le comité départemental de tourisme fait ses comptes.

C'est le moment de la découverte pour ceux qui savent lire entre les lignes d'un paysage et marcher dans les feuilles mortes des layons à l'odeur forte de terreau. L'heure aussi de l'amitié avec des habitants qui possèdent deux mots de patois, francs et généreux, pour vous accueillir : « Achabatz d'entrar. » Finissez d'entrer. C'est le sésame, la formule traditionnelle de bienvenue que du plateau de Millevaches à la Xaintrie, les Corréziens renouvellent chaque été en espérant retenir les vacanciers plus nombreux et plus longtemps.

Le tourisme a vraiment pris son essor depuis peu dans ce département voué de tout temps au transit et si plein de modestie qu'il arrive encore à beaucoup de le traverser sans le voir. A croire que, sans volcans en chaîne ni châteaux prestigieux en nombre suffisant pour figurer sur un « circuit », la Corrèze n'existe pas. Comme un parent pauvre demeuré à l'écart des affaires de famille. Des grands soubresauts de la géographie et des fastes de l'histoire. Et pourtant !

Aux franges du Massif central, passage obligé entre l'Auvergne et l'Aquitaine, la Corrèze a vu le lent cheminement des pèlerins jacquiers de Compostelle. Dans la pierre gravée, maints sanctuaires l'attestent, tandis que les quais usés d'Argentat et de Beaulieu se souviennent des gabares, lourdement chargées, descendant la Dordogne.

On a attendu là la fin de la nuit des temps. (Aujourd'hui le plus vieux Corrézien recensé, « l'homme de La Chappe-aux-Saints », cousin de celui de Néandertal, est expatrié au musée de Saint-Germain-en-Laye.) Dans ce pays de roches austères et de riantes vallées qui porte si bien son nom de rivière et partout se reflète dans l'eau. Car la Corrèze, ce n'est pas le boudin aux châtaignes, le « tourtou » que l'on sauce dans son assiette à la place du pain. C'est l'eau verte qui sourd de partout et d'abord du plateau de Millevaches ou plutôt de mille sources. (...)

Même chose pour les étangs. L'eau dans son cadre forestier est bien l'atout maître de ce pays. Les fervents du canoë-kayak, les pêcheurs et les campeurs sont ici les rois et ne s'y trompent pas. « *C'est de l'eau que se soucient d'abord ceux qui nous demandent des informations pour venir en vacances ou en week-end* ».

En second lieu, vient la promenade à pied. L'éventail, là aussi, est largement ouvert. On n'a que l'embarras du choix. En plus des sentiers de grande et de petite randonnée, certains syndicats d'initiative — il n'en existe pas moins de trente-trois ! — tracent leur propre circuit et publient des topoguides. Il suffit alors de savoir descendre de voiture...

La Corrèze en canoë, en voiture, à pied et bien entendu à cheval. Pompadour en est le royaume, depuis que la marquise y créa un haras. Tant il est vrai que le cheval, monté ou attelé à une calèche pour une randonnée familiale à travers le plateau de Millevaches, s'inscrit naturellement dans ce paysage contrasté qui, de Collonges-la-Rouge à l'abbatiale de Beaulieu en passant par Obazine, entre l'arbre et l'eau, ajoute, pour faire bonne mesure, quelques trésors aux vraies richesses.

Pierre-Jean DESCHÊNES
Le Monde, 28 octobre 1978.

COMME AUTREFOIS

Pêche, chasse, cueillette des champignons, la Corrèze c'est par excellence le retour à la vie simple. On y trouve de nombreux gîtes ruraux bien situés, chauffés et habitables toute l'année, des chambres et des tables d'hôte où sont servis les produits de la ferme.

De novembre à avril, il existe en outre des séjours d'initiation à la cuisine limousine (arrivée le vendredi en fin de matinée, départ le dimanche après-midi), à la préparation du pain cuit au feu de bois dans le fournil, du porc fermier et, à l'époque, du foie gras. Les personnes qui le désirent peuvent emporter « leur » oie !

La veillée au coin du feu (le « cantou ») en dégustant des châtaignes blanchies, avant d'aller dormir sous l'édredon de la chambre d'hôte... Savoureux week-end.

149

La solide cuisine auvergnate

Un pays où les produits sont vrais et la cuisine paysanne, où la nourriture est solide et les saveurs gourmandes, où les mets et les plats reflètent à la fois le respect de la nature et les traditions du savoir-faire, voilà l'Auvergne. Le Massif central, c'est aussi le paradis des pêcheurs et celui des chercheurs de champignons.

La Loire, la Sioule, la Creuse, la Truyère, le Chassezac, il faudrait citer toutes les rivières, tous les ruisseaux, tous les lacs qui jalonnent monts et plateaux. Le plus beau fleuron demeure dans mes souvenirs d'enfance l'Allier qui, de sa source jusqu'à Nevers, a constitué le cours d'eau le plus poissonneux de France. A sa source, en amont de La Bastide-Puylaurent et de la célèbre trappe de Notre-Dame des Neiges, du côté de Chasseradès, à Chabailleret plus précisément, le ruisseau, qui n'excède jamais 3 mètres de large, nourrit des truites parmi les plus séduisantes. Mais déjà, le long de la route de Langogne, la rivière prend des allures de fleuve. A Brioude, c'est le rendez-vous avec les saumons, ces véritables « formule 1 » de ses eaux douces. Plus en aval, à partir de Vichy, c'est le fleuve, où foisonnent tous les poissons blancs. L'Auvergne est le paradis des pêcheurs parce qu'elle est un pays de pêcheurs. Chaque village compte ses Najard, chers à Maurice Genevoix.

On ne peut dissocier la pêche de la cueillette des champignons. Sur les pentes du mont Lozère ou dans l'Aubrac, dans le Cantal, l'Aveyron, la Lozère, la Creuse ou le Puy-de-Dôme, cèpes et chanterelles, mousserons ou pleurotes, chaque fourré, chaque pied de hêtre, de chêne ou de châtaignier, chaque bois de noisetiers fleure doux les champignons. On les ramasse par sacs de pommes de terre entiers, dans des bois où mûrissent aussi fraises des bois, framboises et myrtilles. Langogne est la capitale de ce qui est ici une véritable industrie.

Le mariage de la nature et de la gastronomie est avant tout vivant à travers les fromages d'Auvergne : cantal, salers, laguiole, chamberat, chevreton, fourme d'Ambert et de Montbrison, gaperon, murols, saint-nectaire, vachard ou bleu d'Auvergne, sans parler, élevés plus au sud, du pélardon, de l'échourgnac, du rocamadour, du bleu des Causses et du roquefort, et, à l'est, du chevreton et du mont d'or. Le mariage des choux et des charcuteries, de la pomme de terre et du laguiole, comme dans l'extraordinaire aligot, font de la cuisine auvergnate la cuisine vraie par excellence. Les haricots blancs, les exceptionnelles lentilles vertes du Puy, toutes les cochonnailles, le lard et le jambon, le saucisson et la saucisse, les confits, constituent autant de nourritures solides pour cette région au climat rude. Plus à l'est, les châtaignes, sublimement honorées dans l'Ardèche, à Privas, aux fameux marrons glacés, complètent ce tableau de Bruegel de la gastronomie.

Les arts locaux traduisent aussi cette réalité. Les poteries d'étain, de cuivre martelé, les bois peints, les meubles massifs, les chapelets, les tissages, les toiles de ficelle lieuse, les lampadaires, les chandelles, les céramiques, les cristaux, les chardons, l'Auvergne est la patrie des artisans et de l'artisanat, et Rodez en est un des principaux centres.

L'artisanat apporte une note de douceur dans tous les pays rudes. La nature y joint aussi la sienne, en plein cœur de l'Aubrac, avec le jaune de la gentiane, qui est à la base de la liqueur du pays, l'Avèze, et dont la France entière connaît le goût avec la Suze.

Bernard LE ROY
Le Matin, 24 août 1979.

SPÉCIALITÉS DU MASSIF CENTRAL

Ambert : *fourme.*
Besse-en-Chandesse : *saint-nectaire.*
Brioude : *saumon.*
Chastreix : *saint-nectaire.*
Chignat : *melons.*
Issoire : *saumon.*
Laguiole : *élevage; cantal; aligot.*
Langogne : *cèpes.*
Le Malzieu : *truites.*
Le Mont-Dore : *pastilles; sucreries.*
Le Puy : *lentilles vertes; liqueur de verveine; champignons.*
Marcillac-Vallon : *vins.*
Massiac : *charcuteries fraîches et séchées; cabécou; tripes; fromages.*
Maure : *cantal.*
Pierrefort : *charcuteries et salaisons; tripoux.*
Pont-de-Salars : *tripoux.*
Riom-des-Montagnes : *saucisson sec et rosette; fruits confits; pâtes de fruits.*
Saint-Affrique : *roquefort, mène (gâteau à l'anis).*
Saint-Chamant : *cantal (salers).*
Saint-Julien-de-Sordanne : *jambon; miel.*
Saint-Yrieux : *madeleines, cèpes, châtaignes.*
Tournemire : *miel.*
Uzerche : *charcuteries (jambon); miel.*
Vallady : *vin de Marcillac.*

Le Pays solognot

Au détour d'un sentier,
la lande prend le pas
sur le bois de bouleaux,
véritable tapisserie
de couleurs.
Le tintement des bruyères
foulées par nos pieds
surprend un lapin
qui détale.
Plus loin, un faisan s'enfuit
maladroitement
dans les fourrés.
Nous sommes en Sologne.
Lorsqu'elle rime
avec automne,
je vous engage à la visiter.

Des landes violettes, des étangs solitaires, des bois silencieux qui s'étendent à cheval sur trois départements entre les rives de la Loire et celles du Cher, voilà, sur 500 000 hectares, le pays solognot. A la lecture du *Grand Meaulnes* ou des romans de Maurice Genevoix, on l'imagine comme un immense territoire vierge où chacun, homme et bête, est libre de ses déplacements. En réalité, la Sologne est moins sauvage qu'on le pense. Elle a toujours été plutôt morcelée par les grands domaines de chasse et, de ce fait, difficile à pénétrer.

« Nombreux sont les touristes qui repartent déçus après avoir pourtant sillonné en tous sens les routes de notre région, constate M. Rousselet, maire de Chaon. Souvent, en effet, on ne voit de la route que les clôtures des grandes propriétés. Ce qu'il faut faire, c'est abandonner la voiture et prendre à pied les chemins communaux ou les sentiers de grande randonnée. On s'aperçoit alors que la vie continue comme avant, au rythme des saisons, à l'échelle d'un bourg, d'une communauté villageoise. On sent le passé tout proche. »

J'ai suivi son conseil, j'ai laissé la voiture sur le bas-côté de la route et je me suis glissé dans l'ombre d'une futaie. Quelques pas suffisent pour tomber sous le charme d'une nature pleine de poésie et de mystère; pour découvrir aussi les activités traditionnelles qui lui sont liées. Qui se douterait, par exemple, que cet étang mélancolique au bord duquel je viens de m'arrêter est le théâtre

d'un élevage intensif de poissons. Et pourtant le mois prochain, comme chaque année à l'automne, Alphonse, le vieux garde du domaine voisin, viendra soulever les bondes, ces petites vannes qui permettent de vider l'eau d'un étang vers un autre en aval. Il ne restera bientôt plus que des cuvettes de vase dans lesquelles une foule de poissons se trouveront prisonniers. Les pêcheurs, équipés de cuissardes et de larges épuisettes, recueilleront, trieront, puis répartiront le poisson pour la reproduction ou la vente, en pataugeant quelque peu dans la boue. « A cette époque, autour de la plupart des étangs solognots, c'est une sorte de fête, m'explique Alphonse qui finit son inspection quotidienne des lieux. C'est le grand rendez-vous des gens du pays qui viennent tôt le matin pour acheter le poisson et le faire griller " su l'pelliau " (près de l'eau) au-dessus des braises odorantes de pin et de bouleau. »

Un pied dans le passé, l'autre dans le présent

M. Rousselet avait bien raison. Il suffit d'une promenade, sans hâte au gré du temps et des conversations, pour que se dessine peu à peu une Sologne permanente et discrète. Ainsi dans la commune de Chaon, par exemple, on peut retrouver des témoignages vivants des anciens petits métiers du monde rural. Il ne faut pas hésiter à frapper aux portes : M. et Mme Baudoin montrent volontiers à qui le demande le fonctionnement de leur moulin. Il est l'un des derniers de la vallée du Beuvron à pouvoir encore tourner et faire de la mouture pour les animaux.

M. Grillère, héritier d'une famille de bourrelier, s'est reconverti dans la finition des ballons de football et de rugby. En travaillant, il m'explique comment il fabriquait le harnachement des chevaux : cuirs, boucleries, corps de colliers faits d'abord en paille par un « piessard », puis, plus tard, en bois.

Et M. Foltier, le balaitier de Chaon, remet avec plaisir son tablier de bois pour faire la démonstration de la fabrication de ces fameux balais de bouleau qui sont encore prisés par la ville de Paris et la R.A.T.P. pour assurer la propreté.

« La fabrication de ces balais est relativement simple, avoue M. Foltier en me faisant les honneurs de son atelier. Il suffit d'avoir de bonnes mains, bien calleuses. Et de sélectionner avec soin les fagots qu'on achète aux bûcherons de la forêt. On réduit le fagot en fines " alettes " (brins de bouleau) que l'on met dans une presse-guillotine. On lie les " alettes " par trois liens. Un coup de guillotine du côté du manche, et le balai est prêt à être expédié. J'en faisais ainsi 80 à 90 par jour, ce qui représentait une production d'environ 18 000 par an. Il y a toujours de la demande, car les balais en plastique ne sont pas aussi efficaces. La Ville de Paris en a encore commandé 80 000 cette année à M. Robin, mon ancien concurrent de Salbris. »

Au hasard de mes visites dans le village et les hameaux avoisinants, j'ai pu découvrir l'intérieur des « locatures », ces maisons solognotes coiffées de lourdes tuiles, dont les colombages apparents soutiennent les murs ventrus en torchis. Certains, comme M. Rousseau, un solide octogénaire de Pontibeau, continuent d'y vivre comme si rien n'avait changé.

« L'âtre était vraiment le foyer au sens propre, se souvient M. Rousseau. Les familles entières s'y réunissaient. On veillait dans une seule maison à la fois pour ne pas gaspiller les fagots. Les châtaignes crépitaient dans la poêle de fer à longue queue. Le violoneux du village raclait son " crincin ", tandis que chacun racontait ses plus belles prises au braconnage. »

Ah! le braconnage... Combien ai-je pu l'entendre évoquer par tous les retraités que j'ai rencontrés dans cette patrie du fameux Raboliot qui a si joliment inspiré, pour l'un de ses premiers romans, un jeune instituteur du coin appelé Maurice Genevoix.

Au pays de Raboliot

« C'était l'époque où le gibier abondait par toutes les garennes, me raconte M. Delacroix, un ancien braconnier de Clémont. Sur le marché des " bracos ", les lapins s'échangeaient contre un paquet de gris. Savez-vous qu'une lapine peut faire jusqu'à soixante petits dans l'année? Alors, vous en déduirez ce que vous voudrez, mais moi je dis que le braconnage était une nécessité; qu'il participait, comme on dirait maintenant, à l'équilibre écologique. C'est peut-être pour cela que les gendarmes fermaient un peu les yeux pendant la saison de la chasse. » « Au pays, tout le monde braconnait un peu, reprend l'un de ses amis. Qui n'est pas allé la nuit, à la chandelle, poser quelques collets? Pour certains, c'était la seule façon de " graisser la marmite ". Pour les autres, plus chanceux, la braconne c'était l'école buissonnière, un jeu dont chacun respectait les règles : pas de fusil, pas de violence si l'on se faisait surprendre par un garde-chasse. Et quel bonheur nous procuraient ces promenades nocturnes dans la lande, ces longs affûts dans les bois ou au bord d'un étang! »

Aujourd'hui, on braconne encore un peu par plaisir sur ses propres terres, histoire de se prouver qu'on n'a pas perdu la main. Mais le braconnage, en tant que métier, a disparu totalement. Raboliot lui-même a fini sa carrière comme garde-chasse et on dit qu'il fut l'un des meilleurs du pays. Le niveau de vie, en effet, s'est élevé. Et à 10 F le lapin, le braconnage n'apparaît plus suffisamment lucratif pour risquer la prison. Et puis, le gibier naturel est devenu de plus en plus rare. Le garde-chasse, aujourd'hui, en plus de son travail de surveillance, a pour mission d'élever les faisans et les canards... qui serviront de cible.

Ne nous étonnons pas. La chasse est aussi un commerce. La Sologne en vit. Les bois, les champs de maïs et de blé noir ne sont exploités la plupart du temps que pour y retenir le gibier. Il y a près d'un siècle, la Sologne était encore un désert marécageux laissé à l'abandon. C'est en grande partie pour la chasse qu'elle a été domestiquée, creusée, reboisée.

« Bien sûr, les Solognots sont agacés par les équipées tapageuses qui ébranlent chaque dimanche toute la région, me confie M. Bartholin, un retraité qui a toujours préféré ses pinceaux et son chevalet de peintre aquarelliste aux armes à feu. Heureusement, le vrai gibier apprend à se glisser à travers les battues les plus serrées. L'équilibre naturel se recrée constamment. De toute façon, il faut bien reconnaître que, grâce ou à cause de la chasse, l'essentiel demeure en Sologne : la nature. Regardez ces canards sauvages qui filent vers le sud après avoir fait une halte sur l'étang tout proche : ils ne s'arrêteront pas avant la Camargue.

Pour eux, comme pour nous, la Sologne reste l'un des rares havres naturels dissimulés au cœur même de la France. »

Pierre BONTE
Enquête François GILLOT
Notre temps, octobre 1980.

LA BOURGOGNE CELTIQUE D'HENRI VINCENOT

La télé a popularisé son visage de vieux conteur. Pour *La Vie,* il raconte aujourd'hui « son » pays.

Henri Vincenot, 69 ans, est écrivain et paysan. Bourguignon de cœur et de race, il est revenu dans son village natal après une longue carrière dans le journalisme ferroviaire.

Son visage sec est strié de fines rides. Une élégante moustache à la gauloise rappelle, sans discrétion, ses lointaines origines. Tantôt, il écrit, et ses livres s'appellent *La Billebaude, La vie quotidienne des paysans bourguignons au temps de Lamartine* • ou encore, son dernier, *Mémoires d'un enfant du rail.* Tantôt, il surveille ses pommiers et donne un coup de bêche à son jardin potager.

Henri Vincenot a un autre visage : celui de l'homme public. Chaque jour lui apporte sa moisson de visiteurs, de journalistes et de curieux. Il en est presque « mangé », comme il le dit lui-même.

Hommes des villes, malheureux Parisiens, Lyonnais ou Marseillais, qui ne savez plus distinguer un champ de pommes de terre d'un carré de tomates, Henri Vincenot nous introduit à sa Bourgogne à lui, avec ses odeurs, ses couleurs, ses petits plats, et ses collines sacrées!

Henri Vincenot, quel est votre pays, quelle est votre Bourgogne?

« Mon pays à moi, c'est la montagne, du côté de Pouilly-en-Auxois. Elle n'a que 641 mètres d'altitude, mais le climat y est rude : glacial en hiver et brûlant en été. C'est aussi, et surtout, le toit du monde occidental. Maconge, la commune voisine, est comme un toit à trois pans : d'un côté, les eaux de pluie s'en vont vers la Manche, de l'autre, vers l'Atlantique et, sur le troisième, vers la Méditerranée.

J'ai connu un vieil homme qui aimait pisser contre un menhir, juste au point de partage des eaux. Il pissait dans les trois directions : « quatre gouttes pour la Manche, quatre pour la Méditerranée et quatre pour l'Atlantique ». Cela dit, la Bourgogne est immense. Elle compte sept ou huit pays différents, le Morvan, le Charolais, l'Auxois... Ces pays ne se ressemblent pas, ni dans leurs cultures, ni dans leurs races, ni dans leurs langues.

Vous écrivez, mais vous peignez aussi. Quelles sont les couleurs de votre palette?

Les couleurs que j'emploie le plus, ce sont les gris. Dans notre nature, il n'y a pas de couleur éclatante. Mais il y a de très beaux ciels, très vastes, qui bougent, qui remuent.

A quoi se reconnaît la Bourgogne? A ses toits, à son ciel, à sa terre rouge?

La Bourgogne se reconnaît à l'accent. A une certaine façon de rouler les « R ». Là encore, les pays ne se ressemblent pas. L'homme de la plaine ne parle pas comme l'homme de la montagne.

Il y a aussi l'humeur : les bonshommes qui vivent en Bourgogne sont un peu particuliers. Ils ont une façon très souple de voir la vie. Ils disent volontiers : « *La mort? Il n'y a pas de quoi rire, mais il n'y a pas de quoi pleurer.* » Dans une discussion ils changent facilement leur fusil d'épaule. « *Le plaisir de dire n'a d'égal que le plaisir de contredire* », dit un proverbe.

Le Bourguignon est tantôt méridional, tantôt septentrional, comme le climat de la région qui est en dents de scie. Les Provençaux font des galéjades, mais ils rient en même temps. Les Bourguignons en font aussi, mais ils ne le montrent pas.

A Saffres, on élève des escargots. Chaque année, on en choisit un qui a des dispositions pour engraisser et devenir plus gros que les autres. Une fois l'an, à la fête du village, on tue l'escargot et on en donne un petit morceau à chaque famille. S'il en reste, on envoie le surplus aux hôpitaux de Dijon.

Ça, le Bourguignon est capable de le dire très gravement, très bonhomme. Et si le « Parisien » le regarde avec des yeux ronds, alors, il est content.

Ainsi, entre Bourguignons, vous vous moquez des « Parisiens », des « étrangers »!

Ils ne sont pas comme on voudrait les voir. Il y a toujours cette différence entre « nous » et les « autres ». D'abord, par l'accent, qui se maintient bien ici. A nos oreilles à nous, la capitale a perdu tout accent français. En plus, ils parlent charabia •. Il s'est créé un langage urbain, intellectuel, que le paysan d'ici trouve absolument ridicule.

Cela dit, dans les grandes villes, une nouvelle race d'homme s'est créée. Il faut en tenir compte. Voilà déjà cinq ou six générations qu'elle fermente en vase clos.

Comment faut-il voyager en Bourgogne? A pied, à cheval ou en voiture?

A pied, par les sentiers. C'est la seule façon d'entendre parler les gens. Le Français ne connaît plus rien de son propre pays. Il passe à 150 km/h sur l'autoroute et franchit le « seuil » de Bourgogne sans même s'en apercevoir.

Il n'a de contact avec la province que par la gastronomie. Vers midi, il sort de l'autoroute à Semur, à Pouilly ou à Beaune et cherche un petit restaurant bien tranquille. Il y arrive sur le coup de 14 heures, ce qui horripile les Bourguignons. Ici, on mange à midi! L'escargot est très demandé, mais il ne faut pas en manger en n'importe quelle saison.

On m'a demandé d'être grand-maître de la Confrérie des escargots. J'ai accepté. La Confrérie a pour but de conserver l'escargot. Aujourd'hui, le ramassage est réglementé. On ne le ramasse plus qu'à certaines époques et avec un gabarit dans la poche. Je n'aime pas les règlements, mais c'était vraiment nécessaire.

Vous-même, Henri Vincenot, quels sont vos plats favoris?

Il y a la quiche aux escargots, qui est excellente. Les lacs sont nombreux dans la vallée : on y pêche le brochet, la perche, la carpe, la tanche. J'apprécie aussi beaucoup les gibiers. (...)

La Bourgogne a le goût du poisson ou de l'escargot. Votre pays a-t-il aussi une odeur particulière?

La Bourgogne sent, encore, le feu de bois, même si beaucoup d'agriculteurs ont fait installer le chauffage au mazout! Avec les Landes, les Vosges, nous sommes dans l'une des régions les plus forestières de France. Mais on n'exploite plus la forêt française. C'est un capital qui dort, inutilisé. Ici, il n'y a qu'à se munir d'une cognée, d'une serpe et d'une scie, pour ramasser un stère de bois. En même temps, cela entretient la forêt.

Le chauffage au bois, de plus, donne un certain esprit, commun à tous les pays forestiers. L'envie de raconter, de conter, en fixant la flamme. Je suis d'une famille de conteurs, dont plusieurs étaient réputés. Ils avaient chacun leur répertoire, et on était content de les accueillir à la veillée. Aujourd'hui, cela n'existe plus. La télévision a remplacé la veillée et mes petits-enfants ne m'écoutent même plus! C'est la grande pagaille! Alors, j'écris.

Quand vous sortez de votre village, où vous promenez-vous?

Je prends ma canne et je vais voir où en sont les cerisiers et les pommiers. Et on discute le coup avec le voisin. La promenade est toujours utilitaire. La notion de loisir n'existe pas. C'est la vie éternelle du paysan. Une vie que j'ai reprise il y a treize ans.

Vous n'allez jamais à Alésia?

J'y vais souvent quand je fais visiter le pays à des amis « étrangers ». Je les conduis toujours sur le même circuit : Flavigny-sur-Ozerain, où tout est à voir : l'architecture, l'histoire, le pittoresque, les hommes... Alise-Sainte-Reine, avec le site d'Alésia ; Montbard, le pays de Buffon • ; et retour vers l'autoroute, par Semur-en-Auxois, ou par Mont-Saint-Jean.

Que représente Alésia, pour vous, Bourguignon? Le triste souvenir d'une défaite? La fin du monde gaulois?

Ici, en Bourgogne, deux pôles nous attirent : le Mont Bibracte et Alésia.

Alésia et le Mont Bibracte sont les lieux où souffle l'esprit, des collines inspirées. Les Celtes y avaient bâti des temples. Les chrétiens y ont édifié des basiliques. Au Mont Bibracte, c'est l'église d'Autun. La même chose s'est produite à Vézelay. Il règne, ici, une espèce de nostalgie de ce monde celtique. On est anti-romain presque naturellement. Des gens peu cultivés sursautent quand ils entendent des expressions comme : « *Nous autres, Latins* ». Ils répondent : « *Comment! Mais nous sommes des Gaulois, des Celtes!* »

Pourtant, depuis, il y a eu les envahisseurs burgondes, ceux qui venaient de Germanie! Ils ont quand même laissé leur nom à votre pays?

Les Burgondes, ce sont nos nobles. Dans mon village, la gouvernante du château venait me chercher pour jouer avec le jeune comte, Charles-Louis de Vogüe. Quand je revenais, mon grand-père me demandait : « *Tu ne t'es pas trop ennuyé avec ton Burgonde?* »

Le Burgonde, ailleurs le Franc, c'est le possédant, le régisseur. Grand, blond-roux, puissant, il a le sens de l'organisation. Il a fait travailler un peuple de celto-ligures qu'il a trouvé sur place.

Le Celte, c'est le piocheur, le rêveur un peu poète. Il est aussi un artisan remarquable.

Mais, sans le Burgonde, sans le Franc, il n'aurait jamais pu faire de la France ce qu'elle est devenue, aujourd'hui.

Vous parlez des escargots, des Celtes et des Burgondes, mais pas un mot des vins de Bourgogne!

Mon pays est une terre d'élevage. Pour voir les vignes, il faut passer de l'autre côté de la colline. Chez nous, on a des bœufs, des charolais et, donc, du fumier.

Dans mon enfance, les jours de fête, on remplissait une pleine charrette de fumier et on la passait de l'autre côté.

Là-bas, on échangeait le fumier contre du vin. Eux avaient besoin de fumier pour leurs vignes et leurs champs de groseilles. La charrette remplie de bouteilles, on revenait par des chemins de forêt invraisemblables.

Ces jours-là, les gabelous se postaient sur les crêtes. Il fallait tromper leur surveillance.

On préférait casser nos essieux dans les fondrières plutôt que de payer les taxes.

C'est ça aussi, l'esprit gaulois. »

Propos recueillis par Philippe DEMENET
La Vie, 10 juillet 1980.

BACCHUS

De Mercurey à Dijon, la Bourgogne laisse au palais [1] un irrésistible goût de violette et d'histoire. Apporté par les Romains, soigné par les Gaulois et goûté par les Burgondes, le divin pampre [2] bachique trace un itinéraire où l'éclat de rubis du vin répond aux reflets vernissés du toit des hospices de Beaune. En passant par Meursault ou Nuits-Saint-Georges, vous comprendrez pourquoi la vigne est davantage qu'une culture : une civilisation!

Magazine Hebdo, 16 septembre 1980.

1. Dans la bouche.
2. La divine vigne.

Préparation

- Observez une carte de France et situez la Bourgogne par rapport aux autres régions de France et aux pays européens.
- Recherchez les noms de quelques grands vins de Bourgogne.
- Essayez de trouver la recette du Bœuf bourguignon et le nom d'autres spécialités gastronomiques régionales.

Remarques

L'auteur dit : « Il est Bourguignon de cœur et de race ». On pourrait dire également « Bourguignon d'origine, Bourguignon de père, Bourguignon de longue date... ».

Collines sacrées : la plus célèbre est celle de Vézelay où saint Bernard prêcha la croisade au XIIe siècle.

Explications complémentaires

Avant d'avoir été soumise par les Francs, la région de Bourgogne a été peuplée par les Celtes et conquise par les Romains (César) puis envahie par les Burgondes, peuple germanique qui a donné son nom à la région.

En complément des informations données par Henri Vincenot, la Bourgogne comprend non seulement le Morvan, le Charolais et l'Auxois, mais aussi le Nivernais, l'Auxerrois, la Puisaye, les côtes de Bourgogne où poussent les vignes...

Notes de vocabulaire

Conteur (m.) : personne qui raconte une histoire vraie ou imaginaire.
Ferroviaire : relatif aux chemins de fer.
Strié : (ici) marqué.
A la gauloise : comme la moustache que portaient les Gaulois.
Moisson (f.) : (ici) foule.
Rude : rigoureux.
Changer leur fusil d'épaule : (ici) changer d'opinion.
Méridional, septentrional : du sud, du nord.
En dents de scie : très contrasté.
Galéjade (f.) : histoire inventée ou exagérée, plaisanterie ; mot d'origine méridionale.
Yeux ronds : yeux ouverts, écarquillés par l'étonnement.
Charabia (m.) : langage incompréhensible ou grossièrement incorrect.
Fermenté en vase close : sans pouvoir s'exprimer, sans contact avec l'extérieur.
Seuil (m.) : frontière, palier, entrée.
Sur le coup de 14 heures : quand 14 heures sonnent.
Confrérie (f.) : ensemble de gens réunis par les mêmes intérêts ou les mêmes goûts.
Gabarit (m.) : instrument qui sert à mesurer la grosseur des escargots.
Les gibiers : tous les animaux bons à manger que l'on prend à la chasse.
Stère (m.) : unité de mesure du bois, égale à 1 mètre cube.
En fixant la flamme : regardant la flamme avec intensité.
Veillée (f.) : (ici) temps qui s'écoule entre le moment du repas du soir et celui du coucher, consacré à des réunions familiales ou de voisinage, surtout dans les campagnes.
Pagaille (f.) : grand désordre.
Discuter le coup : bavarder.
Régisseur (m.) : celui qui dirige, qui gère.
Piocheur (m.) : (ici) celui qui « pioche » des idées ou des rêves.

Élevage (m.) : action d'élever des animaux utiles ou domestiques; surveiller leur développement, leur entretien.

Charolais : race de bœufs.

Groseilles (f.) : fruits du groseillier; petites baies rouges ou blanches, en grappes, de saveur plus ou moins acide.

Exercices de compréhension

1 Quelle est l'attitude des Bourguignons envers les Parisiens ?

2 A quoi reconnaît-on un Bourguignon ?

3 Le mot « étranger » est-il employé ici dans son sens le plus usuel ?

4 Trouvez différents emplois du mot « pays » dans ce texte et dans l'ensemble de l'ouvrage.

5 D'après le texte, attribuez les termes suivants aux Burgondes ou aux Celtes : Nobles, possédants, rêveur, travailleur, organisateur, poète, chef, puissant, grand, artisan.

A vous maintenant

1 Que pourrait dire un Parisien sur un Bourguignon ?

2 Existe-t-il dans votre pays des rapports de ce type entre les habitants de régions différentes ?

3 **Travail par petits groupes.** Vous avez à définir quelqu'un de votre région ou de votre pays à la façon d'Henri Vincenot. Quels sont les caractéristiques que vous lui attribuez ?

Exercices de langue

1 **Une élégante moustache à la gauloise.** Créez d'autres expressions utilisant la construction « ... à la... ».

2 **Mon pays à moi** : Redondance (ici répétition du possessif). Y a-t-il d'autres constructions de ce type dans le texte ? Cherchez-les.
Imaginez des situations dans lesquelles vous pourriez utiliser ce type de construction à différentes personnes du singulier et du pluriel.
Exemple : **notre projet à nous,** c'est de construire une école.

3 **Il s'est créé un langage urbain, intellectuel que le paysan d'ici trouve absolument ridicule.**
Transformez cette phrase en commençant par « Le paysan d'ici trouve absolument ridicule... ».

Le Centre de la mémoire

Des maisons, des histoires de gens ordinaires qu'on ne devine pas

Je vous écris de ma plus haute tour. Elle n'est pas bien haute, c'est le premier étage de la maison maternelle. On l'appelait « la Tisserie », mais personne ne cultive plus de chanvre et les navettes ont cessé leurs va-et-vient depuis plus de cent ans. La chevêche jappe au pignon et la fenêtre ouvre sur le ciel libre au-dessus des pommiers. Dans ce calme et cette transparence que rythme seulement la pendule, tout s'accorde pour favoriser la songerie.

Ici, c'est la Creuse. On dit aussi le Centre. Je préfère dire que c'est la campagne. Pas la campagne à résidences secondaires ni celle qui retourne au désert, une campagne avec des champs, des haies, des rivières et des tracteurs, entre deux exodes si on veut, mais une campagne paysanne. Pour moi elle se limite pour de bon au hameau. Sans église ni boutiques, il étire ses trois groupes de fermes au lieu de les ramasser comme les autres, en boule sous les toits rouges. *« Comme un oiseau,* dit ma grand-mère, *avec le cœur et les deux ailes » :* les Ribières. Aujourd'hui dépeuplé ; à la « Tisserie » il reste deux feux sur cinq. Ça ne fait rien, on fera le tour des bâtiments, puis en montant la colline vers Lavaudaguet,

quand on se retourne et que les toits se découpent sur le désordre des fonds boisés de la Queuille, ça fait vraiment une jolie carte postale. Il y a aussi le tilleul, tellement grand et si vieux (du temps de Sully) qu'il sait tout. En y passant tantôt, il restait des fleurs sous les branches, c'est alors que le petit François est arrivé, avec son sourire, comme autrefois, en faisant tourner le verre sur le goulot de la bouteille : *« T'as soif, tu veux un canon? »*

Comme autrefois la batteuse ronflait. Poulies sifflantes, courroies lancées à pleine vitesse ; secousses, saccades mécaniques, déroulement des bobines de ficelle, jaillissement de la balle et du son, écoulement du grain. Chocs, tremblements, grincements ; odeurs du métal et de la graisse chauffée. Travail. Partout les hommes, en bras de chemise, refermés sur l'effort, beaux, demi-cachés par la brisure de paille et la poussière qui volent dans l'air, à leurs basques les enfants qui portent à boire ; fourche à l'épaule ils montent dans les barges, les plus robustes, un peu cassés sous le poids des sacs de blés, grimpent à la queue-leu-leu dans les greniers. Les échelles ploient. On entend des *« han-han »*. Dans un coin vingt paires de sabots. Sur la batteuse, ils

sont huit, dix, leurs longues fourches saisissent le blé, ils enfournent. S'il faut parler on crie, c'est comme une tempête. Le soleil est au zénith et le ciel blanc.

Et les femmes, mains dans la farine, ont des taches blanches à leurs blouses noires, elles enfournent. Elles tisonnent, elles dressent les tables, houspillent les enfants.

Des exclamations, des rires, on trouve toujours à se rappeler d'autres batteuses. Ce sont des fêtes, un débordement de travail qui jette les hommes sur les routes du canton, d'une ferme à l'autre, tant que dure la saison. Comme autrefois s'en allaient les maçons, au printemps, pour ne revenir qu'aux premiers froids, avec les grues...

Mais me voilà dans la marge. Ces dix maisons ont tant d'histoires à raconter, des histoires de gens ordinaires qu'on ne devine pas.

Mon village, quand le soleil baisse et que la lumière devient si douce dans toutes les couleurs, c'est une émotion qui envahit, comme la mémoire.

Jean-Marc BRUJAILLE
Télérama, 31 août 1983.

La Creuse :
marche entre pays d'Oc⋆ et d'Oil⋆

Le département de la Creuse a perdu la moitié de sa population depuis le début du siècle. Une mort lente et peu spectaculaire. Mais de nouveaux paysans apparaissent, qui sont peut-être le signe du redressement de la région. Parallèlement, à Guéret, la nouvelle municipalité de gauche a entrepris de désenclaver le département et d'industrialiser la ville. Des débuts encore timides mais qui ouvrent un avenir différent.

La croissance de Guéret

Voici le nombre d'habitants enregistré à Guéret, de 1801 à 1975 :

1801 :   3 125 habitants;
1821 :   4 014 habitants;
1861 :   5 139 habitants;
1881 :   6 749 habitants;
1901 :   8 083 habitants;
1911 :   8 281 habitants;
1921 :   7 963 habitants;
1936 :   8 789 habitants;
1954 : 10 131 habitants;
1962 : 12 304 habitants;
1968 : 14 080 habitants;
1975 : plus de 16 000 habitants.

En 1962, la population de Guéret qui avait augmenté de 18 % depuis 1854, représentait 7,5 % de la population du département de la Creuse évaluée à 163 515 habitants.

« En Creuse vacances heureuses. » Un panneau fleuri accueille le voyageur quelque part au bord de la départementale 940, entre La Châtre et Guéret. Depuis un siècle, la Creuse est un département qui se dépeuple, c'est-à-dire qui meurt. Et

cette mort lente n'a même pas le caractère spectaculaire qu'elle a pu prendre dans d'autres régions.

Tableau pastoral d'une France ancienne où les pas des hommes et des bêtes ont inscrit un réseau inextricable de routes et de chemins qui sont la mémoire de la terre et qui nous disent la complexité des relations entre les hommes, c'est-à-dire une culture. Mais l'herbe a gagné et les chemins disparaissent parfois sous les haies non taillées qui se referment. Le vent et la pluie rongent la pierre des maisons, les volets et les portes pourrissent, les orages emportent les tuiles, et le toit qui avait abrité des familles craintives, effrayées par le brouillard et les sorciers, le toit s'effondre et les lierres et les ronces reprennent possession de l'aire dont ils avaient été chassés pendant des siècles.

Les charmants villages

De toute façon, la plus grande partie des touristes descend vers le sud par la nationale 20 et ignore superbement la Creuse comme l'histoire semble l'avoir toujours ignorée. Ici, c'est la Marche, région frontière, région de transition entre ces deux pays si différents, ces deux pays étrangers que sont le sud

et le nord. C'est en Creuse que passe cette limite des mœurs, des coutumes et des langues. Les toits de tuiles romaines apparaissent timidement, insolites, entre Aubusson et Chénérailles. Les noms des villes et des villages portent la marque de cette rencontre des deux langues : Villard, Pontarion, Chaussadas, mais à côté Mazeirat, Peyrabout, Sainte-Feyre. Et au centre, comme un symbole multiple, Guéret, « *terre labourée et non ensemencée* », nous dit le dictionnaire, venant du latin *Vervactum* et dont le premier V s'est transformé en G sous une influence germanique. Toujours le sud et le nord.

Oui, la Creuse a été de tous temps cette région labourée et non ensemencée, région de passage et souvent même contournée par les armées, les routes et les voies ferrées. La nationale 20 passe juste à la limite ouest, comme la ligne Paris-Toulouse, et la future autoroute passera à l'est par Bourges vers Clermont-Ferrand. Seule la fréquence du patronyme Moreau et quelques noms de villages, comme Fontarabie, nous disent encore les invasions des Sarrasins du temps de Poitiers et de Charles Martel.

Mais depuis plus d'un siècle, la révolution industrielle a touché le cœur même de la Creuse. Qu'on en juge : 277 831 habitants en 1901, 146 214 en 1975, et 138 600 en 1980. L'hémorragie lente et sûre. Depuis plus d'un siècle, les fils s'en vont vers des carrières de fonctionnaires, police, douane, sécurité sociale ou P.T.T., ou vers les usines et les banlieues noires. Les pères n'ont plus personne à qui apprendre les gestes lents de la terre.

Pierre R. avait deux fils

Pierre R., paysan près d'Ahun, avait deux fils. L'aîné devait reprendre les quinze hectares; le second fils, une jambe tordue par la poliomyélite, deviendrait fonctionnaire. Mais un mois après son mariage, l'aîné a fait sa valise. Il est monté à Paris. Il trie le courrier boulevard Brune. Il habite un pavillon à Vimeux. Le second fils est resté avec les parents. L'an prochain, Pierre R. va prendre sa retraite. Le second fils partira lui aussi. Il ne peut attacher la remorque au tracteur, mener les bêtes au pré. Qui reprendra la terre? Que va devenir la maison dans laquelle sont nés les enfants? Et celle des grands-parents qu'on a gardée parce qu'ici on ne vend pas son bien comme ça?

Ainsi, chaque année, plus de 1 500 personnes quittent la Creuse. Certains villages n'arrivent presque plus à vivre. (...)

Depuis 1968, des révolutionnaires écologistes ont racheté des ruines pour élever des moutons et des chèvres. Dans la campagne on entend parfois quelqu'un appeler un chien : *Libé*. Mais si le mouvement, comme toujours, a été plus discret qu'en Ardèche, les résultats n'ont pas été meilleurs. Les moutons ont dévasté les clôtures ou sont morts du piétin. Les fromages de chèvre ont séché sur les claies. Aujourd'hui, eux aussi quittent la Creuse. Les ruines retapées tant bien que mal deviendront résidences secondaires. On a appris que même les rêves pouvaient mourir et qu'on n'inverse pas l'histoire par des actes volontaristes.

Conséquence positive

Mais si les écologistes rêveurs n'ont pas changé le destin de la Creuse, le départ des paysans a eu une conséquence positive, celle de libérer des terres. Les autorités, Conseil général, chambre d'agriculture, ministère, Safer, ont regroupé les terres et aidé de jeunes paysans à s'installer sur des exploitations plus grandes. Des dix ou quinze hectares traditionnels, les exploitations sont passées parfois jusqu'à cinquante et même cent hectares. On a abandonné la polyculture ancienne, essentiellement de subsistance, pour se consacrer à une seule activité, l'élevage. Et paradoxe apparent, des paysans sont venus d'autres régions pour s'installer en Creuse.

C'est le cas de Claude Loiseau. Ce fils de géomètre et d'institutrice, originaires du Creusot et installés près de Laigle grâce aux hasards des nominations administratives, s'est familiarisé avec l'agriculture et l'élevage en allant travailler dans des fermes pendant ses vacances. (...)

Mais comme l'agriculture, l'élevage est aléatoire car lié étroitement à des conditions naturelles qu'on ne contrôle qu'imparfaitement. Sa femme, Angèle, est venue nous rejoindre dans la cuisine. Elle venait du bas des prés où elle avait trait une vache paralysée depuis la veille à la suite d'un vêlage. Le veau était mort. Ils espèrent encore que la vache se remettra. Les pertes sont parfois importantes et diminuent d'autant et sans contrepartie, le bénéfice, le salaire du travail énorme que Claude et Angèle accomplissent de l'aube au coucher du soleil, seuls sur leurs 85 hectares. Les tracteurs, les machines à ramasser le foin ou à épandre l'engrais ne résolvent pas tout. Pour la seule année 80, ils ont perdu dix bêtes, dont un taureau qu'il a fallu abattre.

On lui a trouvé dans la panse une corde en plastique. Pour 1981, les vêlages viennent de commencer et

les pertes sont déjà importantes. Claude et Angèle Loiseau ont contracté 35 millions d'anciens francs d'emprunts au Crédit Agricole. S'ils ont un gros capital en bêtes et en matériel, le rapport n'est en fait que de 2 à 3 % par an. Sur 22 millions d'anciens francs de chiffre d'affaires, il faut déduire 18 millions de frais. Restent 4 millions anciens, comme « salaire » annuel pour deux personnes. Une misère pourrait-on croire. Claude et Angèle ont deux enfants. C'est assez dire pour imaginer les conditions d'existence des petits fermiers et comprendre l'exode des jeunes.

La beauté des levers de soleil

Avant de partir, Claude Loiseau m'a emmené derrière la ferme voir une partie du troupeau caché dans un creux. Nous avancions sur un chemin de terre au sommet d'une crête en regardant à l'ouest les collines bleues et à l'est la chute de la vallée et Claude Loiseau me parlait de la beauté des levers de soleil quand les brumes légères recouvrent les prés. Les enfants couraient devant nous en poussant des cris dans le soir.

Mais l'avenir de la Creuse passe aussi par le développement de la capitale, Guéret. (...)

Régulièrement, depuis un siècle, Guéret a retenu une partie de ceux qui quittaient la terre. Tandis que le département se dépeuplait, la ville voyait croître sa population de 2 % par an.

Créer des emplois

Le second objectif c'est l'industrialisation qui permettra de créer des emplois. Ici, le chômage est au niveau national mais l'exode masque la réalité. Quantité de jeunes qui sont partis sont inscrits à Limoges ou à Paris. Les situations sont parfois dramatiques. Le maire reçoit 70 à 80 demandes d'emploi par semaine. Quand on a ouvert une crèche, il y avait trois postes. La municipalité a reçu plus de deux cents demandes ! (...)

La ville a donc décidé d'intervenir en rupture avec les anciennes politiques qui disaient : *« avec peu d'entreprises, on n'a pas de risques ».* L'entreprise Sauthon (mobilier pour enfants), qui employait 277 personnes, a brûlé. La ville s'est transformée en banquier et a emprunté pour reconstruire les locaux, avec garanties jusque sur les biens personnels du directeur. L'opération a pour but de maintenir les emplois existants et d'en créer 80 dans les trois ans à venir. C'est-à-dire 12 millions de nouveaux francs de salaires annuels, 1 400 000 nouveaux francs de commandes à des fournisseurs et sous-traitants du département, et 400 000 nouveaux francs de taxe professionnelle et d'impôts locaux.

L'autre grande affaire, c'est l'installation d'une usine Michelin. 10 hectares de terrains, 22 000 m² de surface utile. 270 emplois créés dans la première tranche, 400 dans la seconde et 600 dans la troisième. On a cru l'an dernier que l'affaire capotait, aux grands délices de certains qui attendent l'échec de la municipalité de gauche. Quatre millions de nouveaux francs sont engagés. Mais la production n'est que différée de 18 mois ou deux ans. Elle doit commencer fin 82. Dans l'attente, un dépôt de pneus et un atelier de montage de pneus sur jantes emploieront 55 personnes.

Sauthon et Michelin sont les deux chapitres principaux de ce début d'industrialisation de Guéret. Il va sans dire que ce ne sont pas les seuls. Les retombées commencent

Libération, 17 juin 1974.

à être sensibles dans tous les domaines. Guéret, ville de près de 20 000 habitants n'a pas de salle de cinéma ! Tout un programme. Un centre culturel municipal assure depuis peu une animation (théâtre, cinéma, art et essai, etc.). La ville crée un musée des arts et traditions populaires. La nouvelle municipalité a commencé par créer deux postes d'adjoints aux affaires culturelles et sociales, ce qui n'existait pas jusqu'ici.

Le vol majestueux des buses

Bien sûr, la Creuse n'est qu'au tout début de son redressement. Plus de 1 500 personnes s'en iront encore cette année et les années qui suivront. Des fermes continueront à s'effondrer au fond des bois. Mais quelque chose a commencé. La chance de la Creuse, c'est peut-être que sa mort n'a pas été spectaculaire et qu'il est encore temps

d'intervenir. Les propriétaires restaurent les fermes anciennes et les transforment en gîtes ruraux. Déjà le centre Creuse-Expansion, rattaché à la Chambre d'Agriculture, en propose plus de 400 à la location pour les vacances.

Entre Peyrabout, la Chapelle-Taillefert et Montaigu, la lumière du printemps illumine les forêts, et les pissenlits colorent de jaune les champs et les prés comme le font les colzas en Beauce. Les veaux qui viennent de naître cognent de la tête contre le ventre de leur mère. Et les buses grises au vol majestueux planent au-dessus des collines et des prairies. Elles avaient presque disparu. Les nouvelles réglementations sur la protection des rapaces ont permis leur retour. Rien n'est irréversible.

Jean GUILOINEAU
Sainte-Feyre, le 19.4.81.
Politique hebdo, 27 avril 1981.

La France de l'Est

Alsace • Lorraine • Ardennes
Champagne • Franche-Comté

Vocation régionale ou vocation européenne ?

LES ALSACIENS N'ONT PAS PEUR DE LA RÉGIONALISATION...

Un débat passionné à Strasbourg

De notre correspondant

Regard perçant, nez d'aigle, cheveux blancs au vent, Frère Médard est un « personnage » de la vie culturelle et politique de l'Alsace. Ce frère de Matzenheim, directeur du Foyer de l'étudiant catholique (F.E.C.), rue régulièrement dans les brancards, secoue la monotonie du quotidien et se fait des amis... et des ennemis. Il a la parole franche, vive... trop vive dirons d'aucuns. Mais à chaque fois qu'il organise quelque chose, il y a du monde. Ainsi belle assistance encore pour ce meeting sur la régionalisation. Véritable tribune, ouverte par les socio-professionnels et fermée par les politiques. La vieille salle de l'Aubette prenait, d'un coup, un air de jeunesse puisque le vent de la décentralisation y soufflait pour un soir. Le « temps de voir clair, de savoir ce que les Alsaciens attendent de la régionalisation ».

Propositions

« On dirait qu'ils ne savent pas ce qu'ils veulent, ou n'ont pas le courage de le dire », tonne Frère Médard au micro. Enflammé, le visage rougeoyant, il secoue ses « Hans em Schnogeloch », ce personnage mythique alsacien qui ne sait jamais ce qu'il veut. Devant le changement, les Alsaciens choisiront-ils la « sainte frousse », au risque d'un réveil brutal, ou trouveront-ils la force de créer cet esprit régionaliste sans lequel il ne se fera pas de véritable région ? Les atouts ne manquent pas. Le député

Zeller dit tout net : « Il n'est pas de région en France qui ne soit aussi bien préparée à la régionalisation que l'Alsace. » Les propositions ne manquent pas...

« Il nous faut des rentrées financières nouvelles et l'Alsace doit accepter des impositions nouvelles pour se doter de moyens », dira courageusement le directeur de la Caisse d'épargne fédérée. « Drôle de conception, à peine parle-t-on de régionalisation, qu'on nous sort des impôts », répliquera une voix dans la salle. « Nous devons conserver la maîtrise de notre épargne », répliquera le financier, mais que fera l'État du formidable outil de collecte qui existe en Alsace où chaque village possède sa Caisse mutuelle ? Verra-t-on naître un instrument de contrôle, l'apparition en force des technocrates de la Caisse des dépôts et consignations ? Pour M. Mosser, il faut que les équipes dirigeantes de l'épargne sortent de la région et gardent la maîtrise de tout le réseau afin que l'épargne régionale aille à la région !

Plaidoyers

« Créons un centre de technologie avancée, cherchons à l'extérieur un souffle nouveau pour revigorer notre tissu industriel vieillissant », dit le directeur du laboratoire de recherche, M. Sieffer. Lui aussi estime que si la région veut gagner sa liberté, il lui faut payer. Un impôt local pour faire fonctionner ce centre. Et les plaidoyers de s'enchaîner. Plaidoyer pour l'artisanat et l'apprentissage, afin que ces 20 000 entreprises alsaciennes

trouvent un terrain propice à leur expansion. Plaidoyer pour l'agriculture de M. Schaeffer, vice-président de la F.D.S.E.A., qui voudrait, dans la nouvelle région voir doter l'outil de production des capitaux nécessaires à une certaine reconversion.

Quelle culture ?

(...) En plaidant pour une culture aux trois composantes (français, allemand, alsacien), le professeur Metz souhaite une véritable chaîne de T.V. régionale, à programme complet. Une culture qui a préparé les Alsaciens au grand changement. « Pénétrés de deux courants culturels majeurs, l'un d'origine ethnique et l'autre d'essence nationale, les Alsaciens ont trop souffert dans leur ensemble du jacobinisme pour ne pas souhaiter très honnêtement une régionalisation efficace qui leur a été tant annoncée », souligne le professeur Wackermann, de l'université de Haute-Alsace. Et les politiques, qu'en pensent-ils ?

La régionalisation, un apprentissage qui se fera petit à petit, plaident les socialistes. « L'occasion d'identifier les obstacles et de lancer des défis, car décentralisation et régionalisation peuvent libérer des énergies locales et donner un dynamisme nouveau au pays », dit Adrien Zeller, relayé par le sénateur Jung qui met au banc des accusés la F.E.N. • et le S.N.I. •, « coupables de freiner la politique du bilinguisme ». Jean Kaspar, secrétaire général de la C.F.D.T. •, porte des accusations contre « les anciens, ceux qui ont eu le pouvoir de faire changer les choses et n'ont rien fait ». Pour lui et son organisation, la régionalisation est un espoir.

On aura évidemment frôlé le lourd débat du droit local, sans pour autant pouvoir trouver un terrain de compréhension. « Ce sont deux conceptions, deux sensibilités différentes du monde ouvrier qui s'opposent ! »

Un débat par moments passionné, passionnant en tout cas, qui aura permis aux Alsaciens de s'interroger sur leur avenir et d'esquisser la décentralisation à l'intérieur de la région même. Un autre débat qui s'annonce chaud, mais qu'on ne pourra pas escamoter.

Guy TRENDEL
La Croix, 4 mars 1982.

ALSACE
L'EUROPE VUE DE WISSEMBOURG
« Nous sommes devenus les Espagnols des Allemands »

De notre envoyé spécial

Wissembourg. — A l'extrême pointe nord de l'Alsace, dans la région de Wissembourg (Bas-Rhin), là où la Lauter quitte sa vallée étroite pour devenir frontière entre la France et l'Allemagne, le « drapeau » européen est hissé. Particularisme d'une région frontalière qui, plus qu'aucune autre, s'enfonce au cœur de la Communauté des Neuf ? Certainement. Mais force est de constater qu'à l'ombre de cet emblème qui agite tant de régions soucieuses de leur avenir, ici, à Wissembourg, sous-préfecture de sept mille habitants, on vit apparemment sans inquiétude. Et, finalement, ce que l'on réclame le plus souvent « *c'est la suppression des postes frontières avec l'Allemagne* » que la majorité des habitants trouvent « *anachroniques* ».

Dans cette vieille région carolingienne, « *l'Europe du quotidien* » est entrée dans les faits. Des exemples ? Il existe, sur le territoire français, une station d'épuration commune à Wissenbourg et à la ville allemande de Schweigen, et le même schéma d'aménagement couvre les communes de Scheisenbard, en Alsace, et de Scheisenbart, de l'autre côté. L'aérodrome desservant la sous-préfecture est situé en Allemagne alors que l'hippodrome se trouve à Wissembourg. Un feu éclate dans un village alsacien frontalier ? Les pompiers allemands se déplacent aussitôt pour le combattre, et, évidemment, la réciproque est vraie.

Économiquement, cette région alsacienne doit beaucoup à l'Europe, plus précisément à l'Allemagne. Il y a dans l'arrondissement de Wissembourg près de douze mille ouvriers. Sur ce total, huit mille sont employés dans des entreprises étrangères dont la majorité sont allemandes. Ainsi quatre mille cinq cents Alsaciens prennent chaque matin le chemin du Palatinat ou du pays de Bade et les trois mille cinq cents autres travaillent pour la plupart dans dix entreprises (sept allemandes, une américaine et deux à capital franco-allemand également réparti) installées dans l'arrondissement de Wissembourg. Situation qui permet à un notable de déclarer :

« *Ici, nous n'avons pratiquement pas de chômeurs.* » Il ajoute : « *Ce que les gens de cette région craignent avant tout, c'est une récession économique outre-Rhin. Entre octobre et décembre, le chômage, par exemple, a augmenté de 11 %, tout simplement parce qu'une entreprise allemande a fermé ses portes.* »

Des équipements communs, des emplois nécessaires, tout cela fait dire à M. Jean Michel Menhert, le sous-préfet : « *Le problème européen, ici ? C'est une rationalisation de ce qui est vécu.* » Et il conclut, logique : « *L'Europe ne saurait donc, dans cette région, être remise en cause.* » Mais dans une auberge populaire de Wissembourg, non loin de la mairie, un consommateur lance, sans animosité, mais avec regret : « *Nous voilà devenus les Espagnols des Allemands.* »

Mais le revers de la médaille, lui aussi, a sa traduction quotidienne. Le voisin allemand est présent partout. Dans les restaurants comme dans les supermarchés. Voilà le malaise. « *Les gens aiment bien prendre l'argent des Allemands mais n'aiment pas être envahis* », note un commerçant. C'est une longue histoire. « *Au nord du pays, le caractère germanique des populations alsaciennes s'accentue. Les masses rurales des arrondissements de Haguenau, de Wissembourg et de Saverne représentent certainement les éléments les moins francisés du pays. C'est la terre classique de l'autonomisme* », écrit Frédéric Hoffet, dans sa *Psychanalyse de l'Alsace*. « *Fait curieux*, ajoute-t-il, *si les campagnes de ces régions sont les plus germaniques de l'Alsace, il n'en est pas de même des petites villes, qui sont des foyers du patriotisme français. C'est le cas, en particulier, de Wissembourg, de Saverne et de Phalsbourg.* »

Jean PERRIN
Le Monde, 26 janvier 1979.

LA LORRAINE

La Lorraine, l'une des vingt-deux régions de France [1], tient son nom du fils de Charlemagne, Lothaire, qui, au IXe siècle régna sur la Lotharingie, un royaume s'étendant des Pays-Bas jusqu'à l'Italie. Laissée sans héritier en l'an 868, la Lotharingie fut vite morcellée. De ce royaume désagrégé naquit la Lorraine, laquelle a conservé, sinon l'orthographe, du moins la sonorité du nom de son ancêtre.

Cette région de 23 540 kilomètres carrés se compose aujourd'hui de quatre départements — la Meuse, la Meurthe-et-Moselle, la Moselle et les Vosges — et rassemble quelque 2,3 millions d'habitants, soit 4,5 % de l'ensemble de la population métropolitaine. Trois pays étrangers (Belgique, Luxembourg, République fédérale d'Allemagne) jouxtant la Lorraine, cette région frontalière a donc, de par son histoire, sa situation géographique et son réseau de communications et son industrie, une vocation naturellement européenne.

Nouvelles de France, novembre 1981.

1. Les régions de France ont été créées par la loi du 5 juillet 1972, elles ont succédé aux circonscriptions d'action régionale.

Les familles lorraines face à la crise

Une région qui se dépeuple!

Certains des indicateurs d'évolution démographique tirés du dernier recensement général de la population de 1982 sont négatifs pour la Lorraine! De 1975 à 1982, la Lorraine perd 12 900 habitants en passant de 2 330 900 à 2 318 000 habitants. Trois des quatre départements y concourent, la Meurthe-et-Moselle pour 6 800 personnes, la Meuse pour 3 700, les Vosges pour 2 600. Seule la Moselle reste stable (+ 200). Ce recul est un véritable retournement de tendance : de 1968 à 1975, la Lorraine progressait encore (+ 56 500).

Encore s'agit-il là d'un solde prenant en compte le mouvement des excédents naturels de population qui reste positif (+ 82 900 pour la région) et celui des soldes migratoires qui accusent un résultat négatif de plus en plus préoccupant, puisqu'il augmente de 50 % : 70 000 départs entre 1968 et 1975 et 95 800 de 1975 à 1982. Les jeunes s'en vont, surtout de Moselle et de Meurthe-et-Moselle!

En fait, toute la frange nord et est de la France est marquée par ce fort déficit migratoire; alors qu'elle constituait un véritable « croissant fertile » par son taux de natalité et de fécondité. Aujourd'hui, constate une étude diffusée cette semaine par la Datar, ce « croissant fertile » perd de son dynamisme naturel et tend à rejoindre la moyenne nationale par un départ important de population dû à la situation critique de l'emploi et à une vision pessimiste du devenir de la zone ». Ainsi, « les vieilles régions industrielles de l'arc nord-est du pays — à l'exception de quelques bassins d'emploi — ne semblent plus réussir à attirer les activités nouvelles ni les hommes et seraient ainsi vouées à un départ progressif de populations jeunes sans horizon de travail ». Inquiétant!

La Croix, 4 décembre 1982.

SIDÉRURGIE

« MON PAPA VA ÊTRE RENVOYÉ »

Longwy. Tristesse… Le climat lourd, tendu, angoissé, s'ajoute aux brouillards, aux fumées, aux gaz des usines. Dans les cités ouvrières du Pays-Haut, les tas de neige dressés en sentinelles dans les rues désertes figent encore l'atmosphère. L'accueil dans les petites maisons ouvrières rutilantes de propreté reste cependant chaleureux. C'est presque avec soulagement, celui d'être écoutées, que les familles acceptent de dire leur nouvelle existence; car « tout a changé ici depuis les événements ».

L'atmosphère familiale s'est brusquement assombrie. De nombreuses familles demeurent sous l'effet d'un choc quasi physique. « Nous tenons à coups de tranquillisants, me dit Mme C. Les maris restent enfermés dans leurs pensées, sans intérêt pour leurs occupations habituelles. Tout le monde guette les informations télévisées, dans l'espoir qu'elles apporteront enfin quelque chose de concret. Après, chez nous, c'est le silence. Pas besoin de commentaires. Quand on a annoncé que la nouvelle aciérie se ferait à Neuves-Maisons, près de Nancy, et non à Longwy, je me suis mise à pleurer. »

Les enfants sont très secoués

La vie à la maison en est toute perturbée. « Mon papa discute tard le soir avec maman », confie Valérie. « On n'a même plus le temps de manger, parce qu'on regarde toujours les informations », précise Xavier, sept ans. « On pleure beaucoup dans nos familles », témoignait devant son évêque un garçonnet de l'Action catholique de l'Enfance (A.C.E.). De fait, « on est tendus, les enfants le ressentent, admet une mère de famille. On s'en rend compte à des détails. Fabienne adore le rouge. Pourtant, lorsque je lui ai acheté un anorak, c'est le vert qu'elle a choisi, parce qu'il coûtait moins cher. Elle ne l'a avoué que de retour à la maison. »

A Herserange, autour de la table, Luc, qui travaille depuis trois ans au haut fourneau d'Usinor, Bernadette, trente-trois ans, qu'entourent Eric, Véronique et Dominique, trois bambins de neuf, huit et trois ans : « Les licenciements bouleversent toute notre existence, remarquent Luc et Bernadette. Directement, en nous privant de notre travail et du moyen de gagner notre vie. Mais aussi, les communes avaient fait de gros efforts, grâce aux redevances des usines, pour nous fournir des équipements socio-culturels. Les enfants allaient à la piscine, à la danse, au judo, en colonies de vacances. Les usines fermées, plus de redevances! » Déjà, dans le bassin, tout est bloqué. Plus de projets. Plus de vacances. Plus d'achats. On prévoit les jours noirs.

« C'est dur pour toute la famille, reprend Bernadette. Le moral en prend un coup. Pour la première fois de sa vie, mon mari a été malade. Et les enfants sont très secoués. » « On avait l'impression que les enfants vivaient à côté de la crise, explique une responsable de l'A.C.E. En fait, ils sont bien dedans, plus fragiles, plus sensibles. » Ce que confirme un médecin. « Nous sommes frappés par les graves conséquences de la crise sur la santé psychique des enfants. Ils font des cauchemars. Ils dorment mal. Réfléchissez un peu au climat dans lequel ils vivent chaque jour à la maison. »

« Ils jouaient aux gendarmes et aux voleurs. Maintenant, ils jouent à la grève, raconte un instituteur. Plus de bonshommes de neige dans la cour des écoles, mais des crassiers flanqués du S.O.S. des sidérurgistes. »

Les textes libres racontent leur détresse à longueur de cahier. Un maître d'école souligne :

« Quand ils parlent de leur père, les élèves n'écrivent pas : il sera licencié; mais : mon papa va être renvoyé. » « Ce n'est pas d'aujourd'hui, rappelle une mère de famille. Depuis les précédentes suppressions d'emplois, ils émaillent les rédactions de leurs préoccupations. Christophe écrivait déjà en novembre dernier : " Le bonheur, c'est quand il n'y aura plus de chômage. " »

Les écoliers dans la rue

Aussi est-ce tout naturellement qu'avec l'accord de leurs parents, 12 000 écoliers se sont retrouvés le 24 janvier sur la place de l'Hôtel-de-Ville. Plus de deux cents classes, venues de vingt-deux communes, ont affirmé que les enfants du pays voulaient « vivre, étudier, travailler à Longwy ». Pas de discours au micro, mais ces simples mots : « Je m'appelle Valérie, et mon père travaille à la Chiers. » « Je m'appelle Denis, et mon père travaille à Usinor. »

Dans le bassin de Longwy, 80 % des scolaires sont des enfants de sidérurgistes, donc de chômeurs potentiels puisqu'au mois d'avril,

167

un emploi sur trois devrait être supprimé. Un mini-convertisseur — ces cuves qui servent à faire l'acier — avait été construit par les élèves d'un C.E.T. Il fut symboliquement allumé par « *les flambeaux de l'espoir* », et porté en relais sur la place Leclerc de Longwy, où il témoigne de ·l'espoir et de la volonté des jeunes.

Depuis cette grande démonstration non violente, la lutte se durcit, et les familles en subissent le contrecoup. « *On est souvent absents*, remarque un militant. *En plus du travail, on va aux manifestations, aux opérations "coup de poing", aux réunions. Nos filles de neuf, quatorze et dix-huit ans le comprennent, car elles sont engagées dans l'Action catholique, mais ce doit être très difficile dans les familles qui ne sont pas militantes.* »

On va guetter le facteur

Les femmes se sentent plus isolées, un peu tenues à l'écart, même si elles participent parfois aux manifestations, comme Mme C. qui fut sidérurgiste à l'usine de la Chiers pendant la guerre, et dont le mari attend la lettre de licenciement. Et chez Luc et Bernadette, qui habitent aux portes d'Usinor, les enfants sont réveillés chaque matin à 5 heures par les haut-parleurs qui distribuent des mots d'ordre au moment de la prise des postes. (..)

Ce qu'ils veulent, c'est du précis, du solide. « *Tout ce que nous espérons, c'est l'aciérie à oxygène. D'accord pour la modernisation, mais ça, au moins, nous devons l'obtenir. Sinon...* » s'exclame M. B. Il n'a pourtant jamais eu la fibre syndicale. Pas plus que le mari de Mme C. ou que Luc, qui a toujours refusé de « *faire de la politique* » et qui n'aime pas la grève. « *Mais, aujourd'hui, on est obligé de s'engager.* »

Alors, la violence ? Les opérations « coup de poing » se multiplient : occupation de locaux administratifs, arrêt des trains, déversement de minerai sur les voies ferrées... « *J'ai peur de la violence, mais je la comprends*, explique Mme C. *J'appréhende surtout la réaction des hommes quand tomberont les lettres de licenciement. A partir de Pâques, on va guetter le facteur! Dans ce climat, tant qu'aucune décision concrète ne viendra nous apaiser, la violence aura du mal à se contenir. Ce n'est pas moins angoissant que la guerre. Moralement, ils nous fusillent!* » Comme en écho, M. B. dira : « *La guerre n'a pas fait autant de dégâts.* » Désabusée, son épouse ajoute : « *C'est un comble qu'on ait davantage fait écho à la violence qu'à la manifestation des enfants. Ça ne peut qu'inciter à la violence.* »

Cette épreuve aurait pu pousser les habitants du bassin de Longwy au repli sur soi. C'est le contraire qui se produit. « *Nous nous sentons plus proches les uns des autres* », aiment-ils à dire. Et ils ajoutent : « *Même avec les classes au-dessus de nous. Avant, la maîtrise ne nous comprenait pas : les artisans, les commerçants n'étaient pas des nôtres... Mais ce sera plus dur pour eux car ils ne sont pas, comme nous, habitués à peu.* » Mme C. dont la fille de dix-neuf ans est gravement handicapée, a ressenti cette solidarité. « *A cause de notre fille, nous étions un peu isolés : à présent, je ne me suis jamais sentie aussi proche des gens.* »

Et puis, on aime le pays...

Aussi personne ne veut entendre parler d'un départ possible. « *Partir? Pour quoi faire? Pour aller où? Pour être balayeurs? Pour devenir des smicards? A cinquante ans, mon mari ne partira jamais*, affirme Mme C. « *Ici, il y a les fêtes, les loisirs, mais ce qui fait notre vie, c'est notre travail à tous. C'est une communauté ouvrière unie par le travail que l'on veut déchirer*, explique une mère de famille. *Nous sommes tous plus ou moins des immigrés. Nos grands-parents, nos parents, sont venus chercher ici de quoi travailler pour subsister. Nous ne voulons pas que nos enfants, qui ont enfin trouvé des attaches, soient eux aussi déracinés.* » « *Et puis, on aime le pays* », conclut Bernadette. « *Voyez la poussière qui s'infiltre partout et contre laquelle on se bat*, dit-elle en vérifiant la table d'un geste de la main, par habitude. *On aime bien la voir, aujourd'hui; ça nous rassure. Eric veut faire un dessin pour un concours où on lui demande ce qu'il aimerait voir de sa fenêtre. Il a déjà un projet dans sa tête : une grande usine, toute moderne, avec des arbres et des fleurs et aussi... plein de fumée.* »

On aime le pays! Est-ce pourquoi Francis, Jacques, Maria, Stanislas affirment ensemble : « *Je veux rester ici. Je ne veux pas quitter ma région!* » « *Si ça continue comme ça, où ira-t-on travailler?* », demande Xavier du haut de ses sept ans. Et Luc, son petit copain, pensif : « *Il faudra aller travailler à 2 000 mètres d'ici.* » Denis, dont le père est à Usinor, s'exclame : « *L'usine, c'est quelque chose de précieux.* » Au club Fripounet d'une cité, les enfants ont fait un immense tableau, avec le crassier, l'école et la maison. Car le crassier est devenu un symbole. Ils y vont en pèlerinage, et fraternisent avec les syndicalistes qui l'occupent : ils ont tapissé l'abri de leurs dessins.

Leur préoccupation va au-delà des licenciements, dont les chiffres brutaux ont laissé dans l'ombre la dure réalité que vivent les jeunes du Pays-Haut. A Longwy, sur 3 000 demandeurs d'emploi, il y a 1 800 jeunes. Depuis que la sidérurgie a cessé d'embaucher, les jeunes sortent du C.E.T. pour devenir chômeurs. « *Combien sont-ils*, commentait un vieux syndicaliste, *qui deviendront prolos comme nous, et sans boulot!* » « *Comment peut-on*, ajoutait une femme, *tirer un trait sur nos usines et sur l'avenir de nos enfants?* »

. Voilà pourquoi Denis, Valérie, Xavier et les autres reprennent avec leurs parents, comme une incantation, ce slogan qui défie le sort : « *Longwy vivra!* »

Marie-Thérèse COLIN
La Vie, 15 février 1979.

DES HOMMES
QUI MÈNENT BIEN LEUR VILLAGE

Un village, un maire, une équipe d'hommes et de femmes d'une trentaine d'années, décidés à redonner vie à leur commune en maintenant les jeunes au pays. C'est l'histoire exemplaire de Chapelle-des-Bois, 1 100 m d'altitude, 180 habitants sur un haut plateau, à la limite du Doubs et du Jura.

Tout a commencé en 1968. A l'origine de cette aventure, deux hommes, cinquante ans à eux deux : Pierre, l'aîné, grand brun, tout en muscle, frappe par sa figure ouverte aux pommettes saillantes. Ses yeux noirs et pétillants brillent d'une passion déterminée. Christian, trapu, blond aux yeux bleus, cache sous une légère rondeur une tranquille assurance.

Entre ces deux garçons, une amitié qui s'est rôdée, affirmée sur les bancs de la classe unique de Chapelle-des-Bois, une volonté commune d'animer leur village, de créer de nouvelles activités, de faire participer les habitants au maintien des traditions agricoles et culturelles.

La vie avait séparé les deux amis : Pierre reprenait des terres non sans être un peu angoissé d'être bloqué sur le haut plateau qui se vidait de toute sa jeunesse. Christian a dû partir : aîné de onze enfants, il n'y a pas de travail pour lui à la ferme familiale où les cadets restent à élever. Il entre aux Douanes. La zone frontalière étant proche, il pourra revenir facilement au village. Après de longues soirées de discussions, de recherche, d'hésitation, un beau jour, Pierre et Christian, avec dix copains, décident de monter « quelque chose » qui fera naître des emplois pour les jeunes, afin qu'ils puissent rester « chez eux ». Ils profiteront de la mode du ski de fond que les Jeux de Grenoble ont lancé en 1965. Le ski pour eux est évident. C'est le moyen de se déplacer, pendant huit mois de

l'année, de la maison à l'école, distante de plusieurs kilomètres et sur les quatre mille kilomètres du territoire communal. Le vaste plateau y est doucement mamelonné entre une falaise qui marque la frontière suisse et des combes joliment dessinées. La neige s'installant dès la fin d'octobre pour ne repartir qu'en mai, terrain et climat sont merveilleusement complices de leur projet.

De modestes débuts

Pierre, à la tête des jeunes, fonde « L'accueil montagnard » que Christian gère aujourd'hui. Les débuts sont modestes : des pistes tracées avec les moyens du bord, un baraquement installé pour chausser les skis. On a aménagé chez certains parents, en toute hâte, des granges de ferme pour restaurer et réchauffer les skieurs : tout se passe à la bonne franquette avec l'appui enjoué de tout le village mis à contribution.

L'essai est concluant, il faut maintenant le structurer. Pour s'affilier à l'Association nationale des centres-écoles et foyers de ski (A.N.C.E.F.S.F.), qui officialisera les activités, il est nécessaire que les moniteurs soient agréés par l'Association.

En 1973, malgré le coût des stages, le temps difficile à trouver, c'est chose faite. « L'accueil montagnard » peut à son tour délivrer le brevet d'État de ski de fond.

1974 : un modeste bâtiment d'hébergement est monté dans le village avec quinze lits. Il fonctionne à plein durant trois saisons. Alors, le maire entraîne le conseil municipal et décide d'emprunter pour construire un centre-école équipé de soixante-dix lits. Les volets de bois brun du grand bâtiment crépi se sont ouverts cette année, en 1978. Plus une réservation libre jusqu'en avril, un succès...

« Les clients ont entre vingt-cinq et trente-cinq ans, dit Christian. Bretons, Normands, Parisiens et gens du Nord sont fidèles. Nous allons les chercher à Morez avec notre propre bus, car nous sommes oubliés par les liaisons officielles : trop petits, trop isolés. Ils restent une semaine. »

C'est volontairement que le séjour est fixé à huit jours minimum car les jeunes de l'Accueil veulent bien vendre leur savoir et leur neige mais en y ajoutant l'apprentissage d'une région, la découverte des habitudes locales.

« Nous ne voulons pas être une " station ", mais un lieu de rencontre, insiste Christian. C'est ainsi que nous avons, au centre, une garderie pour les enfants des skieurs, mais nous tenons à ce que les enfants de Chapelle y viennent aussi. »

Pour faire marcher cette entreprise et réaliser le plan des deux animateurs, l'équipe de départ s'est élargie. Aujourd'hui, vingt et un salariés, dont douze moniteurs qui font tour à tour les cours et les randonnées. Sept d'entre eux sont là toute l'année, les autres retournent l'été aux champs, sur les chantiers de maçonnerie, de menuiserie ou à l'usine, mais avec le secret espoir que, d'ici peu de temps, ils seront à temps complet car ils sont tous du pays.

Voici qu'à son tour le village bouge et héberge les clients que le centre ne peut accueillir. Le café-tabac a ouvert des chambres, une auberge de petite taille s'est montée, une pension de famille et un hôtel attendent les touristes. Des gîtes ruraux ont été installés chez les habitants avec une subvention, insuffisante, certes, mais qui n'est pas négligeable. Dans toutes ces maisons où le travail ne manque pas, l'espoir est entré. On rêve de s'étendre, bien sûr, mais avec sagesse : on sent une volonté commune de garder les choses en main, de ne pas introduire l'étranger.

« Nous ne ressemblerons pas aux stations voisines, commente Monsieur le Maire, entre deux bouffées de pipe. Ici, il n'y aura pas de promoteurs, pas de grands hôtels, ni de résidences secondaires, coûteuses pour la commune et fermées neuf mois sur douze ! Les résidents que nous acceptons ce sont ceux qui restaurent les fermes abandonnées. Il y en a vingt-cinq, c'est suffisant. Les seules constructions nécessaires seraient des logements pour nos jeunes. »

L'été, quand la neige fond, quand l'herbe reverdit, qu'advient-il de toute cette activité basée sur la neige ? Les jeunes ont tout prévu ou presque : le centre accueille des vacanciers (80 % de filles) attirés par le calme, les longues randonnées en montagne. Les moniteurs de ski se transforment en botanistes, en mycologues, en guides de randonnées cyclistes. Des stages d'artisanat se succèdent : vannerie, menuiserie, boissellerie, enseignés par les anciens qui forment les jeunes. Cette vie simple et chaleureuse apporte un contrepoint très recherché par les citadins. Et la comptabi-

lité, la paperasserie qu'on ne peut éviter ? « Bien sûr, c'est lourd et embêtant, dit Christian, mais Claudine est là ; elle a fait des études et tient tout cela. Elle est revenue au village et bien contente d'y être ! » Claudine, jeune, brune, éclate de vie : elle passe du téléphone à la machine à écrire, plaisante tout en classant, facturant. Elle n'est pas la seule femme du pays à participer activement aux progrès de Chapelle-des-Bois. Les femmes sont nombreuses dans les commissions diverses, telle la commission culturelle qui s'acharne à reconstituer le passé et les coutumes du village, à rassembler les histoires de contrebande, innombrables, qui prennent aujourd'hui des allures d'épopée.

« On rêve d'enregistrer les récits des plus âgés, pour que les enfants les entendent sans déformation », m'explique une toute jeune mère.

Une vieille ferme va être restaurée, elle deviendra une sorte de témoin muet de ce passé qui ne doit pas mourir. Pour le faire, pas d'argent ou presque, mais de

l'enthousiasme, du dévouement, des concours généreux et gratuits. Cette commission culturelle n'est pas entièrement tournée vers le passé et organise autour d'un thème des veillées qui sont très suivies. On y joue aux cartes, on bavarde en buvant un chocolat chaud, heureux de rompre une solitude imposée par la topographie de la commune. De temps à autre, le petit car du centre est emprunté pour aller au théâtre de Morez, pour faire une excursion, une visite intéressante (...).

Répondant à l'admiration que je manifestais pour la façon dont Chapelle-des-Bois avait fait face à une situation qui pour beaucoup aurait été désespérée, il (un habitant) me dit ceci :

« Madame, comme disait ma grand-mère, il faut fleurir là où on vous a planté... »

C'est ce qu'un groupe de jeunes, par amour de leur terre, a réussi.

Sylvie CHADENET
Marie-France, avril 1979.

Préparation

Préparation
- En situant le village de Chapelle-des-Bois, précisez ce qui l'isole du reste du pays. Cherchez dans votre dictionnaire le sens du terme de géographie « combes ».
- Essayez de trouver des photos de ce type particulier de paysage jurassien.
- Faites des recherches sur l'artisanat régional.

Explications complémentaires

Le Jura est une chaîne de montagnes située en France et en Suisse. L'exploitation forestière, les produits laitiers constituent l'essentiel de ses ressources. Région de tourisme, c'est également le domaine des petites industries artisanales.

Notes de vocabulaire

Tout en muscle : expression désignant une personne très musclée, sans graisse.
Pommettes saillantes (f. pl.) : partie supérieure des joues dont l'os est nettement apparent.
Trapu : petit et large, robuste, fort.
Rôdée : (ici) consolidée par le temps.
Cadets (m.) : (ici) les plus jeunes par opposition à « aîné ».
Zone frontalière : territoire où se trouve la frontière entre deux pays.
Un beau jour : expression qui marque le début d'une action.
Ski de fond (m.) : sport d'endurance qui se pratique sur de longues distances enneigées et des surfaces relativement plates.
Mamelonné : rond et ondulé ; terme qui s'applique le plus souvent à des formes du relief.
Sont complices : (ici) favorisent l'accomplissement d'une chose.
Gérer : administrer, diriger.
Les moyens du bord : les moyens improvisés sur le terrain même.
Baraquement (m.) : abri en planche.
A la bonne franquette : en toute simplicité, sans cérémonie.
Enjoué : joyeux, (ici) enthousiaste.
C'est chose faite : expression idiomatique qui signifie ici que le projet est réalisé.
Hébergement (m.) : logement.
Entraîne : (ici) emmène avec soi.
A temps complet : (ici) employé à plein temps toute l'année.
Gîte rural (m.) : lieu où l'on trouve à se loger à la campagne pour une somme modique.
Qu'advient-il ? : que devient ? Advenir : verbe impersonnel qui s'emploie à la 3e personne seulement.
Mycologue (m.) : botaniste spécialisé dans l'étude des champignons.
Contrepoint (m.) : (ici) un contrepoids.
Paperasserie (f.) : multiplication lourde et abusive des papiers administratifs à remplir.
Facturer : faire des factures.
Contrebande (f.) : introduction dans un pays de marchandises clandestines.
Prendre des allures : (ici) faire figure de, ressembler à, s'apparenter.
Concours (m.) : (ici) coopération, collaboration.
Topographie (f.) : relief.

Exercices de compréhension	1 Relevez les différents sens des verbes « restaurer » et « monter » dans ce texte. Réutilisez-les dans des situations de la vie quotidienne.
	2 Quelle est la différence entre une station de ski et un lieu de rencontre comme Chapelle-les-Bois ? Justifiez votre réponse en utilisant les mots du texte.
	3 Pourquoi les habitants ne veulent-ils pas que des étrangers se mêlent de leurs affaires ?
A vous maintenant	1 **Travail de groupe** Vous devez prendre en charge l'avenir d'un village. Attribuez à chaque membre de la classe un rôle précis. En utilisant la construction « Si j'étais » (conditionnel), chacun dit ce qu'il ferait. Exemple : « Si j'étais le maire du village, je ferais construire une auberge de jeunesse. »
	2 **Débat** Êtes-vous d'accord avec ce dicton : « Il faut fleurir là où on vous a planté. »
Exercices de langue	1 Dans la première partie du texte, remarquez les différents temps des verbes utilisés. Pourquoi l'auteur passe-t-il brusquement du passé au présent ? Rédigez l'ensemble de la première partie au passé en respectant les règles de la concordance des temps.
	2 Passez du style direct au style indirect dans les phrases suivantes : « **Nous ne voulons pas être une station, mais un lieu de rencontre** », insiste Christian. « **Nous ne ressemblerons pas aux stations voisines** », commente Monsieur le Maire.
	3 **Plus une réservation libre jusqu'en avril, un succès.** Quelle est l'intention de l'auteur en supprimant les verbes ? Rédigez la même phrase en y introduisant les verbes adéquats.

LE HAUT PAYS QUI EST LE MIEN

*La Franche-Comté
de Bernard Clavel.
Sa région, bien sûr.
Mais aussi son enfance,
ses lectures
et bien entendu,
les personnages
de ses propres livres.*

Découvrir la Franche-Comté de Bernard Clavel, c'est parcourir un double itinéraire. Deux chemins distincts, mais qui, cependant, souvent se recoupent : celui des terres et celui des livres.

Lorsque Bernard Clavel déploie la carte de sa province, c'est pour y situer les hommes qu'il admire, les écrivains et les peintres en particulier. Il y refait aussi, naturellement, son propre cheminement. De l'apprenti pâtissier de Dole à l'écrivain du terroir, au conteur d'aujourd'hui, en passant par tant de métiers : bûcheron, vigneron ou même lutteur de foire.

« *D'abord, voici le pays de Marcel Aymé* • : *autour de Dole, près de la forêt de Chaux. C'est le cadre de " La jument verte ", de " La Vouivre ", " Brûlebois ", " La table aux crevés "... Dans " Le Moulin de la Sourdine ", les enfants découvrent la ville, du haut du clocher. C'est Dole... Une ville admirable, ma préférée, celle qui m'a le plus marqué, celle où j'ai le plus de joie à revenir.* »

Dans « *La maison des autres* », Clavel a raconté son apprentissage chez un pâtissier dolois, ami de « l'oncle au képi blanc » chez qui il allait en vacances dans les années trente... L'ancienne capitale de la Comté est restée telle qu'il l'a connue avec ses vieilles demeures serrées autour de la majestueuse église Notre-Dame, ses ponts sur le Doubs et le canal...

« *Mais allez-y vite!,* dit Clavel. *Avant que la réalisation de la liaison Rhin-Rhône par la voie fluviale ait abîmé cette région.* » Lui-même a renoncé à y habiter « *pour ne pas voir mourir le Doubs, après avoir vu mourir le Rhône et saccager sa vallée...* ».

Les colonnes du ciel

« *Au sud-ouest, voilà Arbois, la patrie de Pasteur. La maison natale du grand savant est à Dole mais il faut visiter aussi à Arbois celle où il a passé toute sa jeunesse et où l'on conserve ses souvenirs. De là, en descendant vers le sud, on pénètre dans le vignoble. C'est en y travaillant que j'ai rencontré " L'Espagnol "...*

« *Si, au contraire, on va vers les montagnes du Jura, on passe par le pays du peintre Courbet, la vallée de la Loue, avec la merveilleuse petite ville d'Ornans, ou bien le pays de Louis Pergaud, entre Besançon et la Suisse, un Jura un peu plus dur.* » La main de Clavel décrit un cercle autour du village de Landresse où l'auteur de *La guerre des boutons* a habité longtemps.

« *Plus haut encore, c'est la " Sibérie jurassienne " d'Auguste Bailly, un historien et essayiste un peu oublié aujourd'hui. Mais son livre " La carcasse et le tord-cou " est à redécouvrir sur place!* »

En parcourant la carte où se dessine le croissant de la Franche-Comté, Clavel évoque encore Pierre Gascar, qui a habité plusieurs années l'abbaye de Baume-les-Messieurs et décrit admirablement dans deux livres cette région de grottes et d'eaux, le poète Charles Nodier, à Besançon, où est né aussi Victor Hugo; à Pontarlier, Pierre Bichet, peintre et cinéaste; à Orchamps, où il a restauré une ancienne commanderie de Templiers, Roland Gaubert, un peintre de grand talent.

« *Si je vous présente mon pays à travers des gens, c'est que la nature sans l'homme ne m'intéresse pas. Dans la forêt, c'est le bûcheron qui m'intéresse, dans la campagne, le paysan...* » Si vous partagez ce point de vue, si vous recherchez aussi des amis qui vous introduisent au plus profond de la vie de cette province, vous pouvez suivre en confiance les personnages de Clavel. Modernes ou anciens, ils ont presque tous vécu ici, habité des maisons qu'on voit encore, traversé des lieux qui n'ont pas changé. Ainsi, même si l'écrivain a inventé leurs noms ou romancé leurs aventures, Bisontin-la-Vertu, Marie Bon-Pain, Hortense d'Eternoz, Dolois-Cœur-en-Joie, tous les héros de sa dernière grande fresque *Les colonnes du ciel* peuvent accompagner sûrement le touriste de 1980 de Salins au Léman, de Morges à La Vieille-Loye.

Pour écrire son livre, en effet, Clavel a refait presque pas à pas la route de ses personnages du XVIIe siècle, fuyant la Comté ravagée par la guerre puis revenant au pays pour y reconstruire un bonheur fragile. Les cluses et les combes des montagnes du Jura, la calme splendeur des lacs, la profonde forêt de Joux, dès qu'on s'éloigne des grand-routes, apparaissent comme ces hommes et ces femmes les ont vues, aimées, redoutées. Et leurs peines, leurs peurs, leurs joies nous aident à comprendre cette terre marquée par son passé plus que d'autres provinces. « Pensez, dit Clavel, *que ma mère me parlait encore avec enthousiasme de Lacuzon, ce partisan, un peu crapule, qui personnifia la résistance aux soldats de Richelieu !* »

Les cathédrales souterraines

Chemin faisant, avec Hortense ou Bisontin, vous saurez tout sur les métiers qui ont rendu la Comté si prospère malgré guerres et malheurs : bûcherons et rouliers, charpentiers, forgerons, boisseliers, artisans ou notaires... « *Ce pays*, dit Clavel, *a toutes les richesses, celles de la terre : le blé, le vin, le sel, si précieux, le bois ; et celle de l'eau : l'énergie. Celle des hommes aussi.* »

« *Ce sont les Comtois*, rappelle-t-il, *qui ont inventé les premières coopératives, les " fruitières " ou fromageries collectives.* » Dans chaque village, on peut encore en trouver une, qui récolte et traite le lait des troupeaux de vaches rousses et blanches de la commune. On vous fera volontiers visiter les installations, goûter les variétés de comté et de morbier. Avec un « chanteau » de gros pain, une saucisse de Morteau, un peu de jambon fumé au feu de genévrier, quel régal ! A défaut de vin jaune d'Arbois, il y a toujours une source au revers du talus !

A Salins, on peut toujours voir extraire le sel. Clavel préfère les cathédrales souterraines à l'extraordinaire ensemble bâti par l'architecte Ledoux pour la saline d'Arc-et-Senans. Aujourd'hui, un centre d'art et de réflexion s'y est installé.

Né à Lons-le-Saunier, Clavel a passé toutes ses vacances d'enfant au bord du lac de Saint-Point, puis sillonné plus tard tout le Jura, à pied, à skis, à vélo : « *Il m'arrivait pendant la guerre de faire Lons-Lyon et retour à bicyclette, dans la journée. Avec un vélo de l'époque et un lourd chargement.* »

Après bien des pérégrinations, il habite aujourd'hui près de Villers-le-Lac, à proximité de la Suisse. A Villers, il faut voir la grondante cascade du saut du Doubs, en latin Dubius, le Douteux, ainsi nommé à cause de son cours incertain et sinueux, et manger une truite à l'oseille chez M. Droz, le patron de l'Hôtel de France, qui vous fera visiter son charmant petit musée personnel de montres anciennes. Avec d'autres amateurs passionnés, il est aussi responsable, cet été, d'une superbe exposition consacrée à l'horlogerie, au musée de Besançon.

Cinq cents amateurs de la région, lui ont confié leurs trésors, ateliers reconstitués, rares cartels et pendules, immenses horloges comtoises habillées de bois de toutes les provinces, montres à secret, « châtelaines » ou « tocantes », et aussi des chefs-d'œuvre récents. Avant de quitter le musée, flânez comme Clavel-le-peintre (encore un de ses métiers-passions), devant les tableaux de la collection Besson et les paysages de Courbet.

De la Saône au Léman

A l'écart du village de Villers, Bernard Clavel habite tout en haut d'une pente raide, face à un large panorama de falaises et de forêts, entaillé par les gorges du Doubs : « *Un pays d'arbres et d'eaux, mes deux passions. C'est une bonne année pour découvrir les innombrables rivières, cascades, torrents et gorges de la région. Les eaux courent, les lacs sont pleins.* » Parmi tous ceux-ci, il aime spécialement le lac de Chalain et (« *trop beau pour les touristes* »...) celui de Bonlieu au sud de Champagnole.

Les arbres, sur toute la Franche-Comté, déploient à l'automne leurs couleurs mélangées à mesure qu'on monte du vignoble en direction de la Suisse : avec les plus beaux sapins de France (dont certains, classés et protégés, portent un nom), on trouve encore dans le Jura tous les feuillus, chênes, ormes, charmes et ces frênes qui, dit la légende, « *sont les colonnes du ciel* ».

La maison de Clavel est toute proche de la frontière de l'est et sa « géographie sentimentale » dépasse les limites administratives : « *Mon pays*, dit-il, *va de la Saône au Léman et je ne peux pas en détacher la Suisse, qui constitue l'autre versant du Jura et qui lui est liée. Que les touristes profitent donc de leur voyage en Franche-Comté pour passer la frontière et découvrir des villes comme Neuchâtel, Berne et surtout Genève...* »

Ensuite, et pour suivre toujours l'itinéraire du cœur, il faut descendre le Rhône... Le fleuve roi, pour Bernard Clavel, le maître fleuve qu'il a passionnément aimé et pour qui il est devenu écrivain, avec son premier livre *Les pirates du Rhône*.

Lyon est au terme du voyage, encore une des capitales sentimentales de Clavel, qui y a fait ses débuts de journaliste et situé *Le voyage du père*, un roman grave et émouvant. Le Rhône, à Lyon, a été domestiqué et canalisé, et Clavel ne retourne sur ses rives qu'avec nostalgie, mais il y a le vieux Lyon, le quartier Saint-Jean et surtout, dans la presqu'île, l'église Notre-Dame d'Ainay, pour ce croyant « *à la foi difficile* », haut lieu de la prière...

Mais lui, cet été, où sera-t-il ? « *Je ne suis pas un sédentaire et pourtant j'ai horreur du tourisme : il me faut une raison pour voyager, un travail à faire, une documentation à réunir... Je saisis tous ces prétextes pour vagabonder. Ce doit être le sang dans mes veines d'un grand-père ramoneur savoyard... De passage en Franche-Comté, il épousa la fille d'un boulanger et arrêta son voyage. Mais moi je continue à déambuler ! J'en suis à mon vingtième déménagement...* » (...)

France de LAGARDE
La Vie, 24 juillet 1980.

Cartes postales

Chaque semaine, les rédacteurs de Télérama nous envoient des « cartes postales » d'un endroit qui les a séduits. Leur coup de cœur d'un petit bout de notre Hexagone. Alors, laissez-vous tenter.

« Je suis la Ganseliesel » (gardeuse d'oies), nous écrit d'Alsace notre collaboratrice.

Télérama, 27 juillet 1983.

WEEK-END DANS LE TRIANGLE D'OR ALSACIEN

Une promenade à travers l'Alsace profonde, des châteaux, des cités médiévales, de la route des Crêtes ou de celle des vins.

Dans le périmètre de la rue Kléber et de la rue Roesselmann, le gérant d'un dépôt de journaux conseille un nouveau Guide touristique à un compatriote : « *Il m'a appris que nous ne descendions pas des Germains, mais des Gallo-Romains! J'en ai reçu une dose de soulagement pour toute la journée...* »

Nous sommes à cent mètres du Musée Unterlinden où se trouve exposé le retable de Mathias Grünewald, en provenance du couvent d'Issenheim. Dans ce village, au sud de Colmar, les disciples de saint Antoine accueillaient les populations frappées du terrible « mal des Ardents » — sorte d'affection gangreneuse provoquée par l'ergot du seigle. Les Antonites, qui semblent avoir tout connu déjà de la médecine psychosomatique, ouvraient en grand les vantaux de leur église. Une foule de pauvres hères — béquillards, lépreux, syphilitiques — se pressait devant une Crucifixion où le peintre détaille avec minutie une mort humaine dans un cadre d'épouvante. « *Vous souffrez?* disaient les religieux. *Voyez combien le Fils de Dieu a souffert plus encore...* »

Huysmans, à propos de cette œuvre, une des plus considérables de toutes les époques, parle « d'hallucination ». C'est à coup sûr le sentiment que les moines d'Issenheim, vêtus de la robe noire cousue du tau d'azur, cherchaient à communiquer

aux incurables. Les malades escomptaient on ne sait quel rayonnement des images, dans un univers pictural où le plus atroce des cauchemars jouxte un tableau de Noël d'une grâce toute séraphique — entre un figuier et un rosier.

Bartholdi éclairant Colmar

Si le retable de Mathias, le peintre, continue d'irradier secrètement « sous les tilleuls », il n'en va pas de même de l'autre gloire colmarienne dont le rayon ne cesse de balayer la ville : Bartholdi éclaire Colmar de son universelle renommée, comme la statue de la Liberté, qu'il a plantée dans le port de New York, éclaire le monde! La réussite de ce sculpteur, dont on visite la demeure transformée en musée, est des plus édifiantes. Bartholdi mérite une auréole monumentale, à la mesure des œuvres qu'il a laissées. Sait-on que la statue de la Liberté peut abriter trois hommes de grande taille dans le flambeau qu'elle élève sur les nations, et qu'elle resta une vingtaine d'années en projet, tantôt à pied et tantôt sur un socle, avant de voir le jour du haut de ses 46 mètres? Boulonnée avec l'assistance technique de Gustave Eiffel, la dame ne nécessita rien moins de 200 tonnes de métal et 300 000 rivets. Un train de 70 wagons la transporta à pied d'œuvre, où on la remonta pièce à pièce. Auprès d'elle, le Lion de Belfort (24 mètres

sur 16), érigé en souvenir de la résistance de la ville, fait figure de nabot.

Il en va de même des statues des Alsaciens illustres dont Bartholdi a parsemé la place, du baron Lazare de Schwendi — introducteur du Tokay de Hongrie — au général Rapp, aide de camp de Napoléon, gouverneur de Dantzig. Un paradoxe, dont on n'a pu me donner la clé, fait que la gare actuelle de Colmar est la reproduction fidèle de celle du grand port polonais. Ce qui incite les mauvais plaisants à dire que l'Alsace doit énormément à ses militaires en expédition : l'un ayant ramené du vin, l'autre ayant ramené une gare!...

On ne s'acquitte pourtant pas de la visite des lieux avec un anachronisme, si plaisant soit-il. Honte à qui quittera la patrie de Hansi sans avoir visité le quartier récemment restauré des Tanneurs et la célèbre maison Pfister, décorée de médaillons et de fresques. Non loin d'elle, la Petite Venise, bordée de logis de bateliers. Puis les bâtiments de l'ancienne douane, au toit de tuiles vernissées. Tout cela constituant, de l'aveu même des responsables, « *une kermesse architecturale* », où les encorbellements, les pignons profilés, le bois, la pierre, le torchis, abondent. Les jours de marché aux fruits et aux légumes, les paysans venus de leur ferme, la foule alsacienne, les flonflons des musiques, les cris des vendeurs, l'accent des acheteuses, recréent une animation colorée d'une rare authenticité. L'eau des anciens corroyages bouillonne sous les ponts minuscules, au pied des maisons. Court-elle jusqu'aux bourgades dont les noms évoquent sa présence : Zimmerbach, Walbach, Gunsbach, où le docteur Schweitzer avait bâti le havre de ses séjours européens et où sont gardées ses archives ?

D'enchantement en surprise

Sa nièce et sa petite-nièce, retrouvées à l'ombre de la Collégiale, évoquent « le pauvre oncle Albert » en époussetant un buste débusqué en haut d'une armoire. Elles se rappellent en riant que le chef de gare de Colmar venait respectueusement demander : « Docteur, on peut partir ? » avant d'agiter son drapeau...

Nos détours nous mèneront à Gunsbach — où d'anciennes collaboratrices continuent de donner une réalité aux idées généreuses professées à Lambaréné. Pourtant, dès que l'on quitte la ville, la multiplicité des itinéraires est de nature à déconcerter : Route verte, Route du fromage, des villes pittoresques, du Rhin, des cinq châteaux, de la tarte flambée, du houblon, des crêtes, des châteaux du Moyen Age, Route de la choucroute — sans compter les hauts lieux : mont Sainte-Odile, Haut-Kœnigsbourg et Trois-Épis. Il faut choisir, sélectionner les temps forts. Sans compter que les circuits touristiques se doublent d'étapes gastronomiques où l'on ne s'imprègne pas seulement de paysages.

Un très ancien dicton condense le pays en formules : « Trois châteaux sur une montagne. Trois églises dans un cimetière. Trois villes dans un val. » Notre première étape sera pour Kientzheim, Haut-Rhin, où le château Renaissance — ancienne propriété du bailli impérial Schwendi — abrite La Confrérie Saint-Étienne. Les membres du Grand-Conseil, vêtus des somptueux costumes inspirés aux nièces Schweitzer par la peinture fla-

mande, prennent place sur l'estrade pour une « dégustation commentée » — sorte de cours de tisane d'octobre à l'intention d'un parterre de jeunes vignerons. L'assistance studieusement recueillie est tout d'abord pourvue de l'instrument de travail indispensable, en l'occurrence le verre coloré à longue tige qu'il importe de tourner lentement afin de « mirer » son contenu. Ensuite — et ensuite seulement — on renifle de la narine gauche, avant la droite, puis on aspire la gorgée qui doit « tapisser les papilles ». Nous apprenons ainsi que la dégustation « fait partie de l'analyse du vin » et qu'elle est « affaire de bon sens, au singulier et au pluriel », chacun de nos moyens de perception étant requis. A quelqu'un qui s'étonne de la participation de l'ouïe, le Grand-Maître a tôt fait de rétorquer que « l'on entend chanter les anges !... » Deux mille vins, étalonnés de 1834 à nos jours, composent la collection qui sommeille dans les caves.

Notre modeste contribution à l'étude du terroir ne portera pourtant que sur cinq cépages 1977. Les œnologues débutants que nous sommes voient leur verre impitoyablement rempli à chaque apparition d'un cru nouveau, dont un dévoué professeur s'efforce de faire percevoir les mérites. On chante une ode au Sylvaner, ami de la charcuterie, de la choucroute, des fruits et de la soif. Une autre au Riesling, « roi des vins », obtenu à partir de raisins à maturité tardive, voué aux crustacés et au poisson. Le Muscat, mis au rang de « dauphin », est assez légèrement traité en raison de dissensions internes. Nous passons au Tokay, « le Sultan », digne accompagnateur des viandes rouges et du gibier, pour finir au Gewurztraminer, qualifié à la fois d'« Empereur » et de « locomotive ».

Notre remontée à l'air libre, assortie de quelques lyrismes, s'étonne de trouver des menus où la choucroute est régulièrement absente : sa « route » passe beaucoup plus au nord, et les meilleures tables l'ignorent.

D'autres merveilles nous attendent, capables de nous consoler : Turckheim, Ribeauvillé, Riquewihr, Kaysersberg — bourgades médiévales exemplaires qui, sans se transformer en musées, ont conservé l'essentiel de leur passé. Tout semble contenu dans la corne d'abondance alsacienne, de la plaine aux sommets, du fleuve à la forêt vosgienne.

Au départ des Trois-Épis, ancien lieu de pèlerinage reconverti en station de ski de fond, jusqu'à Orbey où l'on déguste les dernières truites au bleu, réellement sorties du torrent, nous irons d'enchantement en surprise. C'est d'abord l'abbaye de Pairis, puis, à mesure que l'on s'élève par une route en lacets, la découverte d'innombrables panoramas jusqu'au col du Bonhomme : par le lac Blanc, le lac Noir, le Brézouard. Couverte d'une neige de printemps, la forêt silencieuse ménage une rencontre dramatique avec le cimetière du Wettstein, où 3 000 morts français de la guerre de 1914 reposent à proximité d'un champ de bataille intact, aux tranchées de grès toujours béantes.

L'Alsace profonde

Loin des lieux communs pour touristes, une Alsace profonde s'ouvre à nous. La plaine du Ried est une Camargue secrète de 12 000 hectares, peuplés d'échassiers, de courlis, de bécasses, de busards, de cigognes. Elle déroule ses étendues de terre et de marais sur une réserve d'eau souterraine. Présentant une alternance de prés de fauche et de forêts, le Ried donne également asile aux sangliers, aux chevreuils et aux daims — d'origine méditerranéenne — introduits au siècle dernier. Les multiples canaux d'irrigation qui bordent la petite route en direction du village d'Ebersheim changent le paysage en polders. L'abondance des granges-séchoirs à claire-voie, annexées à chaque corps de ferme, indique que la culture du tabac prédomine.

Un bras de l'Ill, la rivière la plus polluée d'Alsace, traverse la bourgade avant de se jeter dans le grand fleuve. Le gourmet autochtone, penché sur le fumet de sa matelote, se souvient que la précieuse recette se confectionnait autrefois sous le nom de « *matelote du Rhin* ». Or, les eaux que chanta Wagner, bien que n'ayant rien à envier à celles de leurs affluents, comptent toujours cinq pêcheurs obstinés : deux du côté français, trois sur la rive allemande. Nous sommes allés rendre visite à l'un d'eux que nous avons trouvé dans sa cabane, parmi les filets, les hameçons et les lignes. Il nous a avoué qu'il gardait une année et plus, dans des viviers tra-versés d'une eau pure, les sandres, les tanches, les brochets, les anguilles, avant de les livrer à la consommation !

Une autre ville alsacienne, dans le Bas-Rhin, porte le nom de Kintzheim. Elle est au-delà de Sélestat, et l'orthographe n'est pas la même. Les responsables du Centre de réintroduction des cigognes s'y préoccupent des problèmes de pollution et d'adaptation au milieu. Ils parviennent à faire perdre leur instinct voyageur aux oiseaux en rognant pendant trois hivers les plumes d'une de leurs ailes. Cette mutilation provisoire, qui protège les migrateurs des safaris et des pesti-cides africains à hautes doses, présente pourtant l'inconvénient de déséquilibrer leur vol à proximité des lignes à haute tension, où ils s'électrocutent.

Quoi qu'il en soit, l'Alsace, qui comptait cinq couples de cigognes en 1950, en recèle 148 aujourd'hui. Les habitants d'Ostheim sont fiers de celui qui a élu domicile sur leur grand'place, au haut d'un mur en ruines. Quant aux 60 cigognes et cigogneaux du Centre, ils survolent en toute liberté la Montagne des singes voisine, avant de revenir au nid.

Luc BÉRIMONT
Le Figaro Magazine, 21 avril 1979.

La cuisine alsacienne existe...
Il s'agit de la rencontrer !

C ave à vin, grange à blé, garde-manger des pays envi-ronnants » disait, de l'Alsace, Doppelmeyer. Et dans son *Ancienne Alsace à table,* Charles Gérard de préciser : « Il n'est cer-tainement point de pays où le besoin de convivialité se soit plus énergiquement manifesté qu'en Alsace, et où il se soit aussi plus richement satisfait. »

Pour les Parisiens, le symbole de la table alsacienne est la chou-croute. Est-elle venue d'Allema-gne ? Ou de plus loin (on l'a bien dite chinoise !). En fait, déjà en parle-t-on dans le Kreutterbuch de Jérôme Bock (1577) lequel énumère sa confection parmi les travaux d'hiver de la ménagère prévoyante. Et Legrand d'Aussy parle du chou de Strasbourg comme des meil-leurs. Il s'agit du chou dit « quin-tal ». Mais encore y a-t-il, m'assure Léon Beyer, le maire d'Eguisheim, des « crus » de choucroute et bien des façons de différencier celles-ci d'après la culture (terroir, climat, moment de la récolte), la fabrica-tion (artisanale ou industrielle), la cuisson et la préparation.

L'erreur est de la trop cuire. M. Beyer m'a dit : « *Chez moi on cuit la choucroute environ 60 à 90 mn en y ajoutant pendant cette cuisson un ou deux verres de vin blanc bien sec (d'Alsace évidemment). Elle doit être croquante, sèche, et person-nellement je ne l'aime pas recuite. Elle est meilleure nouvelle, c'est-à-dire au début de la saison : avec l'âge elle jaunit et prend un goût plus prononcé.* »

Il est, au demeurant, toute une tradition choucroutière et celle-ci se marie fort bien avec le bœuf bouilli, avec le gibier (faisan), voire avec une sole venue d'ailleurs.

Ce qui m'amène au poisson.

De rivière, et l'Histoire est guir-landée de saumons et de carpes du Rhin, devenu trop pollué pour être honnête. Ils ont disparu. Et toutes les matelotes de l'Ill sont d'anguil-les qui ne viennent pas toutes de cette rivière, hélas, pas plus que tanches, brochets et autres per-ches ! Et s'il est encore quelques truites sauvages, on sait qu'il est interdit de les servir au restaurant. (...)

Mais commençons par le com-mencement, c'est-à-dire par les soupes. Au pays de la tarte à l'oignon la soupe aux oignons est d'usage. Au pays de la bière la soupe à la bière est familière. On vous proposera peut-être la soupe aux abattis d'oie, la soupe aux ceri-ses, la soupe aux quenelles, la soupe aux grenouilles.

Mais trouverez-vous encore le potage au riz qui était d'usage lors des solennelles occasions : enterre-ments, naissances, mariages ?

Mais, avec la choucroute, l'Alsace gourmande se symbolise par le foie gras. De temps immémo-riaux le troupeau des oies gauloises s'est ici dandiné jusqu'aux cuisines et Brillat-Savarin classait le pâté de foie gras de Strasbourg au nombre de ses éprouvettes gastronomiques, on le sait.

Faut-il raconter une fois de plus l'anecdote ? Le maréchal de Contades, commandant militaire de la province en 1762, amena, dans ses bagages, son cuisinier normand nommé Close. C'est celui-ci qui eut l'idée d'envelopper le foie d'une douillette de veau haché, de recouvrir le tout d'une fine cuirasse de pâte dorée... Bref le pâté était né. D'aucuns ont écrit que, non content de cet exploit, il avait donné à ce pâté une âme : la truffe du Périgord. C'est oublier peut-être qu'il y avait des truffes en Alsace, dans la Hart, dans les bois de chênes près de Colmar, autour de la chapelle de sainte Polona près d'Orschwihr. Et que M. de Klinglin, préteur royal de Strasbourg, s'offrit, au XVIIIe siècle, un « Trüffeljaeger », un chasseur de truffes.

Lorsqu'en 1788 Contades quitta l'Alsace, Close y resta. Il faut dire qu'il était amoureux (les truffes, peut-être ?) de la veuve d'un pâtissier de la rue de la Mésange. Il l'épousa, divulga son fameux pâté, fit fortune et mourut, en cette même rue de la Mésange, le 21 novembre 1827, âgé de soixante-dix ans. Mais il avait des émules. De pâtés en terrines, de terrines en boîtes, artisanale puis, depuis 1860, industrielle, la fabrication des foies gras est devenue l'affaire gourmande de Strasbourg.

Au demeurant l'institution du pâté : volaille, gibier, venaison, viande et même poissons, écrevisses, escargots, est ici assise « sur des fondements larges et rassurants ». Et Charles Gérard se vantait d'en avoir trouvé quarante-deux variétés, depuis celui de chair de bœuf marinée au vin blanc et genièvre jusqu'au pâté d'écureuil (horreur !), au pâté de loup que Louis XIII fit servir aux filles d'honneur d'Anne d'Autriche, sans oublier le pâté de coings cuits au vin de cannelle et de gingembre.

Les petits pâtés chauds d'amuse-gueule furent aussi de riz au lait, d'épinards, ce qui nous conduit aux légumes, nous ramène à la choucroute (qui peut être, si j'ose écrire, de navets), aux pommes de terre

qui l'accompagnent, au chou rouge si savoureux avec des pommes fruits, aux spätzele (qui sont petites quenelles de pâte) et aux nouilles, aux knepfle (gnocchi de pommes de terre), aux asperges enfin dont Hœrdt est la capitale.

Curieusement l'asperge a toujours eu, pour apôtre, un missionnaire. C'est un gendarme de Sologne qui découvrit, à la guerre de 1870, que la terre d'Argenteuil ressemblait fort à celle de son pays natal et y ramena l'asperge célèbre. C'est un pasteur venu d'Algérie, M. Heyler, qui, vers le même temps, nommé à Hœrdt, s'aperçut que le terroir était comparable à celui favorable aux asperges d'Afrique du Nord et encouragea les premières plantations. Depuis, les asperges alsaciennes font partie du « panier de la ménagère ».

Trouve-t-on encore, dans les grandes villes et les restaurants, des munsters fermiers ? Fabriqué en été dans les hautes Chaumes, pâturages des sommets vosgiens, en hiver à la ferme où les animaux restent en stabulation, le munster (en Alsace, et qui devient, sur le versant lorrain, le géromé) n'est valable que fermier, non pasteurisé, fabriqué en une seule fois c'est-à-dire d'un mélange de lait du matin et de lait du soir donc légèrement mûri. C'est un fromage admirable que les usiniers sabotent en y ajoutant quelquefois du cumin (les restaurateurs aussi, en servant celui-ci avec) alors qu'il convient de le déguster tel, avec des pommes de terre en robe des champs, bien chaudes.

Les desserts ici sont innombrables. On connaît la chanson de Catherine qui

... sait faire la tarte aux prunes
Comme pas une...

mais ces prunes peuvent être les mirabelles, petites, rondes, jaunes piquetées de rouge-brun, de chair parfumée, ou les quetsches. Aux prunes comme aux pommes les tartes « à l'alsacienne » sont généralement de pâte brisée, les fruits recouverts d'une sorte de pâte à

flanc. On en fait aussi aux myrtilles, à la rhubarbe, aux cerises et, souvent, recouvertes d'un croisillon de pâte.

La tarte au fromage blanc « de tous les jours » et celle du dimanche, la tarte à la crème, la streusel-küeche ou tarte fleurie sont aussi des classiques.

Mais le kugelhopf reste le pilier de la cuisine familiale :

... Secret gardé dans nos vieilles familles,
Transmis avec amour par les mères aux filles !

ainsi que rimait Georges Spetz. C'est dire qu'il y a de nombreuses recettes de cette pâtisserie en pâte levée qui vient d'Europe centrale, tout comme le baba cher à Stanislas Leczinsky.

Mais je le répète il est rare que dans les restaurants « étoilés », « couronnés » ou « toqués » des guides, vous rencontriez la vraie cuisine alsacienne, le baeckeoffe somptueux du Haut-Rhin, plat traditionaliste du lundi (parce que c'est le jour de lessive et que la maîtresse de maison préparait la veille ce ragoût d'épaule de mouton, épaule de porc, pied de porc, pommes de terre et oignons, mouillé de vin d'Alsace et cuit au four du boulanger de l'aube au déjeuner), les schnitzen (quartiers de pommes et poires cuits avec des dés de lard blanchis) et le vrai bretzel, pas celui de l'industrie et des brasseries, vieille croûte séchée et poussiéreuse, mais celui du culte solaire, celui du *Hortus Deliciarium* (XIIe siècle) et des noces royales, celui venu du fond des âges, entrelacé de légende, éperon à boire cette bière qui, je l'écris sachant bien que je vais peiner mes amis vignerons, reste la boisson par excellence des tables alsaciennes.

Il n'empêche que la route des vins d'Alsace est bien agréable à suivre, en quatre étapes si vous le pouvez...

Robert J. COURTINE
Touring, juin 1981.

Le Champagne

Prestige de la région

A l'origine, rien de très original dans ce nom commun : champagne, désignant une vaste éten-due de terres cultivées, caractérisée par l'absence de haies et de clôtures, et correspondant généra-lement à un habitat groupé.

Et pourtant, ce pays de la craie a su tirer de ce qui fut longtemps l'une de ses deux principales res-sources, le mouton et la vigne, un profit considérable.

Ce n'est pas par hasard si le vin de Champagne jouit d'une réputation mondiale considérable et si l'on peut le qualifier d'être « le roi des vins », lui qui a si longtemps été le vin des rois...

Le vignoble champenois

Il n'est pas inutile de rappeler que le vignoble champenois est situé à la limite nord de la culture de la vigne, et qu'ici plus qu'ailleurs la nature y est capricieuse! Certes, de gros progrès ont été réalisés dans la lutte contre les attaques des insectes et des maladies, mais les protec-tions contre les gelées de printemps sont encore incertaines et très coûteuses. Survient une période de temps froid au moment de « la fleur » et la fécondation de la vigne ne peut se faire nor-malement, entraînant coulure [1] et millerandage (ce fut le cas en 1980). Grêle, périodes de séche-resse ou au contraire d'humidité trop forte, et la récolte est compromise. Les espoirs les plus fous sont souvent les plus déçus. Un proverbe cham-penois dit : « Forte montre [2] = petite récolte. »

Tout cela le vigneron champenois le sait bien; ce sont les difficultés rencontrées par toute l'agriculture, il ne peut s'y soustraire. Mais, fier de son vin, il lui consacre le meilleur de lui-même afin de lui garder ses valeurs de symbole; symbole d'une certaine facilité, mais aussi du bonheur et de la joie de vivre des hommes. Et ce bonheur, le vigneron a voulu le partager. En pro-fitant lui aussi de l'évolution générale, refusant les erreurs climatiques et les conséquences éco-nomiques néfastes dues à ces variations en plus ou en moins des récoltes par rapport aux besoins, il a su participer activement à l'élabora-tion de ce que beaucoup prennent pour un modèle d'organisation interprofessionnel le reposant sur une économie contractuelle.

Pourquoi?, juillet 1981.

1. Coulure = absence de fécondation entraînant la non-formation du grain.
2. La montre = la sortie des grappes (inflorescences).

Le langage des étiquettes [1]

Grand cru : tête de cuvée (l'échelon le plus haut de la hiérarchie).

Premier cru : second échelon.

Mis en bouteille au domaine : mis en bouteilles par le vigneron.

Mis dans nos caves : mise en bouteille dans les caves du négociant.

Négociant-éleveur : le négociant achète le vin nouveau et l'élève dans ses propres caves.

Monopole : climat d'appellation contrôlée appar-tenant à un seul propriétaire.

Propriétaire-récoltant : vigneron vinificateur.

Nouvelles de France, 1er décembre 1982.

1. Papiers collés sur les bouteilles donnant des indications sur les vins.

Préparation
- Situez la Champagne sur une carte de France.
- Qu'est-ce qui distingue le champagne d'autres vins ?

Remarques

Ne confondez pas :

(a) **la Champagne** qui est le nom de la région : **en Champagne** ; adjectif : **champe-nois(e)** ; **le vignoble champenois**.

(b) **Le champagne** qui est le nom d'un vin pétillant fabriqué dans cette région ; **boire du champagne** ; **ouvrir une bouteille de champagne**.

Notes de vocabulaire

Étendue (f.) : surface, superficie.
Haie (f.) : clôture formée de petits arbres et qui marque la limite d'un champ.
Clôture (f.) : grillage, palissade, petit mur qui entoure un champ.
Craie (f.) : roche calcaire blanche.
Jouir de : avoir.
Gelée (f.) : congélation de l'eau sur la surface des objets quand il fait très froid.
Millerandage (m.) : absence de formation des grains de raisin.
Grêle (f.) : petits grains d'eau congelée qui tombent du ciel pendant un orage.
Sécheresse (f.) : absence de pluie.
Compromise : (ici) incertaine.
Les plus fous : (ici) les plus grands.
S'y soustraire : s'en échapper.
Néfaste : très mauvais(e).
Contractuelle : (ici) fondée sur des contrats entre les vignerons et ceux qui vendent le vin.

Exercices de compréhension

1 Quelle est l'origine du mot « champagne ».
2 Quelles sont les deux principales ressources de la Champagne ?
3 Pourquoi dit-on que le champagne a été le vin des rois ?
4 Quels problèmes ont été résolus et quels problèmes existent encore dans le vignoble champenois ?

A vous maintenant

1 Quand les Français boivent-ils traditionnellement du champagne ? Pourquoi ?
2 Est-ce qu'il y a dans votre pays des fêtes à l'occasion desquelles on boit du champagne ?
3 A votre avis, pourquoi le champagne est-il décrit comme le prestige de la région ?
4 Qu'est-ce que le champagne représente pour vous ? Est-ce que sa réputation est bien fondée ?

Exercices de langue

1 **Les (espoirs) les plus (fous) sont souvent les plus (déçus)**. D'après ce modèle, écrivez cinq phrases logiques où vous remplacerez les mots entre parenthèses.
2 Rédigez un paragraphe sur une boisson ou une fête en commençant par « **Il n'est pas inutile de rappeler que...** ». Commencez une des autres phrases par « **Ce n'est pas par hasard si...** ».

FRANÇAIS, BIEN SÛR EUROPÉÉNS, SANS DOUTE ALSACIENS, AVANT TOUT

La Vie, 10 mai 1979.

MULTILINGUISME ET CULTURE EN ALSACE

Le Quotidien de Paris, 25 mars 1975.

RÉGIONALISMES

Notre époque accorde une attention nouvelle à ce qui reste des cultures régionales, et le langage n'est pas absent de ce désir de description et d'inventaire. Après avoir recueilli avec soin le vocabulaire des patois, surtout pour ceux qui sont en voie de disparition, les linguistes se tournent aujourd'hui vers le « français régional ». Les patois et dialectes, bien vivants comme ceux d'Alsace, ou mourants comme ceux de Lorraine ou de Champagne, sont analysés depuis trois quarts de siècle, et toute une série d'« atlas linguistiques », publiés par le C.N.R.S. *, a entrepris d'en localiser chaque élément. Mais maintenant il s'agit de rechercher les mots qui, sans appartenir au français national, celui que recensent les dictionnaires d'usage, sont vivants et usuels dans telle ou telle partie de l'Hexagone *. Le travail a commencé depuis longtemps pour d'autres « régions » de la francophonie : On possède déjà des glossaires pour la Wallonie, la Suisse romande, le Québec, et même pour des parties de l'Afrique noire. Mais pour les provinces françaises, cette recherche commence à peine.

A titre d'essai, une première liste vient d'être mise en circulation ; des dialectologues, oubliant pour un temps leur tâche habituelle, délaissant les villages reculés où subsiste encore un patois que les villes ignorent, ont collecté des expressions régionales. Ainsi en Normandie une « chasse » est un chemin creux ; à Lyon une « traboule » est une sorte de couloir qui permet de passer d'une rue dans une autre ; en Bourgogne le « trège » est un passage entre deux maisons, ou à travers une maison, qui va de la rue aux champs ; dans les Alpes un « clapier » est un amas de pierres ; en Bourgogne et en Franche-Comté, au printemps, les feuilles et l'herbe « trésissent ». Tantôt il s'agit de vieux mots que le français national a perdus, mais qui ont survécu çà et là, tantôt de créations locales qui n'ont pas réussi, comme tant d'autres, à passer dans l'usage général.

En Alsace, la situation est spéciale, surtout à cause de la vitalité du dialecte, mais aussi parce qu'il est germanique et non roman. Les réalités locales y ont leurs appellations, et quand on les nomme dans un énoncé en français, on les cite souvent sous cette forme originale. L'art culinaire en fournira de clairs exemples : la choucroute a depuis longtemps trouvé un nom dans la langue nationale, qui l'a emprunté il y a plus de deux siècles aux dialectes germaniques ; le Flammekueche a été récemment traduit en « tarte flambée » ; mais le Baeckeoffe ou le Schiefele ne sont jamais cités que sous leur nom d'origine. De ces quatre termes, un seul serait donc admis dans un inventaire du « français régional d'Alsace », puisque « tarte flambée » est largement utilisé (concurremment avec le mot dialectal), que cette appellation entre fort bien dans le vocabulaire d'un francophone (par exemple d'un immigré qui ignore le dialecte), mais qu'elle reste inconnue et opaque pour tout le reste du pays... jusqu'au jour où cette savoureuse préparation se répandra « à l'intérieur » (autre expression régionale !), comme c'est le cas depuis longtemps pour la choucroute, le munster et le kougelopf.

Armand MEUNIER
Dernières Nouvelles d'Alsace,
1er octobre 1978.

Des Strasbourgeois veulent « lire leur ville » en dialecte

De notre correspondant

Strasbourg. — Le chassé-croisé que se livrent depuis plus d'un an, dans les vieux quartiers de Strasbourg, partisans du bilinguisme et employés municipaux à propos de l'apposition sauvage de plaques de rues en dialecte sous celles réglementaires en français, tourne ces derniers temps à la guérilla.

Ainsi, durant le week-end de carnaval, des inconnus portant les masques de Valéry Giscard d'Estaing, de Raymond Barre et de François Mitterrand ont débarqué d'une camionnette aux insignes des services municipaux et ont apposé leurs plaques en plein jour : *Schrlewerstubgasse* sous rue des Écrivains, *Am Verbrannten Hof* sous place du Marché-Gayot, *Himmelreichgasse* sous rue du Ciel, *Stephesplan* sous place Saint-Étienne, etc. Mais, une fois de plus, ces plaques ont vécu le temps d'un dimanche, jusqu'à ce que les services municipaux, aux premières heures du lundi, les eussent décrochées.

Des opérations similaires effectuées dans le quartier touristique de la Petite-France et celui de la cathédrale, en août et en décembre dernier, avaient connu le même résultat. Cette fois, le commando a voulu « légitimiser » son action en distribuant sous forme de tract un extrait de lettre du président de la République au secrétaire d'État à la culture de l'époque. Valéry Giscard d'Estaing écrivait notamment à Michel Guy : « *Dans les quartiers anciens de nos villes, des rues et des places publiques portent encore le nom qu'elles ont reçu dans un passé parfois lointain. C'est là le rappel d'une tradition ou d'un moment de l'histoire de la cité (...). Sa disparition est toujours regrettable. Dans une politique qui tend à préserver et à restaurer le centre historique des villes, je souhaiterais que vous procédiez à une réflexion sur la manière la plus appropriée de protéger les noms de lieux publics qui présentent le plus d'intérêt. (...)*

À Strasbourg, les autorités municipales ne semblent pas vouloir partager le point de vue présidentiel, bien qu'elles soient saisies depuis octobre 1977 d'une pétition accompagnée de mille signatures de citadins « *soucieux aussi bien de l'identité historique que de vocation européenne* » de leur ville et qui estiment que « *l'apposition de panneaux indiquant le nom des rues dans les deux langues est désormais indispensable* ».

Une association s'est même créée pour mettre au point un modèle type de telles plaques : le nom français de la rue ou de la place en gros caractères, et, en dessous, en caractères plus fins et discrètement stylisés, le nom dialectal hérité de la tradition culturelle régionale.

Les autorités sont restées sourdes à tous ces appels. Certes une commission municipale — devenue depuis sous-commission — a été chargée du dossier et un adjoint au maire est même allé jusqu'à déclarer en séance publique du conseil municipal que les rues qui avaient été baptisées d'un nom traduit — souvent de façon erronée — de l'allemand porteraient désormais le nom dans les deux langues, mais les réalisations concrètes n'ont jamais vu le jour et la commission tarde à rendre publiques ses conclusions. « *Il nous paraît improbable que la majorité des membres de ladite commission aient pu se prononcer contre une proposition qui était à la fois sensée et modérée... Les noms d'origine souvent pittoresques qu'on voudrait voir reparaître sous certains panneaux sont actuellement encore utilisés par une partie de la population. Dans quelques années ce ne sera plus le cas. Ils auront disparu du langage quotidien et ne figureront plus que dans les archives municipales* », commentent aujourd'hui les promoteurs de la pétition. Cela ne semble pas encore le cas dans la capitale alsacienne. Pour beaucoup de Strasbourgeois, la rue Brûlée est restée *Brandtgasse*, la rue du 22-Novembre *Neue-Strasse* et la place de la République *Kaiserplatz*.

Jean-Claude PHILIP
Le Monde, 14 mars 1979.

müedersproch

C'est à l'école, noyau du village,
embryon de vie communautaire,
que l'on apprend la vie et « sa » langue.
Or, entre Vosges et Rhin,
pour 70 % des enfants la langue maternelle,
« müedersproch », est l'alsacien.
A quatre ans, en arrivant à l'école maternelle,
le français est pour eux une langue étrangère.

L'Éducation, 16 mars 1978.

Les six langues de Roger Siffer

*T*rente-trois ans, dix de chansons, sept disques, dont le dernier Alsace au pluriel vient de sortir. Des chiffres secs qui ne collent pas au personnage. Roger Siffer, l'œil malicieux derrière les lunettes rondes, c'est l'humour, l'amitié, la tendresse. C'est aussi, au fil de ses dernières chansons, une gravité nouvelle, au bord, souvent, du désenchantement. Et de la dérision, comme le « Munster à cinq temps » ou la « choucroute à la Schweitzer ».

— *Votre disque est chanté en six langues différentes, pourquoi?*

— Depuis dix ans je proclame, en alsacien, le droit à la différence, le respect des minorités, sans être entendu. Alors, j'ai décidé de faire et non plus de dire. Voilà pourquoi, en plus de l'alsacien, je chante en français, allemand, yiddish, yänisch et en vosgien.

Ce mélange s'imposait. Le français d'abord, par provocation. En voilà assez des régionalistes qui ne cessent de clamer : « *Le français est la cause de tous nos malheurs!* » Moi, je n'ai rien contre la langue française. Il suffit d'écouter Brassens ou Ferré. L'allemand, ensuite, parce que beaucoup d'Alsaciens, notamment les générations de mes parents et de mes grands-parents, chantent en allemand. Et puis le yiddish qui est du judéo-alsacien, le yänisch, la langue des gens du voyage et le vosgien. Ce sont des langues de minorités à l'intérieur

d'une minorité. Toujours le droit à la différence.

Mais soyons réalistes, pour la culture alsacienne et bien d'autres cultures régionalès, l'arrivée de la gauche, c'est comme une aspirine sur un cancer généralisé. C'est trop tard. Ces cultures vont disparaître. Maintenant que le discours politique est régionaliste, il faut aller plus loin.

— *C'est un abandon du militantisme régional?*

— Je n'ai jamais voulu être un missionnaire en chaussettes, un porte-drapeau. Je l'ai toujours été, un peu malgré moi. Je ne veux pas remplacer un chauvinisme national par un chauvinisme régional. J'ai

toujours été contre les papes des cultures régionales, ceux qui délivrent des certificats de bonne « alsacianitude ».

La culture des Alsaciens qui est une manière de vivre, de manger, une langue, disparaît. Pourquoi, je n'en sais rien. Est-ce tellement important?

— *C'est quand même un peu rapide, un peu défaitiste non?*

— Je continue de chanter en alsacien, de défendre une culture, mais c'est un combat solitaire. Je parle alsacien avec mes enfants, non par nostalgie mais parce que je veux qu'ils aient comme moi la chance d'être bilingues, c'est-à-dire d'avoir deux façons de penser.

Le problème alsacien est dramatique, sans doute. Mais il est mineur face au racisme et au fascisme qui détruisent les différences. L'important, pour moi, est de lutter contre cela, dans n'importe quelle langue.

— *Cela ne soulève pas précisément l'enthousiasme en Alsace...*

— Les gens aiment bien classer, raisonner par tiroirs. Un chanteur doit être à son public. Et moi je ne veux être à personne.

— *Une voie difficile, non?*

— C'est une solitude totale. Mais sereine, voulue, acceptée, heureuse.

Jean-Jacques SCHAETTEL
Télérama, 30 décembre 1981.

Les vertus du bilinguisme

Le 30 juin 1976 était signée à Ribeauvillé la première charte culturelle régionale d'Alsace. L'État, l'établissement public régional et les deux conseils généraux du Bas-Rhin et du Haut-Rhin, considérant que la culture aide l'homme à s'épanouir et que la vocation culturelle, le bilinguisme et le rôle européen de l'Alsace appelaient une politique exemplaire, décidaient par cet accord de « mobiliser, coordonner et améliorer » leurs moyens dans le cadre d'une charte, la première du genre établie en France.

Ces partenaires décidaient ainsi de combiner leurs financements et d'harmoniser leurs actions afin d'entreprendre une série d'opérations échelonnées sur une période de trois ans. La charte a eu pour objectif de mettre en place le cadre « matériel » permettant à la culture régionale de s'épanouir, notamment avec la création de l'Agence culturelle technique, la construction de relais culturels et de salles polyvalentes, l'aménagement de locaux spécialisés. L'intention était non pas de juxtaposer les équipements existants mais de lancer une véritable politique d'animation de la vie culturelle alsacienne.

Les résultats obtenus ont conduit, en octobre 1979, les représentants des assemblées départementales et régionales à demander au ministre de la Culture et de la Communication la mise au point d'une seconde charte culturelle. Un groupe de travail se mit à la tâche et, en un peu plus d'un an, après neuf séances plénières et une vingtaine de réunions plus spécialisées, élabora un document prévoyant un ensemble d'opérations à entreprendre de 1981 à 1983. C'est ce document que M. Jean-Philippe Lecat, ministre de la culture et de la communication, vint signer à Strasbourg, le 20 février dernier. La nouvelle charte, deuxième du nom, était née.

Tout en continuant à établir un « réseau de moyens culturels », elle s'est essentiellement donné pour objectif le développement de la vie culturelle proprement dite, avec le souci que celle-ci exprime les aspirations profondes de la population alsacienne. Elle affirme, une fois de plus, l'identité culturelle de la région dans ses multiples composantes dont elle veut favoriser l'épanouissement. Ainsi, pour la première fois, était-il dit et écrit clairement, de la façon la plus officielle, que « le dialecte constitue un élément fondamental très vivace du patrimoine culturel alsacien » et que « le bilinguisme constitue un atout pour le rayonnement de l'Alsace, notamment dans l'espace rhénan au centre de l'Europe en construction ». Les signataires de la charte expliquent encore « que l'acquisition de la maîtrise de la langue française constitue l'objectif majeur de l'école maternelle et que cet objectif sera d'autant mieux atteint que sera facilitée l'utilisation du dialecte à l'école maternelle pour l'accueil des enfants dialectophones ». Ils affirment aussi « la nécessité de faire définir par des spécialistes des méthodes pédagogiques spécifiques afin de tirer le meilleur parti du dialecte pour aider à maîtriser le français, apprendre l'allemand et accéder à la culture locale ».

Excellentes intentions, mais c'est là que le bât blesse, le ministère de l'Éducation nationale n'est pas, lui, signataire de la charte qui, dans son budget, ne prévoit guère que des « aumônes » pour l'enseignement du dialecte et rien, « rien du tout », pour celle de l'allemand.

Il reste que la conjoncture du marché économique et de l'emploi, qui impose de plus en plus aux Alsaciens la connaissance et la maîtrise de l'allemand, a eu raison de certaines oppositions tenaces au bilinguisme populaire. Ce n'est pas rien.

Jean-Claude PHILIP
Le Monde, 2 avril 1981.

L'Alsace et sa presse bilingue

Résultat de l'histoire : une presse bilingue subsiste en Alsace. Elle est toutefois en régression depuis 1945.

Les principaux quotidiens et hebdomadaires imprimés dans les deux départements alsaciens comportent une édition en langue française et une autre en langue allemande. Certains sont bilingues à l'intérieur d'un même numéro; une partie des articles sont écrits en langue française, une autre en allemand. Jamais en dialecte : l'alsacien est oral et sa forme littéraire est l'allemand. Seule exception : des poèmes d'auteurs régionaux publiés, parfois, par les journaux en alsacien.

D'où vient le bilinguisme de la presse alsacienne? De l'histoire de la province, dont les habitants ont changé cinq fois de nationalité en moins de cent ans. Française sous Napoléon III, l'Alsace revient à Bismarck et au roi de Prusse après la défaite de Sedan. Elle fait partie du premier Reich, de 1870 à 1918.

Redevenue française, elle connaît entre les deux guerres une période de déchirement idéologique liée à la pratique linguistique et à ses divers particularismes, scolaire, religieux, juridique, social, même économique et politique. Annexée dès le début de la Seconde Guerre mondiale, l'Alsace vit à nouveau cinq années sous la domination allemande, avant de rentrer derechef dans l'Hexagone au lendemain de la Libération.

Chaque changement de nationalité s'est accompagné d'un changement de pratique linguistique. Ainsi se trouve entretenu le bilinguisme de la province. Celui-ci est toutefois bien plus ancien. Jadis d'obédience germanique ou helvétique, avant de se réunir à la France au XVIIe siècle, les duchés et villes libres d'Alsace pratiquent un idiome germanique. Et la population reste dans sa majorité germanophone, même au temps où la noblesse et la bourgeoisie commencent à parler français. C'est pourquoi la presse a toujours été bilingue en Alsace.

Une longue histoire

Seule l'occupation par l'Allemagne hitlérienne fut une période d'officiel monolinguisme : il était interdit de parler français, à plus forte raison d'imprimer en français. La contrainte n'avait pas été aussi forte entre 1870 et en 1918. Lorsque l'Alsace devient Reichsland, terre d'empire, en 1871, la presse régionale est en partie d'expression française, en partie allemande. Quotidiens et périodiques s'adaptent à la langue de leurs lecteurs. Tout en favorisant la presse d'expression germanique, les Allemands n'empêchent pas les journaux et revues françaises de paraître. Ils espèrent seulement qu'avec le temps, avec la scolarisation dans la langue de Goethe, la pratique du français s'estompera.

En 1918, lorsque l'Alsace retrouve la France, deux générations d'Alsaciens ont fréquenté l'école allemande. Ils parlent, lisent, écrivent avant tout la langue d'outre-Rhin. Aussi, l'essentiel des journaux qui paraissent dans les deux départements, dans les années 20 et 30, sont-ils d'expression allemande. (...)

« Interdit de parler français »

La situation actuelle résulte de la Seconde Guerre mondiale. Entre 1940 et 1945, l'ensemble de la presse qui paraît dans les deux départements du Rhin annexés à l'Allemagne nazie est d'expression allemande. La presse est allemande comme toute conversation doit être allemande : il est interdit de parler français.

A la Libération, force est aux autorités françaises d'accorder à la presse alsacienne l'autorisation de rester bilingue. C'est-à-dire de paraître avec des éditions ou des pages en langue allemande. En 1945 encore, une majorité d'Alsaciens ont été formés à l'école allemande. Même des patriotes qui, parfois au péril de leur vie, parlaient français de 1940 à 1945, désobéissant à l'occupant, ont lu, au lendemain de la Libération, un quotidien en langue allemande. Parce qu'il leur était plus accessible, ou parce que les grands-parents ne pouvaient pratiquer d'autre lecture.

Les éditions allemandes ont toutefois été réglementées. Ne peut paraître en langue allemande que la presse d'information générale non destinée à la jeunesse. Les publications destinées à la jeunesse, comme les pages sportives des quotidiens et hebdomadaires, et toute la publicité, sont obligatoirement de langue française. Cela fait quelques années seulement qu'appa-

188

raissent dans les quotidiens des insertions publicitaires en langue allemande : il s'agit en général de publicité venue d'outre-Rhin qui bénéficie d'une tolérante et tacite entorse au règlement.

En outre, il est fait obligation à la presse alsacienne de ne jamais donner en allemand les titres officiels des personnalités ou grands commis de l'État. Même dans l'édition en langue allemande il faut parler de « maire » et non de « Burgermeister », de « président » plutôt que de « Vorsitzender », de « chef de gouvernement », de « ministre », de « préfet », etc. C'est une pratique en perte de vitesse aujourd'hui, où l'on traduit volontiers les titres officiels, sans que cela choque les lecteurs, voire les autorités.

La presse en langue allemande était alors plus abondante que celle en langue française. Les rapports sont nettement inversés aujourd'hui.

Le Bas-Rhin a de tout temps été le plus germanophone des deux départements alsaciens. En 1945, l'édition bilingue des *Dernières Nouvelles de Strasbourg* fait les trois quarts du tirage du quotidien. Aujourd'hui, l'édition bilingue séduit encore 33 % des lecteurs des *D.N.A., Dernières Nouvelles d'Alsace,* issue de la réunion des quotidiens haut-rhinois et bas-rhinois du groupe. Cela représente près de 68 000 numéros de langue allemande, un tirage dont plus d'un quotidien départemental serait fort aise. L'essentiel de ce chiffre est diffusé sur le Bas-Rhin, la plupart des éditions haut-rhinoises des *D.N.A.* ne paraissant qu'en édition française.

Pour *l'Alsace,* l'autre quotidien régional — dont le siège est à Mulhouse —, le rapport linguistique n'a jamais été si fortement favorable à la langue allemande. Cela est dû notamment au fait que ce quotidien est né à la Libération, ainsi qu'au phénomène historique, déjà évoqué, d'un département resté toujours plus francophone que le Bas-Rhin.

Au départ, en 1945, 38 % des lecteurs de *l'Alsace* s'abonnent à l'édition française, 62 % à l'édition bilingue. Le rapport s'inverse assez vite : dès le début des années 60, le nombre des lecteurs de l'édition française est supérieur à celui de l'édition bilingue, alors que le rapport ne basculera qu'à la fin des années 60 pour les « *D.N.A.* ».

Aujourd'hui, les lecteurs bilingues de *l'Alsace* sont environ 25 % de l'ensemble des lecteurs du quotidien. Ce qui signifie 30 000 numéros vendus chaque jour à une clientèle particulièrement fidèle, avide de lecture et ayant le temps de lire. Parce qu'il s'agit de lecteurs souvent plus âgés que la moyenne de la population, retraités ou près de l'être.

Dans ces éditions bilingues, les informations sont rédigées en langue allemande, à l'exception du sport, de la publicité, et, de plus en plus, des articles qu'on n'a pas eu le temps de traduire. Le contenu de l'édition bilingue est adapté à son lectorat : les informations sur la jeunesse seront moins nombreuses ou moins développées. Par contre l'information « troisième âge », des rubriques « magazine » ou « service » spécialisées, seront plus abondantes.

Beaucoup de traductions

Les articles ainsi publiés sont généralement traduits de leur version française. (...)

Il est tout à fait exceptionnel de voir aujourd'hui deux journalistes, l'un d'expression française, l'autre d'écriture allemande, « couvrir » le même événement pour les deux éditions différentes d'un même quotidien. En général, c'est le francophone qui couvre, et le traducteur adapte pour l'édition bilingue. Les traducteurs sont une trentaine aux *Dernières Nouvelles,* une vingtaine à *l'Alsace.* (...)

Le cas du *Nouvel Alsacien,* l'autre quotidien paraissant à Strasbourg, avec une diffusion presque exclusivement bas-rhinoise, est différent. Il est bilingue à l'intérieur du même numéro, c'est-à-dire que certains articles paraissent en langue française, d'autres en langue allemande. A l'heure actuelle, l'essentiel de l'information internationale est allemande, les nouvelles nationales se partagent entre les deux langues mais ont tendance à être publiées de plus en plus en français, l'information régionale et locale est en français [1]. L'éditorial quotidien est en général de langue allemande.

Ainsi partagé entre un contenu allemand et français, *Le Nouvel Alsacien* éprouve quelque mal à satisfaire sa clientèle, l'ancienne restant attachée à un journal plus germanophone, la nouvelle génération souhaitant davantage de rubriques en français. Le directeur de ce quotidien, Bernard Deck, assume toutefois « *le choix idéologique de ne pas publier deux éditions différentes, l'une française, l'autre allemande, d'un même journal, malgré le coût que cela représente* ».

A côté des quotidiens, paraissent en Alsace quelques hebdomadaires bilingues. Le plus important est *l'Ami du peuple,* bilingue à sa manière : les articles se suivent et se ressemblent en français et en allemand. *L'Ami du peuple,* qui vient de racheter son homologue messin, reste financièrement une affaire très équilibrée.

Ce n'est pas le cas de l'hebdomadaire communiste *l'Humanité d'Alsace et de Lorraine,* bilingue de la même manière, jusqu'à traduire des articles de Georges Marchais paraissant dans *l'Humanité* nationale. Il survit avec le soutien de ses lecteurs, du groupe de la presse communiste et du P.C.F.

Combien de temps encore l'Alsace bénéficiera-t-elle d'une presse bilingue ? Difficile à évaluer. (...)

Renée WAECHTER
Le Monde, 3 janvier 1982.

---

1. En tout cas pour l'édition de Strasbourg ; celles de Haguenau, Wissembourg et Saverne sont davantage germanophones.

« L'Alsace et ses traditions » :
Un regard et un enthousiasme nouveaux

Défilés folkloriques et danse en rond : cela fait un moment que le côté carte postale de l'Alsace touristique agace tous ceux qui travaillent à la reconnaissance de l'identité alsacienne. A quoi sert de se battre d'un côté si de l'autre, pour toutes les fêtes, c'est l'Alsace aseptisée et banalisée qu'on met en vitrine ?

Mais entre dénoncer les choses et faire en sorte qu'elles changent, il y a un fossé qu'on ne franchit pas si facilement. Car si la chanson a ouvert la voie, si lentement le théâtre en dialecte suit, dans le domaine des arts populaires qui restituent le vécu quotidien, la sensibilité des régions, on compte les tentatives sur les doigts d'une main. Jamais de toute façon un véritable spectacle mettant en pratique les idées sur ce qu'est cette Alsace-là n'avait été monté.

Mais c'était compter sans Marguerite Doerflinger, institutrice d'école maternelle, mais aussi, depuis des années, passionnée par tout ce qui touche à son terroir. **« J'ai toujours été en contact avec des gens simples. Je les ai toujours écoutés raconter des histoires. Depuis toute petite, je sais ce qu'est un rouet, un nœud et je sais que nulle part ailleurs, il n'y a cette harmonie entre le village et le costume. »** (...)

Alors, quand il s'est agi de proposer un spectacle — image de l'Alsace — aux congressistes des écoles maternelles, Marguerite Doerflinger a pris les choses en main. Et depuis Octobre travaille d'arrache-pied. Pas toute seule. Le remarquable travail présenté mercredi soir au Palais des congrès devant une salle archi-pleine est aussi le résultat d'un travail

d'équipe. D'une équipe qui a travaillé sans aucune subvention, avec pour seul aiguillon, l'enthousiasme. Le spectacle s'appelle « L'Alsace et ses traditions » et c'est une évocation dansée et poétique en quatre tableaux.

Costumes de réjouissances de l'outre-forêt et du Kochersberg

Les femmes n'ont pas de coiffe et les hommes ont des bonnets de fourrure. Vous êtes sûrs que c'est l'Alsace, ça ? Oui, c'est l'Alsace de l'outre-forêt. Le groupe de Seebach danse et Marguerite Doerflinger explique : les bonnets de tulle blanc et la natte dans le dos, c'est la partie catholique du village ; les nattes relevées sur la tête, la partie protestante. On présente les costumes : ceux des soirs de danse, ceux du jour du Seigneur et ceux du mariage. Joli tout ça et significatif d'un art de vivre.

Les voilà les grandes coiffes : des brodées, des rayées, des rouges, des noires, des « écossaises ». Onze couples se sont lancés sur la piste et pas un costume ne ressemble à l'autre. Ce qu'ils dansent aussi ne ressemble pas à la polka piquée et à la valse traditionnelle. C'est tout le Kochersberg qui défile dans sa diversité rarement connue des Alsaciens. Avec le G.A.P.K.E. (Groupement des associations d'art populaire du Kochersberg et environs).

Les enfants aussi font la vie d'un village. Ici, ils ouvrent la fête. Les enfants du Groupe folklorique de Souffelweyersheim, les tout-petits de l'école maternelle J.-Sturm, trottinent sur scène avec de superbes costumes et miment les comptines

qui ont bercé notre enfance. Un gamin chantonne. **« Reihe, reihe Rose, scheni Aprikose... Grossmamma, Grosspapa, ringele hop sassa... Ritte, ritte Ross... Wer kommt in min Hisele... Es rait, es schneit, armi Soldate marschiere met de Flint... »** Pas de traduction, les mots chantent d'eux-mêmes et les applaudissements fusent.

Les coutumes, réjouissances, s'enchaînent maintenant très vite. Remarquable envolée de sorcières, si présentes dans le légendaire alsacien, chasse l'homme de paille qui parle de l'hiver, quête printanière de fillettes avec en tête la reine de mai, danse des épées des conscrits, veilleur de nuit, le tout sur fond de réjouissance villageoise avec danses d'enfants, varsoviennes et valses aux rythmes impairs.

Quand les Alsaciens pourront-ils voir ce spectacle, auquel participent aussi Gilbert Wolff, l'ensemble « Pêcheur », l'orchestre du groupe de Seebach, les Joyeux marcaires ? **« L'envie est là »**, dit Robert Dossmann. **« Et des idées, nous en avons plein la tête »**, continue Marguerite Doerflinger.

En Alsace, paraît-il, les responsables sont plus concernés que dans d'autres régions par le renouveau de la culture régionale.

Le spectacle « L'Alsace et ses traditions » s'est monté sans un centime de subvention. Les participants y ont même été de leur poche. Passe pour un coup d'essai qui s'avère être un coup de maître. Qui donnera à ce spectacle les moyens d'exister ? Affaire à suivre.

France BITTENDIEBEL
Dernières Nouvelles d'Alsace,
26 juin 1980.

6

La France du Sud

**Aquitaine • Midi-Pyrénées • Languedoc-Roussillon
Provence-Côte-d'Azur • Rhônes-Alpes • Corse**

LES HOMMES

Ensemble dans la différence

Nîmes jette un œil vers Marseille, et Perpignan vers Toulouse. La rive droite du Rhône entend les cloches d'Avignon; le Lauragais celles de Toulouse. Sans doute, en sens inverse, le Millavois, le Saint-Affricain et une partie de la Montagne Noire albigeoise verseraient vers le golfe du Lion. Mais ces zones n'appartiennent pas à la région administrative du Languedoc-Roussillon.

Pourtant, de plus en plus, les gens de cette région écartelée, tendent à se trouver. Sans trop savoir encore ni pourquoi ni comment, ils savent qu'ils forment un embryon de communauté. C'est que les temps ont changé. Les cloisonnements sont moins marqués, même si la solitude des hautes vallées défie les siècles.

Modestine, la mule de Stevenson, n'est plus utile (quoique peut-être recommandée) pour pénétrer au cœur des Cévennes. Des routes en bon état se faufilent dans les vallées, courent sur les crêtes. A l'image de ce pays, plus ouvert mais toujours rude, le Cévenol qui a su se battre pour sa liberté d'expression est resté réservé dans ses souvenirs camisards.

Plus bas, sur les coteaux ou dans la plaine, l'exubérance méridionale est tempérée par un zest de rigueur cathare avec, peut-être, une pointe plus acide dans le Minervois ou autour des hauts lieux de la croisade albigeoise : Carcassonne, Béziers, Quéribus, Peyrepertuse.

La trêve de Dieu

Dans les Pyrénées-Orientales, qui représentent le type même du département maritime et montagnard, le Catalan se sent dans un pays à part, dans une région en modèle réduit, mais complète, du sable imprégné de sel à l'herbe des hauts plateaux cerdans, de la vigne aux cultures maraîchères, au pied du Canigou, immense jardin de primeurs.

Le Catalan est épris de liberté et de paix. Il a gardé dans la mémoire collective le souvenir des « corts de Perpinyà » et celui des assemblées conciliaires qui, à Toulouges, aux portes de Perpignan, instituèrent pour la première fois, dans la première moitié du XIe siècle, la trêve de Dieu.

Paix et liberté

Cette institution apparaît comme une des premières tentatives pour faire régner la paix par un acte négocié et accepté. Elle permet d'entrevoir, à travers les siècles, le courant de pensée qui, bien plus tard, donnera naissance à la Société des nations et à l'Organisation des nations unies. Elle contient des principes sur le respect de la personne humaine qui s'inscriront dans la Déclaration des droits de l'homme.

Les « corts » de Catalogne portaient dans leurs convocations une formule qui commençait ainsi : « *Afin de traiter de l'utilité commune de cette terre...* ». Elles constituent dans l'histoire le premier en date des Parlements européens.

Sur ces bases, jouons aux devinettes : quelle différence y a-t-il entre un Cévenol, silencieux comme un huguenot, austère et savant comme un psaume; un Languedocien, farouche comme un cathare, rogue et sourcilleux envers tout gouvernement central, et un Catalan, mystique comme un pénitent noir au matin du vendredi saint ou gai et acide comme une note de prime dans la *cobla?*

Il n'y en a pas!... ou si peu. Tous sont attachés par le poids de leur histoire à une même douceur de vivre dans le respect des libertés.

Roger BÉCRIAUX
Le Monde, 8 juin 1982.

AQUITAINE :

entre la tradition et le progrès

Aquitaine, terre de tradition. L'Aquitaine, région moderne et active. L'Aquitaine, terre du bien vivre ouverte aux échanges et au progrès. Bref, l'Aquitaine pays d'équilibre subtil.

Tout d'abord, il y a Bordeaux. Bordeaux l'austère mais aussi Bordeaux la belle. Bordeaux la fière. Bordeaux la nostalgique. Depuis deux millénaires, elle est la métropole incontestée de cette Aquitaine océanique. Sa fortune est bien liée à celle de son port. Après le négoce de l'étain dans l'Antiquité, celui des vins à la fin du Moyen Age et le grand emporium colonial du XVIIIe siècle (les façades du pavé des Chartrons et de ses quais témoignent encore de ce qui fut son âge d'or), c'est vers la Garonne et l'Océan qu'aujourd'hui encore, la ville se tourne le plus pour son avenir. Avec ses 600 000 âmes, Bordeaux constitue la cinquième grande agglomération française après Paris, Lyon, Marseille et Lille.

Autour d'un vignoble

Autour d'elle, un vignoble réputé dans le monde entier, la plus grande forêt et la plus haute dune de France. Des paysages agrestes et variés. Cela va des hautes cimes pyrénéennes aux collines vertes du Périgord en passant par les charmes discrets du Pays Basque, les vergers de l'Agenais, les vastes lacs perdus dans les pins maritimes et les rivières d'émeraude. Bref, une immense région qui rassemble sur cinq départements (Gironde, Dordogne, Lot-et-Garonne, Landes, Pyrénées-Atlantiques soit 7,7 % de la superficie totale de la France), plus de 2,5 millions d'habitants (5 % de la population française).

L'Aquitaine est un Midi. Bien sûr, cette palette verte aux nuances multiples, qui s'étend des bas-plateaux de l'ouest du Massif Central jusqu'aux collines ourlant le pied des Pyrénées, semble devoir nous contredire. Pourtant qu'on y regarde de plus près. Le ciel est ici déjà très lumineux. La vigne et le maïs occupent le terrain de longue date. Les campagnes sont depuis des lustres fortement humanisées. (17,3 % des actifs sont agriculteurs contre 10 % pour la France entière.) Il n'y a pas si longtemps, les bœufs tiraient la charrue sur une glèbe alourdie par l'eau. Heureusement, les tracteurs ont, depuis, allégé les tâches. Mais, l'agriculture pratique encore la polyculture sur de petites exploitations. Tout ceci est très méridional. Midi encore, ces tuiles-canal — dites justement « tuiles romaines » — qui se disputent avec la lauze la toiture des fermes. Midi, toujours et enfin, cet accent du Sud-Ouest si particulier. Nous sommes en Occitanie.

Mais peut-être plus encore, l'Aquitaine est un lieu de passage. L'histoire regorge d'exemples. Les « jacquets » ou pèlerins de Saint-Jacques, les échanges culturels et économiques avec les Maures espagnols... Aujourd'hui, ce sont les immigrants ibériques et nord-africains venus chercher un emploi.

Ce sont aussi les touristes français et européens qui encombrent la RN 10, un des axes les plus chargés de France. Recherche d'évasion, de mer et de soleil aussi, pour ces oiseaux migrateurs, telles les fameuses palombes que de perfides pièges viennent surprendre dans leur course.

L'Aquitaine, pourtant, est généreuse. Ce sont vins millésimés, eaux-de-vie grandioses et tables somptueuses. Des conserves de foie gras qui veulent garder leurs traditions, des poulets engraissés au maïs, des fruits et des légumes (pruneaux d'Agen, fraises, tomates, melons, asperges, raisins...). Le Périgord offre ses noix, Bayonne et les Landes leurs jambons, Arcachon ses huîtres, les Pyrénées leurs fromages, etc.

On vit bien

Généreux aussi sont ses hommes. Oh! Certes, il n'y a rien de commun entre un aristocrate-homme d'affaires bordelais, un agriculteur de l'Agenais, un notable de Sarlat ou un humble berger des Pyrénées. Chacun garde sa spécificité, sa « mentalité ». Il n'en reste pas moins que les hommes d'Aquitaine vivent bien volontiers au dehors. Ils trouvent dans de multiples fêtes l'occasion d'afficher leur bonne humeur. Vigoureux et malicieux, ce sont des pelotaris, des rugbymen, des aficionados, des menteurs à Montcrabeau (Lot-et-Garonne), des surfeurs à Biarritz, des montagnards solides, des fils de cap-horniers à Saint-Jean-de-Luz et... chut!... il reste quelques contrebandiers.

En Aquitaine, on vit bien. Oui. On vit surtout dans l'espoir. L'espoir d'une agriculture renouvelée, enfin solide. L'espoir d'un développement industriel fiable et créateur d'emplois. A l'écart des grands courants économiques de l'Europe rhénane est-ce une utopie?

Messages P.T.T., novembre 1980.

L'Aquitaine en chiffres

Superficie : 42 412 km², soit 7,7 % de la superficie totale de la France, 5 départements : Gironde, Lot-et-Garonne, Dordogne, Landes, Pyrénées-Atlantiques.

Population : 1968 : 2 460 170 habitants ; 1975 : 2 550 340 habitants soit 5 % de la population française.
4,1 % de la population urbaine française.
6,7 % de la population rurale française.
Bordeaux : 612 456 habitants en 1975.
Pau : 126 859 habitants en 1975.
Bayonne : 121 474 habitants en 1975.
Périgueux : 57 830 habitants en 1975.
Agen : 55 632 habitants en 1975.

Activités : Agriculture : 17,3 % de la population active totale (France : 10,0 %).
Industrie : 31,7 % de la population active totale (France : 38,6 %).
Tertiaire : 51 % de la population active totale (France : 51,4 %).

Par secteur : Industrie de transformation : 23,2 % de la population active totale.
Services privés : 18,3 % de la population active totale.
Agriculture : 16,2 % de la population active totale.
Administrations : 15,6 % de la population active totale.

Le Béarn, l'un des cœurs de la Gascogne, couvre l'autre partie du département. La langue y est radicalement différente. Le béarnais peut être considéré comme l'une des formes dialectales du gascon, qui a lui-même une structure linguistique proche de celle de l'occitan. Les linguistes n'ont pas encore tranché, et certains Béarnais tiennent trop à leur langue, encore bien vivace, pour y voir des similitudes avec celle de Toulouse ou de Montpellier. Le Béarn a été jadis un vicomté, qui, à partir du IXᵉ siècle, a fait vivre cinq dynasties, dont celle des rois de Navarre. En 1362, Gaston Phœbus (qu'en béarnais on préfère écrire Fébus) a institué l'hégémonie béarnaise au sud-ouest de Foix. Le béarnais a été la langue d'État de Jeanne d'Albret et de Marguerite de Navarre. Ce royaume n'a finalement été rattaché à la France qu'en 1610, et jusqu'à la Révolution les institutions locales se sont largement maintenues. Des traces sont encore visibles et vivaces, même si la langue a un peu décliné. Aujourd'hui, la réalité politique du Pays Basque a relancé le débat culturel et linguistique au Béarn.

L'Éducation, 12 mars 1981.

Vivre en Guyenne

La Guyenne fait donc partie de cet ensemble de pays du sud de la ligne Brest-Grenoble qui sont sous-développés, économiquement. Par ailleurs, elle n'a pas de caractères aussi marqués, aussi tranchés que d'autres pays de l'Occitanie, Pays Basque ou Languedoc par exemple. Il semblerait donc normal que les autorités politiques s'occupent d'elle, pour son « développement » (mais il vaudrait mieux parler de « croissance », qui est quantitative, alors que le développement est qualitatif) dans et par l'intégration dans la nation. Et pourtant, il faut nous rappeler que les opposants au centralisme jacobin furent appelés « Girondins »! Je pense que cela était significatif et, malgré les apparences, le reste.

La Guyenne représente pour moi un trait caractéristique : elle est un pays où la « qualité de la vie » a été spontanément cherchée par les habitants, un pays où l'on a appris, lentement, progressivement à vivre bien, mais aussi un pays qui a su, parfois dans des conditions très ingrates, résoudre par lui-même ses difficultés économiques. Témoin l'invention dans les Landes, avant le XIXᵉ siècle, et à Brémontier la mise en valeur de ce pays! Autrement dit, les interventions étatiques et administratives, qui pensent selon un certain modèle de croissance économique et politique, ne peuvent être que perturbantes et déséquilibrantes. Il est faux que la « qualité de la vie » puisse nous être importée de l'extérieur. Mais il est tout à fait faux de croire aussi que l'on puisse faire profiter de cette qualité des milliers de passants qui ne peuvent qu'en absorber quelques produits, sans participer à quoi que ce soit, car il s'agit bien en effet d'y vivre et non d'y passer!

L'art de vivre n'est pas compatible avec la grande circulation, avec la production et la consommation de masse. Et les hommes de Guyenne avaient élaboré un art de vivre fin et complexe, que l'on est en train de détruire pour finalement ne rien obtenir, car les erreurs de ceux qui obéissent au Profit ou au Pouvoir sont si grandes qu'ils font disparaître ce qui fut l'essentiel d'un pays vraiment humain.

Jacques ELLUL
L'Éducation, 12 mars 1981.

Petite Grèce

Cette région, elle semble, à première vue, avoir un périmètre logique. Ses quatre départements littoraux sont inscrits entre des limites naturelles : la mer, le Rhône, la frontière pyrénéenne ; et le faîte des Cévennes qui, à 30 kilomètres à vol d'oiseau de la Méditerranée, constitue une ligne de partage dont les eaux occidentales s'écoulent vers Bordeaux.

Seul le département de la Lozère est une pièce rapportée, détachée de la marqueterie du Massif central. Il fallait bien le rattacher à une des régions qui l'avoisinent. C'est le Languedoc qui en a bénéficié, avec satisfaction, car c'est un beau pays peuplé par des gens courageux et profondément sympathiques.

Cependant, comme l'Europe, la région a ses problèmes nord-sud et est-ouest.

La grande majorité de la population est concentrée au pied des garrigues, dans ce couloir littoral qui vit passer l'armée d'Annibal avant que l'empereur Domitius Ahenobarbus y traçât la route qui porte son nom et qui, depuis, est doublée par l'autoroute A9.

C'est sur cette étroite bande de terre que se concentre, en quasi-totalité, l'activité économique régionale.

L'est de la région, dont la densité démographique entre Sète et Beaucaire est plus de trois fois supérieure à la moyenne régionale, est tourné vers le Rhône et la Provence ; tandis que l'ouest, moins développé, regarde volontiers vers Toulouse. Quant au Roussillon, il est et demeure résolument, exclusivement, catalan.

C'est cependant une des régions françaises les plus cohérentes, non seulement par sa consistance géographique, mais aussi par son histoire, par ses échanges commerciaux et humains et aussi par la langue.

Son union relativement tardive avec le royaume de France fut le fruit amer d'une frustration. Celle d'une victoire patiemment et durement acquise contre cette croisade absurde et cruelle qui détruisit la première expression occidentale d'une renaissance culturelle. Après huit siècles, la blessure n'est pas encore tout à fait cicatrisée, ni l'amertume effacée.

La vie économique demeure le prolongement de l'antique société fondée sur l'agriculture familiale, l'artisanat et le goût du service, qui était, depuis toujours, le cadre de la civilisation méditerranéenne. En concentrant les hommes et les usines sur les bassins houillers de l'axe septentrional, entre Pittsburgh et l'Oural, la révolution industrielle du XIXe siècle l'a, en quelques années, détrônée au profit d'une civilisation « hercynienne ».

La civilisation du vin

Le Languedoc-Roussillon s'est maintenu dans sa tradition séculaire, ce qui, d'ailleurs, lui évite aujourd'hui les inconvénients de la dégradation de ce premier essor industriel, celui de l'industrie lourde. Il ne subit pas les conséquences de la décadence de la métallurgie, ni de la construction navale, ni du textile, ni demain peut-être de l'industrie automobile. Pas de Longwy en perspective. Qui s'en plaindrait ?

Les doigts des deux mains sont encore trop nombreux pour dénombrer les entreprises privées occupant plus de cinq cents salariés. Les autres se répartissent entre une multiplicité de petites entreprises plus artisanales qu'industrielles réparties sur l'ensemble du territoire. Si la moitié d'entre elles créait un nouvel emploi, il n'y aurait plus de chômeurs; mais si chacune d'elles congédiait un salarié, le chiffre des chômeurs doublerait.

L'analyse de l'économie languedocienne, effectuée selon les méthodes scientifiques à la mode, aboutit ordinairement à la conclusion que cette économie est morte; mais, s'il en est ainsi, elle est morte depuis un demi-siècle; et c'est, apparemment, une morte qui se porte bien.

Sans doute est-ce parce que ces petites entreprises, dont un grand nombre disparaît pour renaître sous une forme nouvelle avec une mobilité amibienne, sont accoutumées à confondre assez étroitement leurs affaires professionnelles avec leurs affaires personnelles. Un compte en banque au rouge n'empêche pas les sentiments et ne coupe pas l'appétit.

Les Languedociens sont indépendants, individualistes, bien dans leur peau. Ils ne sont pas obsédés par l'argent. On gagne ce qui est nécessaire pour vivre, sans faste mais avec aisance et, chez soi, sans fiévreux désir d'aller voir plus loin si on y est mieux. Certains n'ont jamais été jusqu'à Marseille, et beaucoup ignorent Paris et n'en sont pas autrement troublés.

On dit que l'agriculture est dominée par la viticulture. C'est vrai, mais pas nécessairement par les viticulteurs. Le nombre de ceux-ci, qui vivent exclusivement de la vigne, est relativement restreint. Seule, la production des vins d'origine ne peut faire vivre une petite exploitation. Il faut récolter plus de 1 000 hectolitres de vins de table pour parvenir, au cours actuel, à une recette de l'ordre de 150 000 francs comportant en contrepartie une dépense presque égale; ce qui n'est pas le Pérou.

Or les statistiques publiées par l'administration des contributions indirectes révèlent que, pour toute la France, et non seulement pour le Midi, le nombre de déclarations de récolte de plus de 1 000 hectolitres dépasse à peine 15 000 sur un nombre total de plus de 800 000.

Dans le Languedoc, il y a plus de viticulteurs que de vignerons. Les coopératives groupent la plus grande partie des propriétaires dont l'agriculture n'est pas l'occupation principale; sur 280 000 coopérateurs, 80 000 seulement relèvent de la Sécurité sociale agricole.

De ce fait, la viticulture est un problème social, autant, sinon davantage, qu'un problème économique; c'est donc aussi un problème politique. Et c'est pourquoi, avec ses prolongements à l'amont et à l'aval, elle domine largement la vie de la région.

Quant à l'activité culturelle, elle bénéficie de la chance que représente l'usage pratique des deux langues françaises. Certes, la langue d'oc comporte de nombreuses et profondes variantes, parfois même d'un village à l'autre. Mais n'en est-il pas également ainsi pour la langue d'oïl •, défigurée par les patois et l'argot? On ne parle le français comme on l'écrit qu'en Touraine et à Liège, en Belgique. Il en est d'ailleurs de même pour l'italien et l'allemand qu'on ne parle correctement qu'à Florence et à Hanovre.

Le grand mérite du Félibrige • est d'avoir fixé une langue littéraire que, dans la vie quotidienne, on n'entend guère utilisée qu'à Salon et à Arles mais que tout le monde lit et comprend de Limoges à Nice. Et c'est, après tout, dans cette autre langue nationale qu'est la langue d'oc • que s'est exprimé le plus grand poète français, Frédéric Mistral •. Le Languedoc est un pays à double culture qui doit s'exprimer également dans ses deux langues.

C'est un pays attractif, assimilateur, civilisateur, comme le fut jadis la Grèce. Loin de récuser cette vocation par un repli frileux et méfiant, il doit s'ouvrir à tous ceux qui peuvent, à la fois, lui demander et lui apporter beaucoup.

C'est un pays qui sait se faire aimer aussi bien par ceux qui en sont originaires que par ceux qui l'ont rejoint.

Il y a deux sortes d'amour : l'amour filial, qui est le produit déterminé du destin; mais aussi l'amour conjugal, qui résulte d'un choix. Il n'est pas le moins profond ni le moins fructueux.

Philippe LAMOUR
Le Monde, 8 juin 1982.

Remarques

La viticulture ; les viticulteurs ; la vigne ; les vignerons : voir **Remarques** dans « Une journée en Occitanie », p. 271.

Explications complémentaires

La frontière pyrénéenne : la frontière entre la France et l'Espagne est formée par les Pyrénées.

Les Cévennes : les montagnes qui constituent la partie orientale du Massif Central, près du Rhône.

Annibal ou **Hannibal** (247-183 avant Jésus-Christ) : général qui, à la tête de l'armée de Carthage (ville de l'Afrique du Nord), a battu l'armée romaine.

Domitius Ahenobarbus : consul romain en 32 après Jésus-Christ, père de l'empereur Néron.

L'autoroute A9 : en France, les routes et les autoroutes s'identifient par un numéro.

La Provence : le nom de cette région provient du nom **Provincia** que les Romains lui ont donné, quand ils s'y sont installés à partir du début du IIe siècle avant Jésus-Christ.

Catalan(e) : de la Catalogne.

Pittsburgh : ville industrielle des États-Unis, symbole d'un grand centre sidérurgique et métallurgique.

L'Oural : chaîne de montagnes qui constitue une traditionnelle limite entre l'Europe et l'Asie.

Longwy : ville située dans le bassin houiller de l'est de la France où la crise de l'industrie sidérurgique a provoqué le chômage massif des ouvriers.

Le Midi : le sud de la France.

La Sécurité sociale : organisation sous le contrôle de l'État destinée à protéger les travailleurs et leurs familles en cas de maladie, de chômage, etc.

La Touraine : région autour de la ville de Tours sur la Loire et où, selon une tradition populaire, on parle le français avec un accent très pur.

Notes de vocabulaire

Littoral (m.) : côte, bord de la mer. (Adjectif : *littoral, e, aux*).
Faîte (m.) : sommet.
Partage (m.) : séparation.
Marqueterie (f.) : assemblage décoratif de pièces de bois précieux ; (ici) les différentes parties du Massif central sont comparées à une marqueterie.
Avoisiner : être proche, dans le voisinage.
Garrigue (f.) : terrain aride et calcaire de la région méditerranéenne ; brousse qui couvre ce terrain.
Doublé : (ici) parallèle à.
Croisade (f.) : guerre sainte.
Cadre (m.) : (ici) contexte.
Bassin (m.) houiller : région de mines de charbon.
Septentrional : du nord.
Hercynien(ne) : terme géologique qui décrit les plissements de l'époque carbonifère.
Séculaire : qui existe depuis des siècles.
Se répartir : se partager.

Congédier : licencier.

Amibien(ne) : comme les amibes ; rapide et prolifique.

Compte (m.) au rouge : compte débiteur.

Bien dans leur peau (familier) : à l'aise.

Sans faste : simplement.

Ignorer : ne pas connaître.

Vin (m.) d'origine : vin de qualité supérieure provenant d'un vignoble déterminé.

Exploitation (f.) : exploitation agricole, ferme.

Au cours actuel : à la valeur actuelle.

Ce qui n'est pas le Pérou : ce n'est pas merveilleux, cela n'enrichit pas.

A l'amont et à l'aval : (ici) passés et futurs.

Attractif : qui attire les gens.

Jadis : autrefois.

Récuser : rejeter.

Frileux : (ici) craintif.

Qui l'ont rejoint : qui sont venus s'y installer.

Filial : entre les enfants et leurs parents.

Conjugal : entre le mari et sa femme.

Fructueux : profitable, avantageux.

Exercices de compréhension

1 Quelles sont les différentes parties du Languedoc ? Comment se distinguent-elles les unes des autres ?

2 Où habite la grande majorité de la population ? Pourquoi ?

3 Pourquoi cette région est-elle une des plus cohérentes de la France ?

4 Sur quoi la vie économique de l'antique société était-elle fondée ?

5 Quelle est la nature des Languedociens selon le journaliste ?

6 Pourquoi est-ce que le Languedoc ne subit pas les conséquences de l'échec de l'industrie lourde ?

7 Pourquoi est-ce que la viticulture est un problème social et politique ?

8 Quelles sont les deux langues que l'on parle dans le Languedoc ? Pourquoi les parle-t-on ?

9 Pourquoi le journaliste appelle-t-il cette région « Petite Grèce » ?

A vous maintenant

1 Dans quelle mesure les traditions sociales et économiques influencent-elles la vie moderne ?

2 D'après vous, qu'est-ce qui peut rendre une région attirante ?

3 **Travail de groupe.** Dressez une liste des différentes régions de votre pays. Qu'est-ce qui les distingue les unes des autres ? Lesquelles sont les plus populaires ?

4 **Débat** : La tradition est-elle un obstacle au progrès ?

Exercices de langue

Faites la description d'une région que vous aimez particulièrement. Utilisez les expressions suivantes :

Quant à; Non seulement... mais aussi; On dit que; De ce fait; C'est donc aussi; C'est pourquoi; Certes; Mais n'en est-il pas également ainsi pour; Il en est d'ailleurs de même pour.

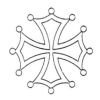

Languedoc-Roussillon : la vie en Oc

Marquée par la monoculture de la vigne, mais cherchant à diversifier son agriculture et à promouvoir son industrie, la région Languedoc-Roussillon trouve dans le soleil un capital inépuisable. Mais demeure avec ses traditions culturelles et son art de vivre le berceau de l'Occitanie.

En Languedoc-Roussillon, la vie de l'homme est intimement liée au relief, à l'altitude et à la qualité du terroir. Pas de comparaison possible entre la vie de l'agriculteur de Lozère, du viticulteur de l'Aude, du pêcheur de Sète, du fonctionnaire de Montpellier ou de l'éleveur de taureaux de la Petite Camargue. Et l'influence des régions limitrophes accentue les différences. Le Languedoc-Roussillon s'en trouve écartelé. Le Lozérien danse la bourrée et se sent un peu Auvergnat, le Catalan fredonne des airs de Sardane et conserve des liens historiques avec la Catalogne espagnole, le Camargais regarde plus volontiers vers la Provence que vers le Languedoc et le cassoulet de Castelnaudary prend des saveurs toulousaines.

Pourtant — à l'exception peut-être des Lozériens — les habitants du Languedoc-Roussillon se ressemblent : d'est en ouest, on retrouve la mentalité ouverte, l'opiniâtreté, un certain goût pour ce qui dépasse la mesure, voire pour la violence, la volonté d'aller jusqu'au bout, l'esprit de sacrifice. Et, pour presque tous, une couleur politique d'opposition jusqu'à ces derniers temps.

Cette homogénéité de caractère prend racine dans l'histoire d'une région qui a toujours lutté pour conserver son identité et sa culture. Et qui a souvent perdu. De la résistance des Cathares [1] contre les rois de France au XIIIe siècle à celle de viticulteurs de Montredon (Aude) au XXe, le temps n'a rien changé : on se bat contre le pouvoir central. Celui-là même qui a interdit l'usage de l'occitan et brisé une culture qui n'avait rien à envier à celle de la langue d'Oïl. Du passé, seuls subsistent les vieilles pierres, des danses et des jeux. Terre de passage, terre de commerce, terre de brassage des civilisations et des populations depuis l'Antiquité — Ligures, Ibères, Grecs, Celtes... et surtout Romains — la région conserve un patrimoine architectural des plus riches. Le pont du Gard, les arènes de Nîmes, les fortifications de Carcassonne... autant de monuments de renommée internationale. Vestiges de périodes florissantes suivies par des siècles d'agressions et de résistance.

Mais les combats trop longs lassent et, à force de perdre, on ne veut plus jouer. Ainsi l'opposition musclée aux décisions extra-régionales a-t-elle peu à peu disparu. On n'assiste guère qu'à quelques escarmouches cycliques entre viticulteurs et C.R.S. •. Mais les habitants gardent le souvenir des affrontements de 1907 alors que Clemenceau était président du Conseil.

La culture occitane, relancée en 1968, a des répercussions populaires limitées. Certes, un mouvement intellectuel milite en faveur de son renouveau. Mais comment la langue d'Oc pourrait-elle retrouver toute la place de langue de culture, de langue officielle qu'elle a eue jusqu'au XVIe siècle ?

Trop de défaites ont engendré la lassitude. Après avoir usé en vain leurs griffes pour combattre le centralisme, les habitants du Languedoc-Roussillon ne risquent-ils pas de baisser les bras ou pire, d'attendre que l'aide vienne de l'extérieur? Une évolution qui serait suicidaire.

Heureusement, ce risque devrait s'estomper. Certes, la population est vieillissante, les décès sont plus nombreux que les naissances. Mais, on trouve aussi des jeunes décidés à lutter. D'autant que les récents projets de décentralisation leur redonnent espoir. Parce qu'ils ont, plus que jamais, la volonté de vivre et de travailler au pays. Même s'ils doivent pour cela concéder quelques avantages pécuniaires. Car, ici, on aime bien vivre. Le Languedoc-Roussillon est même devenu région pilote pour l'aménagement du temps de travail et la qualité de vie.

Messages P.T.T., juillet-août 1981.

1. Le catharisme est une doctrine venue d'Asie qui s'est répandue, entre le XIe et le XIIIe siècle, dans le sud-ouest de la France et le Languedoc. Les fidèles se séparaient en deux catégories. Les « parfaits », titulaires d'un sacrement appelé « Consolamentun », menaient une vie austère et se disaient successeurs des apôtres. Les autres fidèles ne recevaient ce sacrement qu'à l'heure de la mort. Inspirée du manichéisme, cette religion interdisait le mariage aux « parfaits » et légitimait le suicide.

Au début du XIIIe siècle, sous la pression du pape Innocent III, les seigneurs de l'Ile-de-France entamèrent une croisade et massacrèrent ceux qu'ils qualifiaient d'hérétiques.

Larzac : violem viure al païs

LES PAYSANS FÊTENT LEUR VICTOIRE

L'après-Larzac

F. Magazine, décembre 1978.

Millau. — Les paysans du Larzac ont leur réputation : victorieux aujourd'hui, ils ne peuvent être moins ardents qu'hier. Pour ne pas décevoir les cinq cents amis du Larzac montés sur le plateau, le temps d'un pique-nique de Pentecôte ! Pour garder la confiance de ces trois mille cinq cents actionnaires de groupement fonciers agricoles qui leur ont permis, pendant dix ans, d'acheter collectivement des terres pour qu'elles ne le soient par l'armée. « La fin des expropriations doit être pour le Larzac », dit un militant, un acte de baptême.

De notre envoyé spécial

« Les Larzac », au lendemain de leur victoire, sont d'abord décidés à ne pas être des anciens combattants... Leur métier, qui les a sauvés en leur rappelant les raisons d'une lutte à chaque traite, à chaque agnelage, leur permet de ne pas rompre soudain le rythme d'une vie militante ponctuée de petites réunions et de grandes assemblées générales. L'enjeu est désormais de faire de l'agriculture du Larzac une agriculture d'avant-garde. « *Le plateau était une vitrine de la contestation. Il doit être demain un exemple pour la créativité et l'autogestion en matière agricole* », déclare M. Léon Mallié, le responsable du journal *Gardarem Lo Larzac*.

L'après-Larzac démarre apparemment vite. Le mardi 2 juin encore, un fonctionnaire du ministère de la Défense avait assuré à une délégation que le Larzac était, pour l'armée aussi, un « *symbole* », jetant le trouble parmi les paysans ; cinq jours après, le président de la République ayant tranché en leur faveur, les projets se multiplient : créer des citernes autonomes dans chaque hameau, obtenir la construction d'éoliennes, organiser des coopératives pour le matériel agricole, réaliser avec l'État le premier office foncier de France, jeter les bases d'un « tourisme social », grâce à une action menée conjointement avec la dizaine de villes jumelées avec le Larzac — et, dans l'immédiat, « monter » le 28 juin à Plogoff pour la « fête de la victoire ».

« *On n'aura pas le temps de s'ennuyer, on a tout à inventer* », déclare M. Guy Tarlier, un des principaux animateurs de la lutte du Larzac, un paysan solide et serein, qui a rencontré trente-deux fois ministres et préfets depuis dix ans. Il a déjà rédigé un document sur « le développement économique et social du plateau avec l'aide d'un gouvernement de gauche ». « *Les paysans,* peut-on lire, *ont opéré un renversement des mentalités, les faisant passer du statut de propriétaires exploitants individuels à un statut de fermiers exploitants d'une propriété collective.* » Lui-même accepte dès maintenant de payer un fermage pour ses 30 hectares qu'il a, comme beaucoup d'autres, attribués bénévolement à un des trois groupements fonciers agricoles créés pendant la lutte. Au Larzac, le problème de la propriété du sol sera désormais dissocié de celui de son exploitation. Du moins, les paysans veulent-ils le croire ! (...)

Habitudes

La confiance, après dix années de lutte, n'est pourtant pas absolue. (...)

« *Demain,* affirme un paysan, *les G.F.A. peuvent devenir un moyen de lutte contre la mise en place d'un office foncier qui ne nous satisferait pas.* » Les paysans ne comptent toujours que sur eux-mêmes : n'est-ce pas à leur solidarité qu'ils doivent la victoire ? Bien sûr, les affiches du parti socialiste pour les législatives, et les pancartes annonçant qu'« *enfin un président tient ses promesses* », fleurissent dans les fermes du causse. On salue naturellement le nouveau gouvernement pour son « *ouverture d'esprit* ». Mais qu'on ne s'y méprenne pas, et que l'on ne réécrive pas l'histoire : le Larzac ne doit son existence qu'à lui-même et à ceux qui l'ont défendu.

Nicolas BEAU
Le Monde, 11 juin 1981.

Les moutons ont vaincu les neutrons

« *Sur notre site prestigieux, pas de béton monstrueux.* » *Écrit sur la lande de Plogoff avec des pierres blanches, sur une longueur de trente mètres, à l'endroit précis retenu par E.D.F. pour y implanter une centrale nucléaire, le slogan de combat est devenu une constatation : la centrale ne sera pas construite. La décision en a été prise au cours du premier conseil des ministres du gouvernement Mauroy.*

Tumulte, juin 1981.

Larzac : les moutons respirent
Le gouvernement renonce
au camp militaire du Larzac

Les armées généraliseront la pratique
des manœuvres en terrain libre

Libération, 28 mai 1981.

TU RESTES
AU LARZAC, CET ÉTÉ !

NON, JE VAIS
A PLOGOFF.

Dessin de CHENEZ
Le Monde, 5 juin 1981.

Aveyron : j'y suis, j'y reste

Sept ou huit emplois de plus par commune,
et les jeunes Aveyronnais pourront rester au village...
Un atout dans cette lutte : le maintien de l'école laïque.

Comme chaque après-midi de printemps, les retraités de Nant (Aveyron), le béret sur la tête, jouent aux boules, derrière la mairie. Ils sont presque les derniers à occuper ce village de cinq cents habitants qui aligne des rangées de volets clos : la plupart des maisons sont devenues résidences secondaires. Voilà à peine cinq ans, ce chef-lieu de canton était encore une des réserves de main-d'œuvre de Millau, la ville voisine. Roger Julien, avocat, maire de Nant, dit : « J'administre un village mort. »

Pas tout à fait, puisque le bourg a gardé son école publique de deux classes. Une école pour vingt-deux élèves, alors que le règlement impose vingt-six élèves au minimum. Comment expliquer une telle entorse, au moment où Christian Beullac, ministre de l'Éducation, cherche à faire appliquer sa politique de « redéploiement » pour mieux utiliser les crédits de son ministère ?

Nant n'est pas une exception. Pas dans l'Aveyron, en tout cas. Sur trois cent quatre communes du département, cent soixante-trois auraient dû fermer une école ou une classe. « Elles ne le seront pas toutes, vient d'annoncer Christian Montandreau, l'inspecteur d'académie de Rodez. Seules trente-quatre classes devront être rayées de la carte scolaire, faute d'écoliers. »

Cette décision n'est ni le résultat d'une négociation ni un recul de l'administration, comme le proclame le délégué départemental du Syndicat national des instituteurs, Georges Ségur. Elle résulte, au contraire, d'une double volonté : celle des spécialistes de l'Aménagement du territoire et celle des maires, qui ont parié sur le renouveau du département, afin d'éviter que Nant ne devienne un triste symbole pour l'Aveyron.

Les handicaps ne manquent pourtant pas. Les plateaux et les causses qui couvrent les trois quarts du département gênent les communications entre les villages, et ont donc accéléré l'exode rural. En Aveyron, on ne compte plus que 32 habitants au km² contre 97 pour la France entière. Les démographes de la région Midi-Pyrénées n'ont gardé, sur leurs cartes, qu'une couleur pour le caractériser : le vert, qui signifie désert humain. Pour lutter contre cette dépopulation, la légende dit que les instituteurs vont, à minuit, frapper aux fenêtres, afin d'inciter les habitants à faire des enfants. Peine perdue : l'Aveyron ne fait que suivre — en l'accentuant — la courbe française.

41 habitants de plus !

Dans cette « Bretagne du Sud », comme la nomme le préfet Paul Bernard, le catholicisme, encore vivace, n'a pas suffi à maintenir le nombre des naissances. Au moins a-t-il servi à empêcher la fermeture des écoles dépeuplées. Le moindre village de l'Aubrac (au nord de Rodez) ou du Ségala (au sud de Rodez) possède une école religieuse à côté de l'église. Pour aider les laïcs à ne pas abandonner la place aux « papistes », l'État a donc financé le maintien des écoles publiques rurales de l'Aveyron. Alors que celles de la Drôme, de la Lozère, du Doubs étaient obligées de mettre la clef sous la porte.

A Nant, c'est à cause de la pension Sainte-Marie que la deuxième classe « publique » a été maintenue. C'est aussi à cause de Sainte-Marie que le maire a fait construire un bâtiment neuf pour la « laïque ». Aujourd'hui, le maintien de l'école est un atout de poids pour la survie du village.

« Depuis deux ans, les Aveyronnais sont moins attirés par les grandes métropoles, ils cherchent à rester au pays », constate le préfet. Certains refusent les promotions, comme ces deux lycéennes reçues en 1978 au concours administratif organisé par le ministère des Transports. Elles ont refusé le poste, pour ne pas vivre à Paris. D'autres évitent même les déplacements provisoires : « Je suis étonné par le nombre de conscrits qui désirent effectuer leur service militaire au Larzac, à 14 km de Nant », avoue Me Julien.

Travailler au pays est devenu un leitmotiv. L'an dernier, deux communes de cinq cents habitants, Ségur et Le Vibal, ont décidé d'engager un secrétaire de mairie. Cent candidats se sont présentés. Parmi eux, vingt avaient deux années d'université et quinze correspondaient parfaitement aux conditions. « Trouvez-nous du travail sur place », disent les élèves des deux collèges techniques du bassin de Decazeville aux élus.

Henri Jaudon, maire de Salmiech (1 500 habitants), est vice-président de l'Association pour l'emploi en Ségala, région de culture. Il y a un an, cet ancien président de la Chambre d'agriculture et quarante de ses collègues se sont regroupés. Ils ont engagé un animateur — un ingénieur agronome — pour aider les agriculteurs, artisans, commerçants qui désirent s'installer. « Répondre aux désirs des jeunes et stabiliser nos villages, c'est notre but, désormais. Il suffit de pas grand-chose pour créer sept ou huit emplois par commune », dit Henri Jaudon.

Campuac, 531 habitants, village de granit perché sur le plateau du nord de Rodez, a réussi sa mutation. Campuac n'est pas un lieu touristique. Mais qu'importe! En quatre ans, le maire a recensé quarante et un habitants de plus. Il a envoyé au directeur des Postes soixante-dix demandes de téléphone et vient de terminer une zone artisanale en dehors du village, pour que le charpentier, le garagiste, le plombier puissent s'agrandir. Le béret repoussé sur le front, le bleu de travail blanchi par la poussière de sa scierie, Robert Perié, son premier adjoint, explique, avec un fort accent rocailleux : « Ce sont les jeunes agriculteurs qui ont donné le coup de fouet lorsqu'ils se sont regroupés pour exporter leurs agneaux, puis les agriculteurs ont eu besoin des artisans, et le village s'est remis à vivre. »

La bataille de la survie est dure pour les jeunes agriculteurs qui arrivent au Crédit agricole avec leurs dossiers de demandes

d'emprunt. Le prix de la terre a triplé depuis sept ans. Jean-Louis Lavergne a repris l'exploitation de ses parents, à Montbazens, dans la vallée de Villefranche-de-Rouergue, grâce à un « arrangement de famille », comme presque tous les agriculteurs. Il dénonce, comme le fait Henri Jaudon, « les Aveyronnais enrichis à Paris, qui spéculent et empêchent les jeunes d'exercer le métier de la terre ». Le préfet reconnaît lui-même que « le problème foncier est majeur ». Pourtant, s'empresse-t-il d'ajouter, « chaque année, trois cents exploitants s'installent, et peu à peu le département se transforme ».

Même la ville la plus blessée de l'Aveyron, Decazeville, recommence à espérer. La sidérurgie reste l'industrie dominante, avec ses 3 000 ouvriers. Mais cette petite ville, qui se veut coquette, essaie d'attirer des P.M.E. Le maire communiste, le Dr Pierre Delpech, ne cache pas sa préoccupation : « Je préfère dix entreprises de cinquante personnes plutôt qu'une seule de cinq cents. » Il bénit le nouveau directeur général de la Société aveyronnaise de métallurgie, une fonderie sous pression d'alliage léger, qui a réussi à « sortir » l'affaire de la faillite et à fournir cent emplois.

Aussi, au conseil général, là où se décident les opérations du département, tout le monde fait front lorsqu'un responsable de la S.N.C.F. vient plaider, au nom de la rentabilité, la suppression de la ligne Rodez-Brive. Au moment où chacun essaie de trouver ses solutions pour « revivre au pays », le moindre faux pas peut détruire un équilibre bien fragile.

Danièle GRANET
L'Express, 7 avril 1979.

Le mal corse est économique

Pour s'en sortir, la Corse a besoin d'un développement économique. Malheureusement, les possibilités sont faibles

De notre envoyée spéciale

Au terme de dix jours de gros titres à la une des journaux, une question s'impose : s'est-il vraiment passé quelque chose en Corse? La plupart des insulaires s'accordent pour dire que la situation en ce début 1983 n'est ni pire ni meilleure qu'il y a un an. L'affaire Lafay? Dans le droit-fil des attentats perpétrés depuis un an, avec cependant un cran de plus dans le registre de la violence. L'impôt révolutionnaire? Une pratique déjà ancienne dévoilée au grand jour par l'exaspération d'un certain nombre de rackettés fatigués de se taire.

En fait, le F.L.N.C. a simplement versé une goutte de trop dans la mare déjà bien polluée. La goutte qui a fait déborder la goutte absorbée jusqu'alors par les autorités qui s'étaient engagées dans la voie de la négociation avec ceux qui, juste après, ont repris les armes et le maquis. La situation de crise en Corse semble véritablement endémique. Ce qui s'est produit aujourd'hui aurait pu arriver l'année passée ou l'année prochaine. Mais personne n'en doute, la violence n'a aucune raison de disparaître malgré tous les commissaires Broussard du monde.

Au-delà des apparences des 800 bombes qui ont éclaté en 1982,

il existe une situation de crise réelle, profonde, omniprésente, telle que nulle autre région française n'en a jamais connue et n'en connaîtra vraisemblablement jamais. Comprenons-nous bien : l'immense majorité des Corses se sent française, veut la paix, mais vit avec la violence dans l'esprit, ne l'excuse pas, l'encourage encore moins mais la comprend. Parce que, comme le reconnaît le préambule du statut particulier, il existe un « peuple corse », avec son identité. Et c'est pour cette raison qu'ici on vit au royaume des symboles. Dans le moindre village, le « o » de fin des noms sur les pancartes est transformé en « u » (transcription corse). Et cela ne doit rien aux membres du F.L.N.C. Chaque habitant peut prendre son pot de peinture et barbouiller. En ce sens, les thèmes hypernationalistes du Front et de la C.C.N. (Consulte des comités nationalistes), l'organisation légale qui tient le même langage, passent plutôt bien. Conserver la culture et la langue, implanter à l'université de Corte un Deug de corse..., tout le monde approuve, sans se demander à quoi cela pourra bien servir pour le développement économique de l'île.

Le responsable des P.M.E., Yves Le Boumin — qui a un rôle important quand on sait que 97 % des entreprises corses ont moins de

100 salariés et 50 % moins de 10 —, à qui je demandais ce qu'il fallait faire pour développer l'économie, a eu cette réponse édifiante : « Pour développer l'économie corse, il faudrait d'abord qu'il y ait une économie. Il n'y en a jamais eu. »

Mais les difficultés n'ont fait que croître avec les maladresses de l'État, traditionnellement et presque intrinsèquement centralisateur. Il faudrait un livre entier pour résumer les erreurs commises ici. Comme le raconte un fonctionnaire de la préfecture : « Ici, on implante une conserverie pour les confitures, alors que nous ne récoltons que des clémentines et des oranges. Certes, la confiture d'orange plaît beaucoup, mais ça ne suffit pas pour amortir un investissement aussi important. Conséquence : la conserverie qui devait faire vivre 250 familles fonctionne au quart de sa capacité. » Autre exemple : la route à quatre voies Bastia-Bonifacio annoncée depuis près de trente ans et dont la promesse avait servi pour justifier la fermeture de la ligne de chemin de fer : au total 8 km en dix ans. « A ce train-là, comptez vous-même, il faudra environ cent cinquante ans pour l'achever. »

L'État a parfois imposé des investissements dont l'utilisation a été contestée par tous. Chaque responsable économique ressort l'argument de la centrale au fuel du Vazio. « On construit une centrale de ce type comme si le sol corse regorgeait de pétrole alors qu'il regorge d'eau. » La centrale est tellement rentable que l'Assemblée régionale vient de décider de réduire la production de moitié.

A l'inverse, on refuse d'implanter une cimenterie corse sur un sol particulièrement adapté, mais on laisse l'empire national Lafarge y puiser à son gré. Toutes ces maladresses réunies ont incontestablement renforcé l'impression « qu'on se fiche vraiment de nous. »

Pour couronner le tout, la Corse vit la crise nationale du bâtiment, secteur clé de l'île, puisqu'il représente 70 % de l'activité industrielle. Des dizaines d'entreprises ont fermé en 1982. Résultat : 11,4 % de chômeurs sans aucune perspective d'emploi. Car en dehors du bâtiment, il n'existe qu'un tertiaire hypertrophié où les emplois qualifiés sont généralement tenus par des continentaux. Quant à l'agriculture, autant parler d'une chose qui n'existe pas.

Paradoxalement, la situation est aujourd'hui aggravée par l'existence de l'Assemblée régionale à qui le pouvoir central a dévolu la gestion économique. Une assemblée qui n'a ni siège (au sens propre du terme), ni bureau pour se réunir, ni secrétaire, et pour l'instant aucun crédit. Les bombes de ces quatre derniers mois sont incontestablement une réponse à ce vide-là. L'Assemblée régionale, qui devait être la potion magique en laquelle 70 % des électeurs (taux record pour la Corse) ont cru, s'avère inopérante dans l'immédiat faute de moyens de fonctionnement. Pas étonnant que les politico-militaires du F.L.N.C. se soient enfournés dans la brèche.

Car une chose est sûre : ils ne frappent pas à l'aveuglette. Leurs slogans sont choisis pour entraîner une adhésion importante. Leur cible : sélectionner pour ne pas être trop unanimement condamnés. Il n'empêche que l'attentat contre le docteur Lafay est très mal accepté. Mais il reste à prouver clairement qu'il est bien le fait du F.L.N.C., ce dont pas mal de monde doute. Quant à l'agression systématique contre les continentaux, elle inquiète énormément. D'abord parce que les critères de « corsitude », vus par le prisme des nationalistes, se restreignent de plus en plus et que certaines personnes nées en France de parents corses — et ils sont nombreux — se demandent si on va les considérer d'ici. Cela crée un climat de panique véritablement inquiétant. Ensuite parce que l'immense majorité des Corses connaît les chiffres et sait très bien que si demain les continentaux partaient tous — et cela pourrait bien arriver — de région déshéritée, l'île deviendrait désert absolu.

Ces chiffres, quels sont-ils ? 230 000 habitants dont 70 000 continentaux. Si l'on veut vraiment corsiser la Corse, il faut être logique : les 20 000 Italiens qui y sont implantés ainsi que les 25 000 Maghrébins qui y travaillent doivent partir aussi. Au total, il resterait une petite centaine de milliers de Corses « purs ». Les nationalistes rétorquent que les membres de la diaspora reviendront et compenseront la perte. Encore faut-il qu'ils le veuillent, ce qui est loin d'être prouvé.

Dépeupler la Corse encore un peu plus qu'elle ne l'est reviendrait à condamner à tout jamais son développement, estiment tous ceux qui s'y opposent. On touche le fond du problème : avec sa faible population et les difficultés d'acheminement contre lesquelles personne ne peut rien, la Corse est un marché qui n'intéresse personne. « Croyez-vous vraiment qu'un entrepreneur va implanter ici une grosse unité pour réexpédier les 9/10e de sa production sur le continent? Il faudrait vraiment qu'il soit fou », confie l'un des seuls entrepreneurs du bâtiment dont les carnets de commande sont presque pleins pour 1983.

Le problème corse, c'est un peu le serpent qui se mord la queue. Alors certains déclarent qu'il n'y a rien à faire, mais ils ne sont pas légion. La plupart des insulaires pensent que la situation n'est pas irréversible. « A condition, explique un dirigeant syndical, que outre la réponse politique qui passe par une Assemblée régionale dotée de véritables pouvoirs, il y ait une réponse économique. Qu'aujourd'hui acculé, le gouvernement n'ait pas d'autre alternative que la répression, on peut le comprendre, même si l'on sait qu'ici cette solution est toujours très mal acceptée. Mais, demain, il faudra bien qu'il se décide à prendre le problème à bras-le-corps. Je souhaite personnellement, poursuit-il, qu'il le fasse rapidement car comme beaucoup, ce que je redoute par-dessus tout, c'est un affrontement Corses contre Corses. Si cela devait un jour se produire, nul ne sait où cela s'arrêterait. »

Chantal MEVZE
La Croix, 9 janvier 1983.

De l'Adour à la Bidassoa
La Côte basque

Tous les amoureux du Pays Basque vous le diront : il faut d'abord l'aimer pour commencer à connaître cette région qui parle au cœur comme elle parle aux yeux. (...)

Quarante kilomètres! Cette côte basque qui finit la France, et qui, Bidassoa oblige, flirte avec l'Espagne, n'a que quarante kilomètres! Une distance bien vite avalée aujourd'hui, mais qu'on aurait tort de consommer sans musarder et sans la goûter à bouche-que-veux-tu dans ses moindres replis.

Face à l'océan qui nous offre les effluves d'embruns du bout du monde, moiré d'azur, d'écume et de sinople, il est un petit coin perdu d'où l'on peut embrasser d'un coup d'œil cette côte si chère à Loti *.

C'est un minuscule plateau, juste avant le village de Bidart : de là, on aperçoit au nord, la ligne mordorée des dunes landaises, la barre de l'Adour, Biarritz, son phare et ses rochers ; au sud, une falaise qui protège Guéthary des regards indiscrets, Saint-Jean-de-Luz et Ciboure. Et, par beau temps, tout là-bas, le Jaïzquibel et le cap du Figuier nous démontrent qu'il n'y a point de frontière pour les yeux. Venant du nord ou de l'est, tous les Basques vous l'affirmeront, on ne peut parler de Pays Basque tant qu'on n'a pas découvert la Rhune, cette montagne qui est la clé de voûte des sept provinces basques françaises et espagnoles, ultime éruption de la chaîne pyrénéenne.

Aucun grand poète, aucun écrivain célèbre n'a pu résister au charme captivant de ces contrées. Victor Hugo qualifiait Bayonne de « lieu vermeil et serein ». Pierre Loti, pour la première fois de sa vie remplie de voyages merveilleux, sentit « exister ici un je ne sais quoi à part, mystérieux, imprégnant tout et s'exhalant de tout, sans doute l'âme du Pays Basque ».

Et Edmond Rostand, au début du siècle, y allait de son couplet : « Pourquoi donc le Pays Basque, où je n'ai vécu que peu de mois, m'a-t-il donné cette envie sourde d'y revenir, alors que d'autres endroits, où j'ai passé des années, m'ont laissé indifférent... »

Bernard PLANCHE

Bayonne : la porte du Pays Basque

« Nunquam polluta » (jamais violée). C'est la devise de Bayonne. Et pourtant, cette cité romaine fondée en l'an III, a connu bien des vicissitudes : elle a subi outrageusement toutes les invasions, fut rasée sept fois. Accroupie au confluent de la Nive et de l'Adour, elle a écrit une grande histoire maritime grâce à son port sur l'Atlantique. Elle eut ses pirates, ses redoutables corsaires, ses vaisseaux royaux. On dit même qu'une des caravelles de Christophe Colomb y fut construite. Puis, elle connut les lois des places de guerre, étoilée de remparts par Vauban, resserrant ses rues qui se faufilent entre ses maisons pittoresques tout en hauteur. Porte du Pays Basque, elle abrite encore une population hybride de sangs basque et gascon, gaie, spirituelle, courtoise, ouverte à tous les arts et à tous les sports. Chaque année, en août, la bonne humeur du Bayonnais s'exprime lors des traditionnelles fêtes de Bayonne.

Biarritz : née d'un caprice de femme

Lorsque les faubourgs bayonnais sont oubliés, sur la route de Biarritz, on ne peut manquer Anglet, un lieu de passage qui fut fréquenté par tous les grands noms de l'histoire. Plate-forme avancée des armées anglaise et espagnole, fondée en 1188, cette petite bourgade ne fut réellement bâtie autour de son église qu'en 1583. Mais elle n'attira l'attention sur elle que sous le second Empire, lorsque l'impératrice Eugénie et sa cour venaient goûter le silence de ses grands bois. Véritable cordon ombilical qui unit les grandes sœurs que sont Bayonne et Biarritz, Anglet est surtout un site de légende, de rêve et de poésie, avec sa plage de sable fin, sa fameuse chambre d'Amour, son lac Chiberta qui sommeille dans la forêt. « Reine des plages et plage des rois » : c'était le slogan publicitaire de Biarritz au début du siècle. Déjà, la station construite sur le squelette primitif du hameau originel, ne ressemblait en rien à ce « village blanc aux toits roux et aux contrevents verts » que se plaisait à décrire Victor Hugo. Ensemble de charme, mélange de palais, de pseudo-châteaux, de villas baroques, Biarritz a su se conforter dans sa renommée mondiale de ville de plaisir, née du caprice de l'impératrice Eugénie qui en fit une station à la mode. Bien qu'elle ait toujours un peu souffert d'un snobisme agaçant, Biarritz reste aujourd'hui l'un des joyaux de cette côte basque, qu'on peut même découvrir hors-saison, lorsque cette cité de villégiature est quelque peu oubliée par les m'as-tu-vu. Aussi, les quelques lignes de l'académicien Pierre Benoit, peuvent-elles être comme un conseil : « Avec la solitude si accueillante de l'hiver, aucun orchestre n'est comparable à celui de l'Océan. Aucune teinte n'égale l'or pâli aux pentes de la roche déclive. Et même s'il pleut, ou s'il fait froid, tant pis, mon Dieu, puisque je ne connais pas de pays où la pluie mouille si peu et où le froid crevasse la peau de moins de gerçures ! ».

Saint-Jean-de-Luz : le calme après les tempêtes

Élégante, pittoresque, pleine à craquer de souvenirs historiques : Saint-Jean-de-Luz, de création relativement récente, reste une station balnéaire estivale et hivernale. Le 9 juin 1660, Saint-Jean-de-Luz était capitale royale : en sa cathédrale Louis XIV épousait l'infante Marie-Thérèse d'Espagne, et son séjour nuptial n'en finit encore pas de marquer de son sceau ce petit port qui fut pendant longtemps le premier sardinier de France. Hélas, la prospérité ne dura pas, et le port de Saint-Jean-de-Luz/Ciboure connut bien des malheurs. Entre 1675 et 1730, de terribles tempêtes dégradèrent les pointes de Sainte-Barbe et de l'Artha, ensablèrent l'embouchure de la Nivelle, et en 1749, un raz de marée titanesque détruisit en grande partie la cité. Plus d'un siècle fut nécessaire à la remise en état de la ville qui aujourd'hui, mène une existence bien paisible. Quant à Ciboure, née en 1561, il s'agit d'une coquette petite ville portuaire, qui se serre autour d'une église de type unique au Pays Basque, du XVIe siècle, surmontée d'un clocher octogonal à trois toits superposés.

Hendaye : le bout de la France

C'est le bout de la France : cette ville-frontière, stoppée par la Bidassoa, est pour les vacanciers comme pour ses résidents, distinguée en deux agglomérations, Hendaye-ville et Hendaye-plage. Son histoire est fertile en rebondissements : en 1463, Louis XI rencontra sur les bords de la rivière Henri IV, roi de Castille ; en 1526, François Ier, prisonnier en Espagne depuis Pavie, est échangé contre rançon et ses deux fils, sur un îlet du cours d'eau, l'île des Faisans ; en 1659, le traité des Pyrénées y fut signé. Paysage d'eau, de montagne et de ciel, Hendaye a été immortalisée par le séjour de Pierre Loti, qui s'y éteignit en 1923. Cette station est l'une des plus belles qui soit : ses maisons sont plus que coquettes, souvent nichées dans une végétation luxuriante de magnolias, de palmiers, de tamaris, d'eucalyptus, de mimosas et de lauriers. Juste en face, sur la berge opposée, c'est l'Espagne, avec Fontarabie, vieille cité fortifiée des temps héroïques, où, le soir venu, on peut admirer l'ultime reflet du soleil sur le clocher cuivré de l'église.

Touring, juillet 1984.

Le Périgord : un pays neuf sur une terre noble

Petit lexique périgourdin

Bastide : Maison de campagne, située souvent au pied d'un château fort.

Borie : Construction du XVIIᵉ siècle, en pierres sèches, sans aucun lien ni torchis ou terre rouge.

Causse : Plateau calcaire coupé de vallées profondes.

Chabrot : Vin rouge que l'on boit dans un reste de bouillon.

Cingle : Haute muraille calcaire dont les plus beaux exemples se trouvent dans le site de Trémolat.

Combe : Vallée profonde.

Gabare : Bateau à voile et à rames, autrefois sur la Dordogne.

Jarissade : Petit taillis de chênes, dans le Périgord blanc.

Mauve : Vallon humide de la Double.

Oule : Repas rustique de châtaignes, pommes de terre et raves cuites dans un pot de fonte.

Pech : Hauteur boisée de châtaigniers et chênes verts.

Sidérolithique : Alluvion riche en fer, qui fut naguère exploitée sur les plateaux calcaires du Périgord.

Vesunna : Cité gallo-romaine sur le site de Périgueux.

Le Périgord est la mémoire de l'homme. C'est un livre d'histoire offert à la curiosité de nos contemporains. De la préhistoire à nos jours, en passant par la période gallo-romaine, le Moyen Age, la Renaissance, les guerres de religion... tous les vestiges et les témoignages demeurent.

C'est sans doute l'une des raisons de l'engouement suscité par le Périgord. De toutes les régions de France et de tous les pays étrangers, les visiteurs viennent chaque année plus nombreux.

Jamais peut-être plus qu'à notre époque les hommes ne se sont interrogés avec inquiétude sur leur avenir et, dans le même temps, ne se sont penchés avec passion sur leur passé, à la recherche de leurs régions.

A cet égard, le Périgord est une terre bénie puisqu'il n'en existe aucune autre au monde qui lui soit comparable. A titre d'exemple, rappelons que sur les 10 000 châteaux de toute la France inscrits à l'inventaire, 1 300 d'entre eux sont situés en Périgord.

Mais si le touriste aime à partir à la recherche des traces de l'homme de Cro-Magnon ou des châtelains du Moyen Age, il serait hypocrite de dissimuler qu'il est aussi attiré par la qualité, la richesse et la diversité des nourritures terrestres.

LES PETITS ENFANTS DE CRO-MAGNON

I l y a encore dix ans à Paris lorsqu'on me demandait « d'où êtes-vous ? » et que je répondais « de Sarlat », je plongeais mon interlocuteur dans la perplexité. Le Périgord était alors une région vaguement « narbonoïdale » au sens célinien du terme et en tout cas insituable... quelque part dans le Sud. Depuis, tout a changé ; on me répond : « Quelle chance vous avez! Quelle ville sublime! Quelle région merveilleuse! » Justice est enfin rendue...

Métier oblige, j'ai parcouru la France et le monde pendant des années, je n'ai pas rencontré un endroit cumulant, comme le fait le Sarladais, autant de beauté et de bonheur de vivre en aussi peu de kilomètres carrés.

Car il n'y a pas que la gastronomie qui plaide pour le Périgord noir. Nulle part les sites n'y sont aussi bien protégés. C'est, s'élevant au-dessus des maïs et du tabac, un foisonnement d'églises romanes, de villages médiévaux au fond des petites vallées, de châteaux forts accrochés au flanc des vertigineux rochers dominant la Dordogne et la Vézère... C'est la pierre ocre sous une fine lumière toscane, c'est la verte douceur des soirées tendres, c'est un climat, c'est un ciel. C'est l'eau... c'est l'espace... le bateau, le cheval, la pêche, les longues randonnées où l'on serpente d'une colline à l'autre, d'un château à l'autre...

Ce sont les somptueux embrasements de l'été, les automnes à cigales, les hivers doux dans un paysage humain chaleureux et toujours amical.

Je me dis que les premiers hommes des cavernes étaient déjà malins puisqu'ils avaient choisi cette région pour vivre. Pourquoi ne pas en faire autant! Devenez quelques jours les enfants de Cro-Magnon : vous n'en reviendrez pas facilement. Et, si vous êtes très intelligents, vous n'en reviendrez jamais...

Situez votre camp de base à Sarlat ou en deux villages : Beynac ou La Roque-Gageac. Vous serez dans le saint des saints. Tout est à moins de 20 kilomètres.

Guy LAGORCE
Le Figaro, 10 novembre 1982.

Hôtellerie : de gîtes en châteaux

Pays des « mille et un châteaux », le Périgord propose 600 hôtels de tourisme et de préfecture dont 7 « châteaux-hôtels indépendants », tels ceux de Mavaleix à Thiviers, le Grand Vignoble à Villamblard ; 6 « relais-châteaux » ; 1 Mapotel au Bugue.

Le Périgord possède encore plus de 115 terrains de camping et 700 gîtes ruraux, un parc de roulottes qui permettent de découvrir au rythme lent du cheval les charmes du Périgord.

Mais les amoureux du sport équestre ne sont naturellement pas oubliés, non plus que les fanatiques de la pêche en étang ou en rivière.

Tourisme : de la préhistoire à l'histoire

La beauté des sites, les richesses historiques et architecturales ainsi que les témoignages de la préhistoire justifie l'engouement des visiteurs pour le Périgord mais...

Car il y a un « mais », il faudrait que les touristes ne se contentent pas de passer quelques brèves journées. Qu'ils s'attachent à découvrir, avec patience et respect, cette région, ses traditions, son âme.

Le Périgord est l'une des rares régions de France à ne pas imposer un mode d'emploi unique : il y a les châteaux et les églises romanes, les grottes et les abris sous roche, mais aussi les rivières et les bonnes tables.

Le berceau de la vigne

Au pays de Montesquieu et par la Route des Graves :
à la découverte du plus ancien terroir bordelais

(...) Il y a près de trois cents ans, lorsqu'il surveillait les vendanges de son domaine, le plus célèbre des vignerons bordelais était loin d'imaginer une semblable évolution qui peut conduire, d'ici à une vingtaine d'années, à la modification du paysage viticole. Les autres activités de Charles-Louis de Secondat, baron de Montesquieu, le portaient cependant à s'intéresser spécialement à tout ce qui touche au devenir des sociétés humaines. L'auteur de *L'Esprit des lois* a été, en effet, un viticulteur aussi passionné que le fut le philosophe et il répétait volontiers à ses familiers : « *A La Brède, il me semble que mon argent est sous mes pieds.* » En tout cas, il veillait, lui-même, à la commercialisation de ses vins de « claret », un rouge clair de cuvaison courte, dont il exportait la plus grosse partie vers l'Angleterre et, disait-il, en ne plaisantant qu'à demi : « *Je prie Dieu que la soif de ses habitants fut fortement augmentée.* »

Les ennemis des Graves

Le domaine de l'écrivain-vigneron était situé au cœur de la région des Graves, l'une des dix-huit grandes familles des vins de Bordeaux mais, sans aucun doute, la plus ancienne puisque c'est ici, sur la rive gauche de la Garonne, entre le Médoc et le massif forestier des Landes, qu'est née la culture de la vigne dès la plus haute Antiquité. C'était au temps où la ville de Bordeaux elle-même était plantée de vignes qui assaillaient l'agglomération médiévale.

Aujourd'hui encore, le plus célèbre des Graves, le somptueux château-haut-brion (le seul de la famille à avoir été classé en 1855 avec les stars médocaines) se trouve à moins de 10 kilomètres des portes de la capitale girondine. (...)

Les vins d'Eléonor

A l'origine de cette régression : le phylloxéra, la crise économique de 1929, les gelées de 1956, mais aussi l'urbanisation accélérée des dernières décennies qui grignotent goulûment les espaces plantés de ce terroir qui s'étend sur 65 km de long, entre Bordeaux et Langon, et qui couvre quarante-quatre communes. Ce mal de la civilisation se double ici d'une conséquence encore plus fâcheuse puisque, pour la fabrication de l'envahissant béton, on utilise un granulat tiré des fameuses graves qui font toute la richesse du sol. Il reste alors d'énormes trous qui se remplissent d'eau et qu'ici on appelle « gravières ». Mais jamais la vigne ne repoussera en ces lieux car elle a besoin de se fortifier en traversant cette couche de cailloux — qui peut atteindre 3 mètres d'épaisseur — avant d'aller s'alimenter sur un fond de calcaire, d'argile ou de sable. (...)

Cédant, eux aussi, au besoin du classement, les Graves se sont donné, depuis 1953, treize crus classés rouges et huit blancs, dont quatre appartiennent à la famille des haut-brion. Fort heureusement, la réputation des vins de ce terroir va bien au-delà d'un classement et

une multitude de petits propriétaires perpétuent la noblesse des Graves qu'Eléonor d'Aquitaine expédia, elle aussi, en grosses quantités vers l'Angleterre lorsqu'elle eut épousé Henri II Plantagenêt. (...)

Chantés par le poète-consul Ausonius, célébrés par l'illustre Bertrand de Goth, le futur pape Clément V, et cultivés avec amour par Montesquieu, les Graves ont un autre atout dans leur jeu dont le comité départemental du tourisme de la Gironde a su se saisir fort astucieusement en organisant un circuit touristique qui conduit, à la fois, à la découverte du vin et à celle des fameux châteaux de Guyenne qui se visitent en prenant le chemin des écoliers car, dans cette région, rien ne se fait au pas de course. La Brède, bien sûr, qui conserve toujours dans sa précieuse bibliothèque 7 000 volumes rassemblés par Montesquieu ; mais aussi le majestueux et imposant château de Roquetaillade, près de Langon, une puissante forteresse qu'habita le cardinal de La Mothe et que restaura, plus tard, l'illustre Viollet-le-Duc ; châteaux forts, gentilhommières, châteaux de styles classique ou néo-classique de la fin du XVIIIe siècle, les occasions de faire une halte ne manquent pas sur la route des Graves.

Toutes les saisons sont favorables à ce circuit gastronomico-culturel, mais l'époque la plus séduisante est, sans doute, celle des vendanges, lorsque la fête se mêle à la peine des hommes.

Roger POURTEAU
L'Humanité, 15 octobre 1982.

Une journée en Occitanie

Six heures trente : le soleil n'est pas encore levé sur les vignes qui s'étendent à perte de vue autour de Pézenas, dans les plaines de l'Hérault, mais Jean Huillet, trente-huit ans, moustache à la Tartare et salopette rayée, est déjà sur son tracteur d'où fusent des jeysers de soufre. Quand l'oïdium menace, les vignerons se lèvent tôt.

Enfant de mai 68, surnommé Mao dans son village, militant occitaniste, Jean Huillet est aussi l'un des porte-parole des comités d'action viticoles, ces commandos de la nuit qui vident les cuves des pinardiers félons. Si une formule pouvait le résumer ce serait : « *viticulture et Occitanie même combat* ». « *Je ne suis ni nationaliste ni séparatiste,* explique-t-il, *mais autonomiste. En construisant l'Europe verte, Paris nous a oubliés, nous les vignerons du Midi. Eh bien! nous avons été nous entendre directement avec les camarades italiens, visiter les viticulteurs allemands et nous sommes déjà en contact avec les Espagnols. Cette Europe, que les nations n'ont pu faire, les régions peuvent la réaliser. Quant à l'irrigation du Languedoc et à l'aménagement touristique de la côte, ils auraient été menés tout autrement si nous avions été maîtres de nos affaires, croyez-moi.* »

Huit heures : dans les ruelles étroites de Montpellier, de Béziers, ou de Narbonne, les préposés des postes commencent leur tournée. Dans ces vieux quartiers, les appellations d'autrefois en langue d'oc doublent partout les noms français. Les municipalités ont fait ce geste qui ne coûtait pas cher, et après avoir renâclé, les P.T.T. ont finalement admis que les adresses soient rédigées en occitan. C'est l'occitanisme banalisé, certains disent même récupéré. Mais le bon vouloir des édiles a ses limites vite atteintes. Ainsi...

Huit heures trente : l'école maternelle occitane de Béziers — la « calendreta » — accueille ses dix-huit bambins. Jeux, chansons, sorties, tout se passe en deux langues, français et occitan. Les enfants sont vifs, à l'aise, heureux. Les parents, ravis. Mais ils payent tout, y compris le salaire de l'enseignante, car la municipalité a refusé de subventionner une « école libre ». Et on ne compte que deux « calendreta » en Languedoc.

Neuf heures : une classe primaire à Couffoulens, village de l'Aude perché à quelques kilomètres de Carcassonne. « *Las campanas* » *c'est quoi?* — *Les campagnards,* hasarde une écolière — *Mais non, « les cloches »,* corrige Claude Marti, chanteur occitan et maître d'école. Avec seize autres instituteurs de l'Aude — et la bénédiction des autorités scolaires —, il tente depuis quelques mois une expérience d'enseignement bilingue. Un conseiller pédagogique, Maurice Bernat, passe chaque semaine. « *J'ai eu cent soixante-dix-huit demandes,* dit ce dernier, *mais je suis tout seul. Or c'est passionnant et les enfants mordent dans l'occitan avec enthousiasme. Ils déchiffrent le monde qui les entoure où tout parle encore " patois ". Le rapprochement des deux langues est une gymnastique hautement profitable. C'est aussi une excellente préparation à l'espagnol et à l'italien.* » Mais quand ces enfants arriveront au collège devront-ils oublier l'occitan? A ce niveau il n'y a pas grand-chose encore.

Des points pour le bac

Dix heures : c'est dans ces classes de seconde, de première et de terminale — et dans ces classes seulement — que nous retrouvons quelques heures de langue oc dispensées par une poignée de professeurs volontaires. L'épreuve facultative d'occitan peut donner quelques points à l'oral du bac. Rien que pour l'Hérault deux mille candidats en ont profité l'an dernier. Dès la rentrée prochaine, les plus mordus pourront préparer une licence d'occitan dans les facultés de Montpellier et d'Aix-en-Provence.

Onze heures : c'est jour de marché à Lézignan, gros bourg de l'Aude, serré autour de son église fortifiée. Sur la place stationne le discobibliobus occitan qui prête microsillons et ouvrages en langue d'oc à ceux qui le désirent. Financé par le Conseil général, ce véhicule dessert chaque mois quarante localités.

Midi : à la mairie de Béziers, Marie Rouanet, chanteuse « oc » et conseillère municipale, célèbre un mariage en occitan à la demande des familles. Cette pratique, courante à l'église, fait une timide entrée à l'hôtel de ville. Et elle a valu à la conseillère municipale les remontrances d'un procureur sourcilleux.

Midi trente : « *Escotatz Radio-Narbona, la radio del païs* ». « *Ici Radio-Narbonne, radio locale, indépendante et bilingue qui émet en modulation de fréquence sur 101 mégahertz.* » A cet instant, Jean-Claude et Marie Julès, lui professeur d'anglais, elle institutrice, entament avec une bande de copains leurs sept heures d'émission. Ils ont installé, eux-mêmes, une antenne de 15 mètres sur le toit de leur villa, logé l'émetteur dans les combles et sacrifié deux pièces pour le studio. Leurs économies y sont passées, leurs loisirs aussi, mais ils travaillent maintenant comme des « pros ». Variétés, jeux, bulletins d'information, reportages, dialogues avec les auditeurs se succèdent, mi en occitan mi en français jusqu'à l'heure du souper. Pas de militantisme : « *Il faut sortir l'occitan de son ghetto,* dit Jean-Claude, *en faire sur les ondes un langage spontané, comme dans la rue.* » Radio-Narbonne peut atteindre soixante mille Languedociens.

Quatorze heures : dans son petit bureau de Béziers, René Zerby, trente-quatre ans, gérant de la société d'édition musicale Ventadorn, se débat avec une comptabilité difficile. Depuis treize ans, cette maison fondée par une vingtaine de chanteurs et musiciens « oc » tient le coup. Son catalogue compte 85 titres : des variétés surtout, mais aussi, depuis peu, un opéra et du classique. Ventadorn écoule 40 000 microsillons et 5 000 cassettes par an. La revendication d'antan accompagnée d'instruments folkloriques a fait place à des thèmes universels soigneusement harmonisés. « *Nous sommes devenus majeurs* », constate René Zerby.

C'est l'heure où le docteur Max Rouquette, soixante-treize ans, dans la pénombre fraîche de son appartement du vieux Montpellier, corrige les épreuves de la revue trimestrielle *Oc*. Six cents exemplaires seulement, mais une littérature de qualité. Signe des temps, l'œuvre maîtresse du docteur Rouquette, un recueil de nouvelles intitulé *Verts Paradis*, a été traduite et publiée en français. Finis les ostracismes réciproques. « *Et nos jeunes auteurs sont légion* », ajoute le directeur d'*Oc*.

Dix-huit heures : les derniers « clients » quittent la salle de lecture du Centre international de documentation occitane logé fort à l'étroit dans un local municipal, à Béziers. Sur 100 mètres carrés François Pic, vingt-sept ans, et une poignée d'archivistes ont méticuleusement engrangé en huit ans 17 000 livres, 8 000 brochures, des milliers de périodiques, de disques, de photos, d'affiches et de manuscrits occitans. Cette « bibliothèque nationale de l'occitanie », financée par la ville, le département de l'Hérault, la région et plusieurs ministères, s'enrichit chaque jour par une sorte de dépôt légal spontané, des dons et des achats. Elle va se transporter prochainement dans des locaux dix fois plus vastes. Six mille personnes la consultent chaque année, et certains chercheurs viennent de l'autre bout du monde.

Dix-neuf heures : Jean-Pierre Laval, trente-trois ans, rédacteur d'un quotidien local, achève son papier du jour. Mais son esprit est ailleurs. Il songe à Région 83, le mouvement qu'il a lancé récemment à Narbonne avec quelques audacieux. Objectif : réunir enfin les multiples chapelles qui divisent les occitanistes, oublier les échecs des candidatures aux présidentielles de 1974 et 1981, et présenter enfin une liste « oc » aux élections régionales de 1983. Faute de projet cohérent et crédible, la politique a toujours été le point faible des occitanistes. Depuis le 10 mai, leurs idées ont été récupérées par la gauche. Réussiront-ils cette fois à se « singulariser » vraiment en Languedoc-Roussillon, et à se ranger en bon ordre sur une seule liste?

Vingt et une heures : sur la scène d'une maison des jeunes, Claude Marti, soutenu par trois musiciens, entame son tour de chant. Il se produit ainsi quatre-vingts fois par an. Marie Rouanet soixante fois. Les chanteurs et les groupes « oc » se multiplient, comme les troupes de théâtre. « *Nous sommes tous les colporteurs de la culture occitane* », dit Marti.

Ainsi, jour après jour, par petites touches prudentes, les occitanistes font-ils leur chemin en Languedoc, retrouvant leur passé et rêvant de demain.

Marc AMBROISE-RENDU
Le Monde, 8 juin 1982.

Petit lexique occitaniste

— **L'Occitanie** : région géographique du sud de la France qui comprend en particulier le Languedoc. **En Occitanie.**
— **Les Occitan(e)s** : habitants de l'Occitanie.
— Adjectif : **occitan(e)** ou **« oc ».**
— **Claude Marti, chanteur occitan; Marie Rouanet, chanteuse « oc »; la culture occitane.**
— La langue : **l'occitan** ou **la langue d'oc.**
— **Devront-ils oublier l'occitan?; un diplôme d'occitan; les adresses rédigées en occitan; des ouvrages en langue d'oc.**
— **L'occitanisme** : le mouvement en faveur de l'Occitanie.
— **Les occitanistes** : les personnes qui participent à ce mouvement.
— Adjectif : **occitaniste; un militant occitaniste.**

Préparation

• Écoutez des chansons de Claude Marti et de Marie Rouanet.

• Situez sur une carte de France les départements et les villes principales cités dans ce texte :
L'Hérault (le département) : **Montpellier, Béziers. L'Aude** (le département) : **Narbonne, Carcassonne.**

Remarques

La vigne : sur la vigne poussent des raisins dont le jus fermenté produit le vin.

Le vigneron, la vigneronne : personne qui cultive la vigne comme propriétaire ou comme employé(e).

Le vignoble : plantation de vignes.

Viticole (adjectif) : associé à la culture de la vigne; **une région viticole.**

Le viticulteur : personne qui cultive de la vigne pour la production du vin.

La viticulture : culture de la vigne.

Explications complémentaires

Enfant de mai 68 : jeune participant aux événements de mai 1968 qui ont secoué la société française.

L'Europe verte : programme agricole de la Communauté économique européenne.

Le Midi : sud de la France.

Les P.T.T. : nom des services de la poste.

Le Conseil général : Conseil élu pour administrer la région.

Les Languedociens : habitants du Languedoc.

Pyrénéen : des Pyrénées, montagnes qui forment la frontière entre la France et l'Espagne.

Les présidentielles de 1974 et 1981 : dernières élections présidentielles (qui ont lieu tous les sept ans).

Le 10 mai 1981 : date de l'élection du candidat socialiste, François Mitterrand, comme président de la République.

Notes de vocabulaire

A perte de vue : aussi loin que l'on peut voir.

Salopette (f.) : vêtement de travail qu'on met par-dessus ses vêtements.

Fusent... soufre : sortent des jets puissant de soufre (pour protéger la vigne contre des maladies comme l'oïdium).

Cuve (f.) : grand récipient qui contient du vin.

Pinardier (m. familier) : marchand de vin en gros.

Félon : déloyal.

Aménagement (m.) touristique : amélioration des services touristiques.

Préposé (m.) : employé.

Tournée (f.) : (ici) itinéraire pour distribuer le courrier.

Doubler : (ici) accompagner.

Renâcler : résister.

Récupéré : repris par les autorités et détourné de son objectif principal.

Édile (m.) : responsable de la municipalité.

Bambin (m. familier) : enfant.

Ravi : enchanté.

Subventionner : aider financièrement.

École (f.) libre : école qui ne dépend pas de l'Éducation nationale.

Hasarder : suggérer.

Tenter : essayer.

Mordre dans (familier) : s'intéresser à, se lancer dans.

Déchiffrer : interpréter.

Bac (m. familier) : baccalauréat.

Classes de seconde... terminale : classes du lycée.

Poignée (f.) : (ici) petit nombre.

Épreuve (f.) facultative : examen qui n'est pas obligatoire.

Mordu (familier) : très intéressé.

Licence (f.) : diplôme universitaire.

Serré : groupé étroitement.

Discobibliobus (m.) : véhicule qui sert de bibliothèque et qui va de ville en ville.

Microsillon (m.) : disque.

Abonné (m.) : (ici) personne qui emprunte régulièrement des livres et des disques.

Remontrance (f.) : critique.

Procureur (m.) : magistrat.

Sourcilleux : sévère.

Entamer : commencer.

Combles (m. pl.) : mansarde.

« Pros » (familier) : professionnels.

Sur les ondes : à la radio.

Gérant (m.) : administrateur.

Tenir le coup : réussir à continuer.

Écouler : vendre.

D'antan : (ici) des premières années.

Devenir majeur : arriver à l'âge adulte.

Épreuves (f. pl.) : première version imprimée d'un manuscrit.

Recueil (m.) : volume.

Ostracisme (m.) : hostilité.

Être légion : être nombreux.

Hameau (m.) : petit village.

Cinéaste (m.) : personne qui fait un film.

Long métrage (m.) : film de longue durée.

Montreur (m.) d'ours : personne qui montre en public un ours (animal).

Déracinement (m.) : le fait de perdre ses attaches à une région.

Fort à l'étroit : dans un petit espace.

Engranger : cataloguer.

Dépôt (m.) légal spontané : le fait de donner un exemplaire d'une publication à une bibliothèque sans y être obligé par la loi.

Rédacteur (m.) : journaliste principal.

Quotidien (m.) : journal publié chaque jour.

Papier (m.) : article.

Songer : réfléchir.

Chapelle (f.) : (ici) groupe.

Échec (m.) : manque de succès.

Faute de : sans.

Soutenu : (ici) accompagné.

Colporteur (m.) : marchand ambulant.

Faire son chemin : avancer.

Exercices de compréhension

1 Résumez pour chaque heure citée par le journaliste l'activité occitane dont il est question et dites si cette activité a du succès.

2 Ces activités ont-elles toujours le soutien des autorités ? Justifiez votre réponse.

3 Pourquoi l'enseignement de l'occitan est-il important ? Qu'est-ce qui empêche la réussite de cet enseignement ?

4 Pourquoi les émissions de Radio-Narbonne sont-elles à moitié en occitan et à moitié en français ?

5 « Je ne suis ni nationaliste ni séparatiste mais autonomiste », dit Jean Huillet. Après avoir expliqué le sens de cette phrase, montrez comment les occitanistes font leur chemin vers l'autonomie.

A vous maintenant

1 En utilisant ce texte comme modèle, décrivez une journée dans votre région.

2 Quelle est l'importance relative des activités culturelles et des activités politiques dans le militantisme ?

3 **Travail de groupe.** Préparez une émission de radio sur l'occitanisme.

4 **Débat.** Quel est l'outil politique le plus puissant : la presse, la radio ou la télévision ?

Exercices de langue

1 Vous êtes porte-parole d'un groupe de chanteurs et musiciens « oc ». Rédigez pour un quotidien local un papier sur les objectifs du groupe.

2 **Enfant de mai 68, surnommé Mao dans son village, militant occitaniste, Jean Huillet est aussi l'un des porte-parole des comités d'action viticoles.** D'après ce modèle, construisez des phrases formées d'une série de groupes nominaux en apposition et qui décrivent d'autres personnes citées dans le texte.

MONTPELLIER

une ville entre béton et romarin

Montpellier. 6 heures du matin. Elle dépose son sac sur le parvis de la gare. Le Mistral arrache les premières couleurs ocres des peupliers. Il fait encore nuit.

Le pas endormi, elle remonte la rue Maguelone. A côté du Théâtre, elle prend l'autobus en direction de La Paillade. Il la brutalise dans sa somnolence. Les cafés, chaises dehors, s'éclairent des petits déjeuners au comptoir. Cours Gambetta. Avenue de Lodève. Celleneuve. L'autobus longe un moment ce qui fut la campagne.

Dans la cité populaire, elle frappera à une porte. Sa mère, le geste engourdi, ouvrira. Souriante. C'est toujours ainsi. Elle vient retrouver la tendresse, loin des brumes de sa vie d'adulte. Elle vient retrouver une ville née hier, il y a mille ans, sur le bord d'un chemin.

Mille ans, c'est si peu. Depuis longtemps Nîmes et Béziers étaient connues en Méditerranée. Pourquoi Montpellier s'est-elle ainsi mise à croître? On ne sait pas. Au pied d'une colline de 44 mètres au-dessus de la plaine! Son premier habitant, le serf Amalbert, coulait des jours heureux sur son carré de terre fertile. Cultivant fruits, légumes, vin, céréales et pastel pour donner une jolie teinte bleue à la laine de ses moutons. Dans la garrigue, il cueillait ses olives; ses chèvres paissaient tranquillement. L'eau claire ne manquait jamais. Le bois des chênes verts le chauffait. Sans doute, le soir, montait-il vers la chapelle dédiée à la Vierge Marie. Rêvait-il comme elle, ce matin, au vol des flamands roses qui voyagent, immuables, entre l'Europe et l'Afrique.

Mille ans à peine. Mille ans pour que Montpellier devienne, d'après le guide Gault et Millau, la troisième grâce du Midi avec Aix-en-Provence et Avignon. La ville primée en 1974 pour la qualité de la vie. La troisième ville universitaire de France. L'une des championnes du secteur tertiaire, tenant bien haut les couleurs du chômage.

Un coin de terre blanc

Le ciel rosit. Peu à peu, elle se détend. Il a plu avant que le vent ne se lève. Le trottoir mouillé respire la poussière et le thym humide. Les garrigues sont proches des H.L.M. « En 1962, environ 25 000 " Pieds Noirs " et Harkis, rapatriés d'Algérie, ont tenté de replanter leurs racines dans ce coin de terre bleue », dit une « transplantée ». En cinq ans, la ville a compté 50 000 habitants de plus. Il a fallu construire vite. Grands ensembles et cités d'urgence. Aiguelongue, La Chamberte, La Pompignane, La Croix d'Argent... « A la Paillade, se côtoient Français, Arabes, Portugais, Gitans », explique une dame du quartier. La ville garde sa tradition cosmopolite, son ouverture.

Au Moyen Age, Montpellier devenue un grand port, Catalans, Espagnols, Génois, Lombards, Vénitiens, Chypriotes, Provençaux, Levantins, Arabes du Gharb commerçaient dans les échoppes. Autour d'échantillons de drogue, d'épices d'Orient, de drap d'écarlate, de parfums, de laine ou de poissons séchés.

Sans doute aime-t-elle Montpellier pour cela. Elle se sent étrangère. Et proche des habitants de cette ville, de ces voyageurs désespérés, arrêtés là par hasard, depuis peu, attirés par la mer.

Mais le monde moderne est de béton. La Paillade souffre de la maladie des grands ensembles sous le soleil. Elle a dix ans et est déjà surpeuplée. Les adolescents, malgré le stade, la piscine, la bibliothèque municipale, s'obstinent à briser les vitres des fenêtres dans leurs parties de foot sur le trottoir. Une femme se penche au balcon et crie : « Allez jouer plus loin! » Mais non! Ils sont mieux là. Toujours là. Même aux plus fortes chaleurs. « Pour se rendre à la mer, disent-ils, il faut une mobylette ou la voiture d'un copain. » Aucun autobus ne relie directement la cité à la plage. Pas de cinéma. Peu d'argent. Ils se contentent de balades au long de la Mosson, la petite rivière qui se jette dans l'Hérault. Ou de déambulation dérisoire dans le centre commercial.

Dans des wagons de bois

Elle voulait d'abord voir la mer. Palavas, la plage des Montpelliérains. A une dizaine de kilomètres, entre les étangs et le golfe. Son port déserté par les touristes frileux. « Alors, elle vous plaît notre plage? », s'inquiète un pêcheur. « Ça vous dit cette belle dorade! Allez-y, prenez-là, bientôt y en aura plus! »

En 1974, Palavas était citée parmi les plages les plus polluées de Méditerranée. Au siècle dernier, le petit train de Palavas transportait les citadins depuis l'esplanade de la Comédie vers les bouffées d'air pur du large. Dans ses wagons de bois, on entassait marmaille, cannes à pêche, paniers d'osier et l'on pique-niquait sur le sable en robe blanche. Durant 96 ans, 5 mois et 26 jours (les nostalgiques font bien les comptes!). « C'était le bon temps », disent les vieux Montpelliérains. Mais la Belle Époque reléguée au musée des souvenirs, celle des vacances organisées pour des touristes plus rentables a commencé. L'aménagement du littoral Languedoc-Roussillon, lancé

en 1963, a donné naissance à la Grande-Motte. « Station de vacances et de loisirs audacieuse, la plus moderne d'Europe. » Premier port de plaisance de la région. Un monument à la gloire du béton. Entre les « pyramides » de l'architecte Jean Balladur, aucune odeur d'écume, de romarin, d'huile d'olive. Aucune odeur de « chichis », ces beignets allongés, enrobés de sucre fin. Aucun parfum de fleur. Seulement l'odeur de l'argent.

Sur la plage, les adolescents s'amusent. « Tu nous renvoies le ballon, s'il te plaît » Des planches à voile violine et bleu glissent sur la mer, sans bruit. Dépassées par les flamands des étangs de Camargue. (...)

« Midi ivre » ou « Midi libre »

« Ne croyez pas que Montpellier soit une petite ville tranquille de province », dit Françoise, un peu « chauvine ». La municipalité fait un effort d'animation. « Montpellier est la ville la plus bourgeoise, la plus fermée que je connaisse », explique Georges Frêche. « Les gens ne participaient pas. Comment auraient-ils pu faire? Il n'y avait rien ici pour qu'ils puissent se rencontrer. Certains grands bourgeois montpelliérains ont un retard mental de trente ans sur les grands bourgeois bordelais ou les grands bourgeois toulousains. Il y a un décalage d'une génération dans l'évolution... »

Une politique plus sociale et culturelle est donc menée. Trois « Maisons pour Tous » seront ouvertes. A Figuerolles, à Saint-Martin et dans un magnifique parc au bord de la Mosson dans la Z.U.P. de La Paillade. « Les feux de la Saint-Jean ont été allumés en douze points de la ville pour faire renaître les fêtes populaires », dit Aline Crespi, adjointe chargée de l'animation. « Seigneur Carnaval, pour la première fois depuis dix-

huit ans a traversé Montpellier », explique Annie de Belleneuve. « Avec l'aide des comités de quartier, des lycéens, des groupes féministes, nous avons distribué " Midi Ivre ", un pastiche du journal local le Midi Libre. Mais il s'est trouvé des esprits chagrins pour gronder contre la farine et les confettis... »

En avril, se tenait le IIᵉ festival du film écologiste. Ce mois-ci, a lieu le premier rassemblement de la jeunesse méditerranéenne. Pour « la promotion des cultures. Un lieu de réflexion sur les problèmes de pollution, de sauvegarde de l'environnement, de paix, dans cette région du monde où les armes parlent trop souvent ». Et, dit Christiane, montpelliéraine socialiste, « nous avons l'intention de soulever le problème de la femme et de la jeune fille dans la culture méditerranéenne ».

Les féministes ne se laissent pas marcher sur les pieds à Montpellier. Elles ont mené de nombreuses manifestations. « Elles ont obtenu une maison pour les femmes en difficultés », explique Christiane. « Elle est gérée par un collectif de femmes de la ville. C'est le premier de toute la région. » Les « groupes femmes » ont loué une maison, rue de la Coquille. Pour se retrouver. « Nous participons activement à la trentaine de comités de quartier de Montpellier », explique Monique. On les retrouve aussi nombreuses et actives dans les troupes du jeune théâtre régional.

Chacun pour soi

Elle aime se promener dans les rues. Faire du lèche-vitrine, rue de l'Ancien-Courrier. « Mademoiselle, un rideau de perles de buis? » Elle aime voir s'envoler les pigeons de la terrasse du Peyrou. Rêver aux cinq cent mille viticulteurs rassemblés à cet endroit un dimanche 9 juin 1907. Sous la statue du Roi-Soleil. Venus de tous les pays producteurs, pour manifester dans Montpellier, la rage au ventre, contre le vin au ruisseau, contre la crise viticole.

Elle aime la pénombre des hôtels somptueux construits du XVIᵉ au XVIIIᵉ siècles dans les ruelles du Moyen Age. Et elle déteste ces boutiques de troc de vêtements qui se sont installées sous les voûtes fastueuses. « Oui, madame, nous ne prenons que des vêtements de grandes marques!... »

Montpellier devient « la savante » au XVIᵉ siècle avec sa faculté de médecine, célèbre dans toute l'Europe. Les grands maîtres : Arnaud de Villeneuve, Rabelais, Griffi et Nostradamus y enseignent. Elle reste aujourd'hui la ville des avocats, des médecins et des propriétaires des vignobles de l'Hérault.

« Ah Montpellier! Sa faculté aujourd'hui célèbre pour la passivité de ses étudiants qui attendent tranquillement le moment des examens... », plaisante Hélène qui n'est plus étudiante.

La « fac » compte plus de 34 000 étudiants. Plus de 16 % de la population totale de la ville. Plus de 4 000 étudiants étrangers.

Et elle reste l'une des rares facultés de France à ne posséder aucune cité étudiante mixte. Trois cités de filles et trois cités de garçons. Chacun chez soi! Un « comité pour la mixité » s'était créé à l'initiative de jeunes filles de la cité Vert-Bois. Elles se plaignaient de l'insécurité. Les résidences de filles se trouvent dans des quartiers isolés. Mais l'administration a refusé tout changement. Les jeunes filles n'ont qu'à potasser leurs polycopiés, enfermées chez elles, et ne pas sortir le soir. (...)

« Les femmes en particulier sont frappées par le chômage. Les femmes et les moins de vingt-cinq ans! Nombreuses sont celles qui ne s'inscrivent pas au chômage. Car elles n'ont jamais travaillé. Mais elles n'ont jamais travaillé, non parce qu'elles ne voulaient pas, mais parce qu'elles n'imaginaient même pas trouver un emploi! » Le peu d'emplois créés vient de la décentralisation de l'administration. Le secteur tertiaire devient démesuré. (...)

Elle achète un livre rue des Sœurs-Noires, jette un œil envieux sur la vitrine des « Mères Cantiles » et ses vêtements de patchwork colorés. Elle déambule dans les rues ne voulant rien oublier. Elle achète un bouquet de roses pâles pour sa mère... C'est déjà sa promenade d'adieu...

Danielle PUECH GUARDIOLA
Christiane, octobre 1979.

LANGUEDOC ROUSSILLON
Carte d'identité

- **Première région touchée par le chômage.**
- **Région où la natalité est la plus basse de France.**
- **Nombre de femmes supérieur au nombre moyen en France.**
- **C'est aussi une région où la population est plus vieille (la moyenne de vie est supérieure à celle de la France).**
- **Moins de divorcées, moins de célibataires et plus de veuves.**

- Montpellier
- Capitale régionale du Languedoc-Roussillon
- 200 000 habitants
- Maire : Georges Frêche, Parti socialiste
- Ville universitaire : 34 000 étudiants (16 % de la population totale. Autant de filles que de garçons)
- Plus de 11 femmes sur 100 possèdent un niveau d'études supérieur au bac (2ᵉ ville de France après Aix-en-Provence)
- Mais les femmes n'utilisent pas leur formation : seulement 27,4 % de femmes actives (moyenne nationale : 30,3 %)
- L'écart se creuse encore plus, lorsqu'il s'agit des jeunes filles. En France sur 100 filles de 20 à 24 ans, 66 travaillent. A Montpellier, seulement 36!
- Ville de chômage : plus de 10 000 inscrits à l'A.N.P.E.

(Sources : I.N.S.E.E. et A.N.P.E.)

le rugby

S'il y a un terrain sur lequel se retrouve unanime le Grand Sud-Ouest, c'est bien le terrain de rugby. Et quel homme, mieux que Jean Lacouture, pouvait transformer d'un coup de plume magistral cet essai d'implantation anglo-saxonne en authentique phénomène de société du Sud-Ouest?

« notre » jeu

On le joue avec un ballon ovoïde, idée proprement géniale, qui a conféré à ce jeu sa fondamentale fantaisie. Rien ni personne, pas même un ordinateur, pas même un office de sondages, pas même un « ouvreur » gallois ne peut prévoir où rebondira un ballon dégagé par un Etcheverry de Bayonne ou un Lespinasse de Montauban. Mais si étranges ou surprenantes qu'aient été les évolutions de cette vessie recouverte de cuir sur mille pelouses, des Highlands aux îles Fidji, aucun rebond de cet œuf pneumatique n'aura été plus déconcertant que celui qui a projeté le jeu à quinze de l'école de Rugby (War- wickshire) aux terrains sablonneux de la Chalosse et aux collines du Gers, sans s'incruster sur les rochers celtiques ni s'implanter autour des corons de nos Flandres.

En France, le rugby est un jeu méridional. Considérez la compo- sition d'une équipe parisienne, le Racing Club de France par exem- ple. Le moins que l'on puisse dire est que, dans les vestiaires, ce n'est pas l'accent parisien qui domine. Écoutez le bruit que fait une tri- bune devant laquelle se joue un match du championnat de rugby, et puis celui qu'on entend lors d'un Saint-Étienne-Nantes, du côté de ceux qui ne sont que onze, les « pôvres » : ça n'est pas du tout la même musique. Et quand se déroule un match du tournoi des Cinq-Nations qui, chacun le sait, ne se joue pas seulement au Parc des Princes, mais aussi devant les écrans de télévision, ce n'est pas à Nancy ou à Maubeuge que la circulation s'arrête, de 14 à 17 heures, mais à Dax et à Perpignan. Quand Jean-Pierre Rives et Jean-Claude Skrela entrent dans un café, si vous êtes au nord de la Loire, les têtes qui se retournent sont celles des dames. Si vous êtes au sud, ce sont celles des messieurs. Bref, c'est notre jeu à nous, gens de Guyenne, de Gascogne et du Languedoc, même de ceux qui, à douze ans, comme moi, jouaient plutôt au foot- ball et n'ont jamais su, ensuite, manier proprement cet engin diabolique.

Pourquoi? Pourquoi ce jeu, venu de la brumeuse Angleterre plate du centre, conquérant ensuite les escarpements écossais, les mines galloises et les rivages fous de l'Irlande gaélique, avant de traver- ser la Manche, de séduire les Nor- mands, les Parisiens et les Nantais, s'est-il acclimaté en pays d'oc au point d'y faire souche, y engen- drant un fameux rejeton, le rugby pyrénéen. L'espace délimité par le Pays Basque, la Garonne et le Roussillon, ce que nous appelons le « triangle ovale », a produit ces merveilles que furent l'Aviron bayonnais de l'immédiate avant- guerre (de 1914), le Stade toulou- sain des années 20, le S.U. Agen des années 30, et le « grand Lour- des » des années 50, le Béziers des années 70.

On a avancé bien des explica- tions : échanges commerciaux Angleterre-Aquitaine, beau ciel de Pau aimé par les malades britanni- ques... Bien. Voilà qui explique pourquoi les jeunes Bordelais for- mèrent au début du siècle une excellente équipe, le S.B.U.C. Et le séjour fait dans le Sud-Ouest, quel- ques années plus tard, par le « sor- cier gallois » Owen Roe donne aussi quelques clefs : mais rien n'expli- que pourquoi ce jeu, que sa folie recommandait à nos Celtes comme à ceux des îles britanniques, ne s'est jamais implanté dans notre Ouest, ni pourquoi, né en France dans les milieux de la bourgeoisie commerçante havraise, puis parisienne, puis bordelaise, le rugby a subi en trente ans un glissement, d'abord géographique, de la Manche aux golfes de Gascogne et du Lion, puis socio-économique, des importateurs de tissus de luxe et exportateurs de vins vieux aux laboureurs du Lauragais, aux tonneliers de l'Hérault et aux limonadiers de Bigorre.

Il suffit de jeter un coup d'œil sur la composition des équipes nationales qui disputent le tournoi des Cinq-Nations pour constater que, plus ou moins aristocratique ou bourgeois en Irlande ou en Écosse — les joueurs sont étudiants, médecins ou barristers-at-law —, le rugby est, en France, éminemment populaire : nos avants sont agriculteurs ou employés de mairie, nos trois-quarts « prof de gym »...

Aucune explication rationnelle à donner : c'est parce que le ballon est capricieux qu'il est venu rebondir dans nos vignes, sous nos pins et parmi nos garrigues. Mais deux choses sont claires : que, socialement, le rugby est l'expression d'un certain type de sociabilité, la ville petite ou moyenne dont les types parfaits sont Agen et Béziers, Dax et Lourdes, Brive et Narbonne. Vingt-cinq à cinquante mille habitants, une allée centrale plantée de platanes et bordée de cafés à terrasse, la campagne ouverte au-delà des remparts encore chauds des arquebusades protestantes ou des dragonnades du roi Louis, au restaurant des truffes, un pichet de rosé et le pastis des soirs d'après victoire. Voilà un cadre, une ambiance où fleurit « notre » jeu, qui est un art de vivre.

Toulouse excepté, qui garde son fleuron de capitale « culturelle » du triangle ovale, un club de rugby est l'émanation naturelle d'une de ces cités où s'établit une proportion harmonieuse entre joueurs et « voyeurs », liés par une sociabilité effervescente, une vie de promenades, de « gueuletons », de petits coups de soleil.

Ce qui fait la saveur, la spécificité du jeu à quinze, chez nous, c'est un certain méridionalisme fait d'accent chantant et rocailleux (les vrais aficionados disent « rrubi »), de tuiles rondes, de pelote ou au moins de bérets basques, de jeux taurins (« razet » vers l'est, écarteurs landais vers l'ouest), de cuisine à l'huile, de confits de canard, de bastides et de terrasses de cafés, d'un certain type de femmes aux hanches rondes et à l'œil noir : un univers de la parole et du soleil.

Car ce jeu, inventé par de rudes éducateurs britanniques pour « châtier » dans la boue et le vent les jeunes gens des « public schools » à la chair trop tendre, aux mœurs trop douces, s'est transformé, sous le beau ciel de Pau, en une fête solaire où Mithra le dispute à Bacchus et où des cathares rieurs prennent sans grand danger pour les anciens bourreaux leur revanche du bûcher de Montségur.

Jean LACOUTURE
L'Éducation, 12 mars 1981.

Choisissez votre Provence!

Connaissez-vous la Provence? Chacun trouve toujours de quoi répondre à une telle question. Car, en France, comme en Europe, le « Midi » s'est taillé une certaine réputation.

Pour beaucoup, c'est la terre des vacances, des baignades et du « farniente ».

Pour certains, c'est un pays rude et sauvage, balayé de vents violents, inondé de soleil, et baigné d'une certaine « lumière grecque ».

Pour d'autres, c'est une vieille contrée latine, riche de monuments et de sites prestigieux. Pour d'autres encore, une province amie des arts : quelle ville en effet n'a pas aujourd'hui son festival, sa fondation?

De toute évidence, la Provence terre de contrastes, est multiple. Et de la Provence des plaines à la Provence des collines et des plateaux, de la Provence du littoral, aux bords de mer si changeants, à la Provence montagnarde, chacun ici peut trouver « son pays ».

Chacun peut faire mille découvertes et profiter des vacances pour, d'une semaine à l'autre, d'un jour au jour suivant, d'une route à un sentier... changer perpétuellement de Provence!

PROVENCE DE LA MER

Des Saintes-Maries-de-la-Mer à Menton, la Méditerranée découpe 645 km de côtes d'une grande diversité : rivages sablonneux de la Camargue, parcours d'oiseaux aquatiques, calanques taillées dans le calcaire, vertigineux domaines des alpinistes, criques des Maures et de l'Estérel où le vert des pins se mêle aux roches sanglantes et au bleu de la mer en une symphonie de couleurs étincelantes, plages de sable et de galets de la Côte d'Azur à nulle autre pareille. Royaume des plaisirs de la mer, ce littoral si varié abrite aussi de nombreux ports, havres hospitaliers, refuges des innombrables plaisanciers séduits par la beauté exceptionnelle de ces rivages enchanteurs inondés de soleil.

PROVENCE DE L'ARRIÈRE-PAYS

Un séjour en Provence, c'est la découverte des mille et un villages perchés, d'un espace rural aux senteurs chargées de thym, de lavande et de romarin, bercé par le chant des cigales.

Campagne aux cent visages, arrière-pays à la fois si proche et si lointain de la Côte, Verdon rugissant au fond des gorges dans un décor d'une beauté grandiose ou étalant son opulence dans la zone des lacs, jaillissement sauvage du Ventoux, le géant de Provence régnant sans partage sur le Comtat, les Alpilles et le Luberon; la Provence se donne tout entière à qui veut bien la découvrir.

PROVENCE DE LA MONTAGNE

Cimes inaccessibles, crêtes escarpées, domaine de l'edelweiss et du génépi, alpages fleuris s'accrochant au flanc de la montagne parcourus de frais ruisseaux, c'est le royaume des petites escapades ou des longues promenades à travers prairies et forêts, le long de torrents impétueux, vers des sommets où l'on découvre le spectacle majestueux des grandes Alpes.

PROVENCE DE LA FÊTE PERMANENTE

Une pétanque sur une plage ombragée, un anis bien frais à la terrasse d'un café, un marché animé, une foire typique... c'est la fête quotidienne.

Les traditions populaires, folkloriques et religieuses, demeurent solidement ancrées dans le cœur de tout Provençal. Pèlerinage gitan des Saintes-Maries-de-la-Mer, fêtes votives et corsos fleuris... Il y a toujours quelque part en Provence une manifestation à laquelle vous pouvez assister et... très vite participer!

PROVENCE DES FESTIVALS

Climat favorable, beauté de la nuit provençale...

Près de 700 manifestations, réparties en 35 festivals animent les nuits d'été en 75 lieux et sites historiques. Les festivals d'Antibes-Juan-les-Pins, du Palais des Papes, d'Avignon, d'Aix-en-Provence, les chorégies d'Orange, les nuits du Haut-Var et cent autres encore ajoutent une note particulière à une longue tradition culturelle.

PROVENCE DES PIERRES

Vestiges préhistoriques, ruines grecques ou monuments romains, abbayes, cloîtres et églises romanes, châteaux et vieux hôtels des XVIIe et XVIIIe siècles... la Provence est riche de son passé.

Carrefour archéologique, carrefour de cultures et terre raffinée, la Provence offre de partout de splendides témoignages de l'histoire des hommes.

Les produits de l'artisanat provençal :
- Santons de Provence;
- Vannerie;
- Poterie et céramique;
- Verrerie de Biot;
- Faïence de Moustiers-Sainte-Marie.

PROVENCE GOURMANDE

A découvrir, à savourer sur place...

Les spécialités gastronomiques :
- L'aïoli;
- La bouillabaisse;
- La bourride;
- La ratatouille;
- La daube;
- La soupe de poisson;
- La soupe au pistou;

Et toute une gamme variée de plats typiques à base de produits de la mer et de produits du terroir provençal.

Les produits régionaux :

A découvrir, et rapporter en souvenir...

Les vins (rouges, rosés, blancs) :
- Châteauneuf-du-pape;
- Côtes-du-rhône;
- Gigondas;
- Côtes-du-ventoux;
- Côtes-du-lubéron;
- Coteaux de Pierrevert;
- Coteaux des Baux;
- Coteaux d'Aix;
- Palette;
- Cassis;
- Bandol;
- Côtes-de-Provence;
- Bellet;
- Muscat des Beaumes-de-Venise.

Les alcools :
- Vieux-Marc-de-Provence;
- Eau-de-vie de poire;
- Liqueur de l'Abbaye-de-Frigolet;
- Génépi-des-Alpes.

Les confiseries :
- Calissons d'Aix;
- Nougat d'Allauch et de Sisteron;
- Fruits confits d'Apt et des Gorges-du-Loup;
- Berlingots de Carpentras;
- Miel de lavande, de romarin;
- Pralines de Haute-Provence;
- Papalines d'Avignon.

Les spécialités :
- L'huile d'olive;
- La tappenade;
- La poutargue.

Les arômes et parfums :
- Herbes de Provence;
- Lavande;
- Parfums de Grasse.

Des mots de Provence

Bastide : maison de campagne isolée dans la campagne marseillaise utilisée comme résidence d'été par les bourgeois de la ville.

Borie : cabane en pierres sèches qui servait de grange ou de bergerie. Beaucoup sont aujourd'hui aménagées en résidences.

Avoir la bougeotte : être incapable de tenir en place.

Calanque : échancrure étroite et longue à versants abruptes, creusée dans les roches calcaires du littoral.

Crau : plaine couverte de pierres ou de cailloux où ne pousse qu'une maigre végétation.

Engane : nom donné à la salicorne. Elle sert de terrain de parcours aux manades de taureaux et de chevaux à demi sauvage.

Fada : n'a rien de péjoratif puisque étymologiquement ce nom désigne la créature que les fées ont marqué de leur sceau à la naissance et qu'elles tiendront toute leur vie sous leur enchantement. C'est un être candide et fantasque.

Galéjer : faire le coq. Attitude préférée d'une catégorie de mâles, les « machos », en voie de disparition...

Conseil régional Provence-Alpes-Côte d'Azur, 1983.

Quelques chiffres

La Provence c'est...

645 km de côtes, des centaines de paysages, plages, criques.

Plus de 3 000 hôtels, 64 000 chambres.

750 terrains de camping, 268 000 places.

4 345 860 touristes étrangers (chiffres 1978).

Plus de 1 000 spectacles, 35 festivals sur 75 lieux et sites historiques.

Plus de 300 000 visiteurs par an, sur le site des Baux, 250 000 au Palais des Papes, 100 000 au château d'If.

Plus de 200 musées importants, originaux ou vraiment insolites.

Des milliers de marchés, foires ou fêtes.

Préparation	• Situez sur une carte de la France les différentes parties de la Provence : la Provence de la mer, la Provence de l'arrière-pays et la Provence de la montagne. Trouvez des photos de ces paysages et de monuments romains en Provence.

Dans l'œuvre de Marcel Pagnol (1895-1974) on trouvera des descriptions du paysage provençal et du tempérament des Méridionaux (habitants du Midi).

Remarques

La Provence (région du Midi de la France) ; **en Provence**. Adjectif : **provençal(e)** ; la **nuit provençale**.

Explications complémentaires

Saintes-Maries-de-la-Mer : en Camargue, ville où se trouve le tombeau des saintes : Marie Jacobé, sœur de la Vierge, et Marie Salomé, mère des apôtres Jacques le Majeur et Jean, et de leur servante noire Sara qui est la patronne des Bohémiens (gitans). Un pèlerinage, auquel participent les Bohémiens, a lieu en mai et en octobre pour la fête des Saintes.

Menton : ville française près de la frontière italienne.

La Camargue : région située dans le delta du Rhône.

Les Maures, l'Estérel, la Côte d'Azur : les trois parties de la côte méditerranéenne entre Marseille et la frontière italienne.

Le Verdon : rivière.

Le Ventoux : montagne.

Le Comtat venaissin : région qui a appartenu aux papes d'Avignon et qui correspond au département du Vaucluse.

Les Alpilles : chaîne de montagnes.

Le Luberon : chaîne de montagnes.

Les Alpes : montagnes qui séparent la France de l'Italie et de la Suisse.

Notes de vocabulaire

Se tailler (une réputation) : se faire.
Baignade (f.) : action de se baigner, nager.
« Farniente » (m.) : le fait de ne rien faire, loisir inactif.
Rude : dur, s'oppose à doux.
Baigné de : inondé de.
Contrée (f.) : pays, région.
Fondation (f.) : (ici) musée créé par une donation ou un legs.
Littoral (m.) : côte, rivage.
Taillées dans le calcaire : (ici) se trouvant au fond de rochers calcaires.
Crique (f.) : petite baie.
Sanglant : (ici) de couleur rouge, orange foncé.
Galet (m.) : petite pierre ronde.
A nulle autre pareille : qui ne ressemble à aucune autre, incomparable.
Royaume (m.) : pays gouverné par un roi ; (ici) endroit favorisé.
Abriter : loger.
Havre (m.) : abri, refuge, endroit où l'on se sent bien.
Plaisancier (m.) : personnage qui fait du bateau pour le plaisir.
Village (m.) perché : village situé au sommet d'une montagne.
Senteur (f.) : odeur.
Bercé : (ici) charmé.

Cigale (f.) : insecte que l'on trouve dans la région méditerranéenne et qui fait un bruit strident.

Étaler : montrer avec splendeur.

Jaillissement (m.) : mouvement d'un liquide qui s'échappe avec force.

Sans partage (m.) : seul (sans partager son pouvoir).

Cime (f.) : sommet.

Escarpé : abrupt, raide.

Parcourus de ruisseaux : traversés par de petits cours d'eau.

Fête (f.) : (ici) joie de vivre ; divertissement.

Pétanque (f.) : jeu de boules auquel on joue dans le Midi.

Foire (f.) : grand marché, fête populaire.

Votif : qui commémore un vœu religieux.

Corso (m.) fleuri : défilé de véhicules décorés de fleurs pendant une fête publique.

Réparties en : (ici) qui ont lieu pendant.

Chorégies (f. pl.) : (ici) festival d'opéra et de musique.

Vestiges (m. pl.) : ce qui reste d'une chose détruite, ruine.

Carrefour (m.) : croisement des routes, point de rencontre.

Artisanat (m.) : (ici) travail des artisans.

Exercices de compréhension

1 Quelles sont les raisons pour lesquelles la Provence attire des personnes ayant des goûts différents ?

2 Pourquoi peut-on décrire la Provence comme une « terre de contrastes » ?

3 Qu'est-ce qui distingue les paysages de la Provence de la mer de ceux de la Provence de l'arrière-pays et de la montagne ?

4 Comment est la vie en Provence ?

5 Quelle est l'attitude des Provençaux envers les traditions populaires, folkloriques et religieuses ?

6 Pourquoi y a-t-il de nombreux festivals d'été en Provence ? Voir également le texte p. 14.

À vous maintenant

1 Quelle impression vous a laissé cette description de la Provence ?

2 Quelle Provence choisiriez-vous si vous décidiez de passer vos vacances dans cette région ?

3 Parmi les produits de l'artisanat provençal et les produits régionaux, qu'est-ce que vous rapporteriez en souvenir ?

4 **Travail de groupe.** Trouvez des photos de la « Provence des pierres » ou des villes et paysages de la Provence et faites-en la description.

Exercices de langue

1 « Et **de** la Provence des plaines **à** la Provence des collines… **de** la Provence du littoral (…) **à** la Provence montagnarde. »
« **D'**une semaine **à** l'autre, **d'**un jour **au** jour suivant, **d'**une route **à** un sentier » :
Écrivez cinq phrases où vous utiliserez la structure **« de…à »** pour indiquer la distance entre deux endroits ou le temps entre deux moments que vous voulez comparer.

2 Vous êtes journaliste et vous devez rédiger sur votre pays (ou sur votre région) un article destiné à y attirer des touristes.

CHARTE DE LA BOUILLABAISSE MARSEILLAISE

Il n'est pas possible de normaliser la cuisine. En effet, il s'agit d'un art où le tour de main du chef en fera la réussite. Cependant, la bouillabaisse, plat marseillais par excellence, comporte des ingrédients bien précis qu'il importe d'utiliser, si l'on veut respecter la tradition.

Cette charte a donc pour objet, tout en respectant l'art du professionnel, de préciser les éléments d'une bouillabaisse de qualité.

Historique de la bouillabaisse

A l'origine, il s'agissait d'un plat de pêcheurs qui, en triant le poisson destiné à la vente, mettaient de côté certaines pièces qu'ils préparaient pour eux et leur famille.

C'est donc un plat simple et familial, qui, au fil des ans, a été perfectionné et qui peut comporter maintenant un fond liant et même des crustacés.

Le service

Le service de la bouillabaisse marseillaise est laissé à l'appréciation du restaurateur, mais, d'une façon générale, cette préparation est servie dans deux plats différents : le poisson d'un côté, le bouillon sur réchaud. Selon le goût du convive, les deux pourront être mélangés dans une assiette creuse, ou bien servis à part.

Mais une règle demeure fondamentale, c'est le découpage du poisson devant les convives.

On servira également la ou les sauces (rouille ou aïoli) accompagnés éventuellement de croûtons frottés à l'ail.

Les composants

La bouillabaisse marseillaise est un plat dont l'élaboration demande une variété de poissons de la Méditerranée. C'est leur goût particulier qui fait la renommée de ce plat, qui ne doit être composé que d'éléments de premier choix.

Les poissons

Elle comprendra au minimum quatre espèces parmi les suivantes :

Rascasse, rascasse blanche, araignée (vive), galinette (rouget grondin), saint-pierre, beaudroie (lotte), fielas (congre), chapon (scopène).

Facultatif :

Cigale de mer, langouste.

Cette liste permet ainsi le choix en fonction des arrivages et du nombre de convives.

Mais il reste un fait essentiel pour la qualité de la bouillabaisse, c'est l'extrême fraîcheur du poisson : condition primordiale de la réussite.

Les autres ingrédients :

Les autres ingrédients qui concourent à la préparation de cette spécialité, sont en particulier : *sel, poivre, safran, huile d'olive, ail, oignons, fenouil, persil, pommes de terre, tomates.*

Également pour le fond : petits poissons de roche. La bouillabaisse s'accompagne également d'une sauce traditionnelle : la rouille.

Le Guide des Vacances,
Édition Var, 1983.

LA PÉTANQUE

La pétanque a depuis longtemps conquis la France, mais il faut rappeler de temps à autre que le jeu a été inventé en Provence!

Les règles sont simples et accessibles à tous : le jeu consiste à envoyer ses boules les plus près possible d'une boule plus petite : cochonnet. « Les pointeurs » lancent leur boule près du cochonnet, « les tireurs » délogent les boules des adversaires en prenant leur place. Cela s'appelle « faire un carreau ».

Une partie se joue par équipes et en principe dans le plus grand silence. Les spectateurs doivent être raides comme des santons et les joueurs muets comme des carpes. Quelle tristesse si le jeu se déroulait ainsi!

Les désaccords dans l'appréciation des distances qui séparent les boules du cochonnet entraînent des discussions bruyantes et animées. La partie est suspendue jusqu'à ce que les mesures exactes prises, on puisse déterminer celui qui a gagné.

Le méridional se donne des règles pour s'amuser à les transgresser. Chaque partie de pétanque se déroule comme une pièce de théâtre, accessible à tous, puisque le geste et le clin d'œil dominent.

Nos amis qui arrivent d'Allemagne, d'Angleterre ou des Amériques se régalent de toutes ces gesticulations qui leur font prendre tout de suite connaissance avec l'âme du Midi, rieuse et généreuse à la fois.

Conseil régional Provence-Alpes-Côte d'Azur, 1983.

PROVENCE ET LITTÉRATURE

A l'heure de la sieste, il n'y a rien de plus drôle à lire que *Tartarin de Tarascon* d'Alphonse Daudet (Poche Garnier Flammarion). Cette caricature, gentiment moqueuse et pleine d'esprit d'un méridional un peu vantard qui partit en Algérie à la chasse aux lions, est sans doute à l'origine d'une idée reçue et peu fondée, d'après laquelle les gens du Midi seraient seulement de beaux parleurs.

Autre façon d'envisager ces méridionaux : celle de Stendhal. Dans son voyage dans le Midi (Poche Maspero), l'écrivain rapporte ses flâneries dans Marseille « la plus belle ville de France »; il est alors absolument charmé par le caractère marseillais : « il dit ce qu'il pense, raconte-t-il, quand même ce qu'il pense est un peu contre la politesse ».

C'est principalement entre les deux guerres que des écrivains de Provence feront de leur région l'essentiel de leur œuvre et partageront avec elle leur renommée.

Jean Giono (1895-1970) quitte son emploi bancaire pour arpenter les plateaux de Haute Provence et parler avec les paysans et les bergers. Dans ses romans *Regain, Colline, Jean le Bleu...* il exalte les vraies richesses du Cantadour et appelle au retour à la terre : remettre en culture les jachères, ranimer les villages qui meurent, cuire le pain au four banal.

Si son style évolue dans *le Hussard sur le toit*, Jean Giono nous invite dans tous les livres à la beauté lumineuse du haut pays, à ses mœurs, aux joies simples de la vie paysanne.

Henri Bosco (1888-1976) a choisi d'écrire des histoires qui mettent en scène des personnages, pour la plupart nés de son imagination de petit garçon solitaire. S'inspirant lui aussi de la réalité du terroir, il plonge ses romans dans un symbolisme mystérieux qui leur donne tout leur charme. A mi-chemin entre le rêve et la réalité.

De *Pierre Lampédouze*, au *Mas Théotime*, en passant par *l'Ane culotte*, Henri Bosco fait revivre le Luberon, la Durance et la campagne vauclusienne au travers des sortilèges de l'enfance retrouvée (de nombreux ouvrages de Bosco sont édités en collections de poche).

Edmond Rostand (1868-1918) a conquis la gloire à Paris avec *Cyrano de Bergerac* et *Chanteclerc*, mais il n'a jamais cessé de puiser son inspiration aux sources provençales qui lui ont inspiré les états d'âme des personnages et ses plus belles tirades.

N'oublions pas Marcel Pagnol. Sa trilogie *Marius, Fanny et César* a créé une galerie de portraits de type marseillais.

On l'a accusé de caricature. En réalité, il faut dépasser une lecture superficielle, aller plus loin que ces histoires marseillaises, et l'on découvre alors des tableaux de vie du vieux port pendant les années 20, d'une grande sensibilité et d'une immense drôlerie.

Dépouillés d'une exagération un peu théâtrale, *Marius, Fanny* et *César* recèlent une profonde vérité humaine. En ce sens, ils sont éternels et on les aime dans tous les pays du monde.

Il ne faut pas oublier les autres romanciers de la vie provençale : le Sisteronnais Paul Arène (1843-1896) et son *Jean des Figues*, le Toulonnais Jean Aicard et son *Maurin des maures* (1908), Joseph d'Arbaud (1874-1950) et son cousin Folco de Baroncelli ont chanté la Camargue, le royaume des espaces vierges aux traditions séculaires.

Entre Arles et les Baux, les admirateurs d'Alphonse Daudet pourront visiter le moulin de Fontvieille, où l'écrivain aimait flâner en écoutant le récit du meunier et à rêver sur la colline. Au sous-sol, un petit musée est consacré à l'écrivain : souvenirs, manuscrits, photographies, éditions rares.

FRÉDÉRIC MISTRAL (1830-1914) ET LE FÉLIBRIGE

Mistral raconte que sa mère voulut lui donner le prénom de Nostradamus en souvenir du fameux astrologue. L'église et la mairie auraient refusé un prénom qui n'avait aucun lien avec les saints du calendrier.

Le poète fut un des chefs de file des défenseurs du Félibrige qui se proposaient de « conserver longtemps à la Provence sa langue, son caractère, sa liberté d'allure, son honneur national et sa hauteur d'intelligence car, telle qu'elle est, la Provence nous plaît ».

Le Félibrige a fait de l'enseignement du provençal un de ses chevaux de bataille. *Mireille* (1859), le premier livre de Mistral chante en provençal les amours d'une jeune fille de Provence à travers la Crau. Soutenu par Lamartine, ce livre apporta à son auteur une renommée mondiale. *Le trésor du Félibrige* demeure l'encyclopédie des traditions provençales.

En 1896 Mistral fonda le musée arlateur en Arles et consacra le montant du prix Nobel qu'il recevra en 1906 à l'aménagement des collections d'art et de folklore : talismans populaires, documents sur les métiers et les corporations ou sur l'histoire locale.

Le Félibrige a rencontré de nombreuses résistances. La décentralisation artistique et la conservation des traditions du pays d'oc n'étaient pas à la mode. Il a surtout déplu par son aspect passéiste et son désir de figer la Provence dans ses aspects éternels. Aujourd'hui, les revendications régionalistes ne se posent plus en terme d'autonomie ou de replis sur soi.

Conseil régional Provence-Alpes-Côte d'Azur, 1983.

Les gardians et la Camargue

Mériter la Camargue

Ses conseils aux visiteurs de la Camargue, Éric Coulet (un Arlésien), directeur de la Réserve nationale, les résume ainsi :

« D'abord revenir à une certaine humilité; quitter la voiture pour se mettre en harmonie avec la nature. Pendant l'été — période d'assainissement de la Camargue et de moindre activité — s'y promener tôt le matin et tard dans l'après-midi pour apercevoir quelques animaux classiques et saisir l'atmosphère générale. Revenir à d'autres saisons pour saisir d'autres images, d'autres ambiances.

De toute façon, faire un effort personnel : la Camargue, c'est comme les autres milieux, il faut la mériter. Préparer sa visite (lecture); sur place, apprendre à regarder. La Camargue ne se visite pas comme un zoo. Enfin, ayant vu la Camargue, y gagner le goût de regarder son propre environnement habituel, aussi intéressant même si moins spectaculaire. La Camargue est une vitrine, il y a tout le reste... »

La Croix, 27 juillet 1978.

Les 56 000 hectares de la Camargue ont été gagnés sur la mer, au cours des siècles, par la masse des alluvions qu'ont déposées les deux bras du Rhône.

Grâce à un intense travail d'irrigation s'est développée la culture du riz, du blé, de la vigne, des arbres fruitiers, des plantes fourragères, du colza. La Camargue traditionnelle a conservé à peu près son environnement naturel car la faune et la flore y ont été protégées. Cette partie-là de la Camargue est un zoo sans frontières, les animaux y vivent leur vie et les chevaux, surtout s'ils consentent à aider l'homme dans ses travaux, cavalent à leur gré.

Hors des fêtes saisonnières, quand on le voit parader et que l'on peut admirer ses prouesses équestres et tauromachiques, la vie du gardian est dure, loin de ressembler à celle des cow-boys que l'on voit au cinéma et à laquelle s'attendent parfois des touristes à la recherche de frissons dans une nature sauvage.

Cavalier consommé depuis son plus jeune âge, le gardian passe plusieurs heures par jour sur son cheval. Il contrôle ses bêtes en les rassemblant, il surveille celles qui sont malades, leur prodigue les soins. C'est lui aussi qui choisit les taureaux destinés aux courses. La nuit, il lui arrive aussi de cavaler sur les étendues de saladelles et de salicornes, à la recherche d'un veau perdu. Le gardian porte un vêtement bien à lui : un pantalon en peau de taupe, une chemise bariolée, un gilet et une veste de velours noir. Un chapeau à larges bords le protège du soleil et le foulard dont il entoure son cou lui évite les piqûres de moustiques. Bien entendu, il se chausse de bottes particulières, « les camarguaises ».

Les taureaux étaient autrefois utilisés avec les chevaux et les bœufs au travail de la terre. Aujourd'hui, les taureaux de race camarguaise noirs, agiles, à cornes en lyre, sont les héros des courses à la cocarde. Certains d'entre eux sont connus de village en village comme de véritables stars.

Les taureaux espagnols, ceux qui vont mourir aux corridas sont dangereux et il vaut mieux éviter de se trouver nez à nez avec l'un d'entre eux, derrière un tamaris!

Ce cheval « camargue » est une race originale, très ancienne malgré des croisements divers, il a conservé ses caractéristiques propres dues à son mode de vie, au milieu des prés et des étangs. Ce sont de petits chevaux de 1,35 m à 1,45 m, d'allure assez frustre et primitive avec des crins abondants. Albert Lamorisse a immortalisé leur beauté sauvage et poétique dans son film, *Crin Blanc*. Cette race est surtout remarquable par sa rusticité, son endurance, sa sûreté de pieds et sa maniabilité qui en font un précieux auxiliaire pour les gardians.

Conseil Régional Provence-Alpes-Côte d'Azur, 1983.

LE PROBLÈME FONCIER

80 % des terres à vendre aux étrangers

L'Humanité, 7 février 1980.

Les paysans
malades du tourisme

Le Nouvel Observateur, 9 août 1981.

A LYON,
coups de soleil sur les jalousies

Lyon : on vit plutôt bien dans la deuxième ville de France

Une légende à déboulonner :
les Lyonnais ne sont pas froids et leur ville n'est pas triste

« *L* *yon est une ville floren-* *tine* », affirme le jeune directeur d'une agence de publicité.

« Nous sommes des Lombards! » m'avait dit la veille l'un des élus municipaux, Yves Goutal, rappelant que bien des Lyonnais étaient fils de ces imprimeurs italiens du XVIe siècle qui firent (avec les médecins) la gloire de la ville.

Il y a là bien plus que des boutades : la fin d'un mythe. Celui de Lyon, ville grise et brumeuse, repliée sur elle-même derrière les sévères façades de ses immeubles sans balcons ni volets, et dans le fond de ses cours obscures.

Le brouillard? Guère plus obsédant aujourd'hui à Lyon qu'à Paris ou Lille. Il n'y a pas que l'aspect des villes qui change plus vite que le cœur des mortels. Un climat parfois se modifie aussi. Insensiblement, légèrement. Les brouillards lyonnais, comme ceux de Londres, c'était pour une part importante les fumées de charbon que crachaient les usines, les ateliers et les foyers domestiques. Pollution de ville industrielle du XIXe siècle.

Pour une autre part, c'était aussi la proximité d'une région magnifique et sauvage, les Dombes, dont les vastes marais ont été progressivement et partiellement asséchés. L'écologie — et les chasseurs — y ont peut-être perdu. Les habitants de Lyon y ont gagné de ne plus se réveiller, certains matins d'hiver, dans l'ouate épaisse qui faisait de leur ville un grand fantôme blanc. Quant à la brume d'automne, qui déchire le soleil vers la fin de la matinée, c'est un spectacle qu'il faut contempler du haut des collines de Fourvière ou de la Croix-Rousse quand la ville apparaît, fraîche et dorée, sous un ciel d'un bleu intense et soudain méridional. On comprend alors que Lyon n'a rien à voir avec cette cité tout en grisaille fabriquée par une mauvaise légende que les Lyonnais, d'ailleurs, méprisant les apparences, n'avaient cure de démentir.

Il semble qu'ils aient décidé d'en finir avec cette image de leur ville. Pas seulement parce qu'ils ont entrepris depuis quelques années de repeindre leurs anciennes façades en délicates couleurs qui vont de l'ocre au rose avec, de temps en temps, comme à tel carrefour de la rue de la République, une tache vert amande, pied-de-nez au bon goût dans cette artère centrale, affirmation d'une fantaisie désinvolte qui fait mentir une réputation compassée.

Quand le soleil couchant rosit les quais de Saône, de Saint-Georges à Saint-Paul, s'attarde sur les maisons qui escaladent la Croix-Rousse et joue à colorer les remous de la Saône, malgré le froid piquant de cette journée de janvier, il y a, c'est vrai, quelque chose d'italien (plus piémontais que florentin?) dans la beauté de cette ville. Un charme auquel Bertrand Tavernier, le premier, rendit hommage dans *L'Horloger de Saint-Paul,* et Jean-Claude Bringuier dans ses *Provinciales,* à la télévision.

Il n'est pas jusqu'aux vétustes rideaux de bois des fenêtres lyonnaises, ces étranges « jalousies », comme on les appelle ici, qui n'évoquent, elles aussi, l'Italie : ne sont-elles pas les ancêtres des stores en matière plastique, dits « vénitiens », qui sont de rigueur dans les immeubles modernes?

Mais plus encore que quelques coups de pinceaux ou l'animation des rues piétonnes (la municipalité est fière d'aligner la plus longue artère sans voiture : 2 km, des Terreaux à Perrache...), ce qui donne une âme à la ville, c'est l'amour que lui portent ses habitants. Qu'ils soient Lyonnais de longue ou de fraîche date (au dernier recensement, un habitant sur deux n'est pas d'origine lyonnaise), tous ceux que j'ai rencontrés parlent d'un certain art de vivre que l'on cultive ici un peu mieux qu'ailleurs.

François Jacquet habite la campagne : à un quart d'heure du centre, où il travaille. Un vrai Lyonnais, serrurier rue Mercière, qui fut la rue chaude de la ville avant de devenir un lieu à la mode : avec son Bistrot de Lyon, où l'on dîne après le spectacle, et autant de bars ou de restaurants, voilà cinq ans, sur cent mètres de long et quatre ou cinq mètres de large. Il n'en reste plus que trois, de ces boutiques : un « bois et charbon », déjà vendu et qui disparaîtra l'été prochain, une sorte de laiterie, où l'on met du lait en bouteilles après l'avoir pasteurisé, et la serrurerie de François Jacquet : un grand atelier, avec une forge, des ferrailles noircies, et dans la vitrine un superbe coq, œuvre de François qui refuse obstinément de le vendre.

LE BON VIN,
LES COPAINS,
LE TRAVAIL

Dans cette rue, il est chez lui partout : au Pub où dès 5 heures il doit offrir le premier « petit canon » de la soirée, chez Mario où Gaby, la patronne, l'appelle *« mon gone »* et l'embrasse. Elle m'embrasse aussi, puisque je suis avec François. Et l'on dira que les Lyonnais sont froids! C'est pourtant une vraie Lyonnaise, Gaby, qui est toute prête à me raconter la rue Mercière depuis qu'elle y tient son petit restaurant, c'est-à-dire depuis 1943 : la saga des filles, celle de la résistance, l'occupation par les Algériens, et l'avenir : la rénovation, les maisons qu'on va détruire, celles qu'il faudrait conserver... un vrai feuilleton.

Et François Jacquet en serait le héros romantique : artisan-artiste qui brûle sa vie en plaisirs qu'il méprise (« ça coûte cher et ça abîme la santé! ») et part dans huit jours pour l'Afrique dont il rêve depuis six ans. Le désert. Il devient sérieux quand il en parle. Fervent comme un moine qui tenterait de décrire la Trappe. Un peu inquiet : si j'allais me moquer de lui, maintenant qu'il a enlevé son masque de compagnon jovial, pilier de bar et amateur de « petits canons »... On n'est pas plus Lyonnais que ce serrurier-là : le bon vin, les copains, le travail et, quelque part dans le

fond de la tête, un rêve un peu mystique de dune sous la lune loin du bruit de la ville.

Il y a aussi des femmes à Lyon qui font parler d'elles, qui inventent, qui animent, qui créent, qui dirigent. Dans tous les domaines : le spectacle, la mode, l'industrie, l'artisanat et même la banque. Jacotte Bellemin (au nom prédestiné) brode. Pas des ouvrages de dames, répétitifs et sages. Mais de véritables « toiles ». Elle rêve d'une fresque sur l'épopée des Niebelungen. Elle a créé pour *Le Mariage de Figaro* de scintillants costumes de scène.

Monique Jan Baetz, imagine des vêtements étranges, vêtements-paysages, vêtements-oiseaux, pour temps futurs. Elle joue avec les tissus sur lesquels elle projette paillettes, couleurs en liberté. Fou et magnifique.

Béatrice Viard fabrique des gilets doublés de brocart ou de satin dans des imprimés sans façon. Ses meilleurs clients : les comédiens de l'Attroupement.

Veuve Angine, au pseudonyme mystérieux, invente avec des matériaux divers, fleurs de papier, fil de fer, matières plastiques, des sculptures-carapaces qui sont plus des personnages que des vêtements. De véritables œuvres d'art.

Michelle Berthet dirige un atelier de couture près du square en terrasses de l'ancienne « ficelle » Croix-Paquet (devenue un métro!), au pied de la Croix-Rousse [1]. Le quartier des soyeux, au siècle dernier. Un grand appartement lumineux dans un de ces immeubles du XIXe dont les fenêtres hautes et l'escalier de pierre, monumental, disent la splendeur passée. Déserté par les soyeux, le quartier est resté voué au textile : il compte un certain nombre d'ateliers de dessin. Dessiner des tissus, c'est le premier métier de Michelle Berthet, celui qu'elle a appris, rudement, dès l'âge de quatorze ans : les cours du soir, l'apprentissage, l'atelier.

Mais cette jeune femme rieuse, toujours en mouvement, acide

comme une pomme et vive comme un moineau, cache sous ses airs inquiets une force irrésistible. Une force qui lui a permis d'être aujourd'hui une dessinatrice connue des spécialistes du monde entier, une styliste « up » d'après *Lyon-Magazine* dans son dictionnaire des « branchés [2] », la patronne enfin d'un atelier dans le vent. Et comme si rien de tout cela ne suffisait à épuiser ses facultés créatrices et son besoin d'agir, elle tricote. *« J'ai toujours eu la passion du tricotage, dit-elle. Je tricote comme d'autres font du yoga. Quand je vais dîner chez des amis, j'emporte toujours mon tricot. »*

Et quels tricots! Rigueur de la forme, couleurs qui chantent de savants contrepoints de bruns, de noirs, ou bien éclatent en coups de cymbales rouge sombre, bleu électrique, ou se fondent en camaïeux.

Michelle Berthet, née en Savoie, est une Lyonnaise d'adoption. Elle aime la ville où elle a réussi, la convivialité chaleureuse et bon enfant d'un dîner lyonnais, les bistrots où l'on vit bon et la cuisine franche. Et cet amour éclate dans les vêtements qu'elle crée. A sa façon, c'est aussi une artiste.

Mme Michèle Daclin a beau être « directeur » de la banque Vve Morin-Pons, un établissement bientôt bicentenaire, et siéger au douzième étage d'un building de verre et d'acier à la Part-Dieu, elle ne ressemble pas, mais alors pas du tout, à l'image stéréotypée d'une Lyonnaise de la bonne société. Ou c'est qu'elles ont bien changé! La « belle Michèle », comme on dit à Lyon avec un rien de fierté, n'est certes pas Madame tout-le-monde. Mais elle tient son rôle insolite — il n'y a pas plus de deux autres femmes en France qui occupent un poste comme le sien — avec naturel et sérénité. (...)

Janick ARBOIS-CHARTIER
Télérama, 4 février 1981.

1. La « ficelle » est le nom donné à Lyon aux funiculaires qui escaladaient les collines de la Croix-Rousse et de Fourvière.
2. *Lyon-Magazine* n° 3, nov. 80.

ILS JUGENT LEUR VILLE

D'après un sondage réalisé pour *Lyon-Magazine* par Publimétrie :

76 % des Lyonnais trouvent agréable de vivre à Lyon.
21 % trouvent cela désagréable et ont envie de partir.
40 % sont fiers avant tout du métro.
22 % ont particulièrement honte de Perrache.
58 % estiment que l'emploi est le problème le plus urgent...
46 % ... la sécurité.

(Lyon-Magazine, 15 novembre 1980).

LA RÉGION RHÔNE-ALPES

4,8 millions d'habitants (1975), soit 9,1 % de la population française.

POPULATION ACTIVE

85 % salariée, 15 % non salariée

Agriculture	: 6 %
Industrie	: 32 %
Bât. et Trav. Publics	: 9 %
Tertiaire	: 53 %

EMPLOI (1979)

16 000 créations dans le tertiaire
15 000 suppressions (dont 10 000 dans l'industrie) : fin 78 : 5,7 %
Taux de chômage : fin 79 : 6,4 %
Taux de licenciement : pour 1 000 salariés : 22,7 % (contre 20,6 pour la France)

COMMERCE EXTÉRIEUR
(1979)

7,5 % des importations françaises
9,5 % des exportations.

Guignol

C'est des canuts lyonnais qu'est descendu Guignol, ce Lyonnais qui s'exprime avec cet accent et ce vocabulaire si particulier. Le créateur du Guignol, Laurent Mourguet, était un tisserand, né à Lyon en 1769, qui donnait de petits spectacles pour ses voisins avec les marionnettes de son invention : Guignol, bien sûr, toujours souriant (baptisé ainsi parce qu'il était « guignolant » : il faisait rire), *sa femme Madelon, le gendarme, et Gnafron qui aime un peu trop le beaujolais... Les seize enfants de Mourguet se sont chargés de perpétuer son art, et on peut encore assister à Lyon* (comme un peu partout en France) *à un authentique spectacle de Guignol : au Palais du Conservatoire, rue Louis-Garrand* (5e), *près des quais de Saône, ouvert toute l'année* (sauf l'été), *les mercredis, samedis et dimanches à 14 h 15 et 16 h 30.*

Voyages vacances, 1er avril 1978.

Guignol et Gnafron

Il faut goûter nos fromages de chèvres », s'exclame Honoré Peirolo, un solide montagnard chargé de transporter de village en village l'équipe de télévision pendant cinq jours. Paysan durant l'été, Honoré possède une dizaine de chèvres et deux vaches. L'hiver, il devient conducteur de navette, sorte de minibus qui emmène les skieurs au pied des pistes. Arrivée à Modane au petit matin, l'équipe parisienne rejoint le village de Lans-le-Villard, où habite Honoré.

LA DERNIÈRE FILEUSE DE LAINE

Sa femme Marguerite attend la visite de l'équipe. Marguerite est la dernière femme du village à filer la laine. (...) Dans l'entrée de la maison des Peirolo, Marcel Fillol tond une brebis. Ce paysan moniteur de ski est un spécialiste. A l'ère des tondeuses électriques, Marcel préfère utiliser les grands ciseaux d'autrefois : « parce que c'est comme ça que j'ai appris ».

MIEUX VAUT MOURIR AU PRINTEMPS

Seconde étape pour l'équipe de télévision, le village d'Aussois est un immense chantier : chaque habitant agrandit sa maison dans le but de louer des appartements meublés aux touristes.

C'est dans ce village que vit Félix Colli, sonneur de cloches depuis quarante ans. A chaque cérémonie religieuse, le vieux Félix monte dans le clocher et tire sur les cordes qui commandent les quatre cloches (do, ré, mi, fa).

Félix vient de sonner à l'occasion d'un enterrement. Autour de l'église, dans le petit cimetière qui surplombe la vallée, le fossoyeur barbu jette les dernières pelletées de terre fraîche sur la tombe du villageois disparu. « L'hiver, pour fendre la couche de glace qui recouvre la terre, je suis obligé de creuser les tombes avec un marteau-piqueur. Mieux vaut mourir au printemps ! »

ANTENNE 2[1]

écoute les clochers savoyards

En montagne, l'hiver n'est plus une saison morte : depuis dix ans, l'exode rural a été stoppé. Les jeunes préfèrent rester au pays, où ils trouvent des emplois dans l'industrie du ski et l'hôtellerie. C'est le cas de la Haute-Maurienne, vallée blottie entre le Parc de la Vanoise et la frontière italienne, au sud de Val d'Isère. Malgré l'arrivée massive de touristes, cette région en plein « boom » économique a conservé ses traditions et ses métiers d'antan. Ici, le passé côtoie l'avenir. C'est ce qu'a voulu montrer l'émission « Quatre saisons » (tous les vendredis à 16 h sur Antenne 2). Chaque mois, ce magazine de loisirs d'Henri Slotine part à la découverte d'une province française. Pour son émission du 14 décembre, l'équipe a effectué un périple en Haute-Maurienne, où elle a collecté des images de ces gestes ancestraux, avant qu'ils ne disparaissent.

LEURS ANCÊTRES ÉTAIENT COCHERS DE FIACRE

Le lendemain, l'équipe se rend au bout de la vallée, à Bessans. Avec ses 250 habitants, ce village perché à 1 750 m d'altitude s'ouvre sur un immense plateau qui offre plus de 60 km de pistes de fond. Un grand chalet permet d'héberger et d'entraîner les sportifs. Mais l'intrusion récente du tourisme n'a pas bouleversé les traditions locales : à Bessans, une quinzaine de vieilles femmes portent chaque jour le costume du pays.

Ici, la sculpture du bois est une vieille tradition. A soixante-douze ans, Damien Personnaz sculpte des diables (sujets de légendes dans le village) et des personnages religieux en bois de mélèze.

Autrefois, Damien était chauffeur de taxi à Paris. Jusqu'en 1970 environ, 80 % des hommes de Bessans exerçaient, durant l'hiver, cette profession dans la capitale. Leurs ancêtres étaient cochers de fiacres. Leurs descendants, eux, n'ont plus besoin de s'expatrier. Comme tous les jeunes de la région, ils occupent, l'hiver, les emplois de moniteurs, guides, conducteurs de navettes ou employés d'hôtellerie. L'été, ils aident leurs parents aux travaux des champs ou conduisent des engins sur les chantiers de construction.

Bessans et les autres villages de la vallée conservent, aujourd'hui encore, de vieilles coutumes dont la plus populaire est celle de la « barrière ».

« Lorsqu'un mariage unit une fille du village à un garçon de l'extérieur, la mariée doit, à l'issue de la cérémonie, couper la " barrière ", un ruban tendu entre deux sapins abattus pour la circonstance. (...)

La jeune Bernadette Parrour, agricultrice-monitrice, constate : « Pour nous, ce ne sont pas des traditions, puisqu'on les pratique toujours. » (...)

Bernard JOLY

Nous, magazine de la Confédération syndicale des familles, janvier-février 1980.

1. Nom d'une chaîne de télévision française.

Une montagne de rêve pour citadins fourbus

Peu nombreuses sont les stations de haute montagne qui « tournent » à bon régime hiver comme été. Souvent, parce qu'elles ont été conçues en fonction des seuls besoins de la saison froide, axées sur le loisir ski.

Certaines stations récentes ont cependant fait un effort considérable pour attirer une clientèle estivale. Avec plus ou moins de bon goût, mais le plus souvent avec succès.

Les Arcs : Beethoven sur le pont promenade

Bernard Taillefer est l'un des architectes majeurs des Arcs. Un tel patronyme le prédestinait, sans nul doute, à faire sortir du roc un urbanisme hardi et novateur, à la fois intégré au site et atteignant au beau.

Car cette station de haute Tarentaise, en Savoie, qui s'étage entre 1 600, 1 800 et 2 000 mètres, peut être considérée comme une réussite, à la fois esthétique et fonctionnelle. De là sa particularité de fonctionner à nuitées pleines, hiver comme été.

Là-haut, les grands immeubles disparaissent dans le relief, l'épousant et lui appartenant, comme le navire à l'océan creusé. Le mois d'août, aux Arcs, semble d'ailleurs une croisière d'altitude, un séjour d'agrément sur un paquebot de race. Certes, le montagnard pur et dur, le marcheur, l'alpiniste, ne prendront pas racine dans ce lieu confortable, plus propre à la détente qu'à l'effort alpin. Par contre, le citadin qui veut jouir des beautés alpestres sans se faire randonneur, mais plutôt tennisman, sans gagner les sommets, sans vivre en refuge, mais douillettement en studio raffiné, avec vitrage sur les cimes, celui-là aura tout lieu d'être heureux.

Sur le pont promenade, la balade le mène des boutiques à la piscine, de la place des pétanqueurs à la terrasse des siroteurs, près des sapins et des prairies, si l'escale le tente. Mieux, Beethoven est au coin de l'alpage quand l'Académie de musique installe ses chaises au cœur du vert. Et Dominguez l'attend raquette en main, si la sueur lui en dit.

« Nous avons tenté de rendre, été comme hiver, la vie la plus agréable possible à une population de citadins désirant découvrir la nature et la montagne dans un cadre de convivialité, tout en bénéficiant des meilleures conditions de confort », déclare Roger Godino, le créateur des Arcs, dans son livre *Construire l'imaginaire*.

Cet audacieux pari semble, pour l'heure, tenu, au vu de la fréquentation totale de la station pendant les deux saisons. « Quand nous avons conçu les Arcs, nous avions prévu dès le départ de l'exploiter aussi l'été. Cet objectif a rejailli sur le dessin de la station. Nous disposions d'un grand terrain plat au pied des pentes, où il aurait été infiniment plus facile et plus économique de construire ; n'importe quel promoteur immobilier classique l'aurait fait, à notre place. Au lieu de cela, nous avons préféré y faire un golf de 60 hectares et bâtir sur un terrain beaucoup plus accidenté. »

Valmorel : John Wayne dans la rue centrale

Un peu plus tôt dans la vallée de la Tarentaise, et au fond d'un cirque de montagne, Valmorel vient de surgir comme d'un conte de fées, à 1 400 mètres d'altitude.

Un village savoyard : dès que l'on aborde les ultimes lacets en vue de la station, les chalets sont là, magnifiques, en bois et pierres apparentes, recouverts de lauzes, étagés dans la pente, formant un bourg descendant, bien sous tous rapports, d'extérieur s'entend.

Mais cela se gâte un peu, et même beaucoup, lorsqu'on pénètre au cœur du village. Les peintures murales aux teintes pastel trop accusées, aux motifs rétro ou baroques, les enseignes excessivement rutilantes, les bannières pendues au-dessus de la rue et accusant la vivacité des couleurs, les arcades à l'antique au contour accusé de blanc, les places carrelées où s'exhibent les majorettes à chapeaux de cow-boy, les bistrots sous les arcades façon Hollywood. Voilà bien un curieux mélange qui n'a plus rien de savoyard.

On se croit tout à la fois dans la cité moyenâgeuse et restaurée de Pérouges, et sur le lieu de tournage d'un western, parfois dans un coin proplet du Tyrol, ou à certains moments à Disneyland. « John Wayne es-tu là? »

Fort heureusement, la montagne vit par-delà les chalets, et l'on oublie cette ambiance de carnaval dès que l'on s'aventure sur les premiers sentiers à flanc d'alpage. Ouf! L'oxygène et le vrai paradis non préfabriqué !

Il serait pourtant injuste de passer sous silence les très nombreuses activités d'été existant à Valmorel et qui rencontrent un succès certain. Les mêmes qu'aux Arcs : tennis, piscine, cheval, tir à l'arc, gymnastique, ateliers d'expression, théâtre, musique, cinéma, promenades guidées, etc.

De quoi passer ici aussi d'agréables vacances, à condition de ne pas connaître le vrai village savoyard, râblé, discret, qui sent le foin, l'écurie, le fumier !

Patrice MOREL
La Croix, 13 septembre 1981.

Les « cultures différentes »

Le « vouloir vivre » et le « pays »

Robert LAFONT, *écrivain, professeur de littérature occitane à l'université Paul-Valéry de Montpellier.*

Volèm viure al païs : **la formule en occitan date de 1974 [1]. Elle se prononce encore ainsi, mais apparaît aujourd'hui recouverte par son succès, qui l'a développée politiquement et traduite linguistiquement à l'usage de diverses régions françaises :** *Vivre, travailler et décider au pays.* **L'histoire de cette mutation est déjà, pour les historiens de l'actualité, celle d'une transformation profonde (serait-elle décisive?), de la revendication autonomiste, passée de l'activité théorique d'intellectuels en mal de peuple, à l'ébranlement social et à l'élan des masses.**

Autrement, février 1983.

1. Elle avait été choisie par l'organisation *Lutte Occitane* pour soutenir sa « campagne d'agitation ». Mais la mort de G. Pompidou ouvrit, à la place, une campagne présidentielle. Les comités qui s'étaient formés pour soutenir le candidat des minorités et des régions (l'auteur de cet article), prirent ce slogan comme nom. De là naquit une organisation nouvelle (le mouvement *Volèm Viure Al Païs* [V.V.A.P.]).

La situation du mouvement occitan

L'Occitanie fait, bien sûr davantage problème. Non seulement, elle aussi a une petite partie de son espace en territoire non français (les vallées italiennes où ne cesse de progresser le mouvement autonomiste occitan ouvertement nationaliste; le Val d'Aran en Espagne, et Gascon) mais l'étendue du territoire occitan (19 000 km² - 13 millions d'habitants) ne simplifie rien.

Ce pays que *la France au Pluriel* prend en compte au même titre que la Bretagne ou la Corse couvre un tiers de la surface de la France. Il est aux dimensions d'un État européen de moyenne importance. Il ne correspond absolument pas à celle qu'en France on a assigné aux régions programmes, puis aux régions tout court. La force des habitudes est telle que beaucoup peinent à s'imaginer l'Occitanie si elle venait à exister vraiment comme telle! — autrement qu'en sécession.

La nation occitane serait-elle donc, parce qu'elle est vaste, un danger pour la République? On devrait, croient les autonomistes, dont je suis, arrêter de paniquer sur ce thème. Ce n'est pas par hasard qu'avec Mistral, Xavier de Ricard, Amouretti, Charles-Brun Lafont et « Lutte occitane » l'Occitanie a été la terre nourricière de la pensée régionaliste pour la France. C'est que la vastitude du pays effraie jusqu'aux autochtones. On ne met pas en mouvement coordonné 30 départements aussi facilement que 1, 2 ou 5. Les solidarités n'y sont pas aussi évidentes. La volonté de ne pas se séparer de quiconque (la France, le voisinage européen; le Maghreb), éprouvée dans toutes les classes sociales rend profondément inopérante toute rêverie sécessionniste. Le pays ne fait que commencer de se comprendre comme un, au-delà du glacis des divisions entretenues, des mensonges et de l'ignorance perpétués.

Jusqu'à l'absence de capitale évidente qui fait problème. A l'époque de communications difficiles où l'État avait les moyens d'endiguer le rayonnement économique, culturel et politique d'une grande cité comme Marseille ou Toulouse, aucune métropole occitane n'a pu prendre un leadership indiscutable sur l'ensemble des territoires de la langue d'oc. Toutes se sont provincialisées. Le localisme a fait fureur. Les bourgeoisies urbaines, complices du pouvoir central, ont plus travaillé à asseoir leur domination sur le plat pays qui leur était laissé qu'à se regrouper pour faire face aux agressions extérieures contre l'économie et la culture autochtones.

Si la raison occitane existe de fait un jour, ce ne sera pas par un retour nostalgique sur le passé historique. Il ne renvoie qu'à des essais manqués et réprimés d'autonomie, qu'à une Occitanie en morceaux. Ce ne sera que dans le regroupement des forces sociales productrices, dans un projet historique ouvert, où l'avenir de la communauté française sera enfin pensé en termes d'espace européen et planétaire.

Yves ROUQUETTE
Après-Demain [1], n° 240,
janvier 1982.

1. *Après-Demain,* journal mensuel de documentation politique non vendu dans les kiosques, 27, rue Jean-Dolent, 75014 Paris.

occitania

La place des nations dans la décentralisation qui s'amorce par Yves ROUQUETTE, enseignant, écrivain, militant occitan.

L'histoire du régionalisme est celle du masque pris par des forces diversement réactionnaires pour immobiliser dans une institution le mouvement social. Faire le pari de la décentralisation, c'est prendre le risque de voir émerger des réalités inédites, de faire en sorte que le centre soit partout et la circonférence le plus loin possible.

L'autonomie

Un manifeste réclamant l'autonomie de l'Occitanie est actuellement en cours de diffusion dans plusieurs régions du centre et du sud de la France. Rédigé à Montpellier et présenté par MM. Robert Lafont, professeur à l'université Paul-Valéry, Jean-Pierre Chabrol, écrivain, et Emmanuel Maffre-Baugé, ancien président des producteurs de vins de table, ce texte, soumis à la signature du public dans trente et un départements, exprime les appréhensions de différents milieux (intelligentsia, viticulteurs, syndicalistes ouvriers) à l'égard de l'entrée de l'Espagne, du Portugal et de la Grèce dans le Marché commun.

L'autonomie ainsi réclamée l'est-elle pour le Languedoc seulement ou pour l'ensemble des régions occitanes ? Quelle en serait la nature ? Prudemment, le manifeste dit simplement : « L'autonomie ici. » Les personnalités qui sont à l'origine de cette initiative ont agi indépendamment des partis politiques.

« *En ce combat, notre pays n'est pas un lieu quelconque qu'on aménage et déménage. C'est l'Occitanie, dont la culture longtemps étouffée renaît en ce moment dans le souffle de toute une jeunesse. C'est le cadre d'anciens et de récents combats pour la liberté de conscience : pays des cathares, des camisards et des maquisards. C'est le pays des grandes luttes paysannes et ouvrières qui ont marqué l'histoire des peuples. C'est le pays d'une vie publique réglée d'usages civils, d'une conscience démocratique que l'on n'a pu encore briser.*

» C'est dans ce pays que nous sommes pour y vivre, hommes de culture et responsables sociaux, à des titres divers, et que nous entendons défendre.

» *Nous pensons que le moment est grave : il faut éviter un coup mortel porté aux ouvriers, aux paysans, aux intellectuels, aux artisans et commerçants, à toute la société occitane.*

» *Cela signifie qu'il faut ici un pouvoir démocratique exercé contre celui des multinationales et contre l'étatisme centralisateur, qui se sont alliés. Il faut dans le cadre d'une démocratisation de tout le territoire un pouvoir autonome qui donnera à l'espace occitan de nouvelles chances.* »

« *Nous décidons donc de rendre publique notre détermination,* conclut ce texte. *Nous serons avec tous ceux qui lutteront contre la liquidation brutale ou perfide de ce qui reste de vie sociale chez nous, contre l'Europe du capital, pour l'autonomie ici. Et pour l'Europe des peuples.* »

J.-P. R.
Le Monde, 17 novembre 1978.

L'ÉCOLE OCCITANE DE VILLENEUVE-SUR-LOT

« *Voli parlar en oc* »

Dans cette école surprenante, les élèves ont entre cinq et soixante-dix-huit ans. Des vieux paysans et des charpentiers à la retraite donnent un coup de main pédagogique à des enseignants que personne ne paie, et qui sont ravis. Les « enseignés » choisissent eux-mêmes leurs classes, et commandent parfois leurs programmes la veille au soir pour le lendemain, avant de danser la bourrée ou la mazurka avec leurs professeurs.

Établissement insolite, l'École occitane d'été, pardon : *Escola occitana d'estiu*, vient de fermer ses portes. On y attendait cette année, au lycée d'État Georges-Leygues, à Villeneuve-sur-Lot, comme l'an passé, environ deux cent cinquante participants. Ce sont quatre cent cinquante « écoliers » qui y ont fait irruption, encombrant dortoirs et réfectoires, prévus seulement pour trois cents personnes.

De la vergogne à la fierté

Des écoliers de toutes les régions et professions, en majorité des femmes : des ouvriers occitans de chez Renault, qui ont pris sur leur temps de vacances; un tisserand venu avec son métier; un chef de clinique de la banlieue parisienne; des médecins; un notaire et un avocat languedociens; un représentant médical girondin; un ex-courtier en prunes de l'Agenais; deux prêtres et, surtout, beaucoup d'enseignants de toutes disciplines.

L'*Escola d'estiu* est un peu comparable à une école normale d'instituteurs ou à un séminaire : elle forme des gens qui en formeront d'autres. Beaucoup de ceux qui y enseignent sont « dans la vingtaine », et il est parfois difficile de les distinguer des étudiants et des potaches.

Sur la grille du lycée flotte un drapeau rouge. L'autre jour, le sous-préfet, en venant boire le gros rouge au tonneau inaugural, est passé sans sourciller. Le drapeau est frappé, il est vrai, de la croix d'or et de l'étoile — elle aussi dorée — du Languedoc. Sous cet emblème, dans cette école d'été, l'on apprend non seulement une langue, « *mais surtout*, dit une étudiante de Toulouse, *una manière d'être et de vivre, une communauté, une civilisation... »*.

Il y a peu, les familles de ces jeunes étudiants ou enseignants tenaient leurs activités culturelles pour une bizarrerie. Quelle idée d'aller réapprendre le « patois » parlé à la campagne en le proclamant langue de grande culture! Mais, depuis trois ans, tout a changé : « *On est passé de la vergogne à la fierté.* » La langue, qualifiée hier de plébéienne, maintenant fait « chic ». On magnifie la culture occitane pour la distinguer de celle des gens du Nord, les *Francimans*.

Tous ces jeunes venus apprendre, avec enthousiasme, la langue de grand-père (et encore plus celle de grand-mère, car ce sont les femmes qui ont sauvé le vieux parler), veulent aussi trouver du travail sur place. « *Pour nous, réapprendre l'occitan est une étape vers la reprise en main de notre pays* », déclare un militant du mouvement *Volem viure al païs* (« Nous voulons vivre au pays »).

Mais, dans leur grande majorité, les « écoliers » ne voient pas si loin. « *Voli parlar en oc, es ma lenga* » (« Je veux parler occitan, c'est ma langue »), dit un jeune instituteur, fils de paysan, reprenant la formule d'un militant au cours d'un procès. Parler sa langue? En somme, un peu comme ce paysan qui, le matin, apportait le pain à l'École d'été, et restait deux ou trois heures pour pouvoir discuter en « oc ».

Chaque matin, vingt-cinq cours de langue avaient lieu simultanément, avec trois niveaux, et sept ou huit dialectes. Le languedocien était le plus demandé, mais il y a des élèves pour le sarladais (de la région de Sarlat, en Périgord), pour le dialecte de la Haute-Marche, le gascon, le béarnais, l'auvergnat... Les vieux paysans de l'Agenais, qui ont joué le rôle de « maîtres assistants » à l'*Escola d'estiu*, ont été surpris d'entendre que les gens se comprenaient, chacun parlant son dialecte, de l'Atlantique aux Alpes, de Bordeaux à Nice.

Le rôle des vieux

Ces vieux sont là comme des références. « *Ils savent mieux la langue que nous* », dit M. Jean Rigouste, organisateur de l'*Escola* et auteur de *Parti occitan*, ouvrage d'initiation pour débutants, rédigé pour les cours d'été. Non seulement ils la connaissent, mais ils interviennent pour donner leur opinion sur un point de grammaire ou de syntaxe. « *Une fois lancés, on ne peut plus les arrêter, ces pépés !* » dit un étudiant. C'est qu'ils sont fiers, les vieux du terroir, d'apprendre que leur « patois », comme ils disent, est enseigné dans des universités du monde entier : de l'Allemagne aux États-Unis et du Japon à la Suède.

Onze Berlinois étaient venus témoigner, à Villeneuve-sur-Lot, de l'intérêt qu'ils portent à l'occitan. Ils le parlent mieux que la plupart des Montpelliérains ou Marseillais... Les paysans en sont tout retournés. « *Si, en captivité, on m'avait dit que je discuterais un jour avec des Allemands et en patois, pardon, en occitan !...* », s'émerveille un ancien. Quant au jeune Ikéda, venu du Japon, il a pu s'entretenir sans difficulté avec les Belges, les Suisses, les Allemands et les Anglais « descendus » à Villeneuve-sur-Lot : ils ont parlé en occitan.

Jean-Pierre RICHARDOT
Le Monde, 14 septembre 1977.

Voici un exemple qui montre la valeur expressive, la richesse de l'occitan en mots concrets.

Thème : Lo Chen	*(les cris du chien)*
japar	*japper*
unlar	*hurler*
menar (la lebre)	*suivre (la voie du lièvre)*
japilhar	*japper (jappements brefs et aigus)*
sundir	*« siffler » (ex. chien enfermé dans sa niche)*
se planher	*se plaindre (chien blessé)*
turlar	*japper très fort et vite*
clavironar, s'esclavironar	*jappements clairs et rapides de surprise*
ranar	*gronder (avertissement)*
safronar	*« sangloter »*
clabaudar' s'esclabaudar	*aboyer (lentement, au loin)*
s'esbabinhar	*japper en montrant les dents*
dechaussar las cardas	*montrer les dents, de pair avec « ranar »*

Cet exercice de recherche, vécu avec les élèves, ne se présente pas comme un modèle et ne prétend à aucune valeur exhaustive.

Extrait d'un article de Pierre LALLET, *L'Instituteur et le milieu occitan*, publié par *Oc-Segur* n° 3, Marche - Lemosin - Peiregord - I.E.O. *B.T.2,* octobre 1978.

- Situez sur une carte de France les endroits cités dans le texte.
- Trouvez, si possible, des informations sur l'enseignement de l'occitan.

**Explications
complémentaires**

Villeneuve-sur-Lot : ville du sud-ouest de la France située sur la rivière, le Lot.

Renault : grande firme française de construction d'automobiles.

Languedocien(ne) : du Languedoc.

Girondin(e) : de la Gironde.

L'Agenais : région autour de la ville d'Agen qui se trouve dans le sud-ouest de la France.

Le Languedoc : voir p. 199.

Toulouse : ancienne capitale du Languedoc.

Les Francimans : les Francs (peuple d'origine germanique) qui, sous le roi Charlemagne, ont développé leur pouvoir dans le Nord de la France. Le nom « France » provient de « Francia », le pays des Francs.

Le languedocien; le gascon; le béarnais; l'auvergnat : variétés de la langue d'oc que l'on parle dans le Languedoc, en Gascogne, dans le Béarn et en Auvergne.

De l'Atlantique aux Alpes; de Bordeaux à Nice : de l'ouest jusqu'à l'est de la France.

Berlinois : habitant de Berlin, en Allemagne.

Montpelliérain : habitant de Montpellier.

Marseillais : habitant de Marseille.

**Notes
de
vocabulaire**

A la retraite : qui ont cessé de travailler en raison de leur âge.

Donner un coup de main à : aider.

Un(e) enseignant(e) : professeur.

Un(e) « enseigné(e) » : élève.

Fermer ses portes : (ici) l'école fonctionne pendant les vacances d'été.

Faire irruption : (ici) arriver de façon inattendue.

Encombrer : (ici) surpeupler, surcharger.

Vergogne (f.) : honte.

Pris sur leur temps : pris une partie de leur temps.

Métier (m.) : machine utilisée pour tisser.

Clinique (f.) : hôpital privé.

Ex : ancien.

Courtier (m.) : commerçant qui achète en gros des produits (ici, des fruits) qu'il revend à des marchands.

École (f.) normale : école pour de futurs instituteurs.

Dans la vingtaine : sont âgés de vingt ans à peu près.

Potache (m. familier) : collégien, lycéen.

Sous-préfet (m.) : personne nommée par le gouvernement pour administrer un département et responsable devant le préfet.

Gros rouge (m.) : vin rouge.

Sans sourciller : sans y faire attention. (Normalement le drapeau tricolore de la France flotte sur les bâtiments publics.)

Il y a peu : jusqu'à une époque récente.

Tenir pour : considérer comme.

Sur place : (ici) dans la région.

Étape (f.) : (ici) moment décisif.

Reprendre : (ici) répéter.

Maître-assistant (m.) : (ici) assistant du professeur.

Lancé : (ici) engagé dans un sujet de conversation.

Pépé (m. familier) : grand-père.

Mémé (f.) : grand-mère.

Témoigner de : montrer.

Retournées : (ici) ému, étonné.

S'émerveiller : dire avec admiration.

Exercices de compréhension

1 Quelle est l'ambiance dans l'*Escola occitana d'estiu* ?

2 Pourquoi les « vieux » prennent-ils tant de plaisir à aider les enseignants ?

3 D'où viennent les élèves ?

4 Qu'est-ce qu'ils veulent apprendre ? Pourquoi ?

5 Pourquoi le paysan qui apporte le pain reste-t-il deux ou trois heures ?

6 Qui sont les étrangers venus à Villeneuve-sur-Lot ? Pourquoi sont-ils venus dans cette ville ?

A vous maintenant

1 Aimeriez-vous suivre des cours dans l'*Escola occitana d'estiu* ? Pourquoi ?

2 Comment est, pour vous, l'école idéale ?

3 **Débat.** « Apprendre une langue, c'est apprendre une manière d'être et de vivre. » Donnez des exemples précis.

Exercice de langue

Un(e) des élèves de l'*Escola occitana d'estiu* explique pourquoi il (elle) veut apprendre l'occitan. Utilisez des mots et expressions du texte.

La voix gênante de Marti,

Marti est des Corbières. Ce « païs », comme il le chante, que traversent des cohortes de vacanciers en mal de soleil d'Espagne et que colonisent des citadins, qu'ils soient de Paris, de Francfort ou d'Amsterdam. Il est de ce peuple fier, amoureux de rugby, de chasse et de bons vins où l'on est vigneron de père en fils. Des vignes qui sont la seule ressource et que l'on veut faire arracher, obligeant ainsi à l'exode vers la ville des centaines de milliers de familles.

Et, en Corbières, on a le sang chaud et l'on bouillonne de rage à l'idée qu'il faudra partir. On crie, on se bat aussi pour se faire entendre. Et doublement d'ailleurs, car on veut aussi se faire entendre dans sa langue. Celle d'oc, si belle, si chantante et que le pouvoir central n'a pas réussi, après des siècles d'agression, à faire taire complètement.

le chanteur occitan

N'allez pas pour autant considérer que Marti, chantre de ces révoltés et de cette culture, est un passéiste. Il n'est pas que d'Oc. Simplement, il prône le bilinguisme et sa seule question sur le sujet est : « *Dites-moi, quoi de plus naturel que de parler sa langue ?* » Et son combat n'a rien de littéraire : pour garder la langue, il faut aussi garder la terre, refuser de la brader à des marchands de vacances comme il existe des marchands de sommeil. Il est un poète au sens que Victor Hugo donnait à ce mot : « *Un homme qui lutte.* » Et ce qu'il a à dire, il le chante après l'avoir bien écrit. C'est une voix gênante, et si on ne l'exile pas on le contraint au ghetto de la marginalité. Il vient aussi d'enregistrer un nouveau disque : *Montavida...*

Un très beau disque venu des entrailles.

Henri QUIQUERÉ
Le Matin, 23 juillet 1980.

L'Occitan descend dans la rue à Montpellier Et on s'apprête à faire de même à Béziers!

... Là où les choses vont devenir dramatiques pour le malheureux automobiliste perdu, c'est si d'aventure il consulte un plan de la ville. (...)

Ainsi, imaginons que notre infortuné touriste veuille trouver la rue de la Loge, la plus célèbre et la plus prestigieuse des rues de Montpellier. Quelle ne sera pas sa surprise d'arriver sur une artère fort élégante, portant le nom de « Carrieira dorada »... Le malheureux ne sera pas au bout de ses peines, car ayant magistralement manqué la rue de la Loge telle qu'elle apparaît sur le plan, il se trouvera immanquablement sur le « Paloard Loïs Blanc », et il n'est pas certain qu'il fasse le rapprochement avec le boulevard Louis-Blanc transcrit sur sa carte. Ainsi, toujours poussé vers de nouveaux rivages, arrivera-t-il au « plan de la Babota » où peut-être jaillira enfin l'illumination : il n'y a pas longtemps, ce plan était tout simplement la place de la Babote. Le malheureux sera peut-être sauvé et retrouvera à ce moment-là l'autoroute!...

Qu'il y reste alors!... Car à Béziers, soixante-dix kilomètres plus loin, la municipalité vient de prendre la décision de rebaptiser soixante-douze de ses rues en occitan bon teint...

Le Progrès, 12 juin 1979.

La B.D. pour redresser l'histoire

L'anti-Astérix
est né en Occitanie

« Me rapelate encara ma paura maïre M. » « Vous me rappelez encore ma pauvre mère » : c'est « Blagueta », la petite pie, qui parle. Pour citer de vieux proverbes occitans « Cal estre patient amb los joves » (Il faut être patient avec les jeunes). « Au mai om se crei degordit, au mai om se fa colhonar » (Plus on se croit malin, plus on se fait moucher), etc. Blagueta? La petite voix ironique de la première bande dessinée occitane « Espallut e coquinas al païs des galleses ».

Une bande dessinée qui est en train de se vendre comme des petits pains, du côté de Montpellier. Le thème? Très simple : Deux Occitans, Espallut (le « large d'épaules », jeune, dynamique, croix occitane sur le tee-shirt et pantalons rayés de gardian) et Coquinas (le « futé », blouse et sabots des grands-pères en train de disparaître) ont décidé de mieux connaître l'Histoire de France. La chance leur sourit, car ils peuvent disposer de l'avion à remonter le temps — le Concorcitan! — que vient de mettre au point un savant du cru. Et quoi de mieux que d'aller faire un tour du côté d'Alésia où César assiège Vercingétorix?

La réalité des peuples

Là, nos deux héros vont faire de curieuses découvertes. De quoi tomber à la renverse! Les légions de César ne sont pas romaines mais faites de bidasses venant tout droit d'Arles, d'Avignon et d'autres bourgades de la Provincia Romana. Quant aux Gaulois du chef arverne, on s'aperçoit qu'ils n'ont rien à voir avec les Méridionaux.

C'est d'ailleurs très précisément ce que veut démontrer l'auteur de cette bande, Alain Nouvel, professeur et chargé de cours aux universités de Constantine et de Montpellier.

« L'histoire officielle de la France est bourrée d'erreurs monumentales, dit-il, et '' Astérix '' a contribué à les ancrer un peu plus dans nos esprits. Les Gaulois ne sont pas du tout nos ancêtres. Certes, il y a eu une invasion gauloise, mais elle a été très faible, et elle n'a pas recouvert tout l'Hexagone. Dans le Midi, au-delà du Tarn, il n'y en a pratiquement plus trace. Ce que nous appelons le Midi est un carrefour de peuples méditerranéens où, pour ne parler que d'eux, les Romains s'étaient établis environ 130 ans avant Jésus-Christ. Au-delà de la Garonne, César a entrevu des peuples qui parlaient une langue pré-indo-européenne sans doute voisine du basque. Et que dire de cette erreur immense qui consiste à faire des Gaulois des constructeurs de dolmens! Dolmens et menhirs étaient debout des millénaires avant leur arrivée. Et comment expliquer leur présence en Afrique du Nord (il y en a des milliers dans la région de Constantine) où les Gaulois n'ont jamais mis les pieds? »

C'est contre tout cela qu'Espallut et Coquinas partent en guerre. Pour rétablir la vérité historique, pour restituer l'histoire et la réalité de l'Occitanie. « Après tout, ajoute Alain Nouvel, le mythe de Vercingétorix et des Gaulois ancêtres de la France n'a qu'un siècle à peine. La réalité des peuples de l'Hexagone est bien plus profondément ressentie. Pour ce qui est de l'Occitanie, c'est évident! »

A suivre

« Espallut e Coquinas », les deux nouveaux héros occitans, parlent évidemment occitan. Pour que tout le monde comprenne, il a fallu joindre une traduction française. « Ça a posé quelques problèmes », précise Alain Nouvel, qui reconnaît par la même occasion que si cinq millions de personnes comprennent l'occitan et deux le parlent couramment, bien plus rares sont ceux qui le lisent. « Dans la B.D. habituelle, celle de Tintin ou d'Astérix, la bande a une hauteur de 57 millimètres. Nous avons dû aller jusqu'à 62. Ça fait un peu chargé. Heureusement Goussé est un dessinateur de talent, je crois que ça passe très bien. Mais les prochains albums seront monolingues : une édition occitane, une édition française. »

Parce que « Espallut e Coquinas » ne peuvent s'arrêter en si bon chemin. « Il y a tant d'erreurs à corriger! dit Alain Nouvel. Tenez, prenons Charlemagne. Qu'est-ce que cet empereur germain à 100 % a à voir avec la plus grande partie des peuples de l'Hexagone? Mais voilà, il vient à point pour concrétiser et justifier l'idéologie centralisatrice... « Espallut e Coquinas » vont s'occuper de lui. L'album est presque terminé. »

Christian RUDEL
La Croix, 29 août 1980.

1. *Espallut e Coquiras,* Éditions « Terra d'Oc », Montpellier.

Préparation

- Renseignez-vous sur l'histoire de France à l'époque romaine. A cette époque la France s'appelait la Gaule et les habitants s'appelaient les Gaulois.
- Lisez l'album de bandes dessinées *Astérix le Gaulois.*

Remarques

La B.D. ; les bédés : abréviations dans la langue parlée de bande(s) dessinée(s).

Astérix : ce « petit guerrier gaulois à l'esprit malin et à l'intelligence vive » est le héros principal d'une série d'albums de bandes dessinées écrits par Goscinny et illustrés par Uderzo. Le grand ami d'Astérix est Obélix « livreur de menhirs ». Ces albums racontent les aventures des Gaulois à l'époque de l'invasion romaine.

Tintin : c'est le jeune héros d'une autre série de bandes dessinées très populaire en France.

Explications complémentaires

Alésia : lieu en France où, en 52 avant Jésus-Christ, les légions (l'armée) du consul romain Jules César ont vaincu l'armée du chef gaulois Vercingétorix. (Vercingétorix est né dans le pays des Arvernes, appelé aujourd'hui l'Auvergne.) La défaite de Vercingétorix permet à César de terminer sa conquête de la Gaule qui fait alors partie de l'Empire romain.

Arles ; Avignon ; Montpellier : villes du Midi de la France (en Occitanie). Les habitants du Midi s'appellent les Méridionaux.

La Provincia Romana : la province romaine. Les Romains ont commencé à s'installer dans le Midi à partir du début du IIe siècle avant Jésus-Christ.

Constantine : ville située en Algérie qui, jusqu'en 1962, faisait partie de la France. L'Algérie est en Afrique du Nord.

Le Tarn : rivière du sud de la France.

La Garonne : fleuve du sud-ouest de la France.

Le basque : langue parlée par les Basques qui habitent la région autour des Pyrénées occidentales.

Charlemagne (742-814) : roi des Francs et empereur d'Occident. Aix-la-Chapelle devient le centre de son empire qu'il administre par l'intermédiaire de **missi dominici** envoyés pour surveiller les comtes et les évêques.

Notes de vocabulaire

Redresser : corriger, rétablir.

Pie (f.) : oiseau à plumage noir et blanc, qui a la réputation d'être très bavard.

Malin : rusé, habile.

Se faire moucher : se faire réprimander, se faire mettre à sa place.

Se vendre comme des petits pains : se vendre très rapidement.

Gardian (m.) : gardien de taureaux ou de chevaux en Camargue (région du Midi).

Futé : malin.

Sabots (m. pl.) : chaussures de bois que portent les paysans.

Remonter le temps : voyager dans le passé.

Mettre au point : perfectionner.

Du cru : (ici) de la région.

Tomber à la renverse : être absolument stupéfait.

Bidasse (m. familier) : soldat.

Bourgade (f.) : petite ville.
Bourré (familier) : plein.
Ancrer : (ici) fixer solidement, enraciner.
Carrefour (m.) : (ici) lieu où se rencontrent les peuples.
Dolmen (m.); menhir (m.) : monuments mégalithiques composés de pierres gigantesques.
A point : au moment opportun, au bon moment.
Partir en guerre : aller se battre.
A peine : environ.
Pour ce qui est de : concernant.
Joindre : ajouter.
Par la même occasion : en même temps.
Chargé : dense.
Monolingue : en une seule langue.
En si bon chemin : après un si grand succès.
Centralisateur(trice) : de la centralisation; voir « La culture en province », p. 24.

Exercices de compréhension

1 Avec quelle région de la France l'auteur d'**Espallut e Coquinas** s'identifie-t-il ?

2 Quelles découvertes font Espallut e Coquinas ?

3 Comment ces découvertes modifient-elles l'histoire officielle de la France ?

4 Quel est donc l'objectif de cette bande dessinée ?

5 Pourquoi la bande dessinée **Espallut e Coquinas** est-elle l'« anti-Astérix » ?

6 Qu'est-ce que Charlemagne représente pour les Occitans ?

A vous maintenant

1 Aimez-vous les bandes dessinées ? Lesquelles ? Pourquoi ?

2 Quels rôles la bande dessinée peut-elle jouer dans la société ?

3 A votre avis, quel est le moyen le plus efficace de faire changer les attitudes : la chanson ou la bande dessinée ? Pourquoi ?

4 Comparez un album d'**Astérix** en français et le même album traduit en langue étrangère. Pourquoi est-il difficile de traduire une bande dessinée ?

5 **Travail de groupe.** Lisez un ou plusieurs albums d'**Astérix** et reconstituez l'Histoire de France comme elle y est présentée. Qu'apprenez-vous sur les Gaulois ?

Exercices de langue

1 « **Plus on se croit malin, plus on se fait moucher.** »
D'après ce modèle, écrivez cinq proverbes ou maximes où vous utiliserez les structures *plus... plus* ou *moins... moins*.

2 Espallut et Couquinas rencontrent Astérix et Obélix. Qu'est-ce qui se passe ? Décrivez la scène ou faites-en une bande dessinée.

Manifeste pour une région catalane

De notre correspondant Jacques MOLENAT

La régionalisation engagée réveille la revendication catalane. Sept personnalités roussillonnaises ont fondé à Perpignan une Union pour la région catalane et viennent de lancer un manifeste pour la création d'une « région catalane à part entière ». (...) Dans leur manifeste, les sept affirment : « La régionalisation projetée par le gouvernement ouvre des perspectives telles qu'il nous est permis d'espérer un véritable changement. » Les signataires comptent sur une vraie région catalane pour « l'enseignement effectif de la langue catalane à tous les niveaux » et « son utilisation à parité avec le français dans tous les moyens modernes de communication et de culture et dans l'usage administratif ». (...)

J. M.

Le Quotidien de Paris, 15 octobre 1981.

La « Bressola »

une école catalane originale

De notre correspondant à Perpignan

Alors que les défenseurs des « langues minoritaires » attendent beaucoup du « changement » pour le développement de l'usage de ces langues, il nous paraît intéressant de souligner l'effort original fait en Roussillon, depuis quelques années, au niveau de l'école maternelle : une école maternelle exclusivement catalane.

Le « berceau »

C'est en 1976, suivant l'exemple de ce qui se faisait déjà au Pays Basque français, qu'un petit groupe de militants catalans et de parents de jeunes enfants prit l'initiative de créer une « Association pour l'éducation et la culture catalanes chez les enfants », association régie par loi de 1901, dont l'objectif était, et reste, de gérer une « école catalane populaire et autogestionnaire » qui prit le nom de « Bressola », en catalan : le berceau.

C'est donc à la rentrée de 1976, à Perpignan, dans un local privé, que naquit la première « Bressola », école maternelle où n'est utilisé que le catalan, langue que les enfants apprennent à parler, leurs prénoms étant d'ailleurs catalanisés.

Aujourd'hui, la Bressola compte quatre écoles : deux à Perpignan, une à Nyls, petit village situé à une dizaine de kilomètres de Perpignan, la quatrième à Argelès-sur-Mer.

Les classes ont lieu de 9 heures à 17 heures, le repas de midi étant fourni par les cantines des localités qui accueillent l'école.

15 élèves par classe

Les enfants ont entre deux et six ans ; ils sont une soixantaine au total, d'où des classes peu nombreuses, une quinzaine d'élèves chacune.

Les classes sont dirigées par quatre jeunes moniteurs, deux filles et deux garçons, tous titulaires de diplômes d'enseignants, qui ont renoncé à une carrière dans l'enseignement public pour se consacrer — à raison du S.M.I.C. — à la valorisation de la langue catalane.

Mais encore faut-il que ce traitement modeste puisse leur être assuré, étant entendu que l'enseignement est gratuit. L'association de la Bressola tire ses ressources d'abord de la cotisation de ses membres, qui ne sont pas en majorité des parents mais des sympathisants à la cause catalane ; des fêtes sont organisées tous les ans et des appels sont lancés à la générosité publique.

La Bressola reçoit aussi des subventions : de l'office régional de la culture, de la ville de Perpignan, d'une vingtaine de conseils municipaux de petites communes et, enfin, du conseil général.

La Bressola n'a aucune relation avec l'administration de l'Éducation nationale.

L'entretien des locaux, leur nettoyage, est assuré bénévolement par les parents.

Enfants bilingues

Les méthodes pédagogiques sont très libres, le but étant que les enfants parlent naturellement le catalan, que cette langue devienne leur langue de base. Mais alors, entrant dans le primaire, ces enfants ne seront-ils pas handicapés par rapport à leurs petits camarades venant de la maternelle... française?

Non, affirment les animateurs de la Bressola, car les enfants entendent et apprennent le français chez eux; et puis, ajoutent-ils, il y a la télévision : ne serait-ce qu'avec la T.V., ces jeunes s'habituent au français. En somme ils deviennent, dès leur plus jeune âge, bilingues, et c'est sur cela que l'on compte pour réimplanter en profondeur le catalan en Roussillon, en dehors de toute action folklorique ou politique, car la Bressola, recevant des élèves de tous les milieux, se veut apolitique.

Malgré les difficultés financières, les dirigeants de la Bressola sont optimistes : ils envisagent l'ouverture d'autres maternelles, mais aussi, objectif plus lointain, la mise sur pied de classes primaires.

Joseph DEULOVOL
La Croix, 28 janvier 1982.

Pour apprendre le basque aux petits et aux grands

De notre correspondant

Bayonne. — « *C'est blesser un peuple au plus profond de lui-même que de l'atteindre dans sa langue et sa culture... Le temps est venu d'un statut des langues et cultures de France qui leur reconnaisse une existence réelle...* » Voilà ce que déclarait M. François Mitterrand à Lorient, le 14 mars 1981.

Les oreilles des Basques ne s'émeuvent plus de ce genre de promesses électorales : las d'espérer réparation du pouvoir parisien à un siècle de « *persécution culturelle* », on a commencé ici à s'organiser pour essayer d'enrayer la lente agonie d'une langue considérée comme une des plus vieilles du monde.

Sans nier les progrès réalisés à partir des années 1880 par l'obligation scolaire, il reste que l'interdiction à l'école de la langue basque a élevé des générations de paysans, d'artisans et d'ouvriers ruraux dans la honte de leur langue et de leur identité culturelle. Mais si la loi ne reconnaît toujours que le seul français comme langue d'enseignement, le basque figure aujourd'hui dans les programmes de l'Éducation nationale dont nous dressons ci-dessous l'inventaire. (...)

IKASTOLA : DES ÉCOLES « PIRATES » AUJOURD'HUI RECONNUES

Créées il y a quinze ans, ces écoles privées non confessionnelles scolarisent actuellement plus de six cents enfants. L'enseignement se fait uniquement en basque dans vingt-deux maternelles, en basque et en français dans sept primaires, en basque, en français et en espagnol dans le secondaire ouvert il y a trois ans.

Ignorées à leur naissance, objet de tracasseries et fermetures lors de la création des classes primaires, elles n'ont survécu pendant très longtemps que grâce à la générosité des populations. Devant leur extension, les élus locaux ont accepté de leur octroyer quelques subventions.

Philippe ETCHEVERRY
Le Monde, 3 août 1983.

Gure Irratia, une radio en langue basque

Le Monde, 25 août 1983.

Un militant anti-indépendantiste :

« Nous jurons de vivre et de mourir Français »

Le Figaro Magazine, 15 janvier 1983.

Un militant nationaliste corse :

« Notre peuple doit décider seul de son avenir »

Le Figaro Magazine, 15 janvier 1983.

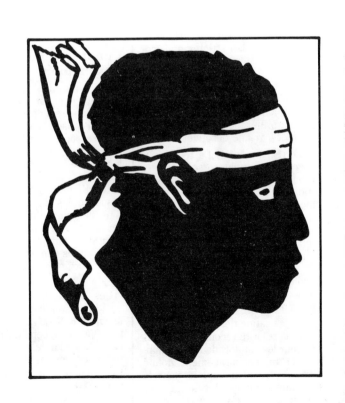

L'île est « naturellement riche », or sa population décroît inexorablement : 300 000 habitants en 1900, 230 000 aujourd'hui, dont, selon le calcul des autonomistes, 120 000 seulement sont des Corses d'origine, les autres étant des continentaux ou des émigrés. Or, estiment les autonomistes, dans le même temps la Sardaigne est passée de 700 000 à 1 500 000 habitants, et bénéficie d'un statut particulier depuis 1948. Le taux de chômage augmente (11,4 %), le revenu par tête d'habitant est de moitié inférieur à celui de la moyenne nationale. Un seul accusé : « *Le centralisme forcené de l'État français* » qui, de plus, par sa politique d'assimilation, s'est acharné depuis deux siècles à « *détruire la culture corse* ». Voilà les grandes lignes sur lesquelles se retrouvent autonomistes et séparatistes corses et non pas tous les Corses.

Les autonomistes de l'U.P.C. ont mené une bataille qu'ils ont proclamée apolitique, restant officiellement sur un plan strictement économique et culturel. Mis à part la tragédie d'Aléria, en août 1975, et une brève incursion de Max Simeoni dans le maquis, en 1976, les autonomistes ont toujours marqué leur préférence pour une action légale et à visage découvert.

Que réclament-ils? La reconnaissance du « peuple corse » et une autonomie interne basée sur la définition du grand dictionnaire encyclopédique Larousse : « *Le droit de s'administrer librement dans le cadre d'une organisation plus vaste que régit un pouvoir central.* » En 1975, ils avaient défini leur programme : la reconnaissance du bilinguisme à l'école, *la langue corse ayant été exclue des langues régionales par la loi Deixonne.*

La corsisation des emplois, c'est-à-dire la priorité reconnue aux Corses pour les emplois de fonctionnaires, et un encouragement donné aux industries qui emploieraient de la main-d'œuvre locale. Autre revendication : un développement économique à l'échelle de l'île : c'est-à-dire faire un effort de rénovation rurale de l'intérieur en voie de désertification, favoriser un tourisme familial, faciliter une industrialisation créatrice d'emplois. (...)

D'Edmond Simeoni aux clandestins

Les racines du séparatisme

Statut fiscal, statut particulier, indépendance... tous les mouvements autonomistes ou séparatistes corses ne veulent pas la même chose. A l'origine, que ce soit l'U.P.C. d'Edmond Simeoni (Union du peuple corse) ou le F.L.N.C. (Front national de libération de la Corse), une même analyse de la situation économique de l'île les a poussés à réclamer « autre chose » que le statut commun d'une simple région française.

Chantage aux emplois

L'autonomie, ce serait une assemblée législative élue au suffrage universel direct et proportionnel, un conseil économique social et culturel consultatif, une commission exécutive issue de l'assemblée législative et responsable devant elle, une administration interne dotée d'un statut des fonctionnaires responsables devant son exécutif. Un délégué du gouvernement représenterait l'État, et une cour paritaire supérieure d'arbitrage réglerait les contestations qui pourraient surgir entre l'État et la Corse autonome.

Les clandestins vont beaucoup plus loin. Ce n'est pas un hasard si le sigle F.N.L.C. fait immédiatement penser à celui du F.L.N. algérien. Les clandestins indépandantistes reprennent les lignes générales défendues par les autonomistes, mais ils radicalisent leurs positions.

Ce n'est plus le bilinguisme, mais « *la première place rendue à la langue nationale, le bilinguisme dans tous les actes de la vie publique, civile et administrative* ». L'économie : distribution des « *terres coloniales aux paysans corses* » agriculture diversifiée pour « *assurer principalement nos besoins; priorité aux petites unités industrielles respectant le cadre de vie* ». Retour aux « *bonnes traditions de notre passé* ». Mais là où le F.L.N.C. se singularise, c'est dans le domaine de la politique extérieure du futur « État corse » : la Corse affirmera « *sa neutralité et son non-alignement... développera la solidarité militante avec tous les peuples luttant contre l'impérialisme français et tout en affirmant que la libération d'un peuple dépend de sa propre lutte, développera des liens d'amitié avec tous les peuples et pays de la Méditerranée* ». (...)

Tout le malentendu de l'affaire corse repose sur ces proclamations de foi : en effet, quand les autonomistes et les séparatistes insistent sur les difficultés réelles que rencontre le pays pour survivre, ils trouvent un écho favorable dans la population. Mais personne n'est dupe, très peu les suivent dans les conclusions qu'ils en tirent.

Le « c'est la faute à l'État colonialiste » satisfait bien peu d'insulaires.

M.B.

Le Figaro, 7 janvier 1983.

Une langue qui sort à peine de la clandestinité

De notre correspondant

Bastia. — Enseigner le corse à l'école est l'une des revendications fondamentales des différentes associations culturelles. En fait, cet enseignement existe déjà depuis quelques années, mais il sort à peine d'une certaine clandestinité comme le reconnaît sans détours M. Gérard Marchetti, inspecteur d'académie de Haute-Corse, chargé pour la Corse entière de diffuser la langue et la culture insulaires. *« Pendant des années,* ajoute-t-il, *la politique du ministère n'a pas été très claire dans ce domaine et, quand nous procédions à des enquêtes sur le nombre d'instituteurs qui utilisaient le corse en classe, nous n'avions aucun résultat. »*

Pourtant, en juin 1980, une étude fait apparaître que, dans 48 % des écoles primaires, l'idiome local est enseigné. Comment? Les expériences sont, en fait, diverses, sinon disparates. *« Certains maîtres font du corse à tour de bras, d'autres ne s'y hasardent pas »,* reconnaît l'un des cinq animateurs chargés de suivre et de conseiller les enseignants.

Cet *« extraordinaire kaléidoscope de situations »* révèle en fait à la fois une profonde disparité de niveaux et des volontés très différentes chez les instituteurs eux-mêmes quant à l'utilisation d'une langue qui, si elle n'est pas étrangère, est de moins en moins maternelle, et n'a pas de véritable statut officiel. Malgré cela, beaucoup d'initiatives sont prises : à San-Lorenzo, en Castagniccie, la maîtresse ne maîtrisant pas le corse, c'est le père d'un élève qui, à la demande de l'enseignante, vient chaque semaine dans la classe. En Balagne, les enfants de quatre écoles de village se regroupent selon les niveaux pour participer le vendredi après-midi aux ateliers de corse : théâtre et éducation physique. En Balagne encore — en pointe pour cet enseignement — des élèves de sept écoles ont rédigé deux romans collectifs, d'autres ont fait des saynètes ou des bandes dessinées. Depuis la rentrée de 1981, la Corse occupe près de la moitié des sept heures d'activités d'atelier à travers l'étude du milieu et de l'histoire. Si l'appréciation de chaque instituteur est importante et la pédagogie très souple, le grand problème demeure, la formation des maîtres. Celle-ci se fait à partir de stages régulièrement organisés.

Le volontariat

Dans le secondaire, la situation est tout aussi inégale. L'enseignement du corse repose encore sur le volontariat des professeurs, mais celui-ci n'est guère stimulé par des emplois du temps qui relèguent ces cours aux mauvaises heures. Heures d'activités dirigées pour les sixièmes et les cinquièmes, deuxième langue vivante pour les quatrièmes et les troisièmes, option corse au baccalauréat, telle est la place de l'idiome — toujours facultative — dans l'enseignement secondaire.

Faut-il alors considérer comme bonne la proportion des candidats au baccalauréat (13 %) qui choisissent l'option corse au même titre que l'option musique ou dessin? A côté des structures officielles, des associations, comme celle des enseignants corses à Ajaccio, ou Scola corsa (école corse) et surtout Scola aperta (école ouverte) à Bastia ont mis en chantier un matériel pédagogique déjà très diversifié (méthode audio-orale, lexique, disques) qui doit favoriser la généralisation et l'intensification de l'enseignement du corse préparant, selon le vœu des associations, l'instauration du « bilinguisme intégral ».

Dominique ANTONI
Le Monde, 27 janvier 1982.

Une affiche de Scola Aperta « Maman, parle-moi corse ».

Le peuple corse chante

Comme en Bretagne, en Occitanie et ailleurs, de nombreux chanteurs et musiciens corses ont, depuis quelques années, décidé de faire revivre la tradition et de l'enrichir.
Parmi eux, sans doute les plus talentueux et les plus célèbres : Canta u Populu Corsu, un groupe vocal et instrumental de dix chanteurs que l'on pourra entendre à Paris au Théâtre de la Ville, du 26 au 30 mai à 18 h 30.

Le président de la République nouvellement élu décidera-t-il de rompre avec la tenace tradition française de centralisme? Les prisonniers politiques corses et bretons, condamnés par une Cour de sûreté de l'État normalement vouée à disparaître, retrouveront-ils leur liberté? Les urnes d'Occitanie, de Bretagne, de Corse et d'Euzkadi recelaient sans doute, le 10 mai dernier, nombre de bulletins — au nom du candidat socialiste — porteurs de telles espérances. On peut rêver aussi que ce changement que l'on nous promet désormais sonne le glas de l'idéologie du mépris professée jusqu'à présent à l'égard des cultures dites « minoritaires ». Tout simplement parce que, riches de traditions séculaires, elles devraient être pour l'ensemble de la communauté dite « nationale » une source d'échanges réciproques et d'épanouissement mutuel. Il est urgent de préserver et de faire vivre ces patrimoines qui, dans leur diversité, constituent l'un des recours contre les dangers d'uniformisation universelle qui guettent les sociétés contemporaines. Pour échanger et dialoguer avec les autres, encore faut-il être fort d'une identité spécifique : le « droit à la différence », si souvent revendiqué, ne saurait se confondre avec une volonté de s'enfermer dans un ghetto; il doit être au contraire une porte ouverte sur le monde.

Sans doute est-ce dans cet esprit qu'il faut comprendre les déclarations faites en mars dernier par Canta u Populu Corsu au journal corse *U Ribombu* : « *Tout d'abord il s'agit pour nous de faire savoir que la Corse n'est pas un " dépliant touristique ", mais qu'il y existe un peuple qui, comme tant d'autres ethnies, lutte contre la colonisation et pour la maîtrise de son destin. Nous présentons la culture corse dans ses différents aspects. Il s'agit ensuite de s'intéresser aux peuples qui aspirent souvent au même devenir, et de se solidariser avec eux. Le groupe a ainsi voyagé au Tyrol, au Pays Basque, en Catalogne, bientôt en Sardaigne. Nous avons participé à des festivals importants en Italie, bientôt nous irons en Allemagne. Il est certain que ces voyages apportent un enseignement profitable.* »

Canta u Populu Corsu : le peuple corse chante. Né officiellement en 1975, le groupe, en choisissant ce nom, affirme on ne peut plus clairement ses ambitions. Il s'empresse aussitôt de les préciser sur la pochette de son premier disque : « *Vous découvrirez les formes d'expression d'un passé relativement récent mais aussi le résultat des recherches que le groupe effectue pour adapter l'expression musicale corse au temps présent; le chant étant le miroir de la vie et non une pièce de musée chargée de la nostalgie du passé. Hier est révolu, préparons aujourd'hui notre avenir [...]. Vous avez écouté ces chants, ils sont vôtres. Ne dites pas : " Ils chantent, nous écoutons. " Notre travail n'aurait pas atteint son but. A vous de réagir, d'apprendre, de communiquer ce que vous ressentez.* » Pour éviter « *que se diluent toute une culture et une mémoire collective* ». Car, poursuit le texte, « *c'est ainsi que l'on passe de peuple à population* ». Recherche, interprétation et création constituent donc les trois éléments indissociables d'une démarche qui vise à sauvegarder l'héritage musical mais aussi à le faire vivre et à le prolonger en l'enrichissant d'apports nouveaux. Disques et récitals mêlent les œuvres du passé et les compositions nouvelles, les polyphonies vocales religieuses et profanes d'hier aux chants d'aujourd'hui, un répertoire transmis oralement de génération en génération aux créations originales contemporaines qui s'en inspirent, selon un processus qui a déjà fait ses preuves en Amérique latine et ailleurs...

Les Corses chantent par tradition, par goût, et aujourd'hui peut-être aussi par nécessité. Dans cet esprit, Canta u Populu Corsu chante les heurs et malheurs de toute une communauté dont deux siècles de centralisme français n'ont pas eu raison. Un chant grave et dépouillé, interprété avec force par des voix magnifiques de ténor, baryton et basse et accompagné par la guitare, la guimbarde, la cithare et le violon. Des chefs-d'œuvre qui nous disent l'espoir, l'Histoire, les hommes et leur terre... En langue corse bien entendu!

La présence de Canta u Populu Corsu au Théâtre de la Ville est un événement : l'occasion de découvrir un répertoire d'une grande richesse. Une autre image de la Corse aussi.

Jacques ERWAN
L'Éducation, 21 mars 1981.

Annexes

GLOSSAIRE

argot (m.)
Ensemble de mots familiers propres à certains groupes sociaux.

bécane (f.) (familier)
Bicyclette ; par extension : machine.

bigouden
Nom donné aux femmes de Pont-Labbé (Finistère) à cause de leur coiffe appelée aussi bigouden.

bistrot (m.) (familier)
Café.

bleu (m.)
Vêtement de travail en toile bleue.

bouffe (f.) (familier)
Nourriture, repas... Bouffer : manger.

Boul'Mich'
Le boulevard Saint-Michel.

bourrée (f.)
Danse et air à danser du Massif central.

branché (être)
Être au courant, être à la mode.

calva (m.) (populaire)
Calvados : eau-de-vie de cidre. Calvados : département formé d'une partie de la Normandie.

calvaire (m.) (breton)
Croix dressée sur une plate-forme qui commémore la passion du Christ.

canon (m.)
Ancienne mesure de capacité ; par extension : (populaire) bouteille, verre de vin.

canut (m.)
Travailleur des industries de la soie à Lyon.

« célinien »
Allusion à Céline*.

« chapiau » (m.)
Chapeau.

charabia (m.) (familier)
Langage, style incompréhensible...

cht'imi
Employé comme nom ou adjectif pour définir les gens du Nord (issu de leur parler).

col (m.) **blanc**
Employé de bureau.

Commune (la)
Gouvernement révolutionnaire formé à Paris et dans plusieurs villes de province en 1871 (année de la fin de la guerre franco-allemande). La guerre civile opposera ce gouvernement au gouvernement officiel résidant à Versailles.

* L'astérisque renvoie à un auteur figurant dans la rubrique « noms cités ».

Conseil (m.) **d'État**
Premier corps de l'État ; conseiller du pouvoir exécutif pour la rédaction des projets de loi et tribunal administratif suprême.

Cour (f.) **de sûreté de l'État**
Juridiction permanente et unique instituée en 1963 et composée de magistrats professionnels et d'officiers. Compétence en temps de paix pour juger les crimes et délits contre la sûreté (extérieure ou intérieure) de l'État. Juridiction aujourd'hui dissoute.

crapuhuter
Faire de la gymnastique, marcher dans un terrain difficile.

cuistot (m.) (populaire)
Cuisinier.

damer le pion (familier)
Manœuvrer quelqu'un, l'emporter sur quelqu'un.

dingue (familier)
Fou.

diwan (« germe » en breton)
Nom d'une association créée en 1977 qui a lancé des écoles maternelles entièrement en langue bretonne.

empiffrer (s') (familier)
Manger avec excès.

étiquette (sans)
N'appartenant à aucun parti politique.

« étoiles », « couronnes », « toques »
Mots utilisés pour classer les restaurants selon leur qualité dans les guides touristiques (Michelin, Kléber...).

félibrige
École littéraire fondée en 1854 par un groupe d'écrivains pour restituer à la langue provençale son rang de langue littéraire.

fest-noz (festou-noz)
Fêtes de nuit (en breton).

flanqué
(ici) accompagné.

frousse (populaire)
Peur.

futé
Rusé, débrouillard.

gabelous (m.)
Mot de l'Ouest, venant de *gabelle* (terme qui désignait, autrefois l'impôt sur le sel).
Anciennement : commis de la gabelle.
Aujourd'hui : douanier.

gallo (m.)
Parler fondé sur le celtique et le vieux français issu du latin.
Association des Amis du parler gallo : Bretaenhe Galaese (se prononce Bretaigne galaise) nouveau nom de l'association.

« Gardarem lo Larzac »
« Nous garderons le Larzac » (en occitan).

gardian (m.) (issu du provençal)
Gardien de bœufs, de taureaux, de chevaux en Camargue.

gargotte (f.) (péjoratif)
Restaurant où la cuisine et le service manquent de soin.

glander (argot)
Se promener sans but précis, perdre son temps.

gris
Tabac ordinaire enveloppé de papier gris.

gueleton (m.) (familier)
Repas très copieux.

harki (m.)
Mot arabe venant de *harka* qui veut dire « mouvement » : militaire servant dans une milice supplétive.
Nom donné aux militaires qui ont servi comme supplétifs de l'armée française en Algérie, en 1962.

hexagone (m.)
Polygone à six côtés... Le terme désigne souvent la France métropolitaine, à cause de la forme de la carte de France, qu'on peut inscrire dans un hexagone.

huile de coude (familier)
Énergie.

illico (familier)
Immédiatement, sur-le-champ.

jacobin
Nom attribué aux membres d'une société politique révolutionnaire établie à Paris (1789). Par extension, défenseur ardent de la République centralisatrice.

javanais (m.)
Forme d'argot dans laquelle on déforme les mots par insertion du groupe « av » dans chaque syllabe.

job (m.) (mot anglais) (familier)
Emploi rémunéré.

larbin (populaire)
Valet, individu servile.

lécher les vitrines (familier)
Regarder longuement les étalages des magasins.

lobby (m.) (anglicisme)
Groupement, organisation ou association qui exerce une pression sur les pouvoirs publics pour faire triompher des intérêts particuliers. Synonyme : groupe de pression.

loubard (m.) (familier)
Jeune voyou.

louchebem (m.) (argot)
Boucher.

mazurka (f.)
Danse à trois temps d'origine polonaise.

normale-sup.
Écoles normales supérieures ; établissements publics ouverts, sur concours, aux jeunes se destinant à l'enseignement.

oc
Particule exprimant l'affirmation. Mot provençal (XIIe siècle, venant du latin *hoc*) signifiant « oui » dans les régions de France situées au sud de la Loire. *Langue d'oc :* « oui » se disait oc opposé à langue d'oïl).

oil
Particule exprimant l'affirmation. Au Moyen Age, mot signifiant « oui » dans les régions de France situées au nord de la Loire. *Langue d'oïl :* « langues » de ces régions...

pied-noir (familier)
Français d'Algérie.

pion (péjorarif)
Surveillant, maître d'internat.

pisser (familier)
Uriner.

Plan (m.) **Polmar**
Plan d'action contre la pollution marine.

plouc (m.) (populaire et péjoratif)
Paysan, homme frustre.

politicaillerie (f.) (familier et péjoratif)
La politique.

popote (f.) (familier)
Cuisine. Employé comme adjectif, signifie terre à terre, occupé uniquement par les choses du foyer.

puces (marché aux)
Marché où l'on vend toutes sortes d'objets d'occasion.

ras-le-bol (familier)
Le fait de ne plus supporter, d'être excédé.

« siau » (m.)
Seau

scribouillard (scribouilleur) (familier et péjoratif)
Employé aux écritures ; par extension : qui écrit souvent, qui écrit mal.

stalag (sigle de l'allemand STAmmLAGer)
Camp de prisonniers de guerre.

tertiaire
Secteur tertiaire, secteur comprenant toutes les activités non directement productrices de biens de consommation (administration, commerce, professions libérales...)
Secteur secondaire, activités productrices de matières transformées (industries...)
Secteur primaire, activités productrices de matières non transformées (agriculture, pêche...).

tire-fesses (m.) (familier)
Remonte-pente.

travail noir (m.)
Activité professionnelle qui échappe à la fiscalité.

« volem viure al païs »
« Nous voulons vivre au pays ».

violon d'ingres
Le peintre Ingres pratiquait le violon (art qui n'était pas le sien) ; par extension : activité artistique ou autre exercée en dehors d'une profession.

yiddish
Langue de la communauté juive d'Allemagne et d'Europe orientale.

SIGLES

A.N.P.E.
Agence nationale pour l'emploi.

A.S.S.E.D.I.C.
Assurances pour l'emploi dans l'industrie et le commerce. Régime d'assurances chômage, fusionne avec l'aide publique depuis la loi du 16 janvier 1979. La cotisation aux Assedic est obligatoire.

A.U.P.E.L.F.
Association des universités entièrement ou partiellement de langue française.

BC.BG.
Bon chic, bon genre.

C.A.P.
Certificat d'aptitude professionnelle.

C.A.P.E.S.
Certificat d'aptitude pédagogique à l'enseignement secondaire.

C.C.N.
Consulte des comités nationalistes (Corse). A été dissous le 27 septembre 1983.

C.E.T.
Collège d'enseignement technique.

C.F.D.T.
Confédération française démocratique du travail. Groupement syndical français issu en 1964 de la C.F.T.C. (Confédération française des travailleurs chrétiens).

C.O.G.E.M.A.
Société spécialisée dans les combustibles nucléaires. Filiale du C.E.A. (Commissariat à l'énergie atomique).

C.N.R.S.
Centre national de la recherche scientifique.

C.R.S.
Compagnie républicaine de sécurité.

D.A.T.A.R.
Délégation à l'aménagement du territoire et à l'action régionale.

D.E.U.G.
Diplômé d'études universitaires général.

D.O.M.
Département d'Outre-Mer.

E.D.F.
Électricité de France.

E.N.A.
École nationale d'administration. Grande école qui forme les principaux administrateurs de l'État.

F.D.S.E.A.
Fédération départementale des syndicats d'exploitants agricoles.

F.E.N.
Fédération de l'Éducation nationale.

F.L.B.
Front de libération de la Bretagne.

F.N.L.C.
Front national de Libération de la Corse, dissous le 5 janvier 1983.

F.R.3.
France-Régions 3 (troisième chaîne de télévision française).

G.F.A.
Groupement foncier agricole.

H.L.M.
Habitation à loyer modéré ; immeuble construit pour loger des gens qui ont peu de ressources financières.

I.N.R.A.
Institut national de recherche agronomique.

I.N.S.E.E.
Institut national de la statistique et des études économiques.

I.U.T.
Institut universitaire de technologie.

O.J.D.
Office de justification de la diffusion.

P.C.F.
Parti communiste français.

P.M.E.
Petites et moyennes entreprises (Confédération).

P.Q.R.
Presse quotidienne régionale.

P.S.
Parti socialiste.

P.T.T.
Poste - télégraphe - téléphone.

R.A.T.P.
Régie autonome des transports parisiens ; organisme responsable du métro et des autobus.

RN. 10
Route nationale n° 10.

R.P.R.
Rassemblement pour la République. Nom pris en 1976 par le mouvement politique gaulliste.

S.A.F.E.R.
Société d'aménagement foncier et d'établissement rural.

S.M.I.C.
Salaire minimum interprofessionnel de croissance ; *smicard :* rémunéré au S.M.I.C.

S.N.C.F.
Société nationale des chemins de fer.

S.N.I.
Syndicat national des instituteurs.

S.O.F.R.E.S.
Société française d'enquêtes par sondages.

T.N.P.
Théâtre national populaire.

U.V.
Unité de valeur (enseignement supérieur).

Zacqué, Zaddé, Zupé
Adjectifs formés à partir des sigles : Z.A.C., Zone d'aménagement concerté ; Z.A.D., Zone d'aménagement différée ; Z.U.P., Zone d'urbanisme en priorité.

NOMS CITÉS

Allais (Alphonse)
Écrivain français (1855-1905), auteur d'œuvres humoristiques.

Armorique
Partie de la Gaule formant aujourd'hui la Bretagne.

Arthur ou **Artus**
Roi légendaire du pays de Galles (VIᵉ siècle) dont les aventures ont donné naissance aux romans courtois du cycle d'Arthur ou cycle de la Table Ronde. *Littérature courtoise :* littérature apparue aux XIᵉ et XIIᵉ siècles dans les cours seigneuriales célébrant l'amour et les exploits chevaleresques.

Aubigné (Agrippa d')
Écrivain français (1552-1630). Calviniste attaché au service du futur Henri IV, il composa *Les Tragiques.*

Aymé (Marcel)
Écrivain français (1902-1967). Il écrivit des romans et des nouvelles, transposés par le cinéma et des comédies de mœurs pour le théâtre.

Balzac Honoré **de)**
Écrivain français (1799-1859). *La Comédie humaine,* titre général donné par Balzac à son œuvre romanesque, comprend des :
— Scènes de la vie privée : *Le Père Goriot ;*
— Scènes de la vie de campagne : *Le Lys dans la vallée ;*
— Scènes de la vie de province : *Eugénie Grandet ;*
— Scènes de la vie parisienne : *Le Cousin Pons.*

Barbey d'Aurevilly (Jules)
Écrivain français (1808-1889), auteur de nouvelles *(Les Diaboliques),* de romans *(Le Chevalier des Touches),* d'études littéraires et dramatiques...

Bécassine
Type humoristique de servantes bretonnes.

Béjart (Maurice)
Danseur et chorégraphe français, directeur du Ballet du XXᵉ siècle.

Belle au bois dormant (La)
Conte de Perrault, écrivain français (1628-1703).

Blanche-Neige
Conte de fée raconté pendant des siècles en différentes versions dans tous les pays et dans toutes les langues d'Europe.

Bosco (Henri)
Écrivain français (1888-1976), auteur de romans de terroir.

Branly (Édouard)
Physicien français (1844-1940). Grâce à son invention d'un radioconducteur, la télégraphie sans fil est entrée dans le domaine de la pratique.

Braque (Georges)
Peintre français (1882-1963), promoteur du cubisme avec Picasso...

Brassens (Georges)
Auteur, compositeur et chanteur français (1921-1981).

Brel (Jacques)
Auteur, compositeur et chanteur belge (1929-1978).

Brook (Peter)
Metteur en scène anglais contemporain de théâtre et de cinéma.

Bruegel
Famille de peintres flamands.

Céline (Louis-Ferdinand **Destouches,** dit)
Écrivain français (1894-1961). Il écrivit des romans, des pamphlets utilisant le « style argotique ».

Cézanne (Paul)
Peintre français, né à Aix (1839-1906).

Char (René)
Poète français contemporain.

Chateaubriand (François-René **de)**
Écrivain français (1768-1848). Parmi ses œuvres les plus connues : *Le Génie du Christianisme, Les Mémoires d'outre-tombe...*

Chéreau (Patrick)
Comédien, metteur en scène et réalisateur de cinéma français contemporain.

Claudel (Paul)
Écrivain et diplomate français (1868-1955).

Clavel (Bernard)
Romancier français contemporain.

Clavel (Maurice)
Romancier et essayiste français (1920-1979).

Comencini (Luigi)
Réalisateur de cinéma italien contemporain.

Commynes ou **Comines** (Philippe de)
Historien français (1447-1511).

Courbet (Gustave)
Peintre, lithographe et dessinateur français (1819-1877).

Daudet (Alphonse)
Écrivain français (1840-1897), contes, nouvelles, romans... peintre réaliste de la vie quotidienne.

Deixonne (loi)
Loi du 11 janvier 1951 ; se propose de « favoriser l'étude des langues et dialectes locaux dans les régions où ils sont en usage », quatre langues sont prises en compte : le breton, l'occitan, le basque, le catalan. Le corse est ajouté par le décret du 16 janvier 1974.

Delacroix (Eugène)
Peintre français (1798-1863), chef de l'École romantique.

Eiffel (Gustave)
Ingénieur français (1832-1923), spécialiste des constructions métalliques, il construisit de 1887 à 1889 la célèbre tour Eiffel.

Emsav
Mouvements, partis, associations pour le « maintien » de l'entité bretonne.

Ferré (Léo)
Auteur, compositeur et chanteur français contemporain.

Figaro
Personnage de Beaumarchais, écrivain et auteur dramatique français (1732-1799) ; héros de la trilogie composée du *Barbier de Séville* (1775), du *Mariage de Figaro* (1784) et de *La Mère Coupable* (1791).

Flaubert (Gustave)
Écrivain français (1821-1880), auteur de *Madame Bovary,* tableau des mœurs de province, *L'Éducation sentimentale, Bouvard et Pécuchet* (roman satirique), Le Dictionnaire des idées reçues...

Gainsbourg (Serge)
Auteur, compositeur et chanteur français contemporain.

Genevoix (Maurice)
Écrivain français (1890-1980), auteur de récits sur le monde rural *(Raboliot,* 1925).

Germinal
Roman de Zola* (1885) : une grève de mineurs à la fin du Second Empire.

Giono (Jean)
Écrivain français (1895-1970), romancier de la Haute-Provence.

Giraudoux (Jean)
Écrivain français (1882-1944) qui composa des romans, des pièces de théâtre...

Girondins
Groupe politique pendant la Révolution. Les plus connus étaient des députés de la Gironde (département du bassin aquitain) à la Convention, d'où le nom de Girondins.

Godard (Jean-Luc)
Réalisateur de cinéma français contemporain.

Goethe (Johann Wolfgang von)
Écrivain allemand (1749-1832), l'un des chefs du Sturm und Drang *(Les Souffrances du jeune Werther),* (1806), il composa des romans, des poèmes dramatiques *(Faust :* 1773, 1806, 1832).

Le Grand Meaulnes
Unique roman d'Alain-Fournier, romancier français (1886-1914).

Grünewald (Matthias)
Nom donné en 1675 au peintre Mathis Gothardt Neithardt. A noter le *Retable d'Issenheim* (1512-1515) exécuté pour la confrérie des Antonins.

Hans em Schnogeloch
Personnage mythique alsacien...

Haussmann (Georges, Eugène)
Administrateur et homme politique français (1809-1891). Réalisa un programme de transformation de Paris (grandes avenues au tracé rectiligne, création de jardins, des égouts...).

Hugo (Victor)
Écrivain français (1802-1885), chef du romantisme *(Hernani)*, il publia des romans *(Les Misérables)*, un roman historique *(Notre-Dame de Paris)*, des recueils lyriques, plusieurs drames, une épopée *(La Légende des Siècles)*...

Huysmans (Georges-Charles)
Écrivain français (1848-1907).

Klee (Paul)
Peintre allemand (1879-1940).

Lamartine (Alphonse de)
Poète français (1790-1869).

Léger (Fernand)
Peintre français (1881-1955).

Le Lian
Journal gallo (lian, du latin *ligamen* : lien)

Lépine (Louis)
Administrateur français (1846-1933). Préfet de police il a laissé son nom à un concours annuel, depuis 1902, où sont exposées les inventions de petits fabricants.

Loti (Julien **Viaud,** dit Pierre)
Écrivain français (1850-1923).

Malebranche (Nicolas)
Philosophe et théologien français (1638-1715).

Malot (Hector)
Écrivain français (1830-1907), auteur de *Sans Famille* (1878) et *En Famille* (1893).

Manet (Édouard)
Peintre, pastelliste et dessinateur français (1832-1883).

Maupassant (Guy de)
Écrivain français (1850-1893).

Michelet (Jules)
Historien et écrivain français (1798-1874).

Mistral (Frédéric)
Écrivain français d'expression occitane (1830-1914). Il se consacra à la Provence et à la renaissance de sa langue. Le *Trésor du félibrige* (1878) constitue un vaste lexique embrassant les divers dialectes occitans modernes.

Mnouchkine (Ariane)
Metteur en scène et auteur dramatique français contemporain.

Monet (Claude)
Peintre et dessinateur français (1840-1926)

Montaigne (Michel Eyquem **de**)
Écrivain français (1533-1592). Œuvre essentielle : *Les Essais.*

Nostradamus (Michel **de Nostre-Dame,** dit)
Astrologue et médecin français (1503-1566), auteur d'un recueil de prédictions.

Pagnol (Marcel)
Écrivain et auteur dramatique français (1895-1974). A signaler trois œuvres qui constituent une évocation du folklore marseillais : *Marius* (1929), *Fanny* (1931) et *César* (1946).

Pascal (Blaise)
Savant, penseur et écrivain français (1623-1662).

Pasteur (Louis)
Chimiste et biologiste français, fondateur de la microbiologie (1822-1895). L'Institut Pasteur (1888) fut créé pour poursuivre ses recherches.

Pergaud (Louis)
Écrivain français (1882-1914). Instituteur rural, il écrivit *La Guerre des boutons* (1912), ouvrage porté à l'écran en 1962.

Philipe (Gérard)
Acteur français (1922-1959).

Picasso (Peintre, dessinateur, graveur, sculpteur, céramiste espagnol (1881-1973). Promoteur du cubisme avec Braque.

Planchon (Roger)
Metteur en scène, animateur et auteur dramatique français contemporain. Il rendu célèbre le théâtre de la cité à Villeurbanne, près de Lyon.

Proust (Marcel)
Écrivain français (1871-1922), auteur de *A la recherche du Temps perdu,* publiée de 1913 à 1922 (peintre de la société du début du XXe siècle : bourgeoisie riche, aristocratie...).

Rabelais (François)
Écrivain français (1494-1553), auteur du *Pantagruel,* du *Gargantua...*

Renoir (Pierre Auguste)
Peintre, aquarelliste, pastelliste et dessinateur français (1841-1919) il contribua à la formation de l'impressionnisme.

Rimbaud (Arthur)
Poète français (1854-1891). Sa poésie exprime un désir de révolution sociale et morale *(Ma Bohème, Le Dormeur du val, Le Bateau ivre, Les Illuminations...)*. Son œuvre influencera les surréalistes.

Ronsard (Pierre de)
Poète français (1524-1585).

Rostand (Edmond)
Poète et auteur dramatique français (1868-1918), auteur de *Cyrano de Bergerac* (1897) et de *L'Aiglon* (1900).

Rousseau (Jean-Jacques)
Écrivain et philosophe (Genève : 1712 - Ermenonville : 1778); auteur de :

Julie ou la Nouvelle Héloïse (roman épistolaire) ;
— *Le Contrat social* ou *Principes du droit politique ;*
— *L'Émile* (ouvrage pédagogique) ;
— *Les Rêveries du promeneur solitaire* (récits autobiographiques) ;
— *Les Confessions.*

Rubens (Pierre-Paul)
Peintre et dessinateur flamand (1577-1640).

Sévigné (Marie de **Rabutin-Chantal,** marquise de)
Épistolière française (1626-1696).

Shakespeare William
Poète dramatique anglais (1564-1616)
— de 1590 à 1601 : drames historiques *(Richard III, Roméro et Juliette, Jules César)*
— de 1600 à 1608 : (fin du règne d'Élizabeth) *(Hamlet, Othello, Macbeth...)*.

Tartarin
Tartarin de Tarascon, roman d'Alphonse Daudet* qui fait de la ville de Tarascon un symbole de la Provence.

Topaze
Comédie de Marcel Pagnol*.

Trouvère (Le)
Opéra de Verdi (1853).

Turner (Joseph Mallord William)
Peintre, aquarelliste, dessinateur et graveur anglais (1775-1851).

Van der Meersch (Maxence)
Écrivain français (1907-1951) ; écrivain catholique, il a raconté la vie des cités industrielles du Nord.

Van Dyck (Antoine)
Peintre flamand (1599-1641).

Verne (Jules)
Écrivain français (1828-1905). Il fut l'initiateur en France du roman d'anticipation scientifique.

Vilar (Jean)
Acteur, metteur en scène et animateur de théâtre français. Il créa et dirigea sous le nom de « Festival d'art dramatique » le Festival d'Avignon. Directeur du Théâtre national populaire (T.N.P.), il effectua la reprise ou la création de chefs d'œuvre de l'art dramatique universel (1912-1971).

Watteau (Antoine)
Peintre français (1684-1721).

Wilde (Oscar)
Écrivain anglais (1854-1900) ; contes, théâtre, essais et roman : *Le Portrait de Dorian Gray.*

Zola (Émile)
Écrivain français (1840-1902), chef de file des romanciers naturalistes : *Nana* (1879), *Germinal* (1885). Dans *Au Bonheur des dames* : réflexions sur les problèmes sociaux (influences de Fourier, Proudhon, Marx). En 1898 il écrit un article intitulé « J'accuse » en faveur de Dreyfus, un officier français accusé de haute trahison.

MAME Imprimeurs, Tours — Dépôt légal Janvier 1987 (N° 12952)